JN297789

災害情報学事典

日本災害情報学会
［編］

朝倉書店

はじめに

　最近，災害情報に多くの注目が集まるようになってきている．
　日本は，その地理的特性から世界的に見ても多様な災害に，しかも頻繁に襲われてきた．今後も，「活動期に入った」，「極端現象が増加する傾向にある」といった指摘がなされているように，災害に直面し，その被害を軽減する試みなしには社会の安全・安心を維持することはできそうにない．
　被害軽減対策の中で，災害情報への注目は，いくつかの背景がある．そのひとつが，技術発展を活かし，発表できる情報が出てきたことである．観測技術，解析技術，通信技術の高度化に伴って，新たな情報が発表できるようになったり，既存の情報をより精度よく発表できるようになったりしたためである．
　ただ，これほどまでに災害情報が注目されるようになったのは，技術の発展だけではない．日本の防災対策が直面しているのが，発生する頻度は低いが極めて大規模な災害だからである．たしかに，これまでの長い歴史を持つ施設整備で，ある程度の規模の災害が発生しても，生命や財産に被害を受けずに済ますことができるようになってきた．しかし，施設整備計画を超える災害は現実に発生しうる．まさに東日本大震災は，発生する頻度は低いが極めて大規模な災害が，現実に発生し，施設対策だけではすべての被害を防ぐことはできないことをまざまざと見せつけたのである．だからこそ，避難や土地利用など施設によらない対策を進める上で不可欠な災害情報の重要性が改めて強調されるようになった．
　もちろん，災害情報と一口で言っても対象とする災害種別も多様であり，対象とする時期も警報段階から復興，災害発生前と多様である．さらに，東日本大震災や同年に発生した2011年台風12号などの巨大災害を踏まえ，情報も大きく変動しつつある．津波警報の体系が変わり，特別警報や長周期地震動情報，量的降灰予報，噴火速報など新たな情報が誕生してきている．また，科学的に考えうる最大の想定に見られる災害情報のあり方や気象情報の体系の見直しも検討されている．
　本事典では，まず第1部で気象と地震・火山とに大別して，現在発表されている予警報等の災害情報を，目的や活用策に留意しつつ解説した．
　その上で，災害情報が活用されるようにするには，科学技術の高度化だけではな

く，受け手である市町村や市民の受け止め方に対する配慮が必要だという見方が広まりつつあることも，災害情報研究への関心を高めている．災害情報は，命を救うことができて初めて，その役割が果たされる．そのためには，受け手が活用できることが不可欠であり，この目標を達成するには受け手の認知や災害情報が使われる環境への理解が必要となる．

本事典では，第2部のメディアから始まり，メディアや行政（第3部），人間の心的過程（第4部）まで，災害種別によらぬ共通事項を解説している．これら自然災害に加え，原子力災害を含む人為的災害（第5部），企業の防災（第6部）についてもとりまとめた．災害情報の体系の改善や新たな情報の提供は今後も続くことだろうし，精度向上の努力も進むだろう．しかし，情報を活用する本質，つまり精度の限界を踏まえ，情報を主体的に活用していくことが求められており，そのために求められる事項を概説している．

本事典は，防災行政や報道に関わる実務者，防災研究者に加えて，一人でも多くの市民に災害情報を活用いただくことを目的に企画した．災害情報について正確な手引きであるとともに，活用方策や留意点を受け手の受け止め方をわかりやすく説明するように努めた．本事典が，広く社会に活用され，一人でも多くの命を救うことにつながればと切に祈るとともに，今後の防災・減災に資することができれば，それは筆者らの望外の喜びである．

朝倉書店のご厚意で公刊の運びとなった．難産だった．本事典を編集するに当たり，多くの方々に執筆の労をおとりいただいた．発刊まで時間を要したことは，編集委員会にひとえに責任がある．多大なご尽力に感謝申し上げるとともに，お詫び申し上げる．また，企画から長い期間，遅々とした歩みにもかかわらず，助言，連絡，調整を賜りました朝倉書店編集部には，感謝の念はつきません．心から御礼申し上げます．

　平成28年　春　　　　　　　　　　　　編集委員を代表して　田中　淳

編集委員長
中村　功　東洋大学

編集委員（五十音順）
岩田孝仁　静岡大学
加藤孝明　東京大学
木村拓郎　減災・復興支援機構
黒田洋司　消防科学総合センター
首藤由紀　(株)社会安全研究所
鈴木敏正　(株)日本総合研究所
関谷直也　東京大学
田中　淳　東京大学

谷原和憲　日本テレビ放送網（株）
秦　康範　山梨大学
干川剛史　大妻女子大学
三島和子　前鎌倉女子大学
村中　明　前気象庁
矢守克也　京都大学
横田　崇　愛知工業大学・内閣府

執筆者（五十音順）
阿部勝征　地震予知総合研究振興会
阿部博史　日本放送協会
池内幸司　国土交通省
池谷　浩　砂防・地すべり技術センター
石川永子　横浜市立大学
今村文彦　東北大学
岩田孝仁　静岡大学
上野　寛　気象庁
牛山素行　静岡大学
内山敬介　静岡県
柄本三代子　東京国際大学
太田琢磨　気象庁
奥村与志弘　京都大学
尾崎友亮　気象庁
小田淳一　(株)社会安全研究所
越智繁雄　国土地理院
加藤　健　防衛大学校
加藤孝明　東京大学
金井昌信　群馬大学
川西　勝　読売新聞社
岸本賢司　気象庁

吉川肇子　慶應義塾大学
木村拓郎　減災・復興支援機構
草野富二雄　気象庁
久保田伸　NTT東日本
黒田洋司　消防科学総合センター
近藤誠司　関西大学
阪本真由美　名古屋大学
櫻井誠一　前神戸市
桜井美菜子　気象庁
指田朝久　東京海上日動リスクコンサルティング（株）
定池祐季　東京大学
佐藤慶一　専修大学
座間信作　横浜国立大学
柴田のり子　気象庁
首藤由紀　(株)社会安全研究所
白土正明　気象庁
城下英行　関西大学
末次忠司　山梨大学
菅　磨志保　関西大学
鈴木敏正　(株)日本総合研究所
須見徹太郎　水資源機構

関澤　　愛	東京理科大学	秦　　康範	山梨大学
関谷　直也	東京大学	畑中　美穂	名城大学
平　祐太郎	気象庁	福島　弘典	(株)ミライト
髙梨　成子	(株)防災＆情報研究所	福田　　充	日本大学
鷹野　　澄	東京大学	福長　秀彦	NHK放送文化研究所
髙橋　賢一	気象庁	藤井　敏嗣	環境防災総合政策研究機構
髙橋　　哲	芦屋生活心理学研究所	舩木　伸江	神戸学院大学
滝澤　　朗	内閣府	舟崎　　淳	気象庁
瀧下　洋一	気象庁	干川　剛史	大妻女子大学
多田　直人	内閣府	干場　充之	気象庁
立原　秀一	気象庁	牧　　紀男	京都大学
田中　　淳	東京大学	三島　和子	前鎌倉女子大学
谷原　和憲	日本テレビ放送網(株)	宮本　　匠	兵庫県立大学
地引　泰人	東北大学	村中　　明	前気象庁
弟子丸卓也	気象庁	森　　康俊	関西学院大学
中川　和之	時事通信社	森岡　千穂	松山大学
中込　　淳	国土交通省	安富　　信	神戸学院大学
中嶋　秀嗣	損保ジャパン日本興亜リスクマネジメント(株)	山崎　　航	内閣府
永松　伸吾	関西大学	山田　尚幸	気象庁
中村　　功	東洋大学	矢守　克也	京都大学
中村　直治	気象庁	横田　　崇	愛知工業大学・内閣府
中村　信郎	日本災害情報学会	吉井　博明	東京経済大学名誉教授
中森　広道	日本大学	若山　晶彦	気象庁
二宮　　徹	日本放送協会		

目　次

第 1 部　災害時の情報

第 1 章　地震・津波・噴火　〔編集担当：横田　崇〕… 1

- 1-1　プレビュー：地震・津波・火山噴火とその情報 …………〔横田　崇〕… 2
- 1-2　解説：地震のメカニズムと被害 ……………………………〔阿部勝征〕… 4
- 1-3　地震情報などの種類 ………………………………〔横田　崇・上野　寛〕… 6
- 1-4　緊急地震速報 ……………………………〔干場充之・若山晶彦・横田　崇〕… 8
- 1-5　気象庁 HP における地震の震源及び発震機構解の速報
　　　　　………………………………………………………〔横田　崇・上野　寛〕… 10
- 1-6　地震活動の見通しに関する情報 ……………………………〔横田　崇〕… 12
- 1-7　解説：津波のメカニズム ……………………………………〔今村文彦〕… 14
- 1-8　津波警報・注意報 ……………………………………………〔尾崎友亮〕… 16
- 資料　津波警報等の変遷 ………………………………〔草野富二雄・横田　崇〕… 18
- 1-9　津波観測 ………………………………………………………〔尾崎友亮〕… 20
- 1-10　東海地震に関連する情報 …………………………〔横田　崇・山田尚幸〕… 22
- 1-11　東海地震に関わる警戒態勢 ………………………………〔越智繁雄〕… 24
- 1-12　東海・東南海・南海地震 …………………………………〔越智繁雄〕… 26
- 1-13　M7 クラスの首都直下地震 ………………………〔横田　崇・平　祐太郎〕… 28
- 1-14　関東及び房総沖の海溝型地震 ……………………〔横田　崇・平　祐太郎〕… 30
- 1-15　阪神・淡路大震災と内陸の直下型地震 ……〔横田　崇・平　祐太郎〕… 32
- 1-16　東日本大震災（原子力災害への対応は除く） ……………〔越智繁雄〕… 34
- 1-17　火山噴火とその災害 ………………………………………〔藤井敏嗣〕… 36
- 1-18　噴火警報・噴火警戒レベル ………………………〔横田　崇・舟崎　淳〕… 38
- 1-19　火山の状況に関する解説情報 ……………………………〔舟崎　淳〕… 40
- 1-20　航空路火山灰情報 …………………………………………〔白土正明〕… 42
- 1-21　火山活動の評価 ……………………………………………〔藤井敏嗣〕… 44
- コラム 1　巨大噴火 ………………………………………………〔藤井敏嗣〕… 46

第 2 章　気象災害　〔編集担当：村中　明〕… 47

- 2-1　プレビュー：気象災害 ………………………………………〔村中　明〕… 48

2-2	解説：気象災害とは	〔村中　明〕	50
2-3	台風	〔岸本賢司〕	52
2-4	集中豪雨・局地的大雨	〔髙橋賢一〕	54
2-5	雷・突風・竜巻	〔瀧下洋一〕	56
2-6	解析雨量・降水短時間予報	〔瀧下洋一〕	58
2-7	ナウキャスト	〔瀧下洋一〕	60
2-8	台風情報	〔岸本賢司〕	62
2-9	気象情報	〔桜井美菜子〕	64
コラム2	特別警報	〔弟子丸卓也〕	66
コラム3	高解像度降水ナウキャスト	〔弟子丸卓也〕	67
2-10	解説：水害とは	〔太田琢磨〕	68
2-11	大雨警報・注意報	〔柴田のり子〕	70
2-12	記録的短時間大雨情報	〔髙橋賢一〕	72
2-13	洪水警報・注意報	〔柴田のり子〕	74
2-14	指定河川洪水予報	〔太田琢磨〕	76
2-15	水防警報	〔太田琢磨〕	78
2-16	解説：土砂災害とは	〔中村直治〕	80
2-17	土砂災害警戒情報	〔中村直治〕	82
2-18	暴風警報・強風注意報	〔桜井美菜子〕	84
2-19	高潮警報・注意報	〔立原秀一〕	86
2-20	波浪警報・注意報	〔立原秀一〕	88
2-21	大雪警報・注意報	〔柴田のり子〕	90
2-22	その他の気象注意報・情報	〔桜井美菜子〕	92
コラム4	災害救助，復旧活動を支援する気象情報	〔中村直治〕	94

第2部　メディア

第3章	マスコミ	〔編集担当：中村　功・谷原和憲〕	95
3-1	プレビュー：マスコミ	〔中村　功〕	96
3-2	解説：報道機関の役割	〔中村　功〕	98
3-3	予警報の伝達	〔二宮　徹〕	100
3-4	被害報道	〔二宮　徹〕	102
3-5	生活情報	〔二宮　徹〕	104
3-6	安否放送	〔中村信郎〕	106
3-7	メディアミックス	〔中村　功〕	108

3-8	ローカルメディア〔中森広道〕	110
3-9	地デジ―データ放送・通信との連携〔福長秀彦〕	112
3-10	報道被害〔中村 功〕	114
3-11	センセーショナリズムと取材の安全〔中川和之〕	116
コラム5	ゲリラ豪雨〔谷原和憲〕	118

第4章 住民用のメディア　〔編集担当：干川剛史〕　119

4-1	プレビュー：住民が使える災害時のメディア〔干川剛史〕	120
4-2	災害時安否確認システム〔久保田 伸〕	122
4-3	携帯電話による緊急情報の同報配信〔福島弘典〕	124
4-4	インターネット〔干川剛史〕	126
4-5	ソーシャル・メディア〔干川剛史〕	128
4-6	情報ボランティア〔干川剛史〕	130
コラム6	東日本大震災における情報通信の実態と情報孤立〔干川剛史〕	132

第5章 行政用のメディア　〔編集担当：岩田孝仁〕　133

5-1	プレビュー：行政用のメディア〔岩田孝仁〕	134
5-2	防災行政通信システム〔岩田孝仁〕	136
5-3	防災情報システム〔内山敬介〕	138
5-4	被害予測システム〔岩田孝仁〕	140
5-5	河川情報システム〔池内幸司〕	142
5-6	震度観測システム〔鷹野 澄〕	144
コラム7	Lアラート〔内山敬介〕	146

第3部　行　　　政

第6章 行政対応の基本　〔編集担当：黒田洋司〕　**147**

6-1	プレビュー：行政対応の基本〔黒田洋司〕	148
6-2	災害対策基本法〔中村 功〕	150
6-3	水防法改正と災害情報〔中込 淳〕	152
6-4	土砂災害関連法〔池谷 浩〕	154
6-5	地震に関する法律〔多田直人・滝澤 朗・山崎 航〕	156
6-6	津波対策の推進に関する法律〔越智繁雄〕	158
6-7	津波防災地域づくりに関する法律〔越智繁雄〕	160
6-8	防災計画〔黒田洋司〕	162

6-9	地域防災計画	〔黒田洋司〕	164
6-10	災害対策本部	〔黒田洋司〕	166
6-11	個人情報保護	〔木村拓郎〕	168
6-12	広域救援体制	〔地引泰人〕	170
6-13	災害ボランティアとの連携	〔菅 磨志保〕	172
6-14	内閣情報集約センター	〔中川和之〕	174
6-15	アメリカの災害対応体制	〔牧 紀男〕	176
6-16	国際協力	〔地引泰人〕	178

第7章 緊急時対応　〔編集担当：中村　功〕… **181**

7-1	プレビュー：緊急時対応	〔中村　功〕	182
7-2	危機予測と避難	〔須見徹太郎〕	184
7-3	避難情報	〔須見徹太郎〕	186
7-4	ダム，水門等の防災施設の操作	〔須見徹太郎〕	188
7-5	災害対策本部の情報集約と意思決定	〔須見徹太郎〕	190
7-6	被害拡大の防止	〔須見徹太郎〕	192
7-7	道路情報	〔秦　康範〕	194
7-8	緊急時のマスコミ対応	〔安富　信〕	196
7-9	緊急時の住民広報	〔黒田洋司〕	198
コラム8	ビッグデータが拓く次世代の災害情報活用	〔阿部博史〕	200

第8章 復旧・復興　〔編集担当：木村拓郎・加藤孝明〕… **201**

8-1	プレビュー：復旧・復興	〔木村拓郎・加藤孝明〕	202
8-2	生活復興情報	〔小田淳一〕	204
8-3	復興期における被災者ニーズ	〔佐藤慶一〕	206
8-4	被災中小企業に対する支援情報	〔小田淳一〕	208
8-5	復興とマスコミ	〔木村拓郎〕	210
8-6	事前復興	〔加藤孝明〕	212
コラム9	圏外避難者への情報提供	〔木村拓郎〕	214

第9章 被害軽減　〔編集担当：秦　康範〕… **215**

9-1	プレビュー：被害軽減	〔秦　康範〕	216
9-2	住宅耐震化	〔石川永子〕	218
9-3	家具固定	〔石川永子〕	220
9-4	避難対策	〔牛山素行〕	222

9-5 土地利用 ………………………………………………………〔末次忠司〕… 224
9-6 災害時要援護者支援 …………………………………………〔金井昌信〕… 226
9-7 消防団・水防団 ………………………………………………〔黒田洋司〕… 228
9-8 地域コミュニティ ……………………………………………〔髙梨成子〕… 230
9-9 人材育成 ………………………………………………………〔岩田孝仁〕… 232
コラム 10　逃げどきマップ ………………………………………〔金井昌信〕… 234

第 10 章　事前教育 ……………………………………〔編集担当：矢守克也〕… 237

10-1 プレビュー：事前教育 ……………………………………〔矢守克也〕… 238
10-2 リスク認知 …………………………………………………〔吉川肇子〕… 240
10-3 リスクコミュニケーション ………………………………〔近藤誠司〕… 242
10-4 防災教育 ……………………………………………………〔城下英行〕… 244
10-5 防災訓練 ……………………………………………………〔城下英行〕… 246
10-6 防災教材・ツール …………………………………………〔舩木伸江〕… 248
10-7 災害伝承 ……………………………………………………〔奥村与志弘〕… 250
10-8 災害文化 ……………………………………………………〔定池祐季〕… 252
10-9 災害観 ………………………………………………………〔関谷直也〕… 254
10-10 防災知識の普及・啓発 ……………………………………〔矢守克也〕… 256
コラム 11　日常生活・習慣と災害心理 ………………………〔関谷直也〕… 258

第 4 部　災害心理

第 11 章　避難の心理 …………………………………〔編集担当：関谷直也〕… 259

11-1 プレビュー：避難の心理 …………………………………〔田中 淳〕… 260
11-2 避難意思決定モデル ………………………………………〔中村 功〕… 262
11-3 避難の促進・抑制要因 ……………………………………〔加藤 健〕… 264
11-4 正常化の偏見 ………………………………………………〔中森広道〕… 266
11-5 認知バイアス ………………………………………………〔関谷直也〕… 268
11-6 空振り・見逃し ……………………………………………〔田中 淳〕… 270
11-7 オオカミ少年効果 …………………………………………〔森 康俊〕… 272
11-8 ヒューリスティックス ……………………………………〔田中 淳〕… 274
11-9 経験の逆機能 ………………………………………………〔吉井博明〕… 276
コラム 12　セルフ・レギュレーション ………………………〔田中 淳〕… 278

第 12 章　コミュニケーションの心理　〔編集担当：関谷直也〕… **279**

- 12-1　プレビュー：コミュニケーションの心理 …………〔関谷直也〕… 280
- 12-2　パニック ……………………………………………〔三島和子〕… 282
- 12-3　災害神話 ……………………………………………〔中森広道〕… 284
- 12-4　うわさ ………………………………………………〔関谷直也〕… 286
- 12-5　風評被害 ……………………………………………〔関谷直也〕… 288
- 12-6　前兆現象と宏観異常現象の心理 …………………〔中森広道〕… 290
- 12-7　議題設定効果 ………………………………………〔川西　勝〕… 292
- 12-8　集団的意思決定 ……………………………………〔森岡千穂〕… 294
- 12-9　助け合いの心理 ……………………………………〔矢守克也〕… 296
- 12-10　説得的コミュニケーション ………………………〔三島和子〕… 298
- 12-11　状況主義と意思決定 ………………………………〔矢守克也〕… 300
- コラム 13　社会的手抜き …………………………………〔三島和子〕… 302

第 13 章　心身のケア　〔編集担当：矢守克也〕… **303**

- 13-1　プレビュー：心身のケア …………………………〔矢守克也〕… 304
- 13-2　被災者の心理 ………………………………………〔宮本　匠〕… 306
- 13-3　心のケア ……………………………………………〔髙橋　哲〕… 308
- 13-4　CIS（惨事ストレス） ………………………………〔畑中美穂〕… 310
- 13-5　喪失とトラウマ ……………………………………〔矢守克也〕… 312
- 13-6　障がいのある人への支援 …………………………〔阪本真由美〕… 314

第 5 部　大規模事故・緊急事態

第 14 章　原子力災害　〔編集担当：首藤由紀〕… **317**

- 14-1　プレビュー：原子力災害 …………………………〔首藤由紀〕… 318
- 14-2　解説：原子力災害とは ……………………………〔首藤由紀〕… 320
- 14-3　原子力災害対策特別措置法と原子力災害対策指針 …〔首藤由紀〕… 322
- 14-4　原子力災害への対応体制 …………………………〔首藤由紀〕… 324
- 14-5　原子力施設の事故・トラブル時の情報伝達と広報 …〔首藤由紀〕… 326
- 14-6　放射線被ばくの防護措置 …………………………〔首藤由紀〕… 328
- 14-7　放射線・放射能 ……………………………………〔関谷直也〕… 330
- 14-8　東京電力福島第一原子力発電所事故 ……………〔関谷直也〕… 332

第 15 章　事故災害等 ……………………………………〔編集担当：関谷直也〕… **335**
 15-1　プレビュー：事故災害等 …………………………………〔関谷直也〕… 336
 15-2　航空・鉄道・船舶事故 ……………………………………〔首藤由紀〕… 338
 15-3　危険物災害 …………………………………………………〔座間信作〕… 340
 15-4　大規模火災 …………………………………………………〔関澤　愛〕… 342
 15-5　通信災害 ……………………………………………………〔中村　功〕… 344
 15-6　群衆災害 ……………………………………………………〔関谷直也〕… 346
 15-7　食品安全 ……………………………………………………〔柄本三代子〕… 348
 15-8　感染症 ………………………………………………………〔関谷直也〕… 350
 15-9　新型インフルエンザ ………………………………………〔櫻井誠一〕… 352
 15-10　家畜伝染病 ………………………………………………〔永松伸吾〕… 354
 15-11　NBC 災害 …………………………………………………〔福田　充〕… 356
 コラム 14　ニューヨーク大停電 ……………………………………〔鈴木敏正〕… 358

第 6 部　企業と防災

第 16 章　企業リスクマネジメントと企業防災
 …………………………………〔編集担当：鈴木敏正・三島和子〕… **359**
 16-1　プレビュー：企業リスクマネジメントと企業防災 ……〔鈴木敏正〕… 360
 16-2　企業防災計画 ………………………………………………〔鈴木敏正〕… 362
 16-3　BCP（事業継続計画）……………………………………〔指田朝久〕… 364
 16-4　リスクアセスメント ………………………………………〔三島和子〕… 366
 16-5　企業防災体制 ………………………………………………〔中嶋秀嗣〕… 368
 16-6　企業防災とコミュニケーション …………………………〔三島和子〕… 370
 16-7　安否確認 ……………………………………………………〔福島弘典〕… 372
 16-8　帰宅困難者対策 ……………………………………………〔中嶋秀嗣〕… 374
 16-9　備蓄 …………………………………………………………〔中嶋秀嗣〕… 376
 16-10　企業活動と防災 …………………………………………〔鈴木敏正〕… 378
 16-11　災害関連融資 ……………………………………………〔指田朝久〕… 380
 16-12　災害と個人情報保護 ……………………………………〔三島和子〕… 382
 コラム 15　ERM ……………………………………………………〔指田朝久〕… 384

索　引 ……………………………………………………………………………………… 385

第 1 部　災害時の情報

第 1 章　地震・津波・噴火

1-1　プレビュー：地震・津波・火山噴火とその情報

> **ポイント：**　第1章では，地震，津波及び火山噴火による被害を軽減するため，これら被害に対する事前の備えと発災時の適切な行動に繋がるよう，現象の発生メカニズムと気象庁から発表されるさまざまな情報及び防災計画等について概観する．

　日本は，過去幾度もの地震，津波及び火山噴火による甚大な被害に見舞われてきた．2011年3月11日の東北地方太平洋沖地震による甚大な津波被害及び地震被害は記憶に新しいところである．

　これは，日本が，太平洋プレート，ユーラシアプレート，北米プレート，フィリピン海プレートの4つものプレートが接する領域に位置していることによるもので，これらのプレート運動により，日本及びその周辺では，世界の約1割もの地震が発生し世界の約1割もの活火山が存在している世界でも有数の地震国・火山国である．しかし，反面，これらの活動により，風光明媚な山々や海岸が形成され，温泉等の火山の恵みを受けている．

　日本及びその周辺では，体に感じない地震を含めると，年間約20万回もの多数の地震が発生しているが，被害をもたらす様な大きな地震の発生は少なく，火山についても同様，活発に活動している火山においても大きな被害をもたらす様な大噴火が発生することは稀である．しかし，一度大きな地震や大噴火が発生すると，その被害は極めて甚大なものとなる．

　地震国，火山国にすむ我々にとって，日々の暮らしの中で自然の恵みを楽しむ一方で，避けることのできない地震，津波及び火山噴火の発生メカニズムやその特性を学び，これら現象が発生した場合に発表される情報を知り，災害から命を守るための備えを事前にしておくことが肝要となる．そして，現象が発生した場合の緊急的な避難行動を検討・理解し，いざという時に対応できるよう訓練し，各自の命を守るよう対処できるようにすることが必須である．

　地震の揺れによる被害は，建物等が壊れることにより発生する．建物のない地面の上で強い地震の揺れに襲われても，地面が強く揺れてビックリするだけですむが，建物の中にいた場合には，壊れた建物や倒れてきた家具に押しつぶされて命に危険が及ぶことになる．地震は何時何処で発生するか不明であり，地震により命を守るには，建物の耐震化と家具の固定が重要となる．これらの備えを怠ると，豊かな文化的な生活を送るために我々自身により作られた建物や家具等が，我々を襲う凶器に変わるのである．

　津波による被害は，瓦礫等を含む大きな水の塊に襲われることにより発生し，堅牢な建物以外は破壊され，それに巻き込まれた人は瓦礫等により打撲したり水の中で呼

```
[地震関係]
解説：地震のメカニズムと被害(1-2)，
地震情報などの種類(1-3)，緊急地震速報(1-4)，
気象庁HPにおける地震の震源及び発震機構解の速報(1-5)，
地震活動の見通しに関する情報(1-6)

[津波関係]
解説：津波のメカニズム(1-7)，
津波警報・注意報(1-8)，
津波観測(1-9)，
津波警報等の変遷(p18-19)

[想定される地震・津波等への対応]
東海地震に関連する情報(1-10)，東海地震に関わる警戒態勢(1-11)，
東海・東南海・南海地震(1-12)，M7クラスの首都直下地震(1-13)，
関東及び房総沖の海溝型地震(1-14)

[最近の地震・津波被害(主なもの)]
阪神・淡路大震災と内陸の直下地震(1-15)，東日本大震災(1-16)

[火山関係]
火山噴火とその災害(1-17)，噴火警報・噴火警戒レベル(1-18)，
火山の状況に関する解説情報(1-19)，
航空路火山灰情報(1-20)，火山活動の評価(1-21)，
コラム1　巨大噴火
```

吸ができなくなり命に危険が及ぶ．普段我々の生活を安全に守ってくれている堤防等も，堤防を超えた津波が襲ってきた際には，堤防が高くなればなるほどより危険性は増していく．この観点から見ると，堤防は我々の命を守ってくれるものではなく，避難をするための時間的猶予を与えてくれるものと考え，すぐに避難することが大切である．

　最後に，火山噴火による被害を見ると，その被害は，噴火の規模や様式により大きく異なるが，噴火と同時に生命に危険を及ぼす火砕流の発生を想定すると，そのスピードは高速で人間の足で逃げきることは不可能であり，巻き込まれた場合に高温の火砕流から我々の命を守るための施設を作ることは困難である．また，噴石の危険性についても2014年の御岳山噴火の被害が記憶に新しいところである．火山噴火が想定される場合には，事前の避難が大切である．

　本章では，これら地震，津波，火山の被害を軽減するための地震の備えと発生時の適切な行動に繋がるよう，各現象の発生メカニズムと気象庁から発表される様々な情報について概観する．

(横田　崇)

1-2　解説：地震のメカニズムと被害

> **ポイント：**　地震とは岩盤の中に断層が急激にできて，地震波を発生する現象である．断層運動から生じた地震動や地殻変動が社会生活に関わって地震災害を引き起こす．

　かつて**地震**とは，地下にたまったひずみのエネルギーが振動という運動エネルギーとして「がしゃがしゃ」と出たものであるといわれていた時期があったが，今日では，ほとんどの地震は，岩盤の中に断層が急激にできて，そこから地震波を発生する現象であるととらえられている．**断層**とは，ある面を境にしたずれのことをさす．実際の地震では，徐々にたまったひずみによる応力が岩盤の破壊強度を越えた時，断層面上の一点（すなわち震源）で急激な破壊が発生する．その破壊は毎秒数 km の速さで拡大し，最終的にある広さの断層面にわたってずれを起こす．

　この地震イコール断層運動というモデルでは，断層運動全体の大きさに関与する重要な物理量は断層面の面積，断層面上での平均のずれあるいは応力変化である．断層面の形は長方形で近似されることが多い．断層運動を起こした範囲は震源域と呼ばれる．断層面の大きさと平均のずれとの積にその場所の剛性率を掛け合わせた量を**地震モーメント** M_0，あるいは単にモーメントという．震源域を点とみなす極限において断層運動は 2 対の偶力（ダブル・カップル）という力学モデルと等価である．その偶力の大きさはモーメントで測られるというのがモーメントという語の由来である．理論的に長周期地震波の振幅は M_0 に比例することがわかっており，地震波の詳しい解析から発生メカニズムや M_0 を精度よく決めることができる．

　最近の地震波の精密な解析によると，断層運動は時間的空間的に離散的な広がりをもつ複数の破壊から成り立っている．この破壊の不規則性は断層面上の不均一な強度分布を反映したものと考えられる．岩盤同士が固く結合しているところ（**アスペリティ**）は，地震の時に急に大きくずれ，強い地震波を出す．アスペリティが近接して存在しているような場合には，相互作用があり，複数のアスペリティが連動して動くこともある．最近では，短周期の強い地震波を出すところは，**強震動生成域**と呼ばれている．

　不均一な断層運動から放射される地震波の挙動も複雑である．例えば，1995（平成 7）年兵庫県南部地震では，周期 1 秒前後の地震波が卓越し，その影響を受けやすい木造家屋など約 10 万棟を全壊させた．そのような地震波がキラーパルスといわれるゆえんである．2003（平成 15）年十勝地震や 2011（平成 23）年東北地方太平洋沖地震などの巨大地震では，周期数秒の**長周期地震動**が卓越し，石油タンクや高層建築物に影響を与えた．実際には，地震動の挙動を周期ごとの揺れの強さ（地震動スペク

トル）に分解して，構造物への影響の度合いや断層運動の不均一性を調べることになる．

　さて，断層は，ずれの方向により，**縦ずれ断層**と**横ずれ断層**に分けられるが，実際には両者の混じったものが多い．縦ずれ断層は**正断層**と**逆断層**に分けられる．このような断層のタイプはそこに働く力の状態と密接に関係している．

　日本とその周辺で発生する地震をおおまかにタイプ分けすると，プレート間の地震（**海溝型地震**），沈み込むプレート内の地震（**スラブ内地震**），陸域の浅い地震などがある．海溝型地震では，断層運動は，沈み込むプレートと陸のプレートの境界で発生し，逆断層になる．プレートの境界面は水平面から緩い角度で傾斜していることから，そこで発生する地震は低角逆断層型と呼ばれることもある．

　日本では，とりわけ大きな地震災害を「震災」あるいは「大震災」と呼ぶ．社会へ特に強いインパクトを与えた地震災害を大震災と名づけたと思われるが，用語の使い方に一定の基準があるわけではない．地震災害の程度は一般に人的被害，物的被害，被害総額などの指標で表される．

　地震災害に共通する加害要因は，自然現象としての地震動，山崩れ・地すべり，津波である．直接的な加害要因に加えて，何が地震災害を拡大させたのか，災害の拡大要因を整理してみると次のようになる．

① 地震や津波の規模が予想よりも大きい　　⑤ 構造物の強度が不十分
② 大規模な火災が発生する　　　　　　　　⑥ 人口密集地が襲われる
③ 表層地盤が悪い　　　　　　　　　　　　⑦ 都市機能の弱点をつかれる
④ 住宅のつくりが本質的に弱い　　　　　　⑧ 産業活動や経済に打撃を与える

などである．地震による強烈なゆれ，山崩れ・地すべり，津波といった自然現象としての決定的な要因に加えて，これらの拡大要因が複合して地震災害をさらに大きくする．これらの要因のいくつかもしくはすべてが世界各地の地震災害に関係しており，災害拡大の潜在力としての災害ポテンシャルともいえる．中規模の地震であっても時には災害を震災級に引き上げてしまうのである．災害ポテンシャルを低くすることが防災である．

　　　　　　　　　　　　　　　　　　　　　　　　　　　　　　（阿部勝征）

〔文献〕
宇津徳治（2001）『地震学（第3版）』共立出版．
宇津徳治他編（2001）『地震の事典（第2版）』朝倉書店．
日本地震学会地震予知検討委員会編（2007）『地震予知の科学』東京大学出版会．

1-3　地震情報などの種類

> **ポイント：**　気象庁は地震発生直後に発表する緊急地震速報をはじめ，震度速報などの地震情報や余震の発生確率などを発表している．これらの情報は国及び地方自治体などの緊急時の災害時の初動体制作りなどに役立てられている．

　ある規模以上の地震が発生した場合，気象庁は，地震発生直後に震源に近い観測点での地震波形から，速やかに震源の位置と地震の**規模**（マグニチュード：M）を推定し，予測される各地の震度を直ちに伝達・提供する**緊急地震速報**をまず発表する．続いて，実際に震度3以上を観測した場合，揺れた地域名とその時刻を地震発生1分半後に発表する．また，震度1以上を観測した地震の場合は，**震源**の位置，M及び各地の震度に関する情報を地震発生5分～10分程度で発表している．これらの情報は速報としてテレビ・ラジオや気象庁HPなどを通して国民に伝えている．これらの情報の他に，震度5弱以上を観測した場合に発表される**推計震度分布**（実際に観測した震度を利用して，観測していない地域の震度も推計する）や規模が大きい地震が発生した場合に発表する**余震の発生確率**（余震の発生状況から規模が大きい余震の確率を予測する）などの情報もある．これらの情報は国の関係機関や自治体に伝えられ，災害時の初動体制作りや被害の早期把握などに役立てられている．

　2011（平成23）年3月より，伊豆東部火山群において群発地震活動が活発になると考えられる場合に，「地震活動の予測情報」を発表することになった．2013（平成

表　地震情報などの発表タイミング

発表タイミング*	発表情報の名称等
数秒～数十秒	緊急地震速報
1分半～3分程度	震度速報（震度3以上を観測した地域とその震度） 津波警報など
3～5分程度	震源・震度に関する情報 （震源，規模，震度3以上の地域，揺れの大きな市町村） 津波情報 （予想される津波の高さ，予想到達時刻，予想満潮時刻）
5～10分程度	各地の震度に関する情報 （震度1以上を観測した震度観測点名）
30分程度以降	推計震度分布図 津波情報（津波の観測値）など
翌日以降	余震の発生確率など

*地震発生からの時間

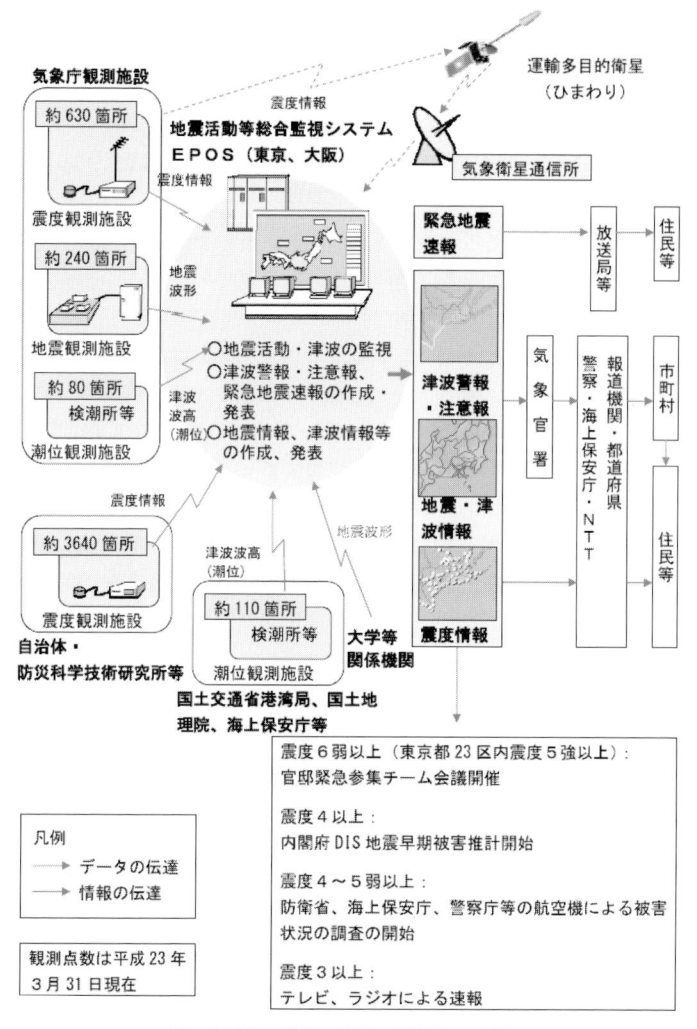

図　地震津波情報の作成・伝達までの流れ

25）年3月より，高層ビルなどにおける地震後の防災対応などの支援を図るため，長周期地震動に関する観測情報を試行的に気象庁HPに掲載している．

〔横田　崇・上野　寛〕

➡ 関連項目　地震活動の見通しに関する情報（1-6）

1-4 緊急地震速報

ポイント： 地震が発生した際，震度の予想などを素早く知らせる地震動の予報及び警報．震源に近い地震計のデータを解析し，各地の震度を予想する．震源から近い場所では間に合わない．また，誤差を伴う．

緊急地震速報は，地震の発生直後に，震源に近い地震計で捉えた観測データを解析して，これに基づいて各地での主要動の到達時刻や震度を予測し，可能な限り素早く知らせる地震動の予報及び警報である．

地震波には主に2つの種類があり，1つは**P波**で，おおよそ1秒間に7km進む比較的振幅の小さな波である．もう1つは**S波**で，おおよそ1秒間に4km進む比較的振幅の大きな波である．これらは，現在の通信に比べれば極めて遅い．緊急地震速報では，この地震波の「遅さ」と，P波とS波のスピードの差を利用している．地震発生後，震源の近くの数点の地震計で捉えた地震波を用いて，震源位置とマグニチュード（以下，M）を直ちに推定する．これらに基づいて，各地のS波の揺れの大きさ（つまり，震度）とその到達時刻を予想する．よって，緊急地震速報は，地震発生後の地震波を捉えてから発表する情報であり，地震発生前の情報（いわゆる地震予知）ではない．

最も速い情報は，最初の1点の地震計でP波が到達した時点で解析し，震度などを予想したものである．しかし，この段階では精度は高くない．時間が経過すると，地震波が到達する地点が増えるだけでなく，すでにP波を観測した地点ではS波も観測し始めるため，精度は高くなるが，逆に，迅速性が損なわれ強い揺れに間に合わなくなる．このように，迅速性と精度がトレードオフの関係にある．そこで，1つの地震に対して，第1報を発表した後も，繰り返し震源位置とMの推定と震度の予想を行い，続報を発表している．

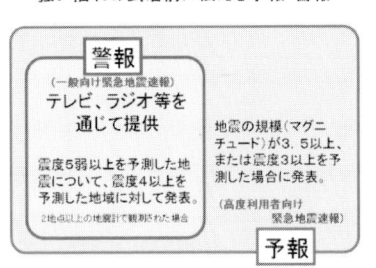

図 緊急地震速報の予報（高度利用者向け）と警報（一般向け）

緊急地震速報は大きく2通りに分類される．1つは高度利用者向けで，もう1つは一般利用者向けである（図）．一般利用者向けの緊急地震速報は，2007（平成19）年12月に気象業務法の一部改正により地震動警報に位置づけられた．警報以外の緊急地震速報は地震動予報と位置づけられている．

高度利用者向けの緊急地震速報（**予報**）は，予想震度が3以上の場合，または，Mが3.5以上，あるいは，いずれかの観測点で基準以

上の揺れ（100 cm/s^2 に設定）を観測した時に発表される．繰り返し発表される速報を，主に**専用端末**で受信し，自らの目的に見合った基準により，報知や自動的な制御などへの活用がなされている．

一方，一般利用者向けの緊急地震速報（**警報**）は，2点以上の地震計で地震波を捉え，震度がいずれかの地点で5弱以上と予想された時に，（予想震度の精度を考慮して）予想震度4以上の地域に発表される．また，予想が複数回発表されるのとは異なり，警報は原則1回限りの発表である（ただし，後の解析により，警報を発表していない地域（予想震度3以下）で発表基準を超える（予想震度5弱以上）場合には，警報の続報を発表する）．広く利活用できるよう，TV，ラジオで**放送**され，また携帯電話などを通じて伝達される震度6弱以上の緊急地震速報は特別警報となる．

緊急地震速報は，地震被害を軽減する新しい方法であるが，技術的な限界がある．まず，間に合わない地域があることである．そもそも，震源に近い地震計で検知し，やや離れた所にいる人に伝える，という仕組みであるため，震源に近いところでは間に合わない．次に，震度予想の誤差が挙げられる．より早期に緊急地震速報を発表するため，少ない観測データから震源位置とMを推定しなければならず，十分なデータを得てから解析を行う方法よりも精度が劣る．また，震源位置とMが正確に推定できたとしても，震度の予想手法にも限界がある．さらには，① 地震が連発した場合には，それらの地震を分離することは難しく，震源位置やMを正確に推定できない，② M7を超えるような大地震の場合には，最初の発表時点では，まだ，地の断層運動が続いている段階なので，Mや震度を過小評価する，③ M8クラスの地震の場合は，震源域が広範囲になる影響がより大きくなり，震度予想が不適切になる，などの課題がある．

● 事 例

2011（平成23）年の東北地方太平洋沖地震では，最も震源に近い観測点でも，震度5弱相当の揺れが観測される15秒前に警報が発表されている．NHKは全国に，民報は東北地方に放送し，また，携帯電話でも通知された．ただし，関東地方には③の理由により震度予想を過小評価し，警報を発表していない．また，広範囲における余震活動が活発だったため，①の理由により震度を過大予想した警報が多くあった．

（干場充之・若山晶彦・横田　崇）

➡ 関連項目　解説：地震のメカニズムと被害（1-2），地震情報などの種類（1-3）

1-5 気象庁HPにおける地震の震源及び発震機構解の速報

> **ポイント**： 気象庁HPでは，地震の震源及び発震機構解について速報している．自動処理結果のため，人による精査後のものよりは精度は落ちるものの，大地震発生後の余震分布や地震発生メカニズムを即時に知ることが可能となる．

[**震源情報**] 震度1以上を観測した地震が発生した場合，気象庁は**震源**の位置及び**規模**（マグニチュード，以下M）の情報を地震発生約5分程度以内で発表している．これらの情報は速報としてTVや気象庁HPなどを通して国民に伝えている．この速報は基本的に震度1以上を観測した地震のみだが，それ以外の無感地震の位置及びMについても，気象庁HP（http://www.data.jma.go.jp/svd/eew/data/hypo/）に速報として掲載している（図1）．ここで掲載している震源の情報は気象庁及び大学，防災科研のHi-netなどの地震観測点データを用いて自動処理されたもので，地震発生概ね30分後に掲載され，10分ごとに更新している．自動処理された震源の中には精度が極端に悪いものも含まれていることから，精度のよい震源のみを掲載しており，内陸の浅い地震については概ねM1.5以上，それ以外の地震についても概ねM4以上が表示されている．このサイトでは2日以内の地震について表示されているが，それ以前の地震については，人による精査後，震源位置及びMの更新を行っており，気象庁HPの別ページ（http://www.data.jma.go.jp/svd/eqev/data/daily_map/index.html）で閲覧することができる．

[**発震機構解**] 自動処理された地震の**発震機構解**（初動解，CMT解）も気象庁HP（http://www.data.jma.go.jp/svd/eew/data/mech/top.html）で速報として掲載している（図2）．初動解は日本の主に内陸で発生した地震を解析の対象としており，CMT解は日本周辺で発生した**モーメントマグニチュード**5.0以上の地震を対象としている．また，CMT解析については全世界で発生した規模の大きな地震についても，全世界の地震波形を用いて解析している．それぞれ，解析結果の精度評価も自動で処理しており，精度が高い「詳細」，精度が比較的低い「参考」として表示されている．数日後の人による精査後，これらの解も更新し，別ページ（http://www.data.jma.go.jp/svd/eqev/data/mech/index.html）で閲覧することができる．

（横田　崇・上野　寛）

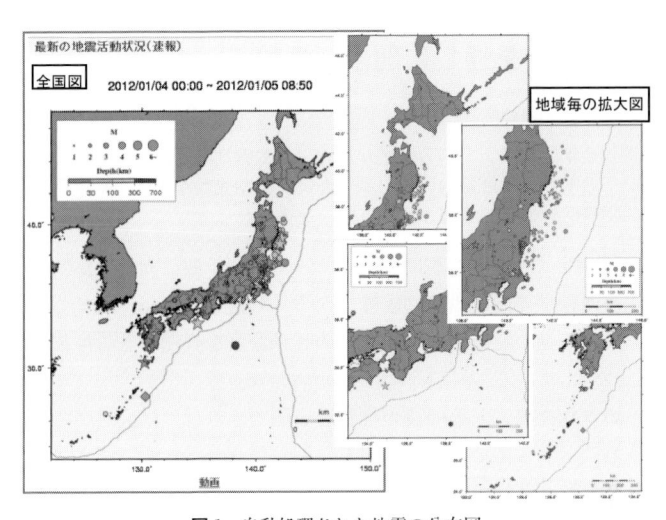

図1 自動処理された地震の分布図
左の全国図をクリックすると，各地域の拡大図をみることができる他，各々の地震のマーク上にカーソルをもっていくと，発生時刻を知ることができる．

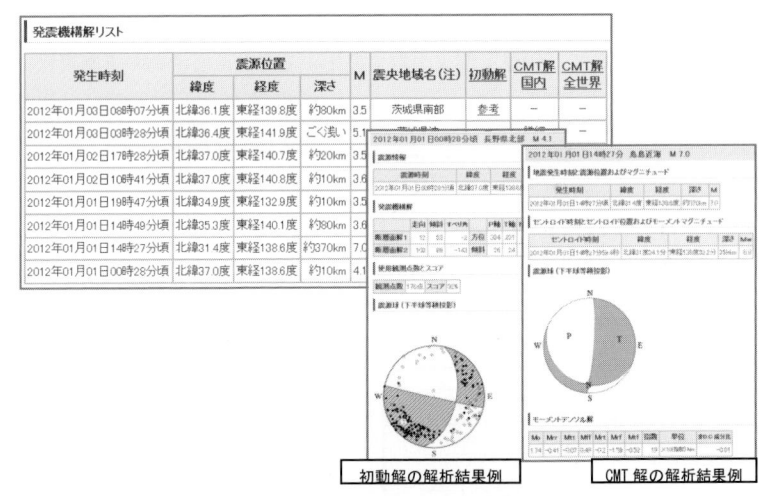

図2 自動処理された地震の発震機構解リスト
各地震についてクリックすると，解析結果の詳細（右図）をみることができる．

➡ **関連項目** 地震情報などの種類（1-3）

1-6 地震活動の見通しに関する情報

> ポイント： 近年，地震データの蓄積が進み，過去の地震活動の特徴などから，推移や見通しについての予測的な評価の可能な事例がいくつか見つかっている．このような事例については，地震活動の予測情報が気象庁から発表される．

　地震の予知は，唯一，東海地震についてのみ，短期予知に向けた体制が敷かれているものの，現在の科学では一般的に困難である．しかし，近年，数多くの地震データが集まり，過去の活動の特徴から地震活動の推移などを推測できる可能性のある事例がいくつか見つかっている．

　地震活動の始まりを捉え，その後の推移を予測できれば，防災対応のための有益な情報となりうることから，そのための検討体制が敷かれている（図1）．

　地震調査研究推進本部地震調査委員会で，過去の地震活動データの解析に基づいて予測手法の検討を行い，地震・地殻活動を24時間監視している気象庁がこの手法を用いて，地震活動の**見通しに関する情報**を発表することとなる．なお，予測情報の発表にあたっては，情報の内容や情報提供の方法，そのような情報を受けた防災機関がとるべき対応などについて，事前に関係機関の間で十分な調整が必要となる．

　その最初の事例として，**伊豆東部火山群**で発生する群発地震活動の予測情報について検討が行われ，2011（平成23）年3月から運用となっている．この他，活発な前震活動を伴う茨城県沖のマグニチュード7前後の地震や，プレートのゆっくり滑りによって引き起こされる房総半島東部の群発地震活動などが，今後の検討対象として挙げられている．

●事　例

　伊豆東部火山群では1970年代以降，マグマ活動に伴う群発地震活動が度々発生してきており（図2），**規模**の大きな地震が発生すると，伊東市などでは震度5弱～5強程度の揺れによって，軽微な被害が生じることがある．気象庁は，伊豆半島の東部に設置した体積ひずみ計で地震

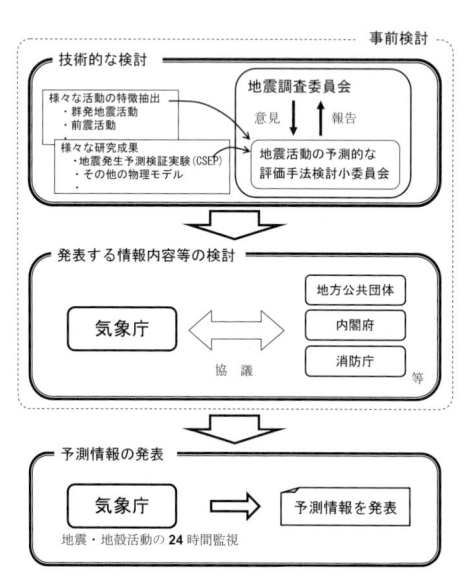

図1 予測情報の検討体制及び発表体制

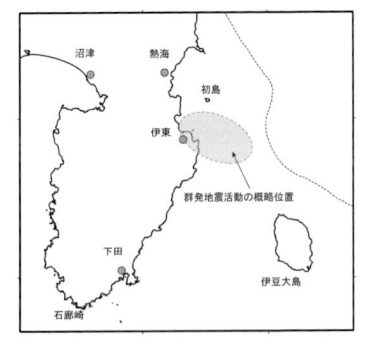

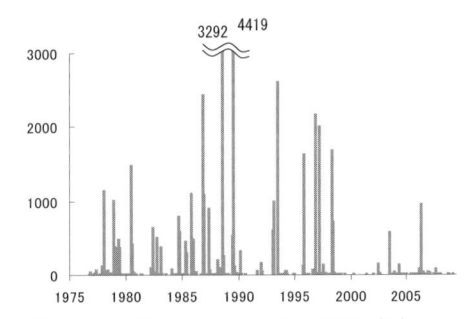

図2 伊豆東部の群発地震活動域（左）と伊東市鎌田観測点における日別地震回数（右）

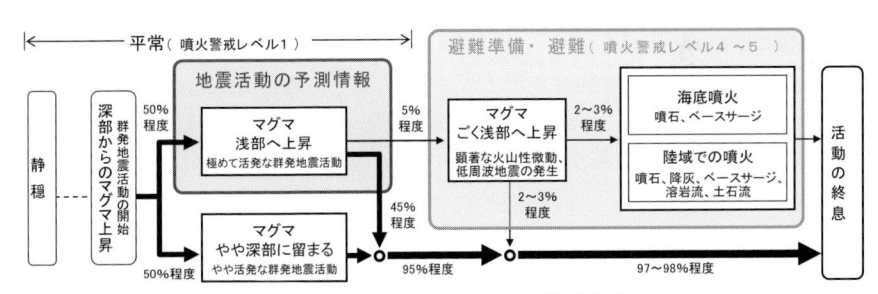

図3 伊豆東部火山群における防災情報体系

活動に先行するマグマの動きを捉え，このデータから最大地震の規模と震度，震度1以上となる地震回数，活動期間を予測し，地元での防災対応のため，地震活動の予測情報の発表を行う．

予測情報の導入にあたり，気象庁，内閣府，静岡県，伊東市などの関係機関の間で，情報発表の方法や対応などについての事前検討が行われた．予測情報を受けた県や市がとるべき防災対応が各々の地域防災計画にまとめられた上で，2011年3月31日から運用が開始されている．

なお，マグマ活動がさらに高まった場合には火山活動に推移し，気象庁は噴火警戒レベル4あるいは5の噴火警報を発表することになっており，地震活動の見通しに関する情報から噴火警報に至る，シームレスな防災情報体系が整えられている（図3）．

(横田　崇)

➡ **関連項目** 東海地震に関連する情報（1-10），東海地震に関わる警戒態勢（1-11），東海・東南海・南海地震（1-12）

1-6 地震活動の見通しに関する情報　　13

1-7　解説：津波のメカニズム

ポイント：　津波，波の伝播，波動伝播，津波遡上，津波被害，東日本大震災

●津波とは

　津波とは，「津」（港や湾）での波を意味し，1950年頃から tsunami として世界共通語になっている．地震による津波の場合，沖合では，波長が数十〜百kmで高さ（波高）は数m程度の波であり認識することができない．波高勾配の非常に小さな波動運動である．しかし，沿岸に到達するにつれ，波長が短く逆に波高が増加し，特に港や湾内ではさらに波高が増幅し，大きな波として確認される．

●津波発生のメカニズム

　津波は，そのほとんどが海底地震によって生じるが，稀に海底地滑り，火山爆発，隕石衝突なども原因となる．海底で地震が発生すると，断層運動により海底に変動が生じ，その上にある海水自体を変化させ津波を発生させる（図）．この変動の大きさは，海底変異の大きさに依存し，地震の規模（マグニチュード）やその震源の深さに大きく関係することから，これらは現在の津波警報システムにおける津波発生の有無の判断の主要パラメータである．

●津波の伝播　──深海から沿岸へ

　津波の速度は，水の粒子自体の速度ではなく，波の山谷の形状の伝わる波動伝播速度で，水深と重力加速度の平方根で与えられる．深海（4000m）では，時速720km（秒速200m）ものジェット機並のスピードで減衰する事もなく伝播する．津波が沿岸部へ到達すると，速度は急激に低下し，同時に波長が短くなり，水深5mでは，秒速7m波長数km程度の波となる．その結果，波高が急激に増加し，津波として沿岸に来襲する．津波は何時間にもわたり何波も押し寄せてくる．最大の高さは第一波とは限らず，後から出現する場合もある．

●陸上への津波の遡上

　津波の陸上への遡上は，平坦な海岸平野では，海岸から数百mから数kmに及ぶこともあり，海側が広く陸側で狭くなるV字型の湾では，津波のエネルギーが湾の奥に集中し，より高いところまで遡上する．津波の遡上により家屋等が破壊されるが，津波が戻る際の流れも強く，被害も大きい事が報告されている．また，津波は，砂などの堆積物を陸上に残す．

●津波が引き起こす被害

　津波は浅海域に近づくにつれて，波高や流速を増加させ，我々に大きな打撃を与え

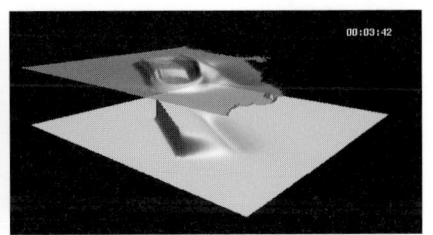

図　地震の断層運動により発生する津波の様子
海底の隆起・沈降により水面が変動し，津波が生じる．

る．津波による被害は，陸域及び浅海域での広い範囲に及ぶ．陸上での被害は，人的被害をはじめとして，家屋被害，施設被害（防潮堤，水門），津波火災延焼被害，経済被害（サービス停止），ライフライン被害（上下水道，電力，ガス，通信），交通被害（道路，鉄道），農業被害（水田への塩水浸入）などがある．一方，海域での被害例としては，施設被害（防波堤など沿岸施設），船舶被害，水産被害，地形被害（土砂移動による洗掘，首藤，1998），油・材木流出（火災・延焼の原因，沿岸環境汚染）がある．

●東日本大震災での津波被害

我が国での史上最大の規模であり，津波の浸水に伴う，沿岸構造物，防潮林，家屋・建物，インフラへの被害，浸食・堆積による地形変化，破壊された瓦礫，沖合での養殖筏，船舶などの漂流，さらには，可燃物の流出と火災，道路・鉄道（車両も含む）など交通網への被害，原子力・火力発電所など施設への影響など，現在想定される津波被害のほぼすべてのパターンが発生したと考えられる．

特に，沿岸での防潮堤などをはじめとした保全施設や，堅固な施設でも被害を受けた事例があり，その原因と対策等について，より詳細な検討が必要である．

●津波警報システム等の今後の課題

近地津波では，津波発生から到達までの時間が比較的短いことから，迅速な避難行動が不可欠となる．一方，遠地津波の場合には，津波発生から到達までにかなり時間的余裕があるため，沿岸各国の連携による地震及び津波観測体制の強化及び警報等の伝達ネットワークが重要となる．

現在，これらに対処するための気象庁の津波警報システムが稼働しているが，今後は，次世代の予測・警報システムとして，津波のリアルタイム観測と数値モデルを組み合わせたシステムの開発が重要となる．　　　　　　　　　　　　　（今村文彦）

➡　関連項目　津波警報・注意報（1-8），津波観測（1-9）

1-8 津波警報・注意報

ポイント： 津波による災害の発生が予想される場合，地震発生の約3分後に，気象庁は津波警報または注意報を発表する．特に津波警報では，陸域で被害が発生するおそれがあり，直ちに高台など安全な場所への避難が必要である．

　ひとたび発生すれば甚大な被害が生じる津波に対し警戒を呼びかけることの重要性から，気象庁は1952（昭和27）年より気象業務法に基づく津波警報業務を開始した．業務開始当初は地震発生から警報の発表までに約20分程度を要していたが，技術開発やシステムの改善，地震観測網の整備などにより，迅速性が徐々に向上し，1994（平成6）年には，日本近海で発生した地震については，地震発生後約3分で**津波警報**を発表することが可能となった．1999（平成11）年には，データベースに保存した津波シミュレーション結果を利用して津波警報を作成する，いわゆる量的津波警報システムを導入し，津波の高さや津波の範囲に関するよりきめ細かな警報の発表を開始した．さらに，2006（平成18）年には，緊急地震速報の技術を利用することにより，日本近海で発生した地震については，地震発生から津波警報を発表するまでの時間は，最短の場合で2分程度にまで短縮された．

　気象庁の津波警報作成・発表の手順は概ね以下のとおりである．① 国内の地震観測網からリアルタイムで送られてくる地震波形データをもとに，発生した地震の震源及びマグニチュードを迅速に求める．② 地震の震源及びマグニチュードをもとに，あらかじめ約10万通りについて計算し保存した津波数値シミュレーションデータベースを参照し，最も近いケースをもとに，津波警報を作成する．③ 作成した津波警報を，防災関係機関，地方自治体，メディアなどへ伝達する．

　なお，海外で発生した地震についても，IRIS（米国地震研究大学連合，Incorporated Research Institutes of Seismology）などがリアルタイムで収集・公開している海外の地震波形データを入手するとともに震源やマグニチュードの決定を行い，海外で発生した津波予測のための津波数値シミュレーションデータベースや，震源やマグニチュードの後に求められる断層パラメータを用いた津波数値シミュレーションの結果をもとに，津波警報を発表している．

　津波警報等は現在，予想される高さに応じて**大津波警報**，**津波警報**，**津波注意報**の3段階に区分し（表），日本沿岸を概ね都道府県単位の66に区切った予報区ごとに発表している．

　津波注意報は海水浴や磯釣り，海中での作業，養殖施設等，海域に対して警戒を呼びかけるものであるが，津波警報や大津波警報の場合は，陸域への浸水被害のおそれがあり，沿岸の住民等は直ちに高台等安全な場所へ避難する必要がある．特に大津波

表　津波警報・注意報の分類

種類	発表基準	発表される津波の高さ	
		数値での発表	巨大地震の場合の発表
大津波警報	予想される津波の高さが高いところで3mを超える場合．	10m超，10m，5m	巨大
津波警報	予想される津波の高さが高いところで1mを超え，3m以下の場合．	3m	高い
津波注意報	予想される津波の高さが高いところで0.2m以上，1m以下の場合であって，津波による災害のおそれがある場合．	1m	（表記しない）

警報の場合は，浸水範囲が内陸の広範囲に及び，甚大な被害となるおそれがある．気象庁は2013（平成25）年から，重大な災害の危険性が著しく高まっている場合に最大限の警戒を呼びかける「特別警報」の運用を行っているが，大津波警報は，この特別警報に位置づけられている．

2011（平成23）年の東北地方太平洋沖地震のように，マグニチュード8を超えるような非常に規模の大きい地震の場合，3分程度で地震の規模を適切に推定することが困難となる．このような場合，津波警報が過小な予測とならないよう，当該海域で想定される最大規模の地震に基づいて津波警報の第1報を発表する．このとき，予想される津波の高さは数字ではなく「巨大」や「高い」という言葉で発表して，非常事態であることを伝える．その後，地震の規模が精度よく求められた段階で津波警報を更新し，予想される津波の高さも数値での発表に切り替える．

なお，津波警報は，地震発生直後の限られたデータによる規模推定に基づき発表するため，精度には限界がある．基本的には不確定要素が高い中で最悪を想定して発表するので，本質的に大きめの予測となりやすい傾向がある．しかし，津波警報が発表されたということは，津波を発生させうる規模の地震が発生し津波が来襲する可能性が非常に高い状態にあることを意味しており，また，実際に津波が来襲した場合は目にみえてからでは避難が間に合わないため，確実に避難行動をとる必要がある．

また，津波警報は，第1報発表後のデータの精査により，上方または下方修正されることがあるので，避難先において最新の情報を把握しておくことが望ましい．さらに，津波はいったん引いた後も第2波，第3波と襲ってくること，津波が到達してから最大波がくるまでに数時間以上かかることがあることなどから，警報が発表されている間は，辛抱強く避難行動を続けることが大切である．

（尾崎友亮）

➡ 関連項目　資料：津波警報等の変遷

資料　津波警報等の変遷（草野富二雄・横田　崇）

改定日	1941(昭和16)年 9月11日	1949(昭和24)年 12月2日	1957(昭和32)年 1月1日	1967(昭和42)年 8月1日
予想される津波の高さ	**津浪警報3**（避難を要す）4〜5m以上／**津浪警報2**（警戒を要す）2〜3m程度／**津浪警報1**（注意を要す）1m以下／**津浪警報0**[注1]（津波はない）	**オオツナミ**（厳重に警戒）：警報 高い所5〜6m以上、その他2〜3m位／**ヨワイツナミ**（一応用心）：警報 高い所2〜3m程度、多くの所1m程度あるいはそれ以下／**ツナミナシ**：警報（津波はない）	**オオツナミ**（厳重に警戒）：警報 高い所5〜6m以上、その他2〜3m位／**ヨワイツナミ**（警戒）：警報 高い所3〜4m、多くの所1m程度／**ツナミオソレ**（高さ不明）／**ツナミナシ**：警報（津波襲来のおそれはない）	**オオツナミ**（厳重に警戒）：警報 高い所約3m以上、その他1m位／**ヨワイツナミ**（警戒）：警報 高い所約2m、多くの所数10cm程度／**ツナミオソレ**（高さ不明）／**ツナミナシ**[注3]：警報（津波襲来のおそれはない）
解除	警報　津浪警報解除	警報　ツナミカイジョ	警報　ツナミカイジョ（津波の危険はなくなった）	警報　ツナミカイジョ（津波の危険はなくなった）
津波警報等発表目標時間	20分以内[注2]	15分以内	20分以内	20分以内
備考	三陸沿岸に対する警報組織発足 ○津浪警報規程定める. ○津浪警報の種類を記号化. (注1) 津浪警報規程, 津浪警報の記号化及び「津浪警報0」は1946(昭和21)年4月から運用. (注2) 解説資料から判断した時間. (※)「津浪」を「津浪」と表記している.	全国的な津波警報体制確立 ○津波警報等の種類は, 昭和27年4月の気象官署津波業務規程および同年12月の気象業務法施行においても同じ.	○津波の高さを予測することが不可能な場合に用いる「ツナミオソレ」を新設.	○津波の高さを平常潮位からの高さと定義. 津波の高さは, 従来の津波の高さ（波の谷から山までの高さ）の約半分となる. これに伴い,「オオツナミ」と「ヨワイツナミ」の予想される津波の高さの範囲を変更. (注3)「ツナミナシ」は昭和46年8月から注意報.

1977(昭和52)年 2月1日			1999(平成11)年 4月1日	2007(平成19)年 12月1日	2013(平成25)年 3月7日	2013(平成25)年 8月30日	
オオツナミ (厳重に警戒)	警報 高い所 約3m 以上		警報	警報	警報	特別警報	6m
			大津波 (厳重に警戒) 3m以上 (3m, 4m, 6m, 8m, 10m以上)	大津波 (厳重に警戒) 3m以上 (3m, 4m, 6m, 8m, 10m以上)	大津波警報 (甚大な被害発生) 3m超 (5m, 10m, 10m超) 「巨大」(注6)	変更なし	5m
							4m
							3m
	その他 1m位	ツナミ (警戒) 警報 高い所 約2m	津波 (警戒) 1m以上 3m未満 (1m, 2m)	津波 (警戒) 1m以上 3m未満 (1m, 2m)	津波警報 (被害発生) 1m超3m以下 (3m) 「高い」(注6)	変更なし	2m
							1m
		その他 数10cm 程度	注意報	注意報	注意報	注意報	
		ツナミチユウイ 注意報 高い所 数10cm 程度 (津波があるかも知れない)	津波注意 0.2m以上 1m未満 (0.5m)	津波注意報 0.2m以上 1m未満 (0.5m)	津波注意報 0.2m以上1m以下 (1m) 「表記しない」(注6)	変更なし	50cm
							20cm
			若干の海面変動 0.2m未満	若干の海面変動 0.2m未満	若干の海面変動 0.2m未満	予報 変更なし	0cm
注意報 (津波の来襲のおそれはない)	ツナミナシ (注4)		予報 津波なし	予報 津波なし	予報 津波なし		なし
注意報 ツナミケイホウカイジョ (津波の危険はなくなった) ツナミチユウイカイジョ (津波の心配はなくなった)			注意報 津波警報解除 津波注意報解除		警　報(特別警報を含む)：津波警報解除 注意報：津波注意報解除 予　報：津波予報解除		
20分以内 (注5)			早い場合 3分程度		早い場合 2分程度		
○「ヨワイツナミ」を「ツナミ」に名称変更. ○「ツナミオソレ」を廃止. ○津波注意報として「ツナミチユウイ」を新設（オオツナミ, ツナミは警報）. ○「ツナミナシ」は平成7年4月から地震情報で発表. (注4) 平成7年4月から「津波の心配なし」で発表. (注5) 1987(昭和62)年8月～：早い場合7分程度 1994(平成6)年8月～：早い場合3分程度			○量的津波予報開始. ○津波の高さを発表開始. ○大津波と津波は「津波警報解除」で解除,津波注意は「津波注意報解除」で解除. ○「若干の海面変動」は地震情報で発表.（「津波なし」も平成7年4月から地震情報で発表).	○気象業務法改正に伴い津波予報を新設し,警報・注意報・予報に分類. ○津波予報は解除も含めて地震情報で発表.	○2011(平成23)年3月11日に発生した東北地方太平洋沖地震で大きな津波災害を受けたことから,発表した津波警報の内容やタイミング等を検証し,津波警報等の改善を行った. ○大津波を大津波警報に,津波を津波警報と呼び方を変更したが,法令上の変更はない. (注6) 通常,予想される津波の高さは10m超や3mなどと表現するが,巨大地震の場合には「巨大」,「高い」と表現する.	○豪雨や大津波などが予想され重大な災害の危険性が著しく高まっている場合,新たに「特別警報」を発表することとした気象業務法改正に伴い,大津波警報を「特別警報」に位置づけた. ○警報文などに変更はない.	

資料　津波警報等の変遷

1-9 津波観測

ポイント： 沿岸の検潮儀などで行い，沿岸を襲った津波の高さなどを知ることができる．また，津波の高さは，どの高さを基準にして何を測ったものかなどに応じて意味合いが異なるので注意が必要である．近年では，沿岸だけでなく，沖合での津波観測の活用も進められている．

津波の高さは沿岸に設置された**検潮儀**，**津波観測計**などで潮位を測定することにより観測される．測定方法には，検潮井戸の水位をフロート（浮き）を用いて検出するもの，水面へ電波や超音波を発射しその反射波を利用するもの，水圧計を用いるもの，等がある．潮位観測施設は，気象庁の他，国土交通省港湾局，海上保安庁，国土地理院などが設置しており，気象庁はこれらの観測施設で得られた値をもとに，**津波観測**情報を発表している．2015（平成27）年12月現在，気象庁が津波観測情報で利用している沿岸の津波観測点は173箇所である．

津波の高さには，どこを基準にして何を測ったものかに応じて様々な定義があり，注意を要する．通常よく用いられるものを下図に整理した．気象庁が発表する値は，下図の**津波の高さ**で，平常潮位（津波がない場合の潮位）を基準として，津波により海面の高さが増した分を沿岸で測ったものである．この他，津波が浸水した場合にその水深を地面から測ったものを**浸水深**，津波の事後調査で，建物などに残された痕跡をもとに，平常潮位からの高さを推定した値を**痕跡高**（浸水高），陸上に勢いよく流れ込んだ海水が崖などをかけのぼって達した地点を残された痕跡をもとに推定し，これを平常潮位から測った高さを**遡上高**という（図）．

津波を沖合で観測することにより，沿岸に到達する前に津波の来襲を検知することができる．観測方法には，海上に浮かべたブイの位置をGPS技術で測定することにより津波の高さを求めるもの（**GPS波浪計**），海底に設置した水圧計で捉えた水圧の変動をもとに津波の高さを求めるものなどがある．後者は，海底ケーブルにより水圧計を地上局と接続するもの（**ケーブル式海底水圧計**），水圧計で捉えた変動を音波に

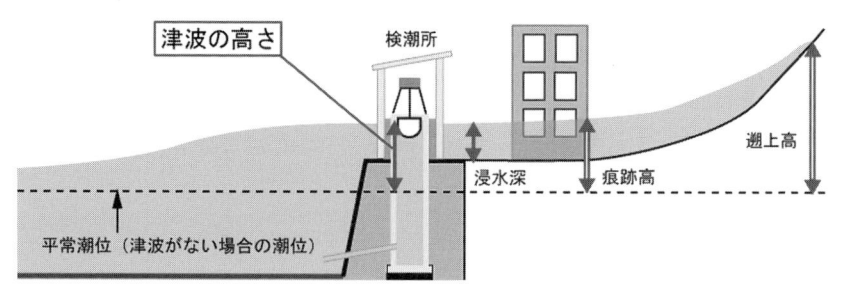

図 津波の高さの定義

より海上のブイに伝え，さらに衛星経由で地上局へデータを伝送するものとがある．米国が中心となって太平洋などに展開しているDARTブイはこのタイプである．気象庁でも東北沖に3台設置して津波警報の更新などに活用している．通常，GPS波浪計は沿岸から10～20km程度沖合に，ケーブル式海底水圧計はそれよりもさらに遠く数十～百km程度，DARTブイはさらに外洋の沖合数百km程度のところに設置されている．

　津波は一般に水深が深いほど低くなるため，沖合の津波観測施設で得られる津波の高さは沿岸に比べかなり低く，沿岸で数mとなるような高い津波であっても，外洋のDARTブイで数十cm程度，沿岸に近いGPS波浪計でも1m前後程度である．沖合で観測された津波の高さが低いからといって決して油断してはならず，むしろ，沖合で検知できるほどの津波が捉えられたということは，沿岸にはかなりの高さの津波が襲ってくる可能性が高いと考えるべきである．

　津波は数分～数十分の周期で繰り返し来襲し，また，遠方での反射や地形の影響などによって特に沿岸ではその挙動は複雑なものとなり，第1波を検知してから直ちに最大波が襲うこともあれば，最大波が観測されるまでに数時間以上かかることもある．2011（平成23）年3月の東北地方太平洋沖地震では，第1波が到達してから最大波が観測されるまで1時間以上かかった場所も多く，8時間以上かかった例もあった．遠地津波は特にこの傾向が強く，2010年2月のチリで発生した地震による津波では，第1波が到達してから最大波が観測されるまで，多くの場所で数時間以上を要した．当初観測された津波の高さが小さいからといって油断せず，津波警報・注意報の解除まで決して気を緩めてはならない．

（尾崎友亮）

➡　関連項目　解説：津波のメカニズム（1-7）

1-10 東海地震に関連する情報

ポイント： 地震防災対策強化地域に係る大規模な地震に関する情報で，東海地域のひずみ計などの観測データに異常が観測され東海地震との関連を調査する必要がある場合や東海地震の発生の可能性が高まった場合に気象庁から発表される．

　駿河湾の海底に，駿河トラフと呼ばれる細長い凹地が走っている．これは伊豆半島を乗せた「フィリピン海プレート」が日本列島を乗せている陸側のプレートの下に北西側に向かって沈み込んでぶつかり合った境界である．このプレート境界周辺を震源域として大規模な地震（マグニチュード8程度）が発生すると考えられている．これが**東海地震**である．

　駿河トラフ及びその西側の南海トラフに沿った海域では，大規模な地震が100年から150年の間隔で繰り返し発生しており，最近では，1944（昭和19）年には紀伊半島沖の領域で東南海地震，1946（昭和21）年には四国沖の領域で南海地震が発生した．しかし，最も東側の駿河湾とその周辺領域では150年以上，大規模な地震が発生しておらず，東海地震は，いつ発生してもおかしくないと考えられている．

　プレート境界の一部は普段は強くくっついており，沈み込むフィリピン海プレートとともに陸側のプレートも引きずり込まれているが，限界に達するとプレート境界の一部が少しずつすべり始め，最終的に急激に大きくずれて，東海地震になると考えられている．この少しずつすべり始める現象が**プレスリップ**（前兆すべり）と呼ばれるものである．このプレスリップを捉えようと，気象庁は，ひずみ計などの観測機器を東海地域に設置し，24時間体制で監視を行っている．観測データに異常があった場合には，「東海地震に関連する情報」を発表することとしている．これが**東海地震予知の仕組み**である．

　気象庁では，観測データに異常が現れた場合には，想定されている東海地震への準備行動や地震防災応急対策に資するため，「東海地震に関連する情報」を発表する．この情報には，その危険度に応じて3種類の情報があり，危険度をわかりやすく示すために，情報文に青，黄，赤のカラーレベルを用いて発表する．東海地震発生のおそれがなくなった場合には，その旨をそれぞれの情報で発表する．

　［東海地震に関連する調査情報］　ひずみ計に異常な変化が観測された場合，その変化の原因を調査するため，地震防災対策強化地域判定会（「判定会」）を開催し，あわせて，その評価内容を説明するために，「東海地震に関連する調査情報（臨時）」を発表する．また，毎月の定例の「判定会」で調査が行われ「東海地震」に直ちに結びつくような変化が観測されていないと判断された場合は，その評価内容を「東海地震に関連する調査情報（定例）」として発表する．

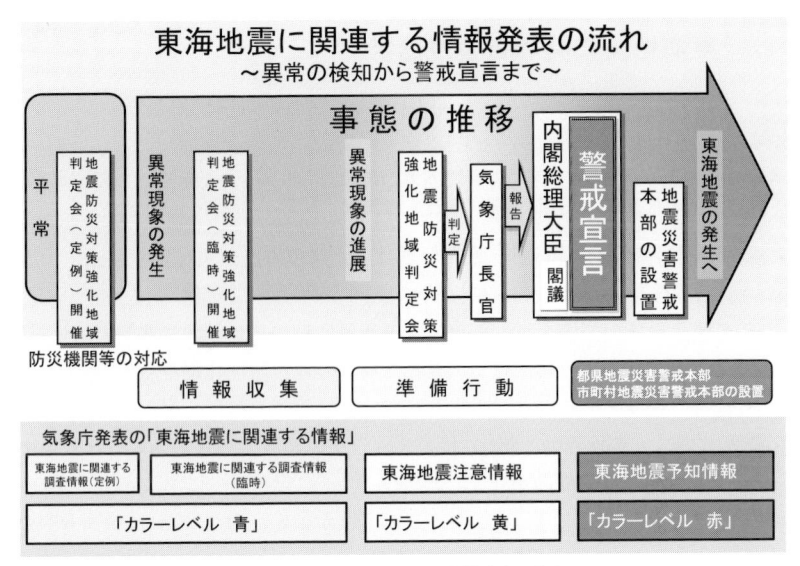

図 東海地震に関連する情報発表の流れ

[東海地震注意情報]　ひずみ計など観測データの異常の原因が，プレート境界におけるプレスリップである可能性が高まったと判断された場合には，「東海地震注意情報」を発表し注意を呼び掛け，これを受け，国や地方自治体などは，防災のための準備行動に入ることとなる．

[東海地震予知情報]　異常現象が進行し，東海地震の発生のおそれがあると判定された場合には，気象庁長官が内閣総理大臣に地震予知情報を報告する．これを受けた内閣総理大臣は，閣議による決定後，国民に向け**警戒宣言**を発することとされている．警戒宣言の発表後，気象庁は**東海地震予知情報**を発表し東海地震の発生のおそれがある旨の詳細な説明を行う．

東海地震は，発生メカニズムや震源域がある程度判明しており，観測体制が震源域の直上に整備されていることから，予知できる可能性があると考えられている地震である．しかし，プレスリップを捉えることができた場合のみ，気象庁は東海地震に関連する情報を発表することができるものであり，前兆現象が捉えられることなく，地震が発生する場合もある．

(横田　崇・山田尚幸)

➡　関連項目　地震活動の見通しに関する情報（1-6），東海地震に関わる警戒態勢（1-11）

1-11　東海地震に関わる警戒態勢

ポイント：　東海地震は地震予知が可能とされ，地震活動等総合監視システム（EPOS）により，直前予知に有効と考えられる観測データをリアルタイムで観測し，気象庁はそのデータの変化に対応して「東海地震に関連する情報」を発表し防災対応をとる．

[**大規模地震対策特別措置法**]　東海地震は，**大規模地震対策特別措置法**（大震法）に基づき，大規模な地震による災害から，国民の生命，身体及び財産を保護するため，あらかじめ**強化地域**の指定を行った上で，同地域にかかる地震観測体制の強化を図るとともに，大規模な地震予知情報が出された場合の地震防災体制を整備しておき，地震による被害の軽減を図ることが規定されている．強化地域は，東海地震が発生した場合，震度6弱以上の地震動，地震に伴い3m以上の津波の到達が想定される地域で，当該水位よりも高い海岸堤防がなく，地震発生から20分以内に津波が来襲するおそれのある地域等を基本として，8都県157市町村が指定されている（2012（平成24）年4月1日現在）．

[**状況に応じた防災対応**]　東海地震にかかる異常現象を観測した場合，気象庁は**東海地震に関連する調査情報**（臨時），**東海地震注意情報**，**東海地震予知情報**を発表することとなっており，その情報に従って防災対応が規定されている．東海地震の発生のおそれがあると認められた場合は，気象庁長官は内閣総理大臣に地震予知情報を報告し，内閣総理大臣は地震防災応急対策を実施する緊急の必要があると認めるときは，閣議にかけて**警戒宣言**を発するとともに，強化地域の居住者などに対して警戒態勢をとることを公示し，関係機関に対して地震防災応急対策にかかる措置を執ることを通知する．

①　**東海地震に関連する調査情報（臨時）が出された場合**：　国民は通常の活動を維持しつつ，政府・防災関係機関は平常時の活動を維持しつつ，連絡要員を確保し，情報収集連絡体制を強化する．

②　**東海地震注意情報が発表された場合**：　この情報は警戒宣言前の準備行動開始判断の契機と位置づけられており，これが発表された場合には，防災関係機関は必要な職員の参集や情報連絡体制の確保を行う．政府においては，準備行動などを行う必要があると認める場合，その旨を公表するとともに，官邸対策室の設置や情報先遣チームの派遣，救助・救急・消防部隊や救護班の派遣準備，物資の点検や交通規制に備えた準備などを行う．強化地域においては，店舗などは原則通常の活動を行いつつも，災害時要援護者の避難対策の実施，長距離夜行列車や貨物列車の強化地域への進入禁止，必要に応じた児童・生徒の帰宅，国民には不要不急の旅行・出張等の自粛要請を行う．

情報名	情報の発表基準	政府の主な対応	国民への影響
東海地震予知情報	**〈東海地震の発生のおそれがあると判断された場合〉** 東海地域における3箇所以上のひずみ計での有意な変化が、前兆すべりによるものと認められた場合など	●警戒宣言 ●地震災害警戒本部設置 ●救助・救急・消火部隊の周辺への派遣 ●救護班をすぐに派遣できる体制の整備 ●必要な交通規制の実施	●住民等の避難 ●鉄道の進入禁止 ●一般車両の流入抑制 ●金融機関は原則窓口業務を停止(ATMは一部稼働)
東海地震注意情報	**〈前兆現象である可能性が高まった場合〉** 東海地域における2箇所のひずみ計での有意な変化が、前兆すべりによるものと矛盾がないと認められた場合など	●必要な職員の参集や情報連絡体制の確保 ●官邸対策室の設置 ●救助・救急・消火部隊や救護班の派遣準備 ●物資の点検や交通規制に備えた準備	●災害時要援護者の避難対策の実施 ●長距離夜行列車や貨物列車の進入禁止 ●不要不急の旅行・出張等の自粛
東海地震に関連する調査情報（臨時）	**〈通常とは異なる変化が観測され、その変化の原因についての調査が行われる場合〉** 東海地域における少なくとも1箇所のひずみ計で有意な変化が観測された場合等で、東海地震との関連性について直ちに評価できない場合など	●連絡要員の確保	●通常と変化なし

危険度 大

図 東海地震に関連する情報と主な対応

③ **警戒宣言の発令及び東海地震予知情報が発表された場合**： 東海地震にかかる異常現象が進展した場合，気象庁は東海地震の前兆であるかどうかを判定するために，地震防災対策強化地域判定会を開催し，東海地震の発生のおそれがあると認められた場合は，政府は地震災害警戒本部や現地警戒本部を迅速に設置し，関係機関の地震防災応急対策などの実施にかかる必要な調整を行う．また，救助・救急・消火部隊のうち必要な部隊の強化地域周辺への派遣や，救護班を派遣できる体制の整備，物資の車両への積み込みや広域的な緊急交通ルート確保のための必要な交通規制，津波に備えた海上交通の規制，飛行場の閉鎖などを行う．併せて，強化地域内の住民等の避難，強化地域への鉄道の進入禁止，一般車両の流入抑制，金融機関は原則窓口業務を停止，全国の災害拠点病院等での受け入れ準備などを行う．さらに，自衛隊の地震防災派遣が行われる．

④ **警戒解除宣言が発令された場合**： 地震の発生のおそれがなくなったと認める場合，閣議にかけて，警戒解除宣言を発令するとともに，強化地域の居住者に警戒態勢を解くことを公示し，関係機関に地震防災応急対策にかかる措置を中止することを通知する．

(越智繁雄)

➡ **関連項目** 東海地震に関連する情報（1-10），地震に関する法律（6-5）

1-12　東海・東南海・南海地震

ポイント：　南海トラフの巨大地震は概ね 100〜150 年間隔で発生している．特に 1707 年宝永地震は東海，東南海，南海地震が同時に起きた，いわゆる三連動タイプで，21 世紀前半にもこの地域で巨大地震の発生する可能性が懸念されている．

　日本列島は，4つのプレートが相互に接する地域に位置し，それらの境界で日本海溝，相模トラフ，南海トラフが形成されている．このうち，南海トラフは，駿河湾から九州にかけての太平洋沖のフィリピン海プレートと日本列島側のユーラシアプレートなどの大陸側のプレートが接する境界に形成されている．南海トラフでは，フィリピン海プレートが大陸側のプレートの下に潜り込み，大陸側のプレートの端が引きずり込まれている．このため，ひずみが徐々に蓄積され，それが限界に達し，もとに戻ろうとすることで海溝型の巨大地震が発生する．近年では，1854（安政元）年に**安政東海地震**と**安政南海地震**，1944（昭和19）年に**昭和東南海地震**，1946（昭和21）年に**昭和南海地震**が発生している．

　これまでは，地震の切迫性の違いなどから，東海地震と東南海・南海地震について，それぞれ個別に対策が進められてきたが，東日本大震災を契機に中央防災会議に設置された「東北地方太平洋沖地震を教訓とした地震・津波対策に関する専門調査会」（座長：河田惠昭・関西大学教授）では，今後，地震・津波の想定を行うにあたっては，科学的知見に基づきあらゆる可能性を考慮した最大クラスの巨大な地震・津波を検討

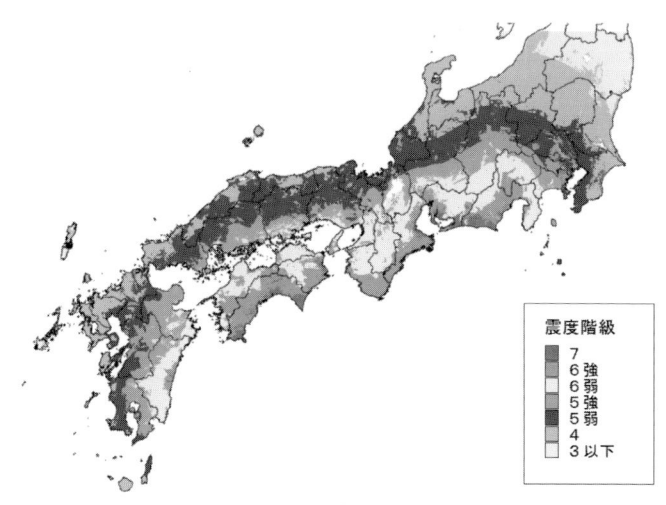

図1　最大クラスの地震による震度分布

図2 最大クラスの地震による津波高

していくべきであると報告された．このため，2011（平成23）年8月28日内閣府に「南海トラフの巨大地震モデル検討会」（座長：阿部勝征・東大名誉教授）を設置し，その検討が開始された．2012（平成24）年3月には，マグニチュード9程度の最大クラスの地震による震度分布（図1）と津波高（図2）が公表され，この推計結果に基づいて2013（平成25）年3月に公表された被害想定では，死者が最大約323000人になるとされた．現在はこのような甚大な被害が想定される南海トラフ沿いの巨大地震に対し，2014（平成26）年3月に策定された「南海トラフ地震防災対策推進基本計画」に基づき，国，公共機関，地方公共団体，事業者，住民など様々な主体が連携し，計画的かつ速やかに，ハードとソフトを組み合わせた総合的な防災対策を推進することとされている． 　　　　　　　　　　　　　　　　　　　　　　　　　　　　（越智繁雄）

➡ **関連項目** 解説：地震のメカニズムと被害（1-2）

1-13　M7クラスの首都直下地震

> **ポイント：** 首都及びその周辺では，様々なタイプや規模の地震が発生する．東日本大震災を踏まえ，最新の知見による想定する地震像の検討が行われ，中央防災会議では，切迫性が指摘されているM7クラスの地震として，フィリピン海プレート内部の都心南部直下の地震（Mw7.3）を防災対策の検討対象として想定した．

　首都直下地震対策は，平成17年9月に中央防災会議で決定された「首都直下地震対策大綱」をもとに対策が推進されてきたが，平成23年3月に発生した東北地方太平洋沖地震を受け，平成23年8月に内閣府に設置された「首都直下地震モデル検討会」（以下，モデル検討会）において，これまで対象としていない相模トラフ沿いの大規模地震も含め，最新の科学的知見に基づき検討が行われた．

　首都及びその周辺地域は，南方からフィリピン海プレートが北米プレートの下に沈み込み，これらのプレートの下に東方から太平洋プレートが沈み込む領域に位置する．この地域で発生する地震の様相は極めて多様であり，それらの発生様式は，概ね次の6つのタイプに分類される（図1）．

　過去M8クラスの地震である1923年大正関東地震，1703年元禄関東地震は②のタイプの地震で，200年～400年間隔で発生している．これらの地震の発生前にはM7クラスの地震が複数回発生しており，切迫性が指摘されている．

　前回（中央防災会議（2004））から見直された点として，②のタイプのM7クラスの地震は，同じ②のタイプのM8クラスの地震である大正関東地震の断層すべり域の検討から，茨城県南部と茨城・埼玉県境付近に限定されることとなった．これらを踏

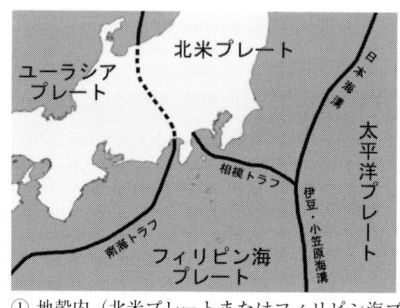

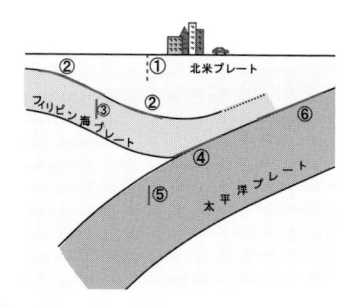

① 地殻内（北米プレートまたはフィリピン海プレート）の浅い地震
② フィリピン海プレートと北米プレートの境界の地震
③ フィリピン海プレート内の地震
④ フィリピン海プレートと太平洋プレートの境界の地震
⑤ 太平洋プレート内の地震
⑥ フィリピン海プレート及び北米プレートと太平洋プレートの境界の地震

　図1　関東周辺のプレート位置図（左）と南関東で発生する地震のタイプ（右）

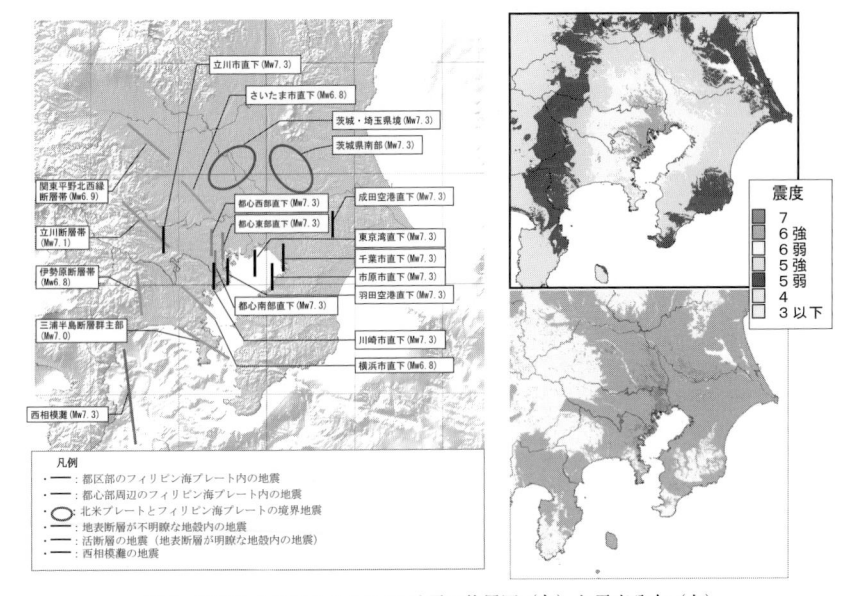

図2 検討したM7クラスの19地震の位置図（左）と震度分布（右）
右上：都心南部直下地震の震度分布
右下：検討した首都直下のM7クラスの地震の震度分布を重ね合わせた震度分布図
地殻内（Mw6.8），フィリピン海プレート内（Mw7.3）に一律に震源を想定した場合の震度分布及びM7クラスの19地震の震度分布を重ね合わせたもの

まえ，首都直下のM7クラスの地震としては，震源断層の場所が特定される②のタイプの地震，活断層による地震や西相模灘の地震，震源断層の場所が特定できない①や③のタイプの地震（被害の観点から都心部や中核都市等の直下に震源断層を設定）の計19地震を想定し震度分布の推計を行った．

このうち，防災対策の検討は，首都機能への影響が大きい③のタイプの都心南部直下の地震を用いた．地震の規模は，安政江戸地震の江戸中心部の震度分布の再現等からMw7.3とした．

都心南部直下の地震による被害は，建物被害は揺れによる全壊・火災による焼失合わせて61万棟，人的被害は，建物の倒壊と火災による死者は2万3千人と想定された．

〔横田　崇・平　祐太郎〕

〔文献〕

内閣府・首都直下地震モデル研究会「首都のM7クラスの地震及び相模トラフ沿いのM8クラスの地震等の震源断層モデルと震度分布・津波高等に関する報告」．

➡ **関連項目**　解説：地震のメカニズムと被害（1-2）

1-14　関東及び房総沖の海溝型地震

ポイント：　首都及びその周辺地域で想定するM8クラスの海溝型地震に関する中央防災会議（2013）の検討では，過去地震や最大クラスの地震の断層モデル，過去の発生履歴等を踏まえ，長期的な防災・減災対策の対象として「大正関東地震タイプの地震」を，房総半島太平洋沿岸地域では津波避難の対象として「延宝房総沖地震タイプの地震」や「房総半島の南東沖で想定されるタイプの地震」を対象として考慮すべきとされている．

　首都直下地震モデル検討会では，M7クラスの地震に加え想定すべきM8クラスの海溝型地震ついての検討が行われた．

　過去南関東地域に大きな被害をもたらしたM8クラスの地震としては，1923年大正関東地震，1703年元禄関東地震，1677年延宝房総沖地震が知られている．大正関東地震,元禄関東地震は②のタイプの地震（「1-〇　首都直下地震その1」の図〇参照）で，200年〜400年間隔で発生している．また，海岸段丘の調査によると，大きな隆起を示す地殻変動が過去約7千年間に2千年から3千年間隔で4回発生しており，その最後のものが元禄関東地震によるものである．また，延宝房総沖地震は⑥のタイプの地震となり，東北地方太平洋沖地震の発生により誘発される可能性が指摘されている．一方，房総半島の南東側の領域での地震の発生については，ひずみの蓄積等から考えると，房総半島の南東側を震源断層域とする地震の発生の可能性が指摘されているが，調査が十分でなく実際の発生は確認されず，今後の調査課題となっている．

　また，南海トラフと同様に地震学的に考えられる巨大地震モデルの検討を行った．構造探査や地震活動の調査結果をもとにフィリピン海プレートと陸側のプレートの境界面の形状を考慮し，相模トラフ沿いの最大クラスのプレート境界地震として想定する震源断層域を設定した．

　この震源断層域から東北地方太平洋沖地震の断層すべり分布等の知見に基づき最大クラスの津波断層モデルを想定したところ，房総半島の先端で元禄関東地震と同様かそれ以上の地殻変動が生じることから，最大クラスの地震の発生間隔は，2千年から3千年もしくはそれ以上と考えられ，次に発生するとは考えにくいとされた．

　これらの検討結果を踏まえ，相模トラフ沿いの海溝型のM8クラスの地震に関しては，当面発生する可能性は低いが，今後百年先頃には発生する可能性が高くなっていると考えられる大正関東地震タイプの地震を，長期的な防災・減災対策の対象として考慮することが妥当であるとされた．また，房総半島等の太平洋沿岸地域の津波避難の検討対象として，延宝房総沖地震タイプの地震を，また，房総半島の南東沖で想定されるタイプの地震についても，念のため，津波避難等の検討対象として考慮することが望ましいとされている．

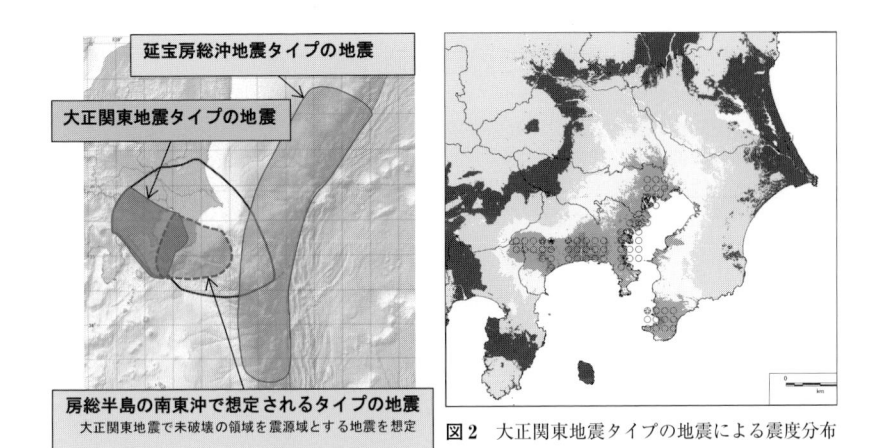

図1 検討対象とするM8クラスの地震

図2 大正関東地震タイプの地震による震度分布

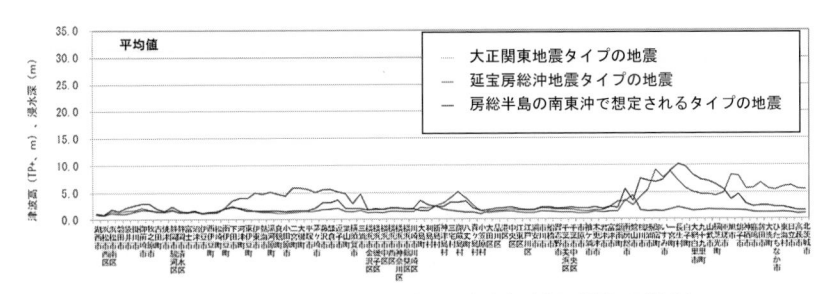

図3 M8クラスの地震による沿岸での津波高（市町村別：平均値）

　大正関東地震タイプの地震による震度分布とこれらの3地震による津波高を図に示す．

(横田　崇・平　祐太郎)

〔文献〕
内閣府・首都直下地震モデル検討会「首都のM7クラスの地震及び相模トラフ沿いのM8クラスの地震等の震源断層モデルと震度分布・津波高等に関する報告書」．

➡ 関連項目　解説：地震のメカニズムと被害（1-2）

1-15 阪神・淡路大震災と内陸の直下型地震

ポイント： 阪神・淡路大震災は社会経済的機能が高度に蓄積する都市を直撃した我が国初めての地震災害であり，震災の教訓を踏まえ様々な分野における防災対策の充実・強化が図られた．同様の内陸直下の地震は日本全国どこでも発生しうるものとして耐震化等の対策を進めることが大切である．

平成7年1月17日午前5時46分，淡路島北部を震源とするマグニチュード7.3の，これまで耐震設計基準にも直接的には考慮されていなかった直下型の強烈な地震が大都市を襲った．この地震により，神戸市，芦屋市，西宮市の一部で震度7を観測したほか，豊岡，彦根，京都などでも震度5，その他東北から九州の広い範囲で有感となった．

阪神間の地下構造は六甲山頂から地下2千メートル以上の固い基盤岩が大阪湾に落ち込み，都市がある海に近い地盤は土が積もった堆積層となっている．この地震による被害は，堆積層上にある神戸市須磨区から西宮市にかけた幅1〜2km，長さ約20kmの「地震の帯」に集中していた．

気象庁は，この地震を「平成7年（1995年）兵庫県南部地震」と命名したが，さらに政府は，平成7年2月14日の閣議口頭了解により，「阪神・淡路大震災」と称することとした．

阪神・淡路大震災は，我が国において，高齢化が進むとともに，社会経済的な諸機能が高度に集積する都市を直撃した初めての地震であり，死者・行方不明者6436名（いわゆる関連死912名を含む），負傷者4万3700余名に上る甚大な人的被害をもたらした．あまりの被害の大きさ，情報網の寸断，行政機能のマヒ状況の発生などから被害の全容が明らかになるまでには相当の時間が必要であり，発災後6時間経った17日正午の兵庫県警の被害情報によると，死者200名，行方不明331名以上といったものであった．

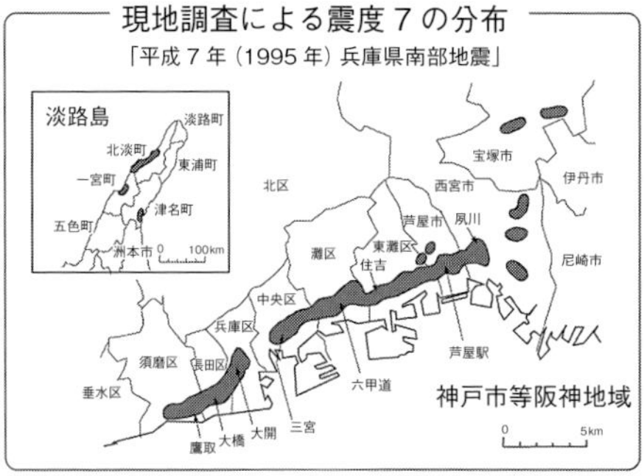

また，地震発生直後から各地域において，火災が同時多発的に285件も発生し，焼損棟数7483棟，焼床面積83万4663m^2に及び，特に神戸市内において大きな被害を受けた．

住家については，全壊約10万5千棟，半壊約14万4千棟に及び，倒壊は神戸市長田区から海岸に沿って東側に集中しており，人的被害の

図1 震度7の分布図（気象庁HPより）

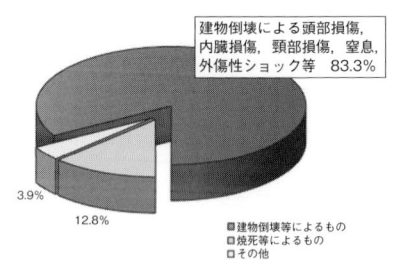

図2 死亡要因（内閣府 HP より）
出典：「神戸市内における検死統計」（兵庫県監察医，平成7年）

発生と地域が一致していた．

このほか，港湾関係では神戸港をはじめとして24港で埠頭沈下等の被害が発生，鉄道ではJR西日本など13社の路線において発災当日に638kmの区間が不通になった．

道路関係における通行止めなどの被害は，日本道路公団の高速道路で109箇所，阪神高速道路で300箇所，直轄国道で554箇所，府県・市町村管理道路で2715箇所にのぼった．

ライフライン関係では，約130万戸の断水，工業用水道で289社の受水企業の断水，下水道は8処理場で処理能力に障害が発生，電気は約260万戸で停電，都市ガスは約86万戸で供給停止，加入電話は30万回線以上が不通になるなど，完全に都市機能がマヒするという事態に陥った．

国土庁（当時）において，民間部門の被害も含め，平成7年2月14日現在で，被害額を約9兆6千億円と推計している．

阪神・淡路大震災の教訓を踏まえ，災害対策基本法をはじめとした各種法令の改正や制定，整備や防災基本計画の大幅な修正，各種情報システムの整備等，様々な分野における防災対策とともに，被災者生活再建支援の仕組みやボランティアの受入体制等の充実・強化が図られた．（以上，平成17年防災白書より）

阪神・淡路大震災以降も，平成16年新潟県中越地震や平成20年岩手・宮城内陸地震等，人的被害を生じる内陸直下の地震が度々発生している．これらはあらかじめ知られていた活断層で発生した地震ではなく，日本全国どこでも直下の地震は発生しうるものとして耐震化等の対策を進めることが大切である．　　（横田　崇・平　祐太郎）

〔文献〕
内閣府『平成17年版防災白書』第2章7 阪神・淡路大震災10年の総括・検証．

➡ **関連項目**　解説：地震のメカニズムとその被害（1-2）

1-16　東日本大震災（原子力災害への対応は除く）

ポイント： 死者・行方不明者が約2万人の地震・津波災害で，戦後の自然災害では最大の犠牲者をもたらした．また，福島第一原子力発電所が電源喪失のため核燃料がメルトダウンし，原子力事故災害も同時に発生した．この地震を「平成23年（2011年）東北地方太平洋沖地震」と命名し，この地震による災害名は「東日本大震災」とされた．

[概況]　2011（平成23）年3月11日14時46分，三陸沖を震源としてわが国の地震観測史上最大規模のマグニチュード（M）9.0の地震が発生し，最大震度7，宮城県などの4県37市町村で震度6強，広い範囲で震度6弱から1を観測した．また，この地震に伴い，東北地方から関東地方北部の太平洋側を中心に10mを超える津波が発生した．

[地震・津波の概況]　本地震の震源は三陸沖，牡鹿半島の東南東130km（北緯38度06.2分，東経142度51.6分）付近，深さ約24km，震源域は南北約500km，東西約200kmである．発生機構は，西北西－東南東方向に圧縮軸をもつ逆断層型で，太平洋プレートと陸のプレートの境界の広い範囲で破壊が起きたことにより発生した地震である．地震活動は本震－余震型で，余震は徐々に減ってきているが，M7.0以上の余震が9回発生している（2016（平成28）年1月22日現在）．また，気象庁の発表する地震情報や津波警報が，地震発生後に数度にわたり上方修正された．

北海道から鹿児島県にかけての太平洋沿岸や小笠原諸島で1m以上の津波を観測し，東北地方太平洋沿岸の津波観測施設では，福島県相馬で9.3m以上，宮城県石巻鮎川で8.6m以上など，非常に高い津波を観測した．また，津波の痕跡の位置等をもとに津波の高さの推定を行った結果，岩手県大船渡付近で約16.7mなど，地点によっては10mを超える津波が確認されている．

津波による浸水は，青森県から千葉県までの沿岸部で約560 km^2 に及び，特に宮城県では仙台平野で内陸5km程度まで浸水するなど約330 km^2 が浸水したと推定される．

[被害の概況]　人的被害は，死者1万9355名，行方不明者2600名などで，死因の90％以上が溺死である．住家等の建物被害は，全壊12万4690棟，半壊27万5118棟などである（2015年9月1日現在）．地震の揺れや津波による被害のほか，東北地方から関東地方の広範囲にわたって液状化に伴う被害が発生した．また，災害対策本部を設置する自治体庁舎も数多く被災し，行政機能の維持がクローズアップされた．ライフラインやインフラなどの主な被害は次のとおりである．

① 電力は延べ約891万戸が停電，都市ガスは延べ約48万戸が供給停止，水道は約220万戸が断水，下水道は処理施設120か所，ポンプ施設112か所が被災した．

② 通信関係は，電話等の固定回線は約100万回線が停止し，携帯電話は約1万

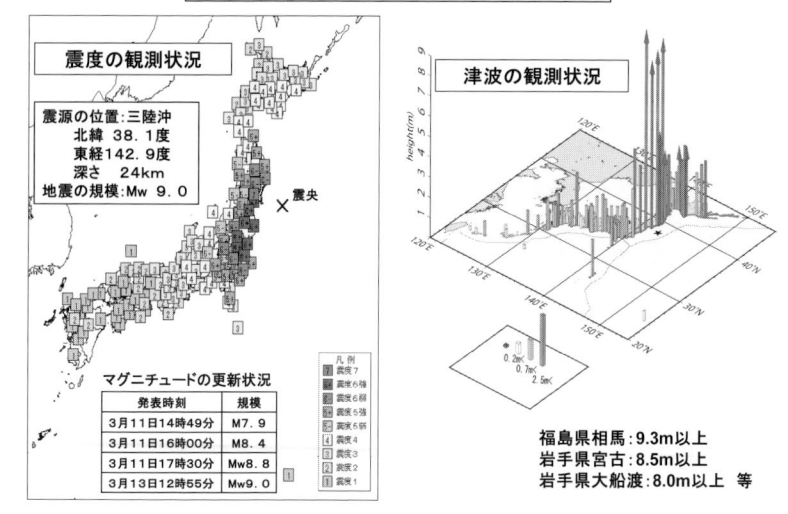

図 2011（平成 23）年東北地方太平洋沖地震，震度と津波

4800 局（4 社計）で基地局が停波した．

③ 燃料関係は，6 か所の製油所で操業を停止し，塩釜油槽所など石油流通施設の損傷等により東北 3 県の主要元売系列ガソリンスタンド 866 か所が営業停止となった．

④ インフラ関係は，海岸保全施設は岩手県，宮城県，福島県の海岸堤防約 300 km のうち 190 km が全壊・半壊した．農業関係では，流失・冠水等の被害を受けた農地が約 2.3 万 ha と推定されるほか，農業用施設等の損壊等が発生した．水産関係では岩手県，宮城県，福島県の約 260 か所の漁港のほぼすべてで壊滅的な被害が生じた．

⑤ 交通インフラは，JR 東日本等の鉄道で多くの路線が運転休止，東北自動車道など高速道路や国道が被災により通行止め，青森県八戸市から茨城県に至る太平洋岸のすべての港湾で港湾機能が停止した．空港施設は仙台空港等が被害により閉鎖された．このようなライフライン，交通インフラ，エネルギー基地などの被災により，重油，軽油，ガソリンなどの燃料供給に大きな課題を残した．

被災地域におけるストック（建築物，ライフライン施設，社会基盤施設等）への直接的被害額は，各県及び関係省庁からの提供情報に基づく内閣府（防災担当）のとりまとめによると約 16.9 兆円と推計されている．

(越智繁雄)

1-17　火山噴火とその災害

> **ポイント**：　火山噴火は地下の岩石が融解してできた高温のマグマが地表に近づいた際に生じる現象で，溶岩流としてマグマが地表を流れたり，爆発に伴って火山灰・礫としてマグマの破片が放出される．この現象に伴い，様々な災害が発生する．

　マグマやマグマから分離した高温の気体（超臨界流体）が地下水などを加熱することによって発生した熱水が急激に膨張して爆発すると，周囲の岩石を破砕して飛散させ，**水蒸気噴火**（爆発）が起こる．水蒸気噴火の特殊例として，マグマが地下水などと反応して爆発したためにマグマの破片も同時に放出するような噴火もあり，これは**マグマ水蒸気噴火**（爆発）と呼ばれる．
　マグマ中の揮発性成分が低圧下で急速膨張することにより爆発的噴火が生じるが，爆発の激しさや噴出するマグマ量に応じて，プリニー式噴火やストロンボリ式噴火など，様々な呼び名がある．マグマが上昇過程で溶け込んでいた揮発性成分を失うと，爆発能力を失うことから，地表に到達した時には**溶岩流**として流れ出ることが多い．一般に，粘性が低い玄武岩マグマなどは，地表に到達する前に気泡となった揮発性成分がマグマから分離し，あまり爆発的にならないが，マグマが急速に上昇した場合や，浅海底などで噴火が発生して，周囲の水と高温のマグマが反応した場合には，激しい爆発を起こすこともある．このような噴火によって生じる**火山災害**には以下のようなものがある．

　[**溶岩流による災害**]　溶岩流の流下速度はヒトが走る速度よりも遅いので，人が溶岩流被害に遭うことはほとんどないが，流路にあった森林や建物は溶岩流に飲み込まれ，炎上もしくは破壊される．日本では1983（昭和58）年の三宅島噴火で阿古，粟辺の集落や阿古小中学校の校舎，体育館が溶岩流に飲み込まれた例がよく知られている．

　[**火砕流による災害**]　高温の溶岩片が高温の火山ガスや巻き込まれて加熱された空気などとともに，斜面を高速で流下する現象を**火砕流**といい，流下速度は時には時速100 kmをこえる．火砕流の前面や側面には低濃度の火山灰と高温の空気からなる火砕サージが同時に発生する．火砕流の停止時に先端からさらに火砕サージが放出されることもある．この部分も高温で高速であることから大きな被害をもたらす．急斜面近くの溶岩ドームなどが崩落，破砕して発生することもあるが，噴き上げた噴煙の一部が崩落して，火砕流となることもある．日本では，1991（平成3）年の6月4日に雲仙普賢岳で，山頂の溶岩ドームが崩壊して発生した火砕流先端の火砕サージで43名が死亡した事件が有名である．

　[**噴石による災害**]　火口から投出される岩塊が登山者などを直撃したり，火口から

噴煙によって上空へ運ばれた火山礫が落下し、植生や作物に被害をもたらす他、住居や自動車のガラスなどを破損させることもある。数 cm 程度の岩石は噴煙の高さや上空の風速などに応じて遠くまで運ばれ、時には 10 km 程度の風下でも落下することがある。気象庁では噴火に伴って落下してくる、概ねこぶし大以上の岩石を総称して**噴石**と呼んでいるが、最近では弾道を描いて飛来する岩石を「火口から弾道を描いて飛散する大きな噴石」と呼び、降下火山礫を「風に流されて落下するこぶし大の噴石」と表現するようになった。

[**降下火山灰による災害**] 火口から上空に運ばれた**火山灰**は風下で降下し、作物や植生に悪影響を及ぼす。細粒の火山灰には有毒な火山ガスが吸着していることも多く、火山灰が付着した牧草を食べた家畜が病気になったり、死亡することもある。また、下水に流れ込んだ火山灰が下水道を詰まらせ降雨時に都市水害を発生させることも考えられる。航空路に細粒火山灰が停滞すると、航空機エンジンが停止するおそれがある。

[**火山ガス災害**] 火山から放出される**火山ガス**のほとんどが水蒸気で、次に多いのが炭酸ガスである。硫化水素、二酸化硫黄、塩素、ノッ素などの有毒ガス成分も含まれる。激しい噴火の際には二酸化硫黄が 1 日に数万 t 以上放出することも稀ではない。三宅島の 2000（平成 12）年噴火の際には、大量の二酸化硫黄が連続して放出されたため、噴火の激化を恐れて全島避難した島民は、噴火そのものはほとんど発生しなかったにもかかわらず、その後 4 年半にわたって、帰島できない状態が続いた。

[**土石流災害**] 細粒火山灰の透水率が悪いため、積灰域での降雨時には大量の雨水を集めた表層水が流れ、流下途中で火砕物や地盤を侵食して、高密度で破壊力のある**土石流**を発生しやすい。下流域では家屋を破壊し、停止後は大量の堆積物をもたらす。火砕物が山麓部に大量に分布する場合には、長年にわたり土石流が発生し続ける。高緯度地帯や冬季の中緯度地帯で、噴火によって高温の火砕流等が発生した際に、氷河や積雪が溶けて大量の水が発生するため、降雨によらず土石流が発生することがある。このような土石流は融雪泥流・融雪土石流と呼ばれる。

[**津波による災害**] 海や大きな湖のそばで火山噴火が発生し、火砕流が水中に突入したり、山体崩壊による岩なだれが水中に突入すると、海水や湖水の水面変動が起こるために**津波**が発生することがある。日本では 1792（寛政 4）年の雲仙噴火の際に眉山が崩壊し、有明海に岩なだれが突入して津波が発生し、対岸の熊本側に多大な犠牲者をもたらした「雲仙大変、肥後迷惑」と呼ばれる津波災害が有名である。

（藤井敏嗣）

➡ 関連項目 地震活動の見通しに関する情報（1-6），解説：津波のメカニズム（1-7），火山の状況に関する解説情報（1-19）

1-18　噴火警報・噴火警戒レベル

> **ポイント：**　気象業務法の改正により，気象庁は噴火警報・予報の発表を開始した．噴火時に必要な防災対応が定められた火山では，噴火警戒レベルが導入され，噴火警報とともに噴火警戒レベルが発表される．

　[噴火警報]　**噴火警報**は気象庁から発表される火山現象に関する警報で，火山現象により重大な災害が発生する旨を警告して発表される．全国の活火山を対象とし，火山ごとに警戒の必要な市区町村を明示して発表される．2007（平成19）年11月に気象業務法が改正され，気象庁は火山現象について予報，警報を行うこととなり，同年12月1日より，噴火警報，**噴火予報**の発表を開始した．

　噴火警報は，全国4か所（札幌，仙台，東京，福岡）の火山監視・情報センターから発表され（桜島など一部の火山は，鹿児島地方気象台が連名で発表），発表対象の火山に関係する都道府県，警察機関などの防災関係機関に伝達され，市町村や報道機関から住民に伝えられる．噴火警報が発表された場合，重大な災害につながる火山活動が予想されており，警報対象の市町村は防災対策をとる必要がある．噴火の発生が予想されると，噴火前に発表されることもあるが，実際に噴火が発生し，噴石の降下や火砕流の発生などにより，警戒の必要が生じた場合，噴火の発生後に発表されることもある．

　また，予想される火山現象の影響の及ぶ範囲の違いにより，**噴火警報（居住地域）**と**噴火警報（火口周辺）**に分けられる．噴火警報（居住地域）の略称として，「噴火警報」を用い，噴火警報（火口周辺）の略称として**火口周辺警報**を用いる．警報は，警戒事項などの必要な防災対応をわかりやすく示す"キーワード"を付加して発表される．キーワードは，警報ごと，また**噴火警戒レベル**の導入の有無により異なっており，噴火警報とその対象範囲，キーワードなどを表に示す．なお，気象庁以外のものは火山現象の警報をしてはならないこととなっている（気象業務法第23条）．

　[噴火警戒レベル]　**噴火警戒レベル**とは，噴火時などに必要な防災対応をふまえ，火山活動の状況を5段階（1～5）に区分したものである．1～5の各区分に，「避難」(5)，「避難準備」(4)，「入山規制」(3)，「火口周辺規制」(2)，「活火山であることに留意」(1)のキーワードをつけ，噴火警報とともに発表され，必要な防災対応をわかりやすく示したものである．噴火警戒レベルは，1～5のレベルに応じた防災対応（避難対象地域，避難方法，避難場所など）が定められた火山から順次導入される．2013（平成25）年10月31日現在，全国で30の火山に噴火警戒レベルが導入されている．噴火警報（居住地域）は2013（平成25）年8月30日より特別警報に位置づけられた．

　[海上警報（火山現象に関する海上警報）]　海底火山の活動により，沿岸に重大な

表　噴火警報などの種別及び対象範囲，キーワードなど

噴火警報などの種別	対象範囲	レベル導入火山		レベル未導入火山のキーワード
		レベル	キーワード	
噴火警報(居住地域) 略称：噴火警報	居住地域及びそれより火口側	5	避難	居住地域厳重警戒
		4	避難準備	
噴火警報(火口周辺) 略称：火口周辺警報	火口から居住地域の近くまで	3	入山規制	入山危険
	火口周辺	2	火口周辺規制	火口周辺危険
噴火予報	火口内	1	活火山であることに留意	活火山であることに留意

影響がある噴火が発生すると予想される場合，気象庁から発表され，海上保安庁に伝達される．警報の名称は**噴火警報（周辺海域）**である．

[噴火予報]　火山現象の予報として，**噴火予報**，**降灰予報**，**火山ガス予報**がある．噴火予報は，噴火警報を解除する場合に発表される．草津白根山などの一部の火山では，噴火警戒レベルの変更には至らない場合で，防災対応に変更を必要とする場合に，噴火予報が発表されることがある．その他，噴火警戒レベルの導入時や，新たに活火山として認定された場合にも噴火予報が発表される．

[噴火シナリオ]　個別の火山ごとに，火山が平常な状態から噴火に至るまでに，想定される火山現象，噴火によって生じる火山現象，噴火活動が低下して，平常に戻るまでの火山現象について，時間的推移を整理したもの．通常，いくつかの活動パターンが想定され，想定される複数の火山現象が時間推移とともに分岐する形で示される．**噴火シナリオ**は個別の火山ごとの研究成果に基づき作成されるが，学術的な検討を目的としたものと，防災対策を検討するためのものがあり，前者は噴火事象系統樹とも呼ばれる．噴火シナリオは，想定される火山現象や必要な防災対策について関係機関が認識を共有するために必須のものである．

●経　緯

2007（平成19）年12月以前，気象庁が火山現象について，「噴火の発生が予想される」といった予報・警報を発表しなかった理由は，気象業務法で火山現象が，予報・警報の対象外とされていたためである．火山現象については，予報・警報は発表されず，観測結果に関する事実（噴火の発生や，火山性地震の増加）が火山情報として発表されていた．火山情報では，「火山活動に注意」と呼びかけることはあるものの，どのような火山現象に注意するべきか，また，どのような地域で注意や警戒が必要なのかは，言及されていなかった．

〔横田　崇・舟崎　淳〕

➡　関連項目　火山噴火とその災害（1-17），火山の状況に関する解説情報（1-19），航空路火山灰情報（1-20）

1-19 火山の状況に関する解説情報

> **ポイント**： 気象庁から発表される火山活動についての情報には「火山の状況に関する解説情報」の他，発表目的や，情報内容により数種類の情報がある．

火山の状況に関する解説情報とは，気象庁が国内の火山について発表する火山活動についての情報であり，火山活動の状況を一般に周知するため発表される．気象庁は，火山観測の成果について直ちに公表することが公衆の利便を増進すると認める場合は，情報を発表することとなっている（気象業務法第11条）．

火山は平常時でも，火山周辺で発生する地震の回数や，噴煙活動などに変化がみられることがある．火山の状況は，地震計や遠望監視カメラなどにより，24時間体制で気象庁によって観測・監視されている．火山周辺で人が揺れを感じるほどの地震が発生したり，噴煙の量が顕著に増加するなどの場合，一般の人々にも気づかれ，火山活動に関心が高まる．このような場合は，噴火の発生が予想されなくとも，気象庁が情報を発表し，火山活動の状況を公表している．噴火の発生が予想され，防災対応が必要な場合には，**噴火警報**が発表されるが，噴火警報発表後の火山活動の状況を周知するような場合にも，気象庁から情報が発表される．

気象庁が発表する火山活動についての火山情報や**火山現象の予報**には，「火山の状況に関する解説情報」を含め，以下のものがある．

① 火山の状況に関する解説情報，② 火山活動解説資料，③ 週間火山概況，④ 月間火山概況，⑤ 噴火に関する火山観測報，⑥ 降灰予報，⑦ 火山ガス予報

それぞれの情報は，発表のタイミング（定期的な発表，随時の発表の別），情報の内容（テキストのみ，図や写真を含む）に違いがある．以下に，それぞれの情報の目的，内容などについて説明する．なお，これらの情報発表時の防災対応は，噴火警報発表時の防災対応と異なり，火山周辺の自治体や防災機関においては，通常，新たな防災対応は必要としない．しかし，定期的な発表以外に臨時に情報が発表される場合は，火山の観測データに変化がみられたり，火山活動が活発な状態であるので，関係する防災機関は発表された情報内容に留意する必要がある．

① **火山の状況に関する解説情報**： 火山活動が活発な状態にある場合や，噴火警報の発表後に火山活動の状況を周知するために発表される．火山の活動状況が活発な場合は，毎日発表されることもあるが，曜日を決めて発表されることもある．噴火発生後に噴火の状況を迅速に周知するために発表されることもある．情報の内容（書式）は，文字記述からなるテキスト形式である．個別の火山ごとに発表される．

② **火山活動解説資料**： 火山活動の観測結果について，写真，図表，地震波形な

どを用いて詳細に伝えるために発表される．例えば，噴火による降灰の分布状況，ヘリコプターによる上空からの観測結果などについて，図や写真を用いて詳細に記述したもの．噴火の発生後や，火山活動が活発な場合に臨時に観測が実施された後，その結果をとりまとめて発表されることが多い．また，定期的に，毎月上旬に前月の観測結果について記述したものが発表される．個別の火山ごとに発表される．

③ **週間火山概況**： 全国の火山について噴火警報・**噴火予報**の発表状況及び過去1週間の火山活動の状況をとりまとめたもの．注目すべき活動のある火山について活動状況が記述されている．毎週金曜日に，前1週間の期間について発表される．

④ **月間火山概況**： 全国及び各地域（北海道地方，東北地方，関東・中部地方・伊豆小笠原諸島，中国地方，九州地方，沖縄）の火山について，噴火警報・噴火予報の発表状況及び過去1ヵ月間の火山活動の状況をとりまとめたもの．注目すべき活動のある火山については活動状況が記述されている．毎月上旬に，前1ヵ月の期間について発表される．

⑤ **噴火に関する火山観測報**： 噴火が発生した場合に，噴火発生時刻，噴煙高度などを発表するもの．噴火後迅速に発表され，通常，噴火発生後数分以内に発表される．ただし，ごく小規模な噴火では，発表されない場合がある．情報の内容（書式）は，文字記述からなるテキスト形式である．なお火山登山者や火山周辺の人々に噴火発生の事実を伝えるため，2015年8月4日から噴火速報の発表が開始された．

⑥ **降灰予報**： 降灰予報は，降灰予報（定時），降灰予報（速報），降灰予報（詳細）の3種類がある．降灰予報（定時）は噴火警報発表中の火山で，人々の生活に影響を及ぼす降灰のおそれがある火山に対して，噴火の規模を仮定し3時間ごとに定期的に降灰範囲や小さな噴石の落下範囲を18時間先（3時間区切り）まで発表される．降灰予報（速報）は噴火後5～10分程度で噴火発生から1時間以内に予想される降灰量分布や小さな噴石の落下範囲が発表される（ただし，降灰予報（定時）が発表中の火山では，「やや多量」以上の降灰が予想された場合に発表）．降灰予報（詳細）は，噴火後20～30分程度に噴火発生から6時間先（1時間ごと）までに予想される降灰量分布や降灰開始時刻が発表される．

⑦ **火山ガス予報**： 火山活動によって火山ガスが放出され，火山周辺の居住地域に長期間影響する場合に発表される．予報の内容は，火山ガスの濃度が高まる可能性のある地域を示すものである．2008（平成20）年3月以降，2015（平成27）年11月30日まで，三宅島で発表された．その他の火山では，居住地域に長期間影響するような火山ガスの放出はみられていないのが現状．

(舟崎　淳)

➡ **関連項目**　噴火警報・噴火警戒レベル（1-18），航空路火山灰情報（1-20）

1-20　航空路火山灰情報

ポイント：　火山灰は，航空機のエンジン停止などの災害を引き起こす．これを回避するため国際的な枠組みに基づき，火山灰の範囲や予測される拡散範囲を示した予測情報が定められ責任空域ごとに提供されている．

　航空機は浮遊する火山灰により様々な被害を受けてきた．例えば，エンジン内部に火山灰が吸い込まれ，エンジンがすべて停止した事故も発生した．1982年，ガルングン火山（インドネシア・ジャワ島）の噴煙に遭遇した英国航空 B747 型機や，1989年，リダウト火山（アラスカ）の噴煙に遭遇した KLM オランダ航空 B747 型機の事例など，かろうじてエンジン再始動に成功し大惨事をまぬがれている．その他，火山灰の研磨力によるウインドシールド（Windshield：操縦室前部の風防ガラス）の損傷とその影響による視界遮断，火山灰の静電気による機器の誤作動，航空機の速度を計測するピトー管の詰まりや，酸性エーロゾルによる窓や機体の腐食，さらに火山灰の堆積による空港閉鎖等々，その被害は多岐にわたっている．このような火山灰による航空機被害を回避するため，**国際民間航空機関（ICAO）**は，1993年のアジア・太平洋地域会議において，**航空路火山灰情報**（Volcanic Ash Advisory：**VAA**）の作成・提供を行う**航空路火山灰情報センター**（Volcanic Ash Advisory Center：**VAAC**）の設置を勧告した．これにより世界9ヵ所の地域（図1）に VAAC が指名され，日本では1997年3月に北西太平洋及びアジアの一部を責任空域とする**東京 VAAC** が気

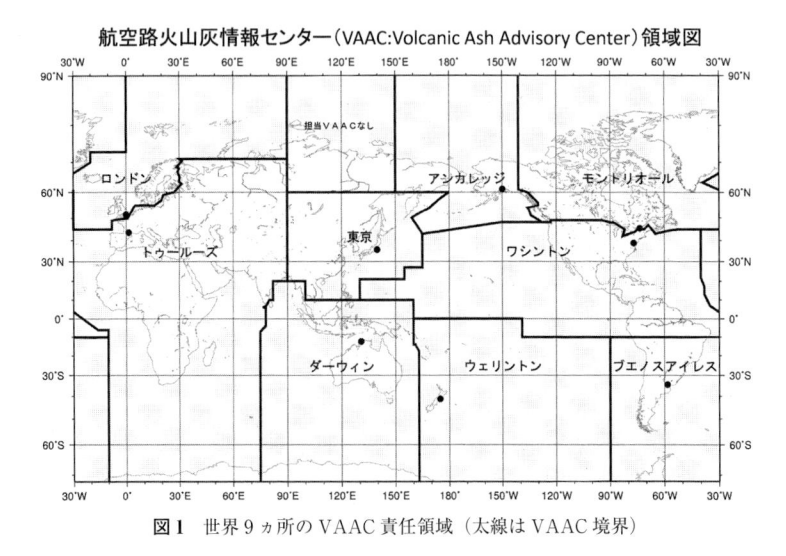

図1　世界9ヵ所の VAAC 責任領域（太線は VAAC 境界）

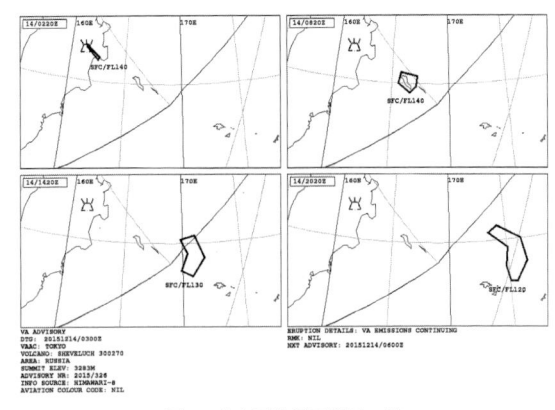

図2 火山灰拡散予測図の例
（2015年12月14日　カムチャツカ半島，シベルチ火山）

象庁内に設置された．

VAAは，火山噴火及びそれに伴って発生する火山灰の状況及び今後の火山灰の移動及び予測範囲を示したもので，気象監視局が空域気象情報（SIGMET）を作成する際の支援情報である．具体的には，火山灰を噴出した火山の位置と標高，噴火日時，噴火時の噴煙の高さ，衛星などで観測した火山灰の分布及び高度，今後の火山灰の分布及び高度の予測（6，12，18時間先）などを記述した文字情報と，これらの内容を1枚の図で示した情報（**火山灰拡散予測図**）（図2）からなる．提供先は，気象監視局，管制区管制センター，飛行情報センター，世界空域予報中枢，国際航空運用気象データバンク，国際航空通信共同体，支援情報を要求する航空会社，各VAACなどである．

東京VAACでは，これらICAOで定めた情報を提供するとともに，独自情報として，観測した火山灰の実況（分布，高度，移動方向など）を図示した情報（**火山灰実況図**）を提供しており，さらに，対象が日本国内火山の場合は，今後の火山灰の移動及び予測範囲（1時間ごとに6時間先まで）を2枚の図で示した情報（**狭域拡散予測図**）も提供している．この他に，日本国内において噴火の可能性が高い火山については，**定時拡散予測図**（連続的に噴火すると想定した場合の6時間先までの毎時の分布予想図で，6時間ごとに提供）および**定時拡散・降灰予測図**（単発的に噴火すると想定した場合の3時間先までの毎時の分布予測図で，3時間ごとに提供）により，噴火した場合の国内航空路に対する影響と近隣空港への降灰を推定できる情報を提供している．

（白土正明）

〔文献〕
小野寺三朗（1992）『航空気象ノート（45）』「火山活動と航空機の運航」気象庁，pp.13-30.
下鶴大輔・荒巻重雄・井田喜明編（1997）『火山の事典』朝倉書店，pp.382-391.

➡ 関連項目　噴火警報・噴火警戒レベル（1-18），火山の情況に関する解説情報（1-19）

1-21 火山活動の評価

ポイント： 火山活動の評価は気象庁におかれる火山噴火予知連絡会によって行われ，その結果は気象庁から火山の状況に関する解説情報として公表される．

地震調査研究推進本部のような政府機関が存在しない火山分野では，**火山噴火予知連絡会**が火山噴火に際して，観測データに基づく活動評価と推移予測を行う唯一の機関である．しかし，気象庁が事務局を担当しているものの，気象庁長官の私的諮問機関という位置づけであり，法的には責任も権限もない．

火山噴火予知連絡会は1974（昭和49）年に発足した第1次火山噴火予知計画に基づいて，関係機関の研究及び業務に関する成果や情報の交換，火山現象についての総合的判断，火山監視・観測体制のありかたの検討を目的として設置された委員会で，火山噴火予知計画（平成21年度からは地震予知計画と統合され，「地震及び火山噴火予知を目指した観測研究計画」となり，「平成26年度からは災害軽減に貢献するための地震火山観測研究計画」となった）に参画する大学や観測・研究機関の専門家，文部科学省，内閣府（防災担当）などの行政機関から構成されている．委員の任期は2年で，気象庁長官から委嘱を受ける．通常，1年間に3回，定例の会議が開かれるが，噴火などの事態を受けて臨時会議が開かれることもある．連絡会の運営に関する事項を審議するためには幹事会が設置されており，緊急時には，幹事会や拡大幹事会で噴火活動の判断を行う．また特定の火山や地域の活動判断をしたり，観測体制など特定の課題を検討するために，部会や検討会が設置されることもある．

2000（平成12）年の有珠山噴火では有珠山部会が，三宅島噴火では伊豆部会がおかれ，それぞれ総合評価などを行ったが，2015（平成27）年現在で設置されている部会は伊豆部会のみである．火山活動評価検討会は全国の火山の長期的活動度を検討し，当面監視観測を強化すべき火山として47火山を選び出した．気象庁はこの検討結果に基づいて2010（平成22）年から，24時間体制で監視を行う常時監視火山をそれまでの34火山から47火山にまで拡大した．火山活動評価検討会は，また，活火山の認定のための基礎資料の検討も行う．2011（平成23）年にはこの検討会での結論に基づいて，火山噴火予知連絡会が新たな活火山を認定し，日本の活火山はそれまでの108から110に増加した．火山観測体制に関する検討会では気象庁や関係機関による観測体制のあり方や観測データの流通・一元化などを検討している．この検討会の検討結果は気象庁が常時監視の対象火山を増加させる際の観測点増設にあたって活用された．火山地域における噴気等調査検討会では噴気データベースの作成などを行って，2012（平成24）年に解散した．気象庁内ではそのデータベースの公表に向けて

庁内での活用試行を行っている（2015年現在）．

　火山噴火時には噴火推移の判断等に役立てるために，火山噴火予知連絡会のもとに総合観測班が結成され，新たな観測点の設置や機動的観測を行うことが多い．必要に応じて，火口周辺や警戒区域など危険地域に立ち入ることも予想されるため，気象庁が事務局を務め，関係地方自治体などとの折衝にあたることになっている．

　予知連絡会が噴火活動の判断を行った際には，かつては**統一見解**としてまとめることや，会長コメントとして発表することが多かったが，最近では特定火山の検討結果として，全国の火山活動の評価とあわせて公表している．

　火山噴火予知連絡会において検討された資料や議事については，年3回発行されている火山噴火予知連絡会会報に掲載されるが，最近では，予知連絡会に提出された資料の大部分が，ほぼ即時的に気象庁のホームページを通じて公表される．

　気象庁は2007（平成19）年から全国の活火山に対して噴火警報・予報を発表することになったが，同時に準備の整った火山から順次，噴火警戒レベルも導入することになった．個々の火山へ噴火警戒レベルを導入するにあたっては，レベルを上げ下げする判断基準やタイミングを明確化する作業のために，**噴火シナリオ**と称する噴火推移の系列図を作成することが多い．噴火の規模や推移の予測手法が確立していない現在，歴史時代に経験した特定の噴火現象の時系列をなぞり，時間発展も過去事例に従うことが多く，今後発生する噴火のシナリオではありえない．もちろん，複数の噴火シナリオが作成されることがあるが，ありうるすべてのケースを想定するわけではない．いうならば，防災訓練のためのシナリオである．

　一方，2009（平成21）年度から発足した「地震および火山噴火予知のための観測研究計画」以降，計画の火山グループでは，個々の火山で時系列的に起こりうる噴火現象を**事象樹形図**（イベントツリー）として整理し，事象の分岐の確率を求める手法の開発を行っている．しかし，現時点では分岐で表現されている確率は，過去事象の頻度に過ぎず，将来予測確率とは異なることに注意が必要である．噴火現象のように低頻度の事象における発生確率の予測手法は統計学的にも確立していないので，数字の独り歩きに注意が必要である．また，問題はこの事象樹形図も噴火シナリオと呼ばれている点である．2つの異なるものに対し，同一の名称が使用されているために，今後防災の現場では混乱が生じることが考えられる．早期に調整・解決を図ることが望まれる．

（藤井敏嗣）

➡　**関連項目**　噴火警報・噴火警戒レベル（1-18），火山の情況に関する解説情報（1-19），航空路火山灰情報（1-20）

●コラム1● 巨大噴火

　火山噴火の規模は噴出物の量に基づく火山爆発指数（VEI）で表現される．火山爆発指数が4（噴出物量が$0.1 \sim 1\,km^3$）の噴火を「大規模」，5（噴出物量が$1 \sim 10\,km^3$）を「非常に大規模」としているが，それ以上のものには規模を表す名称はない．最近$100\,km^3$以上の噴火を破局噴火とする提案もあるが，ここでは，火山爆発指数が6以上のもの（噴出物量が$10\,km^3$以上）を巨大噴火と総称することにする．

　噴出物量が数十km^3を超える規模の巨大噴火であれば，噴火によってカルデラを形成することが多い．わが国ではこの規模の噴火は最近12万年間に18回知られている．約6000年に1回の頻度である．$100\,km^3$以上に限れば，1万年に1回程度となる．カルデラをつくるような巨大噴火は主に北海道と南九州で発生している．

　巨大噴火では巨大なキノコ雲のような噴煙を数十kmの高さに噴き上げるとともに，カルデラ形成に伴って，四方八方に火砕流を流下させ，これから舞い上がった火山灰が上空の風で運ばれて数百km以上離れた場所にまで分厚い火山灰を降り積もらせることになる．

　わが国における最後のカルデラ噴火は7300年前の鬼界噴火で，およそ$100\,km^3$の噴出物を放出した．カルデラは鹿児島市の南約100kmの海底にあり，薩摩硫黄島はカルデラの北北西の壁の一部に相当する．この噴火で発生した火砕流は海をわたって薩摩半島，大隅半島にまで上陸した．一部の火砕流が海中に突入した際やカルデラ形成に伴う断層運動によって津波が生じ，この津波の堆積物は島原半島でも確認できる．舞い上がった火山灰は北東方向に運ばれ，近畿地方で約20cm，関東地方で約10cm堆積した．この噴火により，西南日本の縄文文化は数百年以上断絶したと考えられている．

　このような巨大噴火はせいぜい1週間程度で主要な活動を終えると考えられているので，噴火直前には多量のマグマを地下に蓄積していたはずである．これまではこのようなマグマは数万年程度の時間をかけて徐々に蓄積していくと考えられていたが，最近の研究では，数十年から100年程度の時間で$100\,km^3$を超えるマグマが地下10kmかそれよりも浅い部分に蓄積したという結果が報告されている．

　$100\,km^3$のマグマが蓄積する場所の直上では数百mの地盤上昇が生じるはずであり，100年で蓄積したとすると年間数mの地盤上昇が生じることになる．もしこのような短期マグマ蓄積説が正しいとすると，巨大噴火については地盤変動観測によって事前に噴火発生場所や準備状況を把握できる可能性がある．ただし，どれだけ蓄積すると噴火に至るのかは自明ではないので，カルデラ噴火の予知も容易ではない．

　なお，巨大噴火が発生すると，地球規模での気温低下が生じ，気候変動に大きく影響することは確実であり，一時話題となった核爆発による「核の冬」の比喩から「火山の冬」と呼ばれることもある．

（藤井敏嗣）

第1部　災害時の情報

第2章　気象災害

2-1 プレビュー：気象災害

> **ポイント：** 第2章では，台風や大雨による気象災害に備えて気象庁から提供される様々な防災気象情報や資料について内容を確認，理解して，適切な防災対応につなげるために重要な事項について記述する．

　気象災害（2-2）は「集中豪雨・局地的大雨」（2-4）や暴風などの大気現象を誘因として「水害」（2-10）や「土砂災害」（2-16）などの形でもたらされるが，こうした災害による被害を防止するために様々な情報が提供されている．

　本章で紹介する情報は，これを入力の情報として地方公共団体の防災活動や住民の避難活動などに活かすものであり，気象災害防止の取り組みはこれらの情報を十分に理解し，積極的に利用するところから始まる．

　重大な災害のおそれがある場合には，大雨（2-11）や洪水（2-13），暴風（2-18）など7種類の警報が発表される．土砂災害警戒情報（2-17）は土砂災害を対象とした大雨警報の発表後，土砂災害の発生する危険度がさらに高くなった場合に発表される．警報に至る前の段階で災害のおそれがある場合には，雨や風などに関わる注意報が発表される．注意報としては低温や濃霧，霜などに関する注意報（2-22）もある．

　国や地方公共団体が管理する主要な河川については，国土交通省や地方公共団体と気象庁とが共同で，水位や雨量の予測を行い「指定河川洪水予報」（2-14）を実施している．

　さらに，警報や注意報に先立って，予想される現象について予告的に伝える気象情報（2-9）やすでに警報を発表している際に，それを補足する気象情報も利用すべき重要な情報である．

　また，台風に関わる防災情報としては台風が接近したり，上陸するなど日本に影響するおそれがある場合に提供される台風情報（2-8）がある．

　気象警報や注意報の仕組みは1952（昭和27）年の気象業務法の制定をはさんで，ほぼ現在の体系に近い形に整理されたが，気象災害は自然環境や社会環境などの変化に伴ってその形態も変化することから，その後も災害防止の視点から新たな情報が加えられてきた．1982（昭和57）年の長崎豪雨〔昭和57年7月豪雨〕のあとに開始された「記録的短時間大雨情報」（2-12）はその例である．

　特に近年は気象観測や予測技術，情報通信技術などの進展に伴って実況の監視や気象予測のための技術開発が進み，注意報や警報といった従来の防災情報からさらに踏み出した新しい情報が提供されるようになってきた．

　竜巻や雷などこれまで予測が困難であった短時間の局地的な現象についても最新の観測，予測技術を利用して竜巻注意情報（2-5）やナウキャスト（2-7）高解像度降水

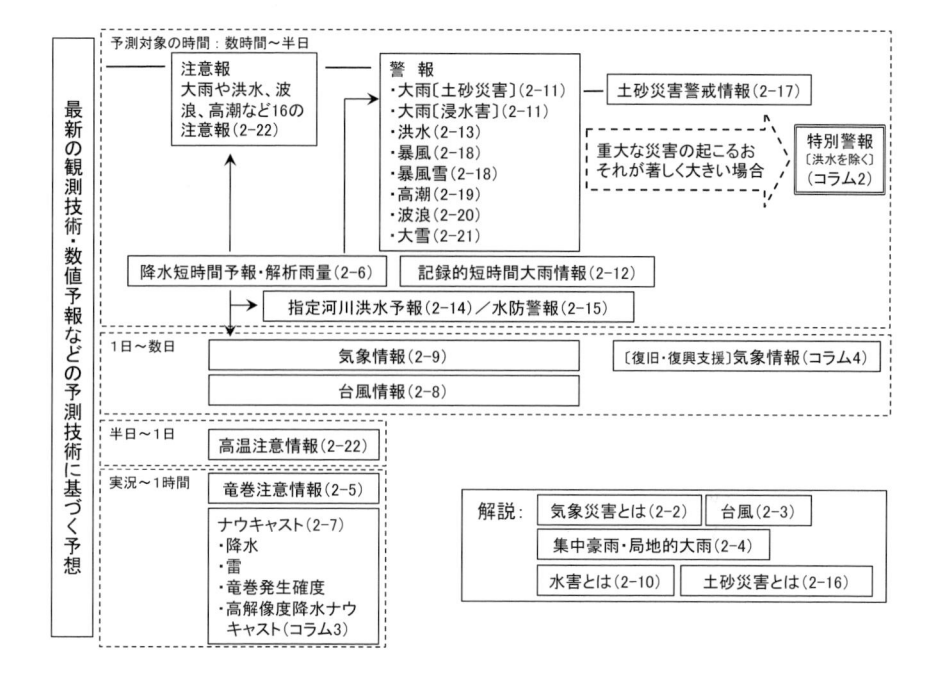

```
┌─────────────────────────────────────────────────────────────────────────┐
│最新                予測対象の時間：数時間〜半日                            │
│の                ┌──────────┐  ┌──────────────┐                          │
│観                │注意報     │  │警　報         │  ┌──────────────────┐  │
│測                │大雨や洪水、波│→│・大雨〔土砂災害〕(2-11)│  │土砂災害警戒情報(2-17)│ │
│技                │浪、高潮など16の│  │・大雨〔浸水害〕(2-11)│  └──────────────────┘ │
│術                │注意報(2-22)│  │・洪水(2-13)   │  ┌ ─ ─ ─ ─ ─ ─ ─ ─ ┐ ┌────────┐│
│・                │           │  │・暴風(2-18)   │  │重大な災害の起こるお│ │特別警報 ││
│数                └──────────┘  │・暴風雪(2-18) │  │それが著しく大きい場合│ │〔洪水を除く〕││
│値                      ↑       │・高潮(2-19)   │  │                  │ │(コラム2)││
│予                      │       │・波浪(2-20)   │  └ ─ ─ ─ ─ ─ ─ ─ ─ ┘ └────────┘│
│報                      │       │・大雪(2-21)   │                          │
│な                      │       └──────────────┘                          │
│ど                  ┌──────────────┐  ┌──────────────────┐                │
│の                  │降水短時間予報・解析雨量(2-6)│  │記録的短時間大雨情報(2-12)│    │
│予                  └──────────────┘  └──────────────────┘                │
│測                      │                                                │
│技                      ↓       ┌──────────────────────────┐              │
│術                              │指定河川洪水予報(2-14)／水防警報(2-15)│     │
│に                              └──────────────────────────┘              │
│基     1日〜数日                                                          │
│づ                  ┌────────────────────┐      ┌ ─ ─ ─ ─ ─ ─ ─ ─ ─ ─ ┐  │
│く                  │気象情報(2-9)          │      │〔復旧・復興支援〕気象情報(コラム4)│ │
│予                  └────────────────────┘      └ ─ ─ ─ ─ ─ ─ ─ ─ ─ ─ ┘  │
│想                  ┌────────────────────┐                                │
│                    │台風情報(2-8)          │                              │
│       半日〜1日    └────────────────────┘                                │
│                    ┌────────────────────┐                                │
│                    │高温注意情報(2-22)    │                              │
│       実況〜1時間  └────────────────────┘                                │
│                    ┌────────────────────┐                                │
│                    │竜巻注意情報(2-5)    │                              │
│                    └────────────────────┘                                │
│                    ┌────────────────────┐                                │
│                    │ナウキャスト(2-7)    │     ┌─────────────────────────┐│
│                    │・降水               │     │解説：│気象災害とは(2-2)│ │台風(2-3)│││
│                    │・雷                 │     │      │集中豪雨・局地的大雨(2-4)│  ││
│                    │・竜巻発生確度       │     │      │水害とは(2-10)│ │土砂災害とは(2-16)│││
│                    │・高解像度降水ナウ   │     └─────────────────────────┘│
│                    │ キャスト(コラム3)   │                                │
│                    └────────────────────┘                                │
└─────────────────────────────────────────────────────────────────────────┘
```

ナウキャスト（コラム3）などの形で提供されている．

また，熱中症への対策や電気の効果的な利用などを目的とした高温注意情報（2-22）は 2011（平成 23）年から夏の期間に発表している．

2011（平成 23）年の台風第 12 号による紀伊半島の大雨や 2012（平成 24）年 7 月の九州北部豪雨などのようなこれまでにない記録的な大雨による大きな災害への対応として，防災関係機関や住民に対してより強いメッセージとして情報を伝えるべきとの議論がなされた．2013（平成 25）年 5 月に気象業務法が改正されて，これまでの警報の発表基準をはるかに超える異常な現象が予想され，重大な災害の起こるおそれが著しく大きい場合には「特別警報」（コラム 2）として情報を提供して，直ちに人命を守るための避難行動などをとることを呼びかけることとなった．

一方で，特別警報を含めた警報や注意報に加えて，多様な防災対応やニーズに応えるために防災気象情報の種類が増加し，逆に防災関係機関や住民の円滑な防災対応に困難が生じる懸念も指摘されており，防災気象情報を今後どのように整理していくかが課題となっている．

(村中　明)

2-2 解説：気象災害とは

> **ポイント**： 気象災害は大気現象を誘因として発生するが，災害の態様は自然及び社会的な環境によって大きく異なる．気象災害の防止にはハード面での対策に加えて，ソフト面での様々な対策が重要．

気象災害は，雨や風，雪などの大気現象を誘因として発生する災害である．

北半球の中緯度に位置する日本は，広大な大陸と海洋の間という地理的な環境から世界的にみても天気の変化が激しく，大雨や暴風，大雪などによる気象災害の多発する地域にある．また，季節や地域を問わず災害の危険にさらされているという点では極めて特異な条件のもとにあり，気象災害の防止は国あるいは地方公共団体等の最も重要な取組みの1つである．

図のように，気象災害は雨や風等の誘因が災害を起しうる対象により強く働きかけた場合，あるいは様々な素因で対象が雨や風などに対してより脆弱な場合に発生する．

災害の程度は誘因となる大気現象，すなわち降水量や風速などの強さによって決定づけられる一方，自然的，社会的な環境といった素因によってもその現れ方は大きく異なる．

さらに，そうした環境条件を加えて引き起こされる気象災害は，人為的な素因によって災害が拡大したり，抑制されることもある．

例えば，雨による災害でも流域に降った雨が河川に流入して河川の水位が上昇し堤

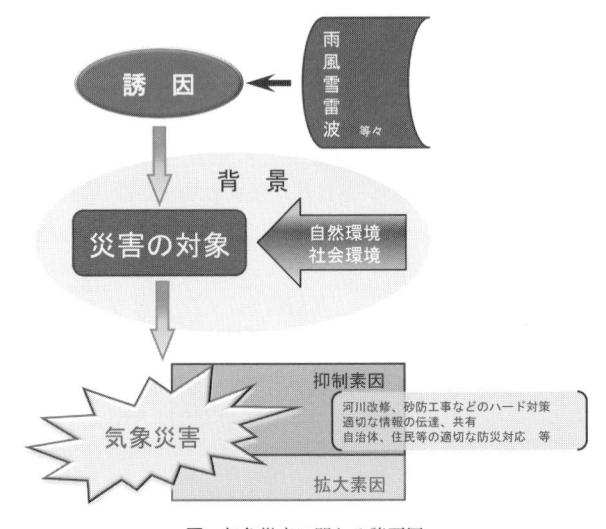

図 気象災害に関わる諸要因

防を越えたり，堤防そのものを壊すなどの洪水災害の他，土壌中に大量の雨が貯まって斜面などの崩壊を起こす土砂災害など災害の形態は様々で，高潮害のように風と気圧との複合的な作用により引き起こされる場合もある．

こうした場合でも，堤防の高さの違いや強度，砂防堰堤の有無や土質などにより災害はまったく異なり，さらにはその時に自治体や住民がどのような防災対応を行ったかによっても災害の様相は異なる．自治体の防災対応の遅れや住民の危機意識の欠如，避難行動の遅れなど人為的な拡大素因が強く働いた場合には，災害の拡大や二次的な災害につながることもある．

したがって，ひと口に気象災害といってもすべてが雨や風といった大気現象のみによりもたらされるものではなく，むしろ災害がどのような形態で現れるかは自然的，社会的な環境，すなわち災害を取り巻く素因によって大きく異なってくる．

また，大気現象の発現から災害に至る時間が数時間以内と短い災害がある一方，**長期緩慢災害**などと呼ばれることもある塩害（塩風害，塩潮害など）や湛水害，少雨による干害等数日あるいはさらに長期に及ぶ災害もある．これらの災害は，直接人命に関わるものは少ないものの，具体的，効果的な災害対策がとりにくいものも多く，災害が発生すると特に農業被害などが広域化，激甚化する場合もある．

しかし，長期緩慢災害も含めて，一般には事前に災害への脆弱性を知って万全の備えをしておくことは期待できず，また，過去の大雨や暴風の記録を更新するような極端な現象に対して，いつでも，どこでも十分な備えをしておくことは難しい．

気象災害と向き合うには，事前に十分な時間や経費をかけて，河川改修や砂防工事を行うなどハード面での備えと，防災に関わる周知啓発活動やハザードマップの作成，それに基づく防災訓練，さらには防災に関わる情報の充実などソフト面での備えがある．

ハード面での備えには様々な制約や困難があるものの，そうした対策が実施された場合にはこれまでの災害時の例からも着実に効果が得られている．一方，ソフト面での備えは自治体や住民自らが気象災害の防止に取り組む意識をもつことで，大きな前進につながるものである．最近では，DIG（Disaster＝災害，Imagination＝想像力，Game＝ゲーム）といわれる災害の図上訓練，演習を取り入れたり，ハザードマップなどをもとに自主防災組織が実地に危険な場所や避難経路を確認するなど，より実践的な取組みが広がりつつある．

また，防災に関わる情報の精度の向上や充実も自治体や住民の防災対応に直接影響を与えるものであり，気象庁など防災関係機関において着実に取り組むことで，責任を果たすことが求められる．

（村中　明）

2-3 台風

> ポイント： 台風は熱帯の海上で発生する低気圧で，強い風雨を伴い暴風や大雨，洪水，波浪，高潮などにより大きな災害をもたらすことがある．

台風は，熱帯の海上で発生する**熱帯低気圧**のうち，北西太平洋（赤道より北で東経180度より西）または南シナ海に存在し，低気圧域内の最大風速（10分間平均）がおよそ17m/s以上のものをさす．

海面水温が高い熱帯の海上は高温多湿で上昇気流が起こりやすく，積乱雲の活発な発生を起因として，渦状に回転を始めたものが熱帯低気圧であり，さらに発達したものが台風である．台風は，中心を取り巻くように強い風雨を伴っており，台風の接近や通過により暴風や大雨，洪水，波浪，高潮などの災害をもたらすことがある．また，台風から離れた所でも，台風の周囲を回る湿った風により，大雨に見舞われることもあり，油断できない．

そのため，気象庁は北西太平洋または南シナ海の台風や熱帯低気圧を常時監視しており，熱帯低気圧が24時間以内に台風に発達すると予想した時点から台風が消滅するまで，台風の実況と予報を3時間おきに発表する（図）．台風の実況や予報をはじめとして，その他の情報で使われる台風に関する主な用語は以下のとおりである．

[強風域]： 台風の周辺で平均風速15m/s以上の風が吹いているか，吹く可能性がある領域．

[暴風域]： 台風の周辺で平均風速25m/s以上の風が吹いているか，吹く可能性がある領域．

[台風の強さ・大きさ]： 強さは最大風速を基準に区分し，大きさは強風域の広さ

表　台風の強さと大きさ

強さ	最大風速（10分間平均）
（表現しない）	33m/s 未満
強い	33m/s 以上 44m/s 未満
非常に強い	44m/s 以上 54m/s 未満
猛烈な	54m/s 以上
大きさ	強風域（台風中心からの平均半径）
（表現しない）	500km 未満
大型（大きい）	500km 以上 800km 未満
超大型（非常に大きい）	800km 以上

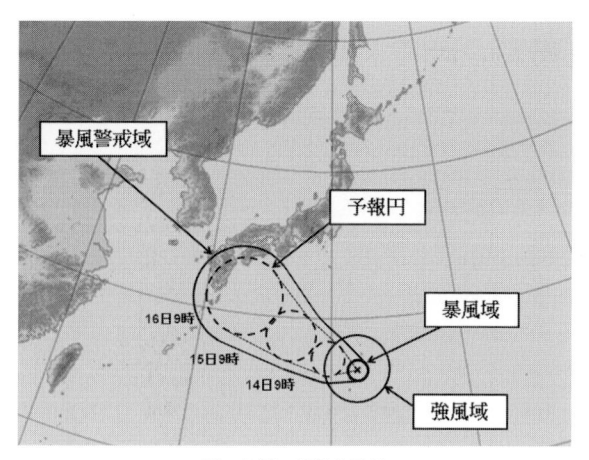

図　台風の実況と予報

を基準に区分する（表）．これらの区分により，台風の勢力を大まかに把握することが可能で，注意・警戒を促す効果はあるものの，台風による災害は必ずしも強さや大きさに比例するものではないことにも注意が必要である．なお，1990（平成2）年以前は中心気圧により区分していたが，気象衛星を用いた台風の最大風速決定の技術が開発されたことから，1991年以降は中心気圧よりも防災上適切である風の強さによって区分している．

　　[予報円]：　予報時刻に台風の中心が位置すると予想される範囲．統計的に，台風の中心が予報円に入る確率を70%として，予報円の大きさを決めている．

　　[暴風警戒域]：　台風の中心が予報円内に進んだ時に，暴風域に入るおそれがある領域．　　　　　　　　　　　　　　　　　　　　　　　　　　　　　　（岸本賢司）

➡　**関連項目**　台風情報（2-8）

2-4　集中豪雨・局地的大雨

> **ポイント**：　集中豪雨や局地的大雨は，現在の予測技術では雨の降る場所を特定し時間的余裕をもって詳細に予測することは難しい．危険回避には，早い段階での危険性を示す情報と，直前の精度の高い情報を組み合わせて利用することが効果的．

集中豪雨と**局地的大雨**は，ともに災害をもたらすような短時間に強く降る雨をさしている．集中豪雨や局地的大雨に決まった定義はないが，気象庁においては情報などで警戒・注意を呼びかける場合に，以下のとおり区別して使用している（気象庁，2015）．

集中豪雨：　同じような場所で数時間にわたり強く降り，100 mm から数百 mm の雨量をもたらす雨．

局地的大雨：　急に強く降り，数十分の短時間に狭い範囲に数十 mm 程度の雨量をもたらす雨．

このように，気象庁では集中豪雨と局地的大雨を，主に降雨の継続時間と雨量で区別している．局地的大雨は，大気の不安定な状態等により単独の**積乱雲**が発達することによって発生し，狭い範囲で短い時間に強い雨が降る現象であり，集中豪雨は，大気の不安定な状態に加えて前線・低気圧の影響や地形の効果によって積乱雲が同じような場所で発生・発達する仕組みが維持されることで，雨が数時間にわたって降り続く現象である．

なお，報道などではこれらを区別することなく急に強く降る雨を**ゲリラ豪雨**ということもある．集中豪雨という言葉は 1950 年代から（浅井，1996），ゲリラ豪雨は 1960 年代から（宮澤，1999），使われていた．

このような雨が降った地域では，河川の堤防や排水施設などの対応能力以上の雨水が流れ込み，短時間のうちにその地域に大雨による災害を引き起こす．また最近では，地下施設や道路のアンダーパスといった周囲より低い箇所へ大量の水が流れ込んで人的被害が生じるといったケースがある．さらに集中豪雨の場合は大量の雨による土砂災害や大きな河川の氾濫も考えられる．

大雨による災害から身を守るためには普段からの備えとして，自分のいる地域で過去にどんな災害があったのか把握すること，加えていざという時にどう避難するのがよいのか，避難場所と避難経路を確認しておくことが非常に重要である．また，事前にその危険を察知し，危険な場所に近づかないということが重要だが，現在の予測技術では大雨の降る場所を特定し，十分な時間的余裕をもって詳細に予測することは難しい．このため，早い段階での危険性を示す情報と，直前の精度の高い情報を組み合わせて利用することで，より効果的に危険を回避することが望ましい．集中豪雨の場

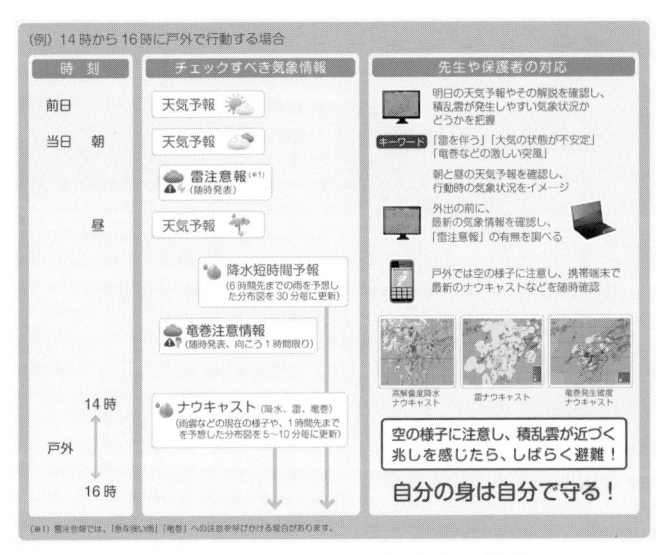

図　翌日の午後に屋外で行動する場合の確認例

合は，早い段階で大雨の可能性を示した気象情報が発表されることが多いため，その情報が出た場合は大雨警報・注意報の発表に注意し，警報が発表されれば避難の準備など危険を回避するための行動を開始し，時には早めに自主避難を行うことが重要である．また局地的大雨の場合は，例えば翌日に屋外での行動を予定している時に，明日の天気予報において，"急な雨に注意"とか"大気の状態が不安定"といった言葉が使われている場合には，大雨の可能性について注意を喚起しているということに留意して，翌日は行動前に最新の気象情報をチェックすること，行動中に空模様が怪しくなってきた場合は携帯サイトの気象情報をチェックすることなどを心がけ，自分のいる場所で雨が降り始めた，あるいはいる場所の上流で雨が降っているのを確認したなど，自分のいる場所に雨水が流れ込んで危なくなると考えられる場合は行動を中止し安全な場所へ避難するといったことが危険から身を守る行動になる．　　　（髙橋賢一）

〔文献〕
気象庁．予報用語．(http://www.jma.go.jp/jma/kishou/know/yougo_hp/mokuji.html)
宮澤清治（1999）『近・現代　日本気象災害史』イカロス出版．
浅井冨雄（1996）『気象の教室2　ローカル気象学』東京大学出版会．
気象庁．急な大雨や雷・竜巻から身を守るために．(http://www.jma.go.jp/jma/kishou/know/tenki_chuui/tenki_chuui_p1.html)

➡　関連項目　ナウキャスト（2-7），気象情報（2-9），解説：水害とは（2-10）

2-5 雷・突風・竜巻

ポイント： 落雷や竜巻などの激しい突風に関する気象情報には，事前に注意を呼びかける「予告的な気象情報」と「雷注意報」，竜巻などの激しい突風が発生しやすい気象状況になった時の「竜巻注意情報」がある．

積乱雲（入道雲）からは，急な強い雨の他，落雷，**竜巻**などの激しい突風，**ひょう**などの激しい現象が発生する．これらの激しい現象が予想される時には，各地の気象台は段階的に気象情報を発表して注意を呼びかける．

[予告的な気象情報] 災害に結びつくような激しい現象が発生する可能性のある時は，半日～1日程度前に「大雨と雷及び突風に関する○○県気象情報」などの標題で，予告的な気象情報が発表される．竜巻などの激しい突風の発生が予想される場合には，大雨や落雷などに加えて竜巻などの激しい突風にも注意を呼びかける．

[雷注意報] 雷注意報は，積乱雲に伴う落雷，ひょう，急な強い雨，竜巻などの激しい突風などにより被害の発生が予想される数時間前を目処に発表される．この時，竜巻などの激しい突風の発生が予想される場合には，「竜巻」と明記して特段の注意を呼びかける．

[竜巻注意情報] 竜巻注意情報は，竜巻などの激しい突風を発生させる可能性のある積乱雲を観測した時点で，県などを単位として発表される（図1）．竜巻などの激しい突風をもたらす積乱雲の寿命は1時間程度であることから，竜巻注意情報では有効時間を発表から1時間としているが，積乱雲による危険な気象状況が続く場合には，竜巻注意情報が再度発表される．

[雷ナウキャスト・竜巻発生確度ナウキャスト] 雷の激しさや落雷の可能性のある地域，竜巻などの激しい突風が発生する可能性がある地域を分布図で表し，1時間後までの予測も行う．最新の観測に基づき10分ごとに発表されるので，危険な地域や時間変化を詳細に把握できる．

○○県竜巻注意情報 第1号
平成××年4月20日10時24分　△△地方気象台発表

○○県は，竜巻などの激しい突風が発生しやすい気象状況になっています．

空の様子に注意してください．雷や急な風の変化など積乱雲が近づく兆しがある場合には，頑丈な建物内に移動するなど，安全確保に努めてください．
落雷，ひょう，急な強い雨にも注意してください．

この情報は，20日11時30分まで有効です．

図1 竜巻注意情報

●情報利用の流れ

図2は，屋外で活動する場合を想定して，気象情報の確認ポイントを示したものである．

・屋外で活動する前日や当日の朝には，テレビやラジオなどで天気予報を確認し，「大気の状態が不安定」や「雷を伴う」，「竜巻などの激しい突風に注意」

時刻	気象情報と確認のポイント	
前日 17時	天気予報	雷や竜巻などの激しい突風の可能性がある場合は、「大気の状態が不安定」、「雷を伴う」、「竜巻などの激しい突風に注意」と解説。
当日 05時	天気予報	
当日 11時	天気予報	
	雷注意報（随時発表）	雷が発生する数時間前を目処に雷注意報を発表。
当日 13時	雷・竜巻発生確度ナウキャスト確認	危険な地域の分布や時間変化を確認
当日 14時 屋外活動 当日 16時	竜巻注意情報 県内で既に積乱雲が発生している	周囲の空の状況に注意！ 積乱雲が近づく兆しがあれば、頑丈な建物の中へすぐに避難。

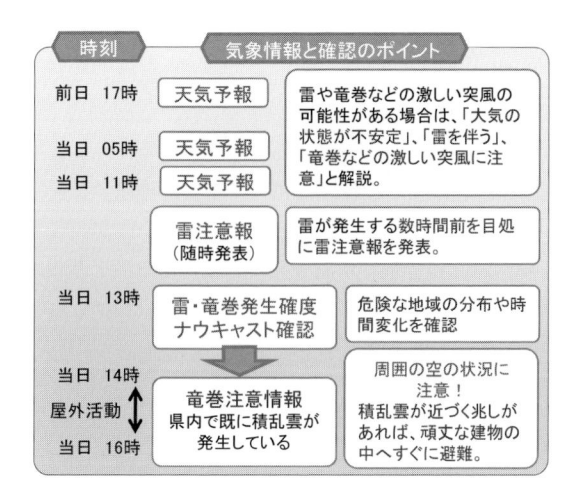

図2　気象情報と確認のポイント：14時〜16時に屋外で活動する場合

といった解説がある場合は，雷や激しい突風に遭遇する可能性があることに注意しておく．

・外出前には気象庁ホームページなどで雷注意報を確認し，雷注意報が発表されている場合には，降水・雷・竜巻発生確度ナウキャストで，危険が迫っている状況かどうか確認する．

・また，屋外でも携帯端末が利用できる場合は，降水・雷・竜巻発生確度ナウキャストを確認する（国土交通省防災情報提供センター携帯版：http://www.jma.go.jp/jp/bosaijoho/m/radnowc/）．

・雷注意報が発表されている時は，積乱雲が急に発生・発達することがあるので，自分の目で周囲の空の状況に注意を払うことも重要である．

・竜巻注意情報が発表された時点では，竜巻が発生しやすい状況となっている．空の変化のようすに注意を払い，真っ黒い雲が近づき周囲が急に暗くなる，雷鳴が聞こえたり電光が見える，ヒヤッとした冷たい風が吹き出す，大粒の雨や「ひょう」が降り出すなど積乱雲が近づく兆候があれば，強い雨とともに雷や竜巻が発生する危険があるので，頑丈な建物の中などの安全な場所へ避難する．　　　　　（瀧下洋一）

〔文献〕
瀧下洋一（2009）「突風に関する防災気象情報の改善」『天気』**56**(3)：167-175，日本気象学会．

➡　関連項目　ナウキャスト（2-7）

2-6 解析雨量・降水短時間予報

ポイント： 解析雨量・降水短時間予報は，雨量の実況や予測資料として大雨・洪水警報等に利用される．また，記録的短時間大雨情報や土砂災害警戒情報等の雨に関する防災気象情報の基礎資料としても利用されている．

解析雨量や**降水短時間予報**は，降水状況の監視・予測資料として大雨や洪水警報，注意報の発表，解除の判断や記録的短時間大雨情報に利用されるほか，大雨警報，注意報や土砂災害警戒情報の基礎資料である土壌雨量指数の計算，洪水警報，注意報の基礎資料である流域雨量指数の計算にも利用されている．

[解析雨量] 解析雨量は，気象レーダーで観測した瞬間的な降水の強さと，地上の雨量計で観測した正確な降水量を用いて，1時間降水量の分布を30分ごとに1km四方の細かさで解析するものである．具体的には，気象庁や国土交通省のレーダーで観測された降水の強さの分布を気象庁アメダス，国土交通省や都道府県が観測している雨量計データを用いて補正することで1時間降水量の分布を解析しており，雨量計のない場所の降水量も精度よく推定できるのが特徴である．

[降水短時間予報] 降水短時間予報は，30分ごとに6時間先までの各1時間降水量の分布を予報している．降水短時間予報では，過去3時間の解析雨量から求めた降水域の移動速度を用いて，初期の降水分布を6時間先まで移動させ，直前の降水の強さの変化や地形による雨雲の発達や衰弱なども取り入れて降水量分布の予報を行う．予報の後半には数値予報による降水量予測も組み合わせて計算している．

図は，2011（平成23）年台風第12号が西日本の南海上を北上した際の降水短時間予報である．降水短時間予報では，台風を中心に移動する広範囲の雨域とは別に，紀伊半島や四国地方の南東向きの斜面で激しい雨が続くことを予想している．解析雨量をみると，紀伊半島や四国地方の南東向きの斜面では30mm/h以上の激しい雨が続いており対応がよいことがわかる．

このように台風や低気圧など大規模な気象現象に伴う広範な降水域は雨雲のパターンの変化が緩やかなため，降水短時間予報は比較的高い予測精度をもっている．一方，上空に寒気が入った場合や前線近傍で発生する積乱雲による降水など，規模が小さく急激に発達・衰弱する降水域の予測は難しい．

降水短時間予報は，予報後半にかけて予測精度が低下するため，予報後半では予測された降水量の値そのものではなく，降水域の移動や降水の強さの変化傾向を把握するといった利用が効果的である．また，解析時刻（30分ごと）の直後に急速に発生・発達する雨雲は，次の解析時刻まで予報に反映されないが，このような急速に発生・発達する雨雲に対しては，**降水ナウキャスト**の利用が有効である．

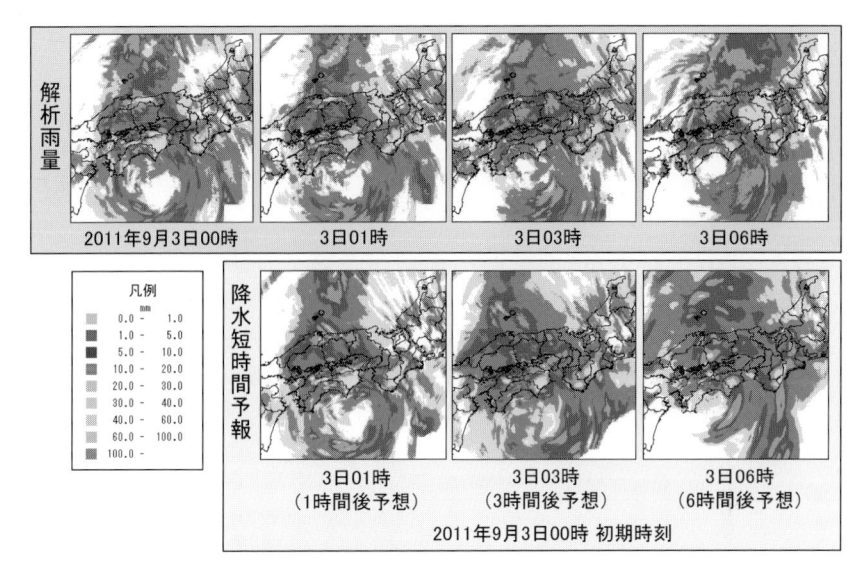

図　解析雨量・降水短時間予報の事例（2011年9月3日）

　降水ナウキャストは，急速に発生・発達する積乱雲に伴う激しい雨による被害の軽減を目的として，5分間隔で1時間先までの降水の強さの分布を5分ごとに提供するものである．降水短時間予報により数時間先までの降水域の予想を概観して行動の計画を立て，行動中には頻繁に更新される降水ナウキャストにより目先の状況を確認して，行動を中断したり天気の急変にすぐに対応できるように計画の変更を検討するといった利用が効果的である．　　　　　　　　　　　　　　　　　　　　　（瀧下洋一）

➡　関連項目　ナウキャスト（2-7），大雨警報・注意報（2-11），記録的短時間大雨情報（2-12），洪水警報・注意報（2-13）

2-7 ナウキャスト

ポイント： 降水・雷・竜巻発生確度の各ナウキャストは，それぞれ1時間先までの雨の強さ，雷の激しさや雷の可能性，竜巻等の激しい突風の発生する可能性を予報するもので，常時5分ごともしくは10分ごとに提供されている．

ナウキャストとは，現在を意味する「now（ナウ）」と予報を意味する「forecast（フォーキャスト）」を組み合わせた用語である．直近までの観測データを用いた現象の変化傾向をもとに，1時間先までの予報を行うものである．現象の急な発達や衰弱に対応できるように，短い時間間隔で発表されている．急な強い雨，雷，激しい突風など，数値予報では予測が難しい局地的な現象の予測には，実況をもとにした短時間予測であるナウキャストは有効な予測手法である．ナウキャストには，**降水ナウキャスト**，**雷ナウキャスト**，**竜巻発生確度ナウキャスト**がある．気象庁ホームページで提供される他，国土交通省防災情報提供センター携帯版（http://www.jma.go.jp/jp/bosaijoho/m/radnowc/）でも入手することができる．

表　ナウキャストの種類

	降水ナウキャスト	雷ナウキャスト	竜巻発生確度ナウキャスト
発表時間	5分ごと	10分ごと	
予報時間	5分間隔で1時間先まで	10分間隔で1時間先まで	
格子の大きさ	1 km		10 km
内容	降水の強さ	雷の活動度（雷の可能性及び激しさ）	竜巻などの激しい突風が発生する確度
利用データ	気象レーダー雨量計	雷監視システム気象レーダー	気象ドップラーレーダー数値予報資料

・発表時間：5分ごと
・予報時間：5分間隔で1時間先まで
・格子間隔：1km
・降水の強さ(mm/h)

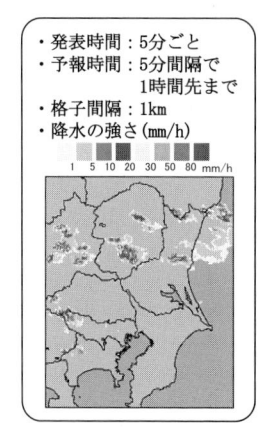

図1　降水ナウキャストの概要

［降水ナウキャスト］　最新の気象レーダー観測をもとに，降水の強さを5分間隔で1時間先まで予報し，5分ごとに発表される．降水分布の移動予測を基本としているが，強い雨域の停滞，低い高度の雨雲は山越えしない，雨雲の発達や衰弱傾向等も予測に反映させている．降水ナウキャストは短い時間間隔で更新されることから，**降水短時間予報**では予測が難しい変化の激しい雨域の予測にも有効である．

［雷ナウキャスト］　雷監視システムによる雷放電の検知やレーダー観測をもとに，雷の激しさや落雷の可能性の分布を活動度1〜4の4階級で解析している．10分間

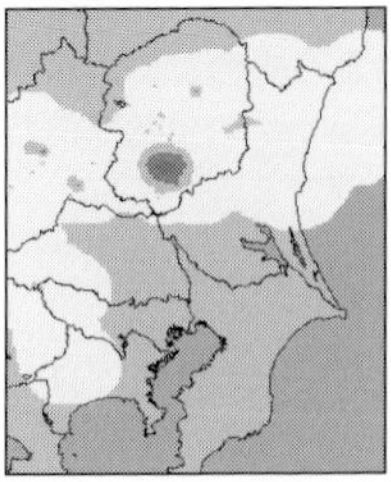

活動度	雷の状況	
4	激しい雷	落雷が多数発生
3	やや激しい雷	落雷がある
2	雷あり	電光が見えたり雷鳴が聞こえる．落雷の可能性が高くなっている．
1	雷可能性あり	現在は雷は発生していないが，今後落雷の可能性がある．

・発表時間：10分ごと
・予報時間：10分間隔で1時間先まで
・格子間隔：1km
・活動度：1～4

図2　雷ナウキャストの概要

発生確率	状況
2	予測の適中率（現象の発生確率）は，5～10％程度，捕捉率は20～30％程度である．発生確率2となっている地域（県など）に，竜巻注意情報が発表される．
1	発生確率1以上の地域では，予測の適中率は，1～5％程度と発生確率2の地域よりは低いが，捕捉率は60～70％程度と見逃しが少ない．

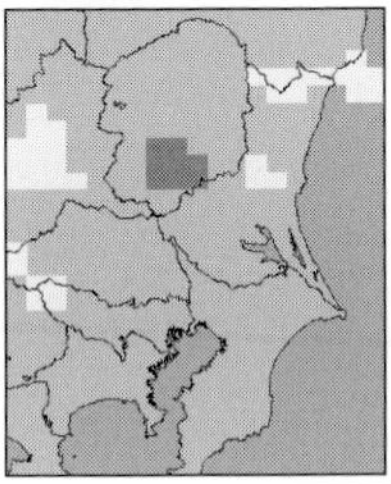

・発表時間：10分ごと
・予報時間：10分間隔で1時間先まで
・格子間隔：10km
・発生確率：1～2

図3　竜巻発生確率ナウキャストの概要

隔で1時間先まで予報し，10分ごとに発表される．雷の活動度2～4は，すでに積乱雲が発生している状態を表しており，いつ落雷が発生してもおかしくない差し迫った状況なので，活動度2以上が近くに予想されている場合には直ちに建物の中などの安全な場所へ避難する必要がある．

［竜巻発生確度ナウキャスト］　気象ドップラーレーダーによる積乱雲の観測などから，竜巻やダウンバースト等の激しい突風の発生する可能性の分布を発生確度1と2の2階級で解析している．10分間隔で1時間先まで予報し，10分ごとに発表される．発生確度2の領域と発生確度1以上の領域は，それぞれ5～10％，1～5％の確率で激しい突風が発生する可能性があることを示している．「5～10％」や「1～5％」は，確率としてかなり低い値と感じられるが，竜巻などの激しい突風に遭遇する可能性は極めて低いことから，こうした小さな確率でも普段に比べて格段に発生しやすい気象状況になっているので注意する必要がある．

竜巻注意情報は，発生確度2がかかる県などを対象に発表される．竜巻注意情報が発表された場合は，竜巻発生確度ナウキャストにより，激しい突風が発生する可能性の高い地域の詳細や刻々と変わる状況の変化を確認することができる．　　　（瀧下洋一）

〔文献〕
笠原真吾（2010）「雷ナウキャストの提供開始」『天気』57(11)：847-852，日本気象学会．
瀧下洋一（2010）「竜巻発生確度ナウキャストの提供開始」『天気』57(10)：805-810，日本気象学会．

➡ 関連項目　雷・突風・竜巻（2-5），解析雨量・降水短時間予報（2-6）

2-8 台風情報

> ポイント： 台風情報は，暴風や大雨などにより大きな災害をもたらす台風に対して，警報や注意報に先立って注意を呼びかけたり，それらの内容を補完するための情報である．

台風はその周辺に強い雨や風を伴い，暴風，大雨，洪水，波浪，高潮などにより大きな災害をもたらす．

近年の数値予報技術の進展で台風の予測精度が向上したこと，一般に台風は日本に近づくまで数日かかることなどから，局地的大雨や集中豪雨に比べると，事前の防災対策をとることが可能な場合も多い．また，台風に関する各種の情報は報道機関を通じて頻繁に伝えられるため，自治体等の防災関係機関に限らず，住民にも伝わる機会が多く，これらの情報を防災対応に有効に活用すべきである．

台風情報は，事前の防災対策に資することを目的として，台風に対する警報や注意報に先立って警戒，注意を呼びかけたり，警報や注意報の内容を補完するための情報である．

台風はその発生や発達の過程等により，台風の特徴がひとつひとつ異なり，災害に備えた防災対応も台風ごとに異なる．そのため，台風の進路やそれに伴う風の程度を事前に把握しておくことがまず重要である．

台風が24時間以内に発生すると予想した時点から発表される台風の実況と予報では，台風の実況と最長で5日先までの台風の予想経路や3日先までの暴風警戒域が示される．

台風の**暴風域**に入った時には，非常に強い風のために飛散物等によって人命が危険にさらされたり，鉄道や船舶，航空機といった交通機関への影響も大きくなる．暴風域を伴った台風が日本付近に接近，上陸するような可能性が出てくると**暴風域に入る確率**が発表される．暴風域に入る確率ではいくつかの市町村をまとめた地域ごとに暴風域に入る可能性のある時間帯を3日先まで3時間刻みで示し（図），また確率を地図上に分布図として示したものも発表される．確率の値の増加が最も大きな時間帯に暴風域に入る可能性が高く，値の減少が最も大きな時間帯に暴風域から抜ける可能性が高い．暴風への備えとしては，確率の数値の大小よりも，むしろその変化傾向やピークの時間帯に注目するとよい．

この他，台風の中には日本の近くの海上で発生して，まもなく日本に影響を及ぼすものがある．このような台風については，台風に発達する前の熱帯低気圧に対して発達する熱帯低気圧に関する情報が発表される．

台風は，周辺の気圧配置など様々な要因により，以下のように台風の周辺の風雨の

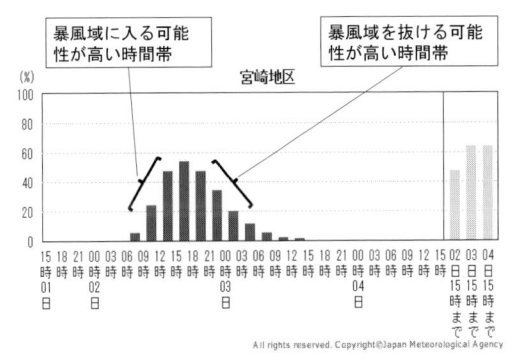

図 暴風域に入る確率

特徴がひとつひとつ異なり，災害に備えた防災対応も台風ごとに異なる．そのため，台風によって直接的，間接的にもたらされる強い雨や風の予想される地域やその程度を事前に把握することが重要である．

○雨や風は中心から離れたところでも強いことがある．
○同様に，暴風域内だけが風や雨の危険な領域ではない．
○雨の強さは台風の大きさや強さで決まるものではない．
○台風の勢力が衰えつつある段階あるいは**温帯低気圧化**する段階でも，風や雨に対する危険が去ったわけではない．
○風や雨の盛衰は徐々に変化するだけではなく，急激に変化することがある．

　台風が日本に近づき影響を及ぼす可能性が出てくると台風に関する気象情報が発表される．台風に関する気象情報では，台風の強さや大きさ，今後の見通し，予想雨量など防災に関わる情報や予想される災害への留意点等が示される．熱帯低気圧や発生直後の比較的弱い台風でも大雨などに伴い災害が発生する可能性があるので，この情報が発表された場合はその動向に注意する．

　一方，台風に発達しないと予想される熱帯低気圧についても大雨など日本に影響を及ぼすおそれがある場合には熱帯低気圧に関する気象情報が発表される．

　また，台風は衰弱しながら温帯低気圧に変わることが多いが，温帯低気圧に変わる段階で中心気圧が深まり，台風の時よりもむしろ広い範囲で強い風が吹く場合もある．台風から変わった温帯低気圧で引続き大雨や暴風などにより災害のおそれがある場合には台風から変わった低気圧に関する気象情報が発表される．

　これらの情報に留意しつつ，警報や注意報が発表されている間はその内容を十分に把握して，警戒，注意を怠らないことが大切である．

（岸本賢司）

➡ **関連項目**　台風（2-3），気象情報（2-9），コラム2

2-9　気象情報

> **ポイント**：　ここで扱う「気象情報」は，気象庁が一般住民や関係防災機関に対して警報や注意報に先立つ注意喚起，内容の補完などを目的に発表する情報を総称したもので，警報，注意報と一体のものとなっている．

気象情報を目的別に分けると次のようになる．

・24時間から2～3日先，または3日～1週間先を対象に，警報や注意報に先立って大雨や大雪等の現象を予告し，注意を呼びかけるもの（**予告的情報**）．
・警報や注意報の発表中に，現象の経過や予想，防災上の注意事項などを具体的に解説するもの（**補完的情報**）．
・大雨警報発表時に，現在の降雨がその地域にとって災害の発生につながるような，稀にしか観測しない雨量であることを周知するためのもの（**記録的短時間大雨情報**）．
・少雨，日照不足，低温等が比較的長期にわたり，社会的に大きな影響が予想される場合の解説や注意喚起のためのもの（**天候情報**）．

予告的情報や補完的情報は，「大雨と雷及び突風に関する福島県気象情報」のように対象となる現象と地域の組み合わせでタイトルがつけられる．地域については，全国（**全般気象情報**），全国を11に分けた領域（**地方気象情報**），ほぼ都道府県単位の3通りがある．ほぼ都道府県単位で発表する気象情報には，**文章形式**（2-18図1）と

図1　図形式の気象情報の例（2011年7月29日新潟地方気象台発表）

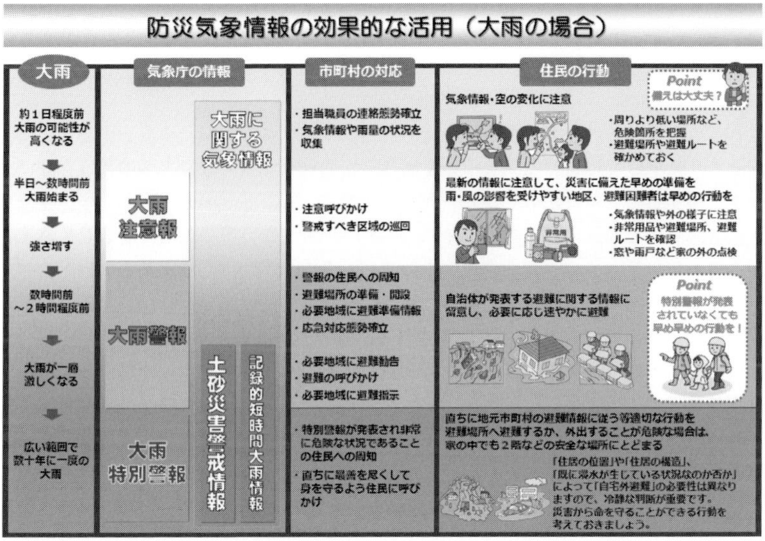

図2 大雨を対象とした気象情報発表のタイミングと内容,市町村や住民の対応の例

図形式（図1）の2つの提供形態がある．

図2に大雨を対象とした気象情報発表のタイミングと内容,市町村や住民の対応を例示する．予告的情報が発表された場合には,その後の気象情報に留意し,避難経路や家屋などの外回りの確認,非常持ち出し品の点検などを心がけたい．補完的情報は,警報文では十分に伝えられない状況をより詳細に伝えるためのものであり,極めて大きな災害のおそれがあるような切迫した状況では「過去,例をみない猛烈な大雨」「最大限の警戒を」など,予報官の危機感を伝えることを意図した表現を用いることがある．特に,2013（平成25）年8月末から運用を開始した「特別警報」発表後には,こうしたキーワードのみからなる気象情報を発表することとなった．防災関係機関や住民の防災対応ではこのような情報を積極的に活用し,雨や風が強まってから避難を始めるのではなく,十分な時間的余裕をもって行いたい．

なお,気象情報は,その時々の社会的な状況や要望に応じた柔軟な情報提供を行うという側面ももっている．地震,津波,山林火災などの災害対策,復旧対策に資するため,該当地域に特化した情報提供を行うこともある．　　　　　（桜井美菜子）

➡　関連項目　雷・突風・竜巻（2-5），台風情報（2-8），記録的短時間大雨情報（2-12），土砂災害警戒情報（2-17），その他の気象注意報・情報（2-22），コラム4

●コラム2● 特別警報

　東日本大震災における大津波や平成23年台風第12号による紀伊半島を中心とした大雨に際して，気象庁では警報や気象情報を繰り返し発表して重大な災害への警戒を呼びかけたが，災害発生の危険性が著しく高い異常な状況であることが明確に伝わらず，極めて甚大な被害が発生した．これらを踏まえて，気象庁は重大な災害の危険性が著しく高まっていることを伝えるために「特別警報」を創設し，平成25年8月30日から運用している．

　気象に関する特別警報は大雨，大雪，暴風，暴風雪，波浪，高潮について数十年に一度の激しい現象が予想される場合に発表される．また，津波については「大津波警報」，火山噴火については「噴火警報（居住地域・噴火警戒レベル4以上）」，地震については「緊急地震速報」（震度6弱以上を予想したもの）が特別警報として位置づけられるが，名称に「特別警報」は用いず，例えば大津波警報が発表された時に津波に関する特別警報が発表されたこととしている．

　特別警報の対象となる現象例としては東日本大震災（地震・津波）や平成23年台風第12号（大雨）のほか，我が国の観測史上最高の潮位を記録して5000人以上の死者・行方不明者を出した昭和34年の伊勢湾台風（大雨・暴風・波浪・高潮），平成24年7月の九州北部豪雨（大雨），平成12年の三宅島噴火（火山噴火）などが該当する．

　特別警報が発表された場合，対象地域では多くの住民が経験したことのないような非常に危険な状況となっており，直ちに市町村の避難情報に従うなど安全を確保するための行動を取る必要がある．特に気象に関しては，特別警報が発表される前の段階で注意報や警報，その他の気象情報が発表されており，水平避難が困難になるなど行動の選択の余地が少なくなる前に，これらの情報をもとに早め早めの安全確保を行うことが望ましい．

（弟子丸卓也）

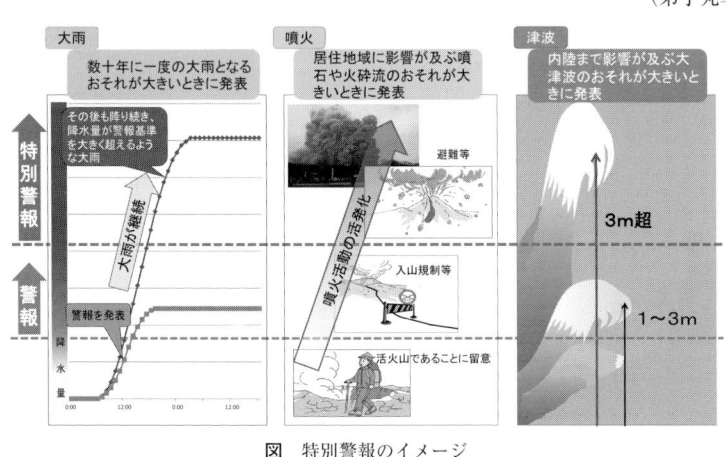

図　特別警報のイメージ

●コラム3● 高解像度降水ナウキャスト

　高解像度降水ナウキャストは，気象庁の全国20箇所の気象ドップラーレーダーや国土交通省XバンドMPレーダ（XRAIN）のデータを用いた250mの解像度の30分先までの降水分布予報である．解析・予測には上記のレーダーだけでなく，気象庁のウィンドプロファイラやラジオゾンデの高層観測データ，気象庁・国土交通省・地方自治体が保有する全国の雨量計のデータも活用している．

　解像度1kmの従来型降水ナウキャストがレーダーの観測結果を雨量計で補正した値を予測の初期値として平面上の2次元の予測を行うのに対し，高解像度降水ナウキャストでは強雨域に対して3次元の立体的な降水予測を行い精度の向上を図っている．具体的には，上空から地上付近までの雨滴の分布を3次元で追跡する予測手法を用いつつ，同時に気温や湿度等の分布に基づいて雨粒の発生や落下等を計算する対流予測モデルを用いた予測を行い，予測期間の後半になるほど対流予測モデルの効果が大きくなるよう調整している．

　高解像度降水ナウキャストでは，位置情報を利用した表示領域の設定などが可能な，スマートフォンでの表示に適したコンテンツも提供されている（図）．さらに，30分後までの強い雨域の範囲や，竜巻発生確度2, 雷活動度4など発達した積乱雲に伴う激しい現象を重ね合わせて表示できる機能を備え，風水害対策の現場など外出先で機動的に利用されることを想定している．

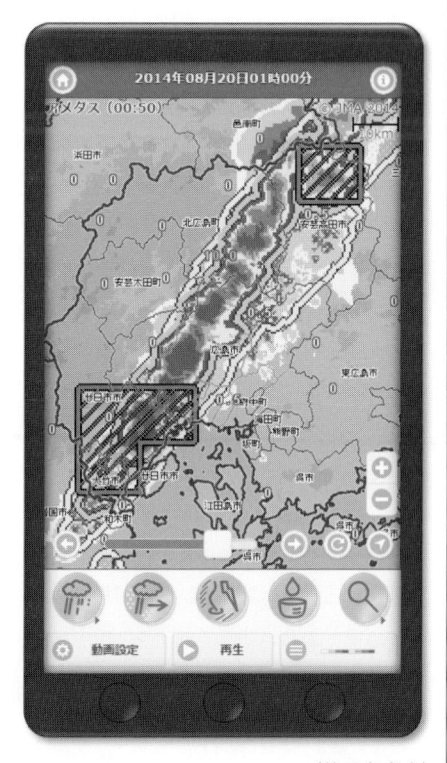

（弟子丸卓也）

2-10 解説：水害とは

> **ポイント**: 大雨の発現から水害の発生に至るまでの過程は多種多様であり，近年では都市型水害も深刻な問題としてクローズアップされている．被害の軽減には，水害の発生形態に応じた対策が求められる．

一般に，**水害**とは，大雨や河川の氾濫・増水，高潮など，水に起因して発生する人的被害，家屋の浸水や道路・田畑の冠水，堤防・橋脚などの施設損壊などの被害を総称していう．このうち，大雨や河川の増水に起因する浸水害の発生形態には，大きく分けて**外水氾濫**と**内水氾濫**の2種類がある（図）．

外水氾濫とは，河川の水（これを**外水**と呼ぶ）が堤防からあふれ出る「越水」，または河川の堤防が切れる「決壊」により，家屋や田畑等が浸水することである．

内水氾濫とは，河川の水位の上昇や流域内の多量の降雨により，堤内地（堤防で守られた内側の地域）において雨水（これを**内水**と呼ぶ）が排水できずに浸水することである．内水氾濫に至る過程には大きく分けて2つの要因がある．1つは，雨水を河川や海に流すための排水施設の能力が降雨量に比して不足しているために，雨水が排水できずに浸水する場合である．雨水の排水には地形も大きく影響することから，この種の内水氾濫は低平地やくぼ地で発生することが多く，河川から離れた地域でも発生する．また鉄道や道路の立体交差における下側の道―いわゆるアンダーパスも構造的に浸水の危険性が高い．内水氾濫に至るもう1つの要因は，幹川の水位が高いために，その地域で降った雨水が幹川に流れ込まなくなることである．これにより，幹川周辺で浸水したり，支川であふれたりすることがある．これは，大河川流域における平野部（傾斜の緩い海岸付近など）や，中小河川が大河川に流れ込む付近で発生しやすい．

さらに，近年では大都市での局地的大雨による水害―いわゆる**都市型水害**が深刻な

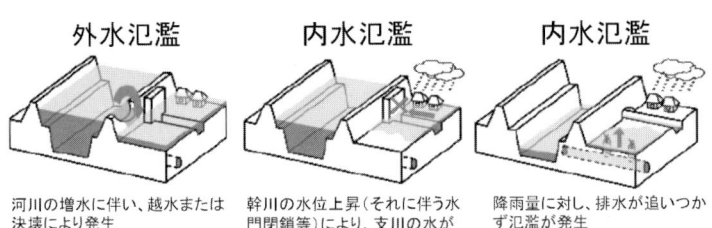

外水氾濫
河川の増水に伴い，越水または決壊により発生

内水氾濫
幹川の水位上昇（それに伴う水門閉鎖等）により，支川の水が流れ込みにくくなるために発生（支川があふれた場合，支川からみれば，外水氾濫ともいえる）

内水氾濫
降雨量に対し，排水が追いつかず氾濫が発生（河川の洪水によらない）

図　代表的な水害の発生形態

問題となっている．都市部では地表がアスファルトに覆われ，降った雨は地中に浸透せず急速に河川や下水道に流れ込むが，排水能力以上の大雨となった場合にはあふれることがある．また，大都市では地下鉄・地下街などの地下空間の高度利用や住居・商業ビルにおける地下施設の設置が進んでおり，地下空間へは地上の雨水が一気に流れ込むことから，この場合，人命に関わる深刻な被害につながる．都市型水害の特徴として，① 降雨から水害発生までの時間が極端に短い，② ひとたび被害が発生するとそれが甚大な災害につながる危険性がある，といったことが挙げられる．

このように，大雨の発現から水害の発生に至るまでの過程は多種多様である．したがって水害の軽減のためには，河川・下水道などのハード整備に加え，地域の災害特性やその時々の降雨状況に応じたソフト対応（避難行動など）も重要となる．

気象庁では，自治体による防災対策や住民の避難行動を支援するため，気象警報などの防災気象情報を発表している．外水氾濫のおそれや幹川の水位が高い場合に周辺流域で発生する内水氾濫のおそれがある場合には**洪水警報**を，大雨により低平地で浸水が発生するおそれがある場合には**大雨警報**（浸水害）を市町村ごとに発表し警戒を呼びかけている．また，洪水により国民経済上重大または相当な損害が生ずるおそれのある河川については，気象官署と河川管理者が共同して雨量・水位の予測を行い，洪水に対する警戒を呼びかけている（**指定河川洪水予報**）．

● 事 例

[**幹川の水位上昇に伴う内水氾濫**] 2005（平成17）年台風第14号では，宮崎県宮崎市で9月3日〜8日の期間降水量608 mmを観測し，3937棟の住家被害が発生した．これは，幹川である大淀川の水位が高かったために支川の水が極端に流れ込みにくくなり，各地で川があふれ，氾濫が発生したものである．

[**アンダーパスの冠水**] 2008（平成20）年8月16日，栃木県鹿沼市の冠水した市道（アンダーパス）で，軽乗用車が屋根まで水没しているのが発見され，車内に閉じ込められていた1名が死亡した．現場では最大約2 mの深さで冠水していた．鹿沼市の雨量計では，当日18時10分に，前1時間雨量85 mmの猛烈な雨を記録している．

[**地下空間の浸水**] 1999（平成11）年6月29日，福岡県福岡市中央区で1時間雨量77 mmを観測した大雨により，市内を流れる御笠川が氾濫した．この氾濫水はJR博多駅周辺の地下街に流れ込み，逃げ遅れた1名が水死した． （太田琢磨）

➡ 関連項目 集中豪雨・局地的大雨（2-4），大雨警報・注意報（2-11），洪水警報・注意報（2-13），指定河川洪水予報（2-14）

2-11　大雨警報・注意報

ポイント： 大雨警報は「大雨警報（土砂災害）」と「大雨警報（浸水害）」の区別がある．地震で地盤が緩むなど災害の発生条件が変化した場合は，通常とは異なる暫定基準で大雨警報・注意報が発表される．

　気象庁は，大雨による災害が発生するおそれがあると予想される場合には**大雨注意報**を，大雨による重大な災害が発生するおそれがあると予想される場合には**大雨警報**を発表する．

　大雨警報・注意報の対象となる災害は，主に浸水害と土砂災害である．浸水害の代表的なものは住宅の床上・床下浸水だが，近年では都市化に伴い，地下街や地下鉄の冠水などの被害や，地下室に雨水が流入して閉じ込められる，アンダーパスが冠水し自動車が沈んでドアが開かなくなるなどによる人的な被害が発生している．一方，土砂災害は，山崩れ・がけ崩れや土石流が主な災害である．同じ「大雨警報」でも浸水害と土砂災害では必要となる防災対応が異なるため，気象庁は，「大雨警報(土砂災害)」「大雨警報（浸水害）」「大雨警報（土砂災害，浸水害）」のように，特に警戒の必要な災害を警報名に付加して発表し（図1），警戒の必要な災害が変わった場合には警報を切り替える．例えば，「大雨警報（浸水害）」を発表している状況で，さらに土砂災害の発生するおそれも高まってきた場合は，「大雨警報（土砂災害，浸水害）」に切り替えを行う．なお，大雨注意報の段階では，防災関係機関において土砂災害と浸水害とを区別した対応の必要性は低く，土砂災害と浸水害を区別した運用はしていない．

　大雨警報・注意報の発表基準には，**雨量基準**と**土壌雨量指数基準**がある．「雨量基準」

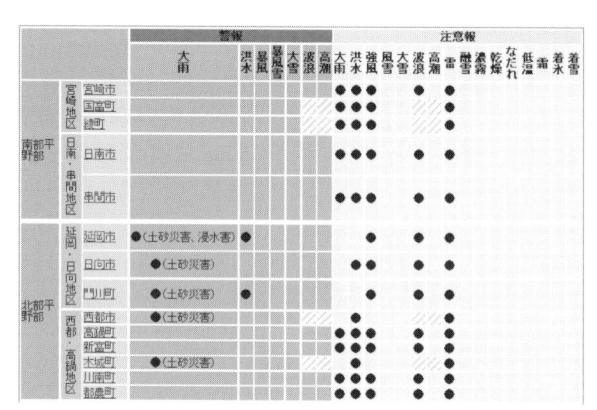

図1　大雨警報・注意報の例（気象庁ホームページより）
大雨警報では，特に警戒の必要な災害を付加して発表している．

```
平成23年　9月16日16時10分　奈良地方気象台発表

奈良県の注意警戒事項
　南部では，16日夜のはじめ頃から土砂災害に警戒して下さい。

お知らせ　平成23年台風第12号による災害の影響を考慮した一部の市町村においては，大雨警報・
注意報について通常基準より引き下げた暫定基準で運用しています。
==========================================
十津川村　[発表]大雨警報(土砂災害)　[継続]雷注意報
　特記事項　土砂災害警戒
　　土砂災害　警戒期間　16日夜のはじめ頃から　17日夕方にかけて　以後も続く
　　　　　　　注意期間　17日夕方にかけて　以後も続く
　　雷　　　　注意期間　17日夕方にかけて　以後も続く
　　付加事項　竜巻
```

図2　警報・注意報本文に記述された暫定基準のお知らせの例（気象庁ホームページより）
　　　　平成23年台風第12号による災害の影響を考慮し，奈良県では暫定基準が設定された．

　は，短時間に降る大雨によって発生する浸水害を捕捉するため，1時間もしくは3時間雨量が基準となっている．一方，大雨を起因とする土砂災害は土壌中の水分量が多いほど発生の可能性が高く，また何日も前に降った雨が影響する場合もある．このような土砂災害を捕捉するため，土壌中に含まれる水分量をこれまでに降った雨と今後数時間に降ると予想される雨から計算して指数化した**土壌雨量指数**を用いたものが「土壌雨量指数基準」である．いずれも，過去の災害と気象状況との対応を調査し，市町村ごとに定められている．

　大雨が降った後や長雨の後などは，雨がやんでも土壌雨量指数の高い状態が続くことがある．これは土壌に大量の水分が含まれ，地盤が緩んでいる状態となっていることを示している．このようなときは雨がやんでもしばらくの間は土砂災害が発生する可能性があるため，大雨警報（土砂災害）や大雨注意報を継続する．雨がやんでも大雨警報（土砂災害）や大雨注意報が解除されないことがあるのはこのためである．

　なお，強い地震等で地盤が緩んだ場合には，雨による土砂災害の危険性が通常より高まっていると考えられる．このような状態がある程度長期にわたって継続すると予想される場合には，大雨警報・注意報の基準を通常の基準より引き下げた**暫定基準**が設定される．暫定基準の運用については，あらかじめ防災機関や一般に広く周知される他，警報・注意報本文に「お知らせ」として記述されている（図2）．暫定基準は，その後の降雨と災害の関係を調査し，必要に応じて変更される．2011（平成23）年3月11日14時46分頃に発生した東北地方太平洋沖地震では，地震による地盤の緩みで土砂災害が発生しやすくなっただけでなく，津波の影響で太平洋沿岸部の地域を中心に堤防や排水施設などが壊れ，浸水害も通常より発生しやすくなったことから，土壌雨量指数基準及び雨量基準の両方に暫定基準が設定された．　　　　　　　（柴田のり子）

➡　関連項目　　集中豪雨・局地的大雨（2-4），水害とは（2-10），解説：土砂災害とは（2-16），
　　　　　　　　土砂災害警戒情報（2-17）

2-12 記録的短時間大雨情報

> **ポイント：** この情報は，数年に一度程度しか発生しないような短時間（ここでは1時間）の大雨に対して発表される．大雨による重大な災害の発生が切迫している状況であることを迅速に知らせることが目的である．

記録的短時間大雨情報は，昭和57年7月豪雨（いわゆる長崎豪雨）及びその翌年の昭和58年7月豪雨（いわゆる山陰豪雨）を契機に，大雨に関して特別に注意を喚起する情報の要望が高まったことで，1983（昭和58）年10月に創設された情報である．各都道府県であらかじめ定めた基準を超える1時間の大雨を観測あるいは解析雨量で解析した時には，市町村名を具体的に示して定型・簡略化した様式で大雨の状況を速報する．

情報の発表基準は，その地域での過去の1時間雨量の観測記録及び2～5年に一度の雨量を統計的に算出した結果を参考にしつつ，数年に一度程度しか発生しないような1時間の大雨に対して発表するように定めている．2012（平成24）年5月末現在で国内で最も低い基準は，北海道宗谷地方，釧路・根室地方，後志地方，東京都小笠原諸島，新潟県佐渡地方及び福井県の1時間80 mm，国内で最も高い基準は三重県，徳島県（南部のみ），高知県，宮崎県，鹿児島県，沖縄県宮古島地方，沖縄県石垣島地方の1時間120 mmである．

記録的短時間大雨情報は，図1のように大雨が降った時刻，大雨を観測あるいは解析した場所及びその降水量を記している．

情報を発表する目的は，現在の降雨がその地域にとって数年に一度程度しか発生しないまれな現象であるということ，同時にそのようなまれな現象は一般的にその地域及び周辺の地域において排水施設などの対応能力を超えており，家屋が床上まで浸水するなどの大雨による重大な災害の発生が切迫している状況であることを，情報の発表をもって周知することにある．

また，2011（平成23）年7月新潟・福島豪雨をはじめとする甚大な被害をもたらした集中豪雨における情報の発表状況を振り返ると，この記録的短時間大雨情報が連続して発表されている場合がしばしばみられる．つまり，その地域においてまれな短時間の大雨が頻発している，時には同じ場所で継続している状況が甚大な被害を発生させるに至ったと考えられ，事態の深刻さを示

```
新潟県記録的短時間大雨情報　第10号
平成23年7月29日13時22分　新潟地方気象台発表

　13時新潟県で記録的短時間大雨
　長岡市栃尾付近で約100ミリ
　魚沼市入広瀬付近で約80ミリ
```

図1 記録的短時間大雨情報（情報例）

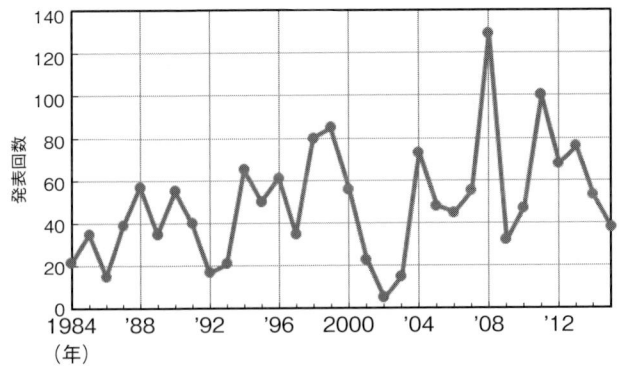

※記録的短時間大雨情報の発表については、運用方法の見直しを随時行っているため、この図は、大雨発生状況の経年変化を表したものではありません。

図2　記録的短時間大雨情報の発表回数

すものとなっている．

　これらのことから，この情報が発表された場合には，発表された地域やその周辺の地域は，危険な状況にあることを意識し，浸水への備えなどの対応をとるべきである．特に繰り返して発表されている場合は，事態がより一層深刻な状況にあると認識し，速やかに危険を回避し身を守る行動をとるべきである．また情報と併せて，解析雨量などで最新の降水状況を確認するとともに，降水ナウキャストや降水短時間予報などで雨が続く見込みなのか，今後どちらの方向へ雨域が移動するのかなどを確認することも重要である．身を守る行動としては，すでに大雨が降っている状況下であることから，河川や崖の近くなど危険な場所から離れること，避難行動をとる場合でも遠方の避難所などではなく，近隣の建物の2階以上の高層階などに避難し，できるだけ屋外への移動を避ける行動をとることが大切である．

●事　例

　図2では2008年の発表回数が極めて多いが，この年は「平成20年8月末豪雨」の他，7月末から8月初めにかけて全国的に不安定な天気が続いたために回数が多くなったもので，発表回数はその年の天気経過により大きく異なる．

(髙橋賢一)

➡　関連項目　解析雨量・降水短時間予報（2-6），気象情報（2-9），大雨警報・注意報（2-11）

2-13　洪水警報・注意報

> **ポイント：** 洪水警報・注意報は対象地域の不特定の河川の増水や氾濫などによる災害を対象として市町村単位で発表される．個別の河川を特定して予報を行う指定河川洪水予報とは異なる．

　気象庁は，大雨，長雨，融雪などにより，河川の増水や氾濫，堤防の損傷や決壊による災害が発生するおそれがあると予想される場合に**洪水注意報**を，重大な災害が発生するおそれがあると予想される場合に**洪水警報**を発表する．

　河川管理者（国土交通省または都道府県）と気象庁が共同して，あらかじめ河川を指定して行う指定河川洪水予報では，個々の河川やその周辺地域を特定して発表するが，洪水警報・注意報は，指定河川洪水予報の対象となっていない多数の中小河川を含む不特定の河川の増水や氾濫に対して，市町村単位で発表し，警戒・注意を呼びかけるものである．

　洪水警報・注意報の基準には，「雨量基準」と「流域雨量指数基準」，これらを組み合わせた「複合基準」がある．雨量基準は対象地域に降る1時間もしくは3時間雨量によるもので，大雨警報・注意報における浸水害を対象とした雨量基準と同じである．**流域雨量指数**は，河川の流域に降った雨がどれだけ下流の地域に影響を与えるかを，これまでに降った雨と今後数時間に降ると予想される雨から計算して指数化したものである．大雨によって発生する洪水災害は，下流に流れる雨水の量が多いほど発生の可能性が高く，また，上流の降雨が下流に集まるまでの時間差を考慮しなければならないが，流域雨量指数はこれらの効果を適切に反映することができる指標として，2008（平成20）年5月から洪水警報・注意報の基準として使われている．

　これら3つの基準は，以下の水害の3つの発生パターンに対応したものとなっている．

① 河川の水位上昇に起因する災害（外水氾濫）：流域雨量指数基準が対応
② 対象地域の短時間強雨が起因する災害（主として氾濫型内水及び小河川の外水氾濫）：雨量基準が対応
③ 河川の水位が高い状況における短時間強雨による災害（主として湛水型内水）：流域雨量指数と雨量基準の組み合わせによる複合基準が対応

　これら3つのいずれかの基準を超えると予想した場合に洪水警報・注意報が発表されるが，②の雨量基準を超えると予想した場合には大雨警報・注意報も併せて発表される．なお，雨がやんでも洪水警報や注意報が解除されないことがあるが，これは多くの場合，①の流域雨量指数基準を超える状況が続いている，つまり，河川の増水が続いているということを示している．

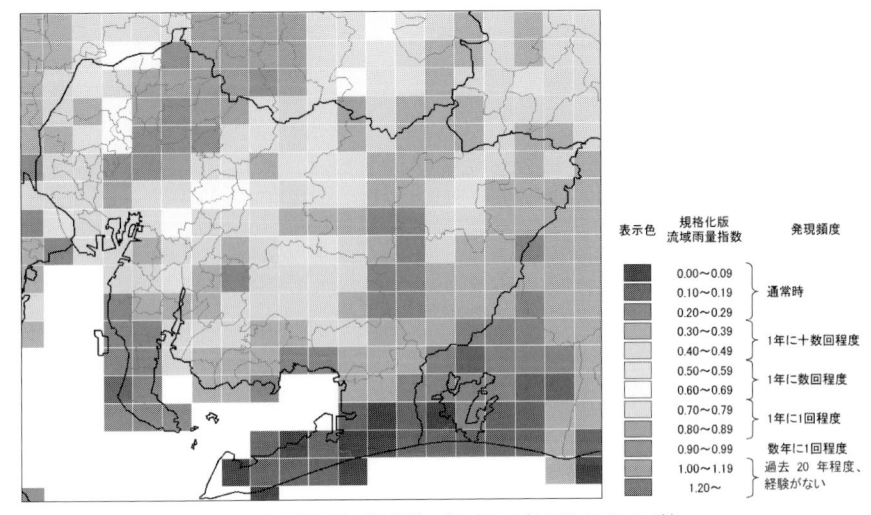

図 規格化版流域雨量指数の例（2011年9月20日16時）
平成23年台風第15号の大雨により愛知県西部で洪水の危険度が高まっている．

表示色	規格化版流域雨量指数	発現頻度
	0.00～0.09	通常時
	0.10～0.19	
	0.20～0.29	
	0.30～0.39	1年に十数回程度
	0.40～0.49	
	0.50～0.59	1年に数回程度
	0.60～0.69	
	0.70～0.79	1年に1回程度
	0.80～0.89	
	0.90～0.99	数年に1回程度
	1.00～1.19	過去20年程度，経験がない
	1.20～	

　また，気象庁では，流域雨量指数に基づく地域の洪水危険度の高まりを地図上で確認することができる**規格化版流域雨量指数**を，防災情報提供システムを通じて自治体等の防災機関に提供している（図）．これは過去20年間（1991～2010年）の流域雨量指数の最大値を1とした場合の流域雨量指数の比率をメッシュ単位（5km格子）で算出し，面的に表示できるようにしたもので，30分ごとに更新される．例えば，ある地域で過去に顕著な洪水があり，当時の指数が20年間の最大値である場合には，規格化版流域雨量指数を確認することにより，その事例と比較して現在の洪水の危険度を把握することができる．規格化版流域雨量指数が1であれば，その河川・地域では履歴1位が発生した顕著な洪水事例と同程度の洪水の危険度が高まっていると判断できる．また，1を超えた場合には，過去20年間の中で最も洪水危険度が高まっており，洪水への一層の警戒が必要な状況となっていることがわかる．洪水警報・注意報が発表された際には，規格化版流域雨量指数を併せて利用することで，どの地域でどの程度洪水の危険度が高まっているかを容易に確認することができるので，防災活動への効果的な活用が期待される．　　　　　　　　　　　　　（柴田のり子）

〔文献〕
田中信行ほか（2008）「流域雨量指数による洪水警報・注意報の改善」『測候時報』**75**(2)：35-69，気象庁．

➡ **関連項目**　解説：水害とは（2-10），指定河川洪水予報（2-14）

2-14 指定河川洪水予報

> **ポイント:** 指定河川洪水予報は水位に基づく危険度レベルに応じたわかりやすい用語を標題に用いており,市町村の避難勧告や住民の避難行動との関連が明確化されている.

指定河川洪水予報は,国土交通省または都道府県の機関と気象庁とが共同して,あらかじめ指定した河川について,水位または流量を示して発表する洪水の予報である(水防法第10条第2項及び第11条第1項,気象業務法第14条の2第2項及び同条第3項).これは,関係行政機関,都道府県及び市町村へ伝達され,**水防活動**などに利用される他,市町村や報道機関を通じて広く地域住民へ周知され,避難の判断などにも利用される.

国土交通省と気象庁が共同して発表する洪水予報は1955(昭和30)年から始まり,2015(平成27)年3月31日現在,109水系293河川について実施している.また,都道府県と気象庁が共同して発表する洪水予報は2002(平成14)年から始まり,2015(平成27)年3月31日現在,35都道府県の65水系126河川について実施している.

指定河川洪水予報の内容は,標題,見出し及び本文により構成される.

洪水予報の情報名を表す標題は,氾濫に対する危険度を水位レベルに応じて「注意」「警戒」「危険」という段階に区分し,対象となる予報区域(河川)名称と組み合わせ

表 水位の危険度レベル・洪水予報の標題と避難行動との関係

水位 (レベル)	洪水予報の標題 (種類)	洪水予報の発表条件	避難行動との関連
水防団待機水位 (レベル1)	—	洪水予報は発表しない	
氾濫注意水位 (レベル2)	○○川氾濫 注意情報 (洪水注意警報)	氾濫注意水位に到達し,さらに水位の上昇が見込まれる場合	[市町村] 避難準備情報の発令を判断し,状況に応じて発令 [住民] 氾濫に関する情報に注意
避難判断水位 (レベル3)	○○川氾濫 警戒情報 (洪水警報)	一定時間後に氾濫危険水位に到達が見込まれる場合,あるいは,避難判断水位に到達し,さらに水位の上昇が見込まれる場合	[市町村] 避難勧告等の発令を判断し,状況に応じて発令 [住民] 避難を判断
氾濫危険水位 (レベル4)	○○川氾濫 危険情報 (洪水警報)	氾濫危険水位に到達した場合	[住民] 避難を完了
氾濫発生 (レベル5)	○○川氾濫 発生情報 (洪水警報)	氾濫が発生した場合	[市町村] 新たに氾濫が及ぶ区域の住民の避難誘導 [住民] 新たに氾濫が及ぶ区域では避難を検討・判断

※水防法および気象業務法により定められる洪水予報の種類としては,氾濫注意情報が洪水注意報に相当し,氾濫警戒情報,氾濫危険情報,氾濫発生情報が洪水警報に相当する.

図 指定河川洪水予報の発表文例

て表記することで，住民の避難行動などとの関連が明確化されている（表）．

氾濫注意情報：氾濫の発生に対する注意を求める段階で発表されるもので，市町村は避難準備情報発令を判断する．

氾濫警戒情報：避難の必要も含めて氾濫に対する警戒を求める段階であり，市町村は避難勧告などの発令を判断する．

氾濫危険情報：いつ氾濫が発生してもおかしくない状況で，避難していない住民への対応を求める段階である．本来，この段階に入る前に住民は避難を完了しているべきである．

氾濫発生情報：氾濫が発生した場合に発表されるものであり，この段階においては氾濫している地域で新たな避難は行わない．

次に，見出し文は，情報の受け手が的確な判断・行動ができるように，水位の現況や今後の見通しを簡潔に記述したものである．さらに本文では，「市町村からの避難情報に留意してください」「氾濫するおそれがありますので，各自安全確保を図ってください」などの住民がとるべき具体的な行動について言及するとともに，流域雨量や水位（危険度レベル）の現況・予想を具体的な数値やグラフで示している（図）．

洪水予報に指定された河川では，ひとたび氾濫が発生すると重大な災害につながることから，この情報のもつ意味（危険度）を正しく理解し，的確な避難行動に結びつけることが水害対策の基本となる．

なお，洪水予報指定河川以外で，避難判断水位等に到達した旨の水位情報を発表する河川を**水位周知河川**という（水防法第13条第1項及び同条第2項）．これは2005（平成17）年の水防法改正により新たに開始され，市町村が行う避難勧告や住民の自主的な避難判断に資する重要な情報の1つとなっている．水位周知河川の水位情報は，標題については指定河川洪水予報と同じだが，水位の予測や雨量の情報は含まれない．

（太田琢磨）

➡ **関連項目** 洪水警報・注意報（2-13），水防警報（2-15）

2-15 水防警報

> **ポイント**： 水防警報は，水防団や消防機関による水防活動の指針を与えるために，河川管理者が発表する情報である．気象庁が発表する洪水警報などとは異なり，利用目的は水防活動用に限定される．

水防警報とは，河川管理者（国土交通大臣または都道府県知事）が，洪水または高潮により国民経済上重大または相当な損害を生ずるおそれがあると認めて指定した河川，湖沼，海岸に対して発表する**水防活動**のための情報である．水防警報の内容としては，対象となる河川・水位観測所及び現況の水位などを明示し，加えて**水防機関**（水防団や消防機関）の執るべき行動を具体的に示したものとなっている．河川管理者により発表された水防警報は直ちに水防管理者（市町村長）及び水防に関係する機関に通知され，これを受けて水防管理者は，都道府県の水防計画の定めるところにより，水防機関を出動（あるいは出動準備）させる枠組みとなっている（水防法第16条，第17条）．2008（平成20）年7月1日現在，国土交通大臣が指定する水防警報河川は109水系，365河川であり，都道府県知事が指定する水防警報河川・海岸は1198河川（3湖沼含む），124海岸である（国土交通省ホームページより）．

水防警報の種類と発表基準を表1に示す．水防警報の種類には，待機，準備，出動，警戒，解除がある（機関によって，名称は若干異なる場合がある）．例えば，氾濫注意水位に到達またはそのおそれがある場合には「水防警報（出動）」が発表され，出

表1 水防警報の種類と発表基準

種類	内容	発表基準
待機	出水あるいは水位の再上昇が懸念される場合に，状況に応じて直ちに水防機関が出動できるように待機する必要がある旨を警告し，または，水防機関の出動時間が長引くような場合には，出動人員を減らしても差支えないが，水防活動をやめることはできない旨を警告するもの．	気象予警報等及び河川状況等により必要と認める時．
準備	水防に関する情報連絡，水防資機材の整備，水門機能等の点検，通信及び輸送の確保等に努めるとともに，水防機関に出動の準備をさせる必要がある旨を警告するもの．	雨量，水位，流量とその他河川状況により必要と認める時．
出動	水防機関が出動する必要がある旨を警告するもの．	洪水注意報等により，または，水位，流量その他河川状況により，警戒水位を超えるおそれがある時．
警戒	出水状況及びその河川状況を示し，警戒が必要である旨を警告するとともに，水防活動上必要な越水・漏水・法崩・亀裂等河川の状態を示しその対応策を指示するもの．	洪水警報等により，または，既に警戒水位を超え，災害の起こるおそれがある時．
解除	水防活動を必要とする出水状況が解消した旨及び当該基準水位観測所名による一連の水防警報を解除する旨を通告するもの．	警戒水位以下に下降したとき，または水防作業を必要とする河川状況が解消したと認める時．

※国土交通省水管理・国土保全局ホームページから引用
※発表基準にある「警戒水位」とは「氾濫注意水位」をさす
※地震による堤防の漏水，沈下の場合，津波の場合は，上記に準じて水防警報を発表する

表2 河川の洪水に関する防災情報の比較

防災情報	洪水警報・注意報	指定河川洪水予報	水位周知河川の水位情報	水防警報
法的根拠	気象業務法第13条	水防法第10条,第11条 気象業務法第14条の2	水防法第13条	水防法第16条,第17条
利用目的	水防活動に加え,広く一般住民に周知し,市町村が行う避難勧告や住民の自主的な避難判断への利用	水防活動に加え,広く一般住民に周知し,市町村が行う避難勧告や住民の自主的な避難判断への利用	水防活動に加え,広く一般住民に周知し,市町村が行う避難勧告や住民の自主的な避難判断への利用	水防管理者の水防活動に指針を与える
対象河川	右記河川を含むすべての河川(河川名は明示しない)	洪水により国民経済上重大または相当な損害が生ずるおそれのある河川(あらかじめ指定する)	洪水により国民経済上重大または相当な損害が生ずるおそれのある河川(あらかじめ指定する)	洪水により国民経済上重大または相当な損害が生ずるおそれのある河川(あらかじめ指定する)
発表単位	原則,市町村単位(一部の市町村では分割して発表)	予報区域ごとに発表(複数観測所を含む)	水位観測所ごとに発表	水位観測所ごとに発表
発表基準	発表単位ごとに定めた雨量基準,流域雨量指数基準等	氾濫注意水位 避難判断水位 氾濫危険水位 等	避難判断水位等	水防団待機水位 氾濫注意水位 等
情報伝達	気象官署 ├都道府県 │├市町村等―住民等 └報道機関・関係機関 　└住民等	気象官署・河川管理者 ├水防管理者 │└水防団 └都道府県 　├市町村等―住民等 　└報道機関・関係機関 　　└住民等	河川管理者 ├水防管理者 │└水防団 └都道府県 　├市町村等―住民等 　└報道機関・関係機関 　　└住民等	河川管理者 ├水防管理者 │└水防団

動要請を受けた水防機関は,堤防の決壊を未然に防いだり,水害を最小限に食い止めたりするために,土のうを積むなどの水防活動を実施する.

　水防警報は水防活動での利用に供するものであり,気象庁が発表する洪水警報・注意報や指定河川洪水予報などの他の防災情報とは目的が異なる(表2).例えば,指定河川洪水予報は現象の予想を行う(洪水による災害発生のおそれを警告する)ことをその本質としており,水害の防御・軽減(水防活動に加え,市町村の避難勧告や住民の避難判断などに供すること)を目的とするが,水防警報は水防を行う必要がある旨を具体的に明示して行うものであり,水防団などの水防活動に指針を与えることをその本質とするものである.したがって,水防警報は必ずしも広く一般には周知されない点に留意が必要である.

〔太田琢磨〕

〔文献〕
国土交通省ホームページ(2007)「水防の基礎知識」.
http://www.mlit.go.jp/river/bousai/main/saigai/kisotishiki/index.html

➡ 関連項目　洪水警報・注意報(2-13),指定河川洪水予報(2-14)

2-16　解説：土砂災害とは

> **ポイント**：土砂災害は，突発的に発生することが多く，ひとたび土砂災害が発生すると，人的被害や家屋などへの被害を生じやすい．このため，土砂災害から生命を守るためには，事前の避難が必要となる．

　日本列島は急峻な地形を有している上に，台風などによる大雨や活発な地震活動などの条件が重なり，**土砂災害**が発生しやすい国土となっている．また，都市化による丘陵地での宅地造成などにより，丘陵地に隣接して生活するなど土地利用の変化も加わり，土砂災害による犠牲者は自然災害による犠牲者の中で大きな割合を示している．国土交通省のまとめでは，2004～2013（平成16～25）年までに，国内では年平均1000件を超える土砂災害が発生している（国土交通省，2014）．

　土砂災害は発生形態によって分類すると，**がけ崩れ**，**土石流**，**地すべり**に大きく分けられる．がけ崩れは地中にしみこんだ雨や地震などによって，台地端や切り土などの急斜面が崩れ落ちる現象をいう．土石流は崩壊した土砂や河床に堆積した土砂や岩塊が，大雨による多量の水分を含んで一気に河川・渓流を流下する現象をいう．土石流は移動速度が非常に早いため，一瞬にして家屋などを飲み込むことがある．地すべりは特定の範囲の斜面全体が下方へ比較的ゆっくりと移動する現象をいう．地すべりの発生は大雨を誘因とする場合以外にも，融雪による地下水位の上昇なども誘因となるため，降雨による発生予測が技術的に困難で，土砂災害警戒情報や大雨警報・注意報の対象外の現象となっている．

　また，土砂災害を崩壊の形態から分類すると，表層崩壊と深層崩壊に区別される．**表層崩壊**は斜面崩壊のうち表層土が表層土と基盤層の境界に沿って滑落する比較的規模の小さい崩壊現象のことをいうが，**深層崩壊**はすべり面が表層崩壊よりも深部で発生し，表土層だけでなく深層の地盤までもが崩壊土塊となる比較的規模の大きな崩壊現象のことをいう．国土交通省は，過去に発生した深層崩壊について調査を行い，深層崩壊は隆起量が大きい地域や特定の地質に分類される地域で多いとの結果から日本全国の深層崩壊の発生頻度を推定した深層崩壊推定頻度マップを作成している（国土交通省，2011）．深層崩壊は表層崩壊に比べて発生頻度は少ないが，発生すると大きな被害を引き起こす危険が大きいことから，今後深層崩壊推定頻度マップを活用した対策の検討を進めることで，被害の軽減につながることが期待される．

　土砂災害の特徴としては突発的に発生することが多く，河川の水位のように発生の危険度を目視で判断することが難しいため，ひとたび土砂災害が発生すると，人的被害や家屋などへの被害を生じやすい．このため，土砂災害から生命を守るためには，事前の避難が必要となる．

図 平成21年7月21日山口県防府市で発生した土石流によって被害を受けた特別養護老人施設（気象庁提供）

国や自治体では，土砂災害への対策として，砂防堰堤などの対策工事によるハード面での対策に加え，ソフト面では土砂災害危険箇所の公表や土砂災害（特別）警戒区域の指定により土砂災害の発生しやすい場所の周知，警戒避難体制の整備などを行うとともに，土砂災害警戒情報や大雨警報・注意報を発表することで，降雨による土砂災害発生の危険性を示している．土砂災害警戒情報は避難勧告発令や自主避難の判断のために，大雨警報（土砂災害）は避難準備情報発令の判断のために，大雨注意報は防災機関の体制を執るために利用してもらうなど，それぞれの段階での避難行動の参考にするための情報として提供している．こうした情報を活用して早めの避難行動をとることで，土砂災害から尊い生命を守ることにつながるといえる．

●事　例

2009（平成21）年7月，梅雨前線の活動が活発になった影響で，中国地方から九州地方を中心に大雨となり（「平成21年7月中国・九州北部豪雨」），山口県防府市では21日に土石流が多数発生し，市内の特別養護老人ホームで7名の方が亡くなるなどの大きな被害をもたらした（図）．この事例では，土砂災害警戒区域において円滑な情報伝達が行われなかった点が指摘された．

また，2011（平成23）年8～9月，台風第12号の接近・通過に伴い紀伊半島を中心に大雨となり，土砂災害が多数発生した．このうち奈良県から和歌山県では，9月3日から4日にかけて深層崩壊が発生し，死者，住家全壊，河道閉塞などの被害をもたした．

(中村直治)

〔文献〕
国土交通省（2014）『平成25年度国土交通白書』国土交通省．

➡ 関連項目　大雨警報・注意報（2-11），土砂災害警戒情報（2-17），土砂災害関連法（6-4）

2-17　土砂災害警戒情報

ポイント： 大雨に伴って発生する土砂災害は大きな人的被害をもたらすことがある．この被害を防止するために，降水の状況や予測資料を用いて土砂災害の危険度の高まりを事前に予測して，避難などの防災行動に活かすための防災情報．

土砂災害警戒情報は，大雨警報発表中に，さらに土砂災害の危険度が高まった時に，警戒が必要な市町村を特定して発表する防災情報である（図1）．都道府県と気象台が共同で発表し，市町村長の避難勧告などの発令や住民の自主避難の判断に利用されている．

国土交通省は2004（平成16）年の深刻な豪雨災害の課題を受け，同年12月10日に公表した「豪雨災害対策緊急アクションプラン」の中で，土砂災害警戒情報について「平成17年度以降3年間で，市町村，報道機関等への提供を全国で実施」と早期運用開始の方針を明確に打ち出した．この方針を受けて2005（平成17）年9月1日に鹿児島県において運用を開始し，2008（平成20）年3月21日からは全国すべての都道府県で運用を行っている．

土砂災害警戒情報は降雨から予測可能な土砂災害のうち，避難勧告などの災害応急対応が必要な土石流や集中的に発生する急傾斜地崩壊（がけ崩れ）を対象としており，斜面の深層崩壊や山体の崩壊，地すべりなどは技術的に予測が困難なため土砂災害警

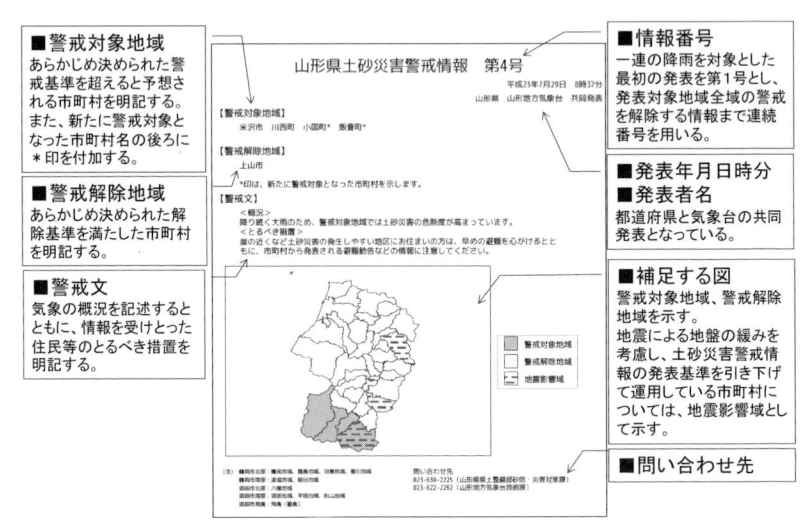

図1　土砂災害警戒情報の発表例と説明

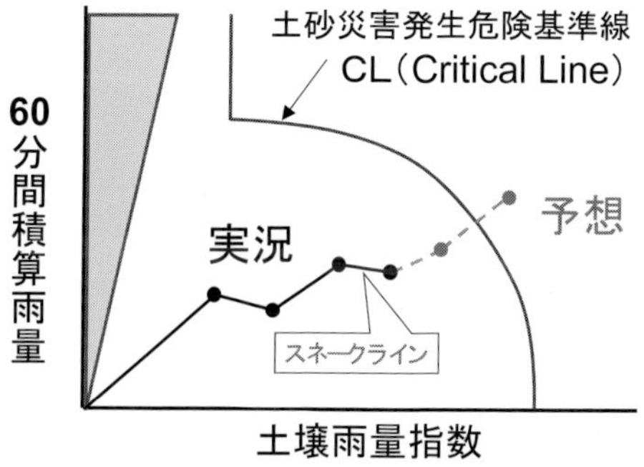

図2 スネークライン図

戒情報の発表対象とはしていない．また，土砂災害はそれぞれの斜面における植生・地質・風化の程度，地下水の状況などに大きく影響されるため，個別の災害発生箇所・時間・規模等を詳細に特定して予測することはできない．土砂災害警戒情報の発表基準は，過去に発生した土石流や集中的に発生する急傾斜地崩壊と雨量及び土壌雨量指数との関連から決められており，**土砂災害発生危険基準線**（Critical Line : CL）と呼ばれている．1時間雨量及び土壌雨量指数の実況及び予想を時系列でつないだ**スネークライン**（変化の様子が蛇の動きに似ているため，このように呼ばれる）が土砂災害発生危険基準を超えると予想される市町村に対して，土砂災害警戒情報が発表されることとなる（図2）．地震などにより，通常よりも地盤が脆弱になっていると考えられる地域については，土砂災害警戒情報の発表基準を通常基準より引き下げた暫定基準を設けて運用している．

ここで，**土壌雨量指数**とは，降った雨が土壌中にどの程度貯えられているかを指数化したもので（岡田，2002），土砂災害警戒情報の他，気象庁が発表する大雨警報・注意報の基準としても用いられている．

土砂災害警戒情報が発表されると，都道府県内の各市町村や報道・防災機関に伝達される．市町村からは広報車や防災無線，携帯メールなどを通じて地域住民や関係機関に周知され，報道機関からはテレビ・ラジオ放送を通じて広く国民に周知されている．また，都道府県では，土砂災害警戒情報の補足情報として，土砂災害の危険性が高い地域をメッシュ情報で公開しているところもある．

土砂災害警戒情報発表時には，市町村は補足情報などをもとに土砂災害の危険が高まっている地域住民に対し避難勧告などを発令し，住民は速やかに避難行動をとることで，土砂災害からの犠牲者が軽減されると期待できる． （中村直治）

〔文献〕
岡田憲治（2002）「土壌雨量指数」『測候時報』**69**(5)：67-100，気象庁．

➡ **関連項目** 大雨警報・注意報（2-11），解説：土砂災害とは（2-16）

2-18　暴風警報・強風注意報

> ポイント：　風による災害の発生が予想される場合には，暴風警報や強風注意報を発表する．

暴風警報や**強風注意報**は，暴風や強風により災害の発生が予想される場合に発表する．発表の基準は，10分間の**平均風速**で定めており，瞬間風速ではない．地形や土地利用の形態，時刻などにもよるが，**瞬間風速**は平均風速の1.5～3倍以上となることがある．暴風警報は，平均風速がおおむね20m/s，強風注意報は，平均風速が概ね10m/sを超えるような場合を基準として設定するところが多いが地方により異なる．

暴風（強風）に加えて雪による視程障害などで重大な災害のおそれがある場合は，**暴風雪警報**（風雪注意報）を発表するが，これは大雪警報と暴風警報を合わせたものではない．大雪による災害の発生も予想される場合には，暴風雪警報（風雪注意報）と**大雪警報**（注意報）をそれぞれ発表する．

風の吹き方は一様ではない．地形や建物の影響により大きく異なり，局地的に周囲より風速が強まる所もある．「六甲おろし」，「清川だし」など，日本各地に地形的な要因で発生する固有の名称をもつ**局地風**が知られている．図は，愛媛県で発生する局地風「やまじ風」への注意を呼びかけたものである．台風や発達した低気圧による暴風だけでなく，こうした局地風についても社会に対する影響が大きい場合は，現象のメカニズムを明らかにし予測技術を検証した上で，警報や気象情報を発表し，注意，警戒を呼びかけることがある．

また，台風の暴風域は「中心から××km以内では風速25m/s以上の暴風が…」のように同心円で表現されるが，この円の外では25m/s以上の暴風が吹かないということではない．逆に，暴風域に入っていても暴風が吹いていない所もありうる．暴風警報や強風注意報の基準は台風の暴風域，強風域を示す風速と必ずしも一致しているわけではない．防災対応では，まず各地に発表されている警報・注意報を利用する．

10個の台風が上陸した2004（平成16）年には，暴風に対する児童生徒の登下校時の安全確保が話題となった．これを受けて，文部科学省からは2005（平成17）年に，台風時などには気象台と連絡をとりつつ，児童生徒の安全を確保するなどの対応策が指示されている．台風や発達した低気圧などに伴う暴風や強風は，比較的早い段階から精度よく予想できることから，防災対策は風が強まってから始めるのではなく予告的情報や注意報，警報に留意しつつ，十分な時間的余裕をもって行いたい．

風による被害は，住家等の倒壊，飛散物による人的被害，交通障害，鉄塔やクレー

```
平成２３年　４月３０日２２時０５分　松山地方気象台発表
愛媛県」強風，波浪注意報」
（（愛媛県では，１日夕方まで強風や高波に注意して下さい。東予東部では
，やまじ風のおそれ。））
　　～中略～
東予東部　［継続］強風，波浪注意報
　風　１日夕方まで　南の風のち西の風　ピークは１日明け方
　　　最大風速　陸上　１３メートル　海上　１８メートル
　波　１日夕方まで　ピークは１日明け方
　　　波高　２メートル
　　～後略～

強風と高波に関する愛媛県気象情報　第５号
平成２３年５月１日０６時４３分　松山地方気象台発表

〈見出し〉
　愛媛県では，引き続き１日夕方にかけて，強風や高波に注意してください。
東予東部では，やまじ風のおそれがあります。

〈本文〉
　低気圧が日本海を発達しながら北東に進む見込みです。
　このため，愛媛県では，１日夕方にかけて，海上を中心に南の風のち西ま
たは北西の風が強く，波が高いでしょう。東予東部では，やまじ風のおそれ
があります。
　船舶や交通機関は，強風や高波に注意して下さい。
　　～中略～
　「やまじ風」の注意を要する時間帯と予想最大瞬間風速は，
　　１日朝，　２５メートル以上
　　１日昼前，２０メートル以上，２５メートル未満

　　～後略～
```

図　「やまじ風」に言及した注意報（上），文章形式の府県気象情報（下）の例
（2011年5月1日6時43分松山地方気象台発表）

ンの倒壊など多岐にわたる．これらの被害には，暴風警報（強風注意報）の基準となっている平均風速だけでなく，瞬間風速が大きく関わっているとの指摘がある．近年，アメダスで瞬間風速の観測が可能になり，風の吹き方をより詳細に把握できるようになった．データが蓄積することにより，将来的には気象情報への瞬間風速の利用も計画されている．

なお，時間的にも空間的にも非常にスケールの小さい竜巻のような激しい突風は，暴風警報（強風注意報）ではなく雷注意報や竜巻注意情報などで注意を呼びかけている．

また，最近「台風並みの暴風」といった表現を見聞きすることがある．しかし，この表現からイメージする現象が情報の利用者や地域によって大きく異なるおそれがあること，発達した温帯低気圧では台風よりも広範囲で暴風が吹き，長時間続く場合があること，台風が接近したからといって常に暴風が吹くとは限らないことなどから，防災対応を考える上では注意が必要である．
（桜井美菜子）

➡　関連項目　台風（2-3），雷・突風・竜巻（2-5），気象情報（2-9）

2-19　高潮警報・注意報

> **ポイント：** 高潮は，台風や発達した低気圧の影響で発生することが多い．その主な要因は気圧の低下による「吸い上げ」と強い風による「吹き寄せ」の効果である．

　台風や発達した低気圧などの影響で海面が大きく上昇する現象を**高潮**といい，高潮によって浸水などの災害が発生するおそれがある場合に，その旨を警告して行う予報が**高潮警報・注意報**である．

　高潮警報・注意報の基準は地域によって異なり，それぞれの地域の過去の**高潮災害**の発生状況や防潮堤の整備状況などを考慮して定められている．

　海面は太陽や月の引力の影響を受け，満潮と干潮が半日程度の周期で交互に繰り返されている．また，太陽や月と地球との位置関係によって，半月程度の周期で潮の満ち引きが大きくなる大潮や小さくなる小潮の時期が繰り返されている．さらに1年のうちでは季節によっても潮位の変動がみられ，海水温の上昇する夏から秋にかけては，年間で最も潮位が高くなる．これらの影響による潮位を**天文潮位**（推算潮位）と呼ぶ．

　台風や発達した低気圧が接近する時，潮位が極端に上昇することがある．その要因は主に2つある．1つは**吸い上げ**と呼ばれるもので，台風等が近づくと気圧が低くなるために，海面が上昇する．海面の上昇の程度は，気圧が1hPa低下すると，約1cmといわれている．もう1つの要因は**吹き寄せ**と呼ばれるもので，海上から海岸に向かって暴風が吹くと，海水が海岸に吹き寄せられて，海面が上昇する．（図1）．実際に港湾などで観測される潮位は，天文潮位（推算潮位）に，気象を要因とする潮位変化が加わったもので，満潮などによる天文潮位の上昇と気象による潮位上昇とが重なると，海面はより一層高くなり，海水が堤防や防潮堤を越えて大きな災害につながるおそれがある．

　高潮警報・注意報が発表された際にはテレビやラジオ，インターネット，携帯電話などの手段を利用して気象情報や実際の潮位の状

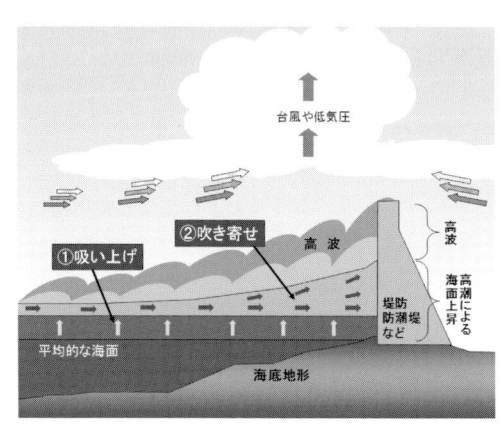

図1　高潮発生のしくみ
高潮は気圧の低下による海面の吸い上げ①と，暴風による海水の海岸への吹き寄せ②が主な原因となって発生する．さらに，高波が重なることで浸水の危険性が高まる．（気象業務はいま2011より）

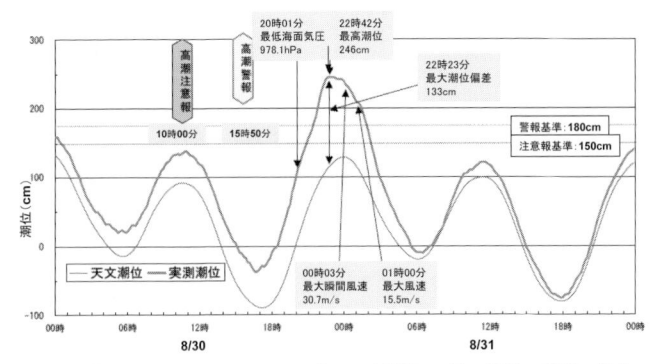

図 2 平成 16 年 8 月 30 日から 31 日にかけての台風第 16 号の接近・通過に伴う，香川県高松港の潮位変化．水色線は天文的な要因による潮位（天文潮位）を，赤線は実際に高松港で観測された潮位（実測潮位）を表す．最高潮位は 246 cm，実測潮位と天文潮位との差は，最大で 133 cm であった．（気象庁災害時自然現象報告書 2004 年第 2 号より　図中の警報基準，注意報基準は平成 16 年当時のもの）

況等を迅速に収集するとともに，浸水ハザードマップ等を活用し，安全な場所への避難を検討するなど，被害を最小限にとどめるための適切な対応をとることが重要である．

●事　例

2004（平成 16）年 8 月に九州から中国地方を縦断した台風第 16 号の影響で，瀬戸内海では深刻な高潮災害が発生した．香川県の高松港では，当時の既往最高潮位を 52 cm も上回る記録的な高潮となり，高松市内の約 15000 棟が浸水するという大きな被害を生じた．この時の潮位変化のグラフを図 2 に示す．夏の大潮時期に加え，満潮時刻と台風の接近が重なった 8 月 30 日深夜に，潮位が際立って大きく上昇した様子がわかる．

この事例では，潮位がピークとなる時刻の 6 時間余り前に高潮警報が発表された．また，高潮に関する最新の状況や警戒すべき事項を香川県気象情報として頻繁に発表し，既往最高潮位を超える高潮に対して最大限の防災対応を呼びかけた．

なお，2009（平成 21）年 10 月の台風第 18 号では，愛知県の三河湾で台風の通過直後の強い西風も加わり，3 m を超える高潮が発生して，岸壁に置かれていた多数の巨大なコンテナが流された．幸い人家や施設がなかったために大きな被害は生じなかったが，こうした新しいタイプの高潮災害への備えも今後の課題である．

（立原秀一）

2-20　波浪警報・注意報

> **ポイント**：　波浪警報・注意報は，高波による災害のおそれがある場合に発表される．この場合の波の高さは，観測されうる最大の波高ではなく，高い方から 1/3 を平均して得られる波高であり，これを「有義波高」という．

　高波によって船舶の転覆などの海難事故，住家や防波堤などの海岸施設の破壊・損傷といった災害が発生するおそれがある場合に，その旨を警告して行う予報が**波浪警報・注意報**である．波浪警報・注意報の対象となる範囲は，沿岸と，沿岸から20海里（約37 km）以内の海上である．

　波浪警報・注意報の基準は地域によって異なり，それぞれの地域の過去の波浪災害の発生状況や海岸施設の整備状況，沿岸自治体の防災態勢などを考慮して定められている．例として宮城県女川町の波浪警報・注意報の基準を表に示す．

　波浪警報・注意報の基準である波の高さは，**有義波高**で定められている．有義波高とは繰り返し打ち寄せる波のうち，高い方から 1/3 の波の高さを平均したものである（例えば波が 90 回あったとすると，高い方から 30 回分を平均した高さ）．一般に波の高さという場合は，この有義波高をさすことが多い．有義波高は人間が目で見て感じる波の高さに近いといわれており，天気予報などで示される波の高さもこの有義波高である．

　実際の波には有義波高よりも高いもの，低いものが存在しており，100波に1波は有義波高の1.6倍程度，1000波に1波は有義波高の2倍程度の波が発生するといわれている．これらを**一発大波**などと呼ぶことがあり，海水浴や海岸での釣りなどでは特に注意が必要である．

　遠く離れたところで発生した高波が減衰しながら遠方にまで伝わるものを**うねり**という．例えば，日本のはるか南の台風周辺の高波が，うねりとなって本州の太平洋沿岸に到達することがある．うねりの特徴は，波長や周期（波の頂点から次の波の頂点までの長さや時間）が長いことである．うねりが海岸に打ち寄せると，急にその高さが高くなる場合があり油断はできない．うねりを要因とする波浪災害としては，富山湾の**寄り回り波**が知られている．富山湾では，冬型の気圧配置が緩んで強風が止んだ後に，突如高波に襲われることがある．日本海北部の北寄りの強風で発生したうねりが富山湾に到達し，さらに富山湾特有の海底地形の効果が加わって，局地的に予期せぬ高波となる．

　波浪警報・注意報が発表された場合には，その内容から高波のピークとなる時間帯や予想される波の高さを把握す

表　宮城県女川町の波浪警報・注意報基準（気象庁HPから抜粋）

宮城県女川町	
波浪警報	波浪注意報
有義波高 6.0 m	有義波高 3.0 m

宮城県　女川町江ノ島の波高　（10月5日09時～10月7日05時）

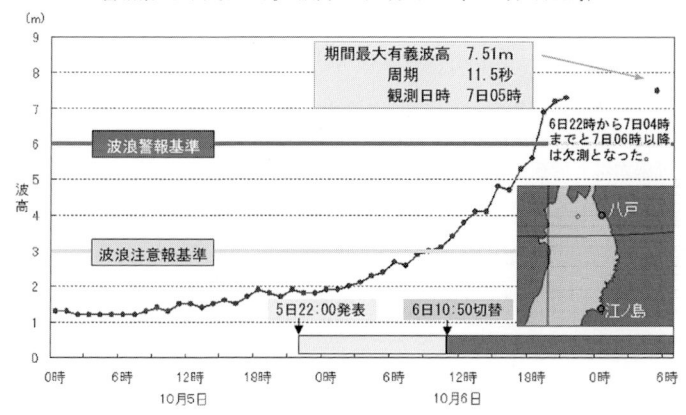

図　平成18年10月5日から6日にかけての，宮城県女川町江ノ島における波の高さと波浪警報・注意報発表状況
グラフ下部の横帯は，黄色部が波浪注意報発表期間を，赤色部が波浪警報発表期間を示す．（気象庁災害時自然現象報告書2006年第3号から抜粋）

るとともに，実際の波浪の状況を確認するなど正確な情報を収集することが重要である．すでに波が高くなっている状況で海岸に近づくことは危険である．なお，波の高さの観測状況を知るには，国土交通省港湾局のHP（**ナウファス**，http://www.mlit.go.jp/kowan/nowphas/）が有効である．日本各地の主な地点の波の状況をリアルタイムで知ることができる．

●事　例

2006（平成18）年10月，低気圧が猛烈に発達しながら三陸沖を北上した．この低気圧の影響で，東北地方の沿岸を中心に暴風を伴って波の高さが9mを超える猛烈なしけとなった．宮城県女川沖では高波を受けたサンマ漁船が転覆し，乗組員16人全員が死亡・行方不明となった他，茨城県沖では，大型の貨物船が座礁した．図は，その時の宮城県女川町の波の高さと波浪警報・注意報の発表状況である．波浪警報は10月6日10時50分に発表されており，18時過ぎには波の高さが警報基準の6mを超えた．

（立原秀一）

2-21 大雪警報・注意報

ポイント：大雪は建物の倒壊や除雪作業中の事故，農業や林業被害，漁業への被害，停電や交通障害など様々な災害をもたらす．近年は，多雪地域の過疎化や高齢化を踏まえた新たな雪害対策も課題となっている．

気象庁は，**大雪**によって災害が起こる可能性のある場合に**大雪注意報**を，重大な災害の起こるおそれがある場合に**大雪警報**を発表する．また，大雪になった場合や気温が上昇して雪解けが進む時期には，なだれによる被害が予想され**なだれ注意報**を，湿った雪が電線や架線等に付着する着雪による被害が予想される場合には**着雪注意報**を発表する．これらの雪に対する警報・注意報や気象情報は，除雪車の配備・出動や道路の通行規制，凍結防止剤の散布の計画などの雪害対策に有効に利用されている．

日本海側で大雪となるのは，冬型の気圧配置が持続し，寒気が南下する場合である．特に北陸では，降雪が平野部で大雪となる場合には**里雪**，山地で大雪となる場合には**山雪**と呼ばれるが，里雪は山地に加えて平野部でも大雪となる場合であり，山地では降らないという意味ではないことに注意が必要である．太平洋側に大雪をもたらすのは主に南岸低気圧であるが，東海地方などでは冬型の気圧配置時にも風向や寒気の強さによって大雪となることがある．また，南岸低気圧で雨になるか雪になるか，雪が積もるかは，低気圧の通過する位置，地上や上空の気温，湿度，風等が複雑に絡み合い，微妙で難しい判断となることが多い．

大雪による災害は様々であるが，多雪地域での人的な被害は屋根の雪下ろしなどの除雪作業中の事故が最も多く，屋根からの落雪による事故も多い．新潟県津南町で416cmの積雪となるなど日本海側で記録的な大雪となった平成18年豪雪（死者152人，消防庁による）では，除雪作業中の事故が全体の3/4（113人）を占めた．また，死者のうち65歳以上の高齢者が全体の2/3（99人）を占めるなど高齢者の事故が多いことが浮き彫りとなった．山間部を中心とした多雪地域の過疎化や高齢化など社会環境の変化に伴い，従来の家屋の倒壊やなだれなどとは異なる新たな雪害対策が必要となっている．

第一次産業では，雪の重みによってビニールハウスや果実棚，牛舎が倒壊するなど農業施設や農作物への被害，スギやヒノキが折れるなど林業被害が多いが，2010（平成22）年の大晦日には鳥取県の境港市で重く湿った雪が短時間に激しく降って17時間で70cmの降雪となり，小型漁船数百隻が転覆・沈没するなど漁業への大きな被害があった．また，送電線への着雪による停電など電力供給への影響や，鉄道の運休，飛行機の欠航，高速道路の通行止めなど幹線道路の寸断による物流への影響も大きく，この2010年年末から2011年年始の大雪では，除雪が間に合わず自動車が約25km

にわたって立ち往生する，電車が雪に乗り上げて脱線するなどの被害があった．

関東地方平野部などあまり雪の降らない地域で積雪になると，もともと雪に対する備えがほとんどないため，わずかな積雪でも交通機関が大混乱したり，積雪や凍結でスリップして交通事故や転倒事故が数多く発生するなど，多雪地とは異なる災害を招く．例えば，南岸低気圧が通過した 2011（平成 23）年 2 月 14 日には，東京（大手町）で 2 cm，熊谷（埼玉県）で 5 cm，横浜（神奈川県）で 4 cm の降雪となったが，この程度の雪でも，スリップ事故や転倒による負傷者が多数発生した他，在来線や新幹線など鉄道の遅れや運転見合わせ，道路の通行止めが相次ぎ，交通機関に大きな影響があった．また，受験シーズンであり，入試の開始時刻の繰り下げなども行われた．

大雪警報・注意報の発表基準は，ほとんどの地域で 24 時間降雪量となっているが，短時間に激しく降る雪でも交通障害で大きな影響を受けるなど，近年大雪による災害が変化していることから，大雪警報・注意報の基準として 12 時間降雪量や 6 時間降雪量など時間間隔の短い降雪量の基準を新たに採用する傾向となっている．例えば，北海道では 1995（平成 7）年から 12 時間降雪量を基準として運用しているが，札幌市や千歳市などの都市部を含む石狩地方が交通の拠点となっていることから，短時間に降る激しい雪による大規模な交通障害を防ぐため，2002（平成 14）年から 6 時間降雪量も大雪警報の基準として導入した．また，北陸地方でもこのような基準の変更が進んでいる．

なお，著しい災害が発生し命名された大雪もしくはそれに匹敵するような大雪を**豪雪**と呼んでいるが，戦後大きな被害をもたらした豪雪としては，昭和 38 年 1 月豪雪，昭和 56 年豪雪，平成 18 年豪雪などがある．　　　　　　　　　　　　　（柴田のり子）

➡　**関連項目**　その他の気象注意報・情報（2-22）

2-22　その他の気象注意報・情報

> **ポイント**：　低温注意報，霜注意報，濃霧注意報，乾燥注意報，なだれ注意報，高温注意情報などを解説する．

　[低温注意報]　低温により災害が発生するおそれがあると予想した時に発表する．想定している災害は，暖候期（4～9月）は気温の低い状態が継続することによる農作物などへの著しい被害，寒候期（10～3月）は気温が下がることによる水道管の凍結や破裂などによる著しい被害である．このうち暖候期は，日照不足や多雨などと合わせて発生することが多く，寒候期と比べると長く続くことがある．

　[霜注意報]　霜により災害が発生するおそれがあると予想した時に発表する．想定している災害は，早霜，晩霜などによる農作物への被害である．

　霜注意報の発表基準は，最低気温により定めている．ただし，霜による影響を受ける農作物のない時期には霜注意報は実効性をもたないため，地元の気象台と都道府県等の担当部署とで発表期間を調整しつつ運用している．

　[濃霧注意報]　濃い霧により災害が発生するおそれがあると予想した時に発表する．想定している災害は，鉄道や道路，航空機，船舶など，交通機関への著しい障害である．

　霧は空気中の水蒸気が凝結し，微小な水滴となって浮遊するもので，これにより視程（水平方向の見通し）が1km未満の状態となることをいう．濃霧注意報の発表基準は，霧による視程が陸上で100m未満，海上で500m未満としているところが多い．霧の発生は地表付近の気温や湿度，風に加えて地形の影響など局地性が大きく，事前の予想が難しい場合がある．また，夜間から早朝にかけて発生することが多いため，混乱が大きくなることもある．

　[乾燥注意報]　空気の乾燥によって，災害が起こるおそれがあると予想した時に発表する．基準は，最小湿度及び実効湿度で定めている．実効湿度とは，木材の乾燥の程度を示すもので，数日前からの湿度を考慮し計算により求める．実効湿度が50～60%以下になると，火災の危険性が高まるといわれている．早春から初夏にかけては風の強い日が多く，枯れ木など燃えやすいものが多いことから，特に林野火災への注意が必要である．

　広く一般を対象としている乾燥注意報とは別に，気象庁は気象の状況が火災の予防上危険であると認める場合は，その旨を都道府県に通知することとなっている（消防法第22条）．これは**火災気象通報**と呼ばれるもので，市町村長が発表する「火災警報」への支援を目的としている．火災気象通報の発表基準は，風速や湿度，降水の有無な

どで，都道府県と地元気象台の間で決められている．

[**なだれ注意報**] なだれにより，人，家畜，建物，交通などへの災害のおそれがあると予想した場合に発表する．

なだれは，滑り面の位置によって表層なだれ（滑り面が積雪内部）と全層なだれ（滑り面が地面）に分けられる．**表層**なだれは，主に降雪シーズンの最盛期に，多量の降雪によって降雪中または降雪直後に起こり，なだれの走路によっては思わぬ場所まで達することもある．**全層**なだれは，主に春先の融雪期に起こるもので，降雨や高温に誘発されることが多い．急傾斜地で発生しやすく，雪面に割れ目やしわなどの前触れが現れることもあるが，雪庇，樹木に着雪した雪塊の落下がきっかけとなることもあり，予測は難しい．

なだれ注意報の発表基準は，ある期間での降雪の深さ（主に表層なだれを対象），または，積雪の深さと気温，降水量の組み合わせによるもの（主に全層なだれを対象）の2種類となっている地域が多い．中には，風速を加味している所もある．なだれの発生は局地性があるものの，スキー場などの立ち入り禁止区間には入らないといった基本的な行動により災害発生を防げる側面もある．

[**高温注意情報**] 2011（平成23）年の夏季には，東北地方から西日本を対象に高温注意情報を発表した．これは，東日本大震災以後，電力不足が懸念されるなかで，**熱中症**などへの対策に関わる冷房設備等の適切な運用を含め，健康管理への注意喚起を目的としたものである．2012（平成24）年からは，北海道地方と沖縄地方にも対象を拡大し，全国で発表することとなった．

高温注意情報は，地方によって異なるが，概ね最高気温35度以上を基準に発表する．前日の夕方に地方気象情報として広域を対象に，当日は府県気象情報として都府県単位で発表する．

なお，1日単位ではなく1週間程度の期間にわたり高温（概ね最高気温が35度以上）が予想される場合には，**高温に関する情報**を発表し，熱中症などの健康管理のみならず，農作物や家畜の管理などへの注意喚起を行う．　　　　　　　　　　（桜井美菜子）

➡　**関連項目**　気象情報（2-9）

●コラム4● 災害救助,復旧活動を支援する気象情報

　各地の気象台では,自然災害や事故災害などの災害発生時に,都道府県や市町村などが実施する復旧,復興のための災害応急活動などを支援することを目的に,被災地向けの気象情報などの提供を行っている.

　これまでの例では,東日本大震災や2011（平成23）年の台風第12号による被災地での復旧担当者・被災者向け**気象支援資料**や霧島山（新燃岳）周辺の降灰による土石流発生予測を支援するための気象情報,大規模な土砂災害発生時の復旧工事を支援する資料,林野火災などの大規模火災時の消火活動を支援する資料,漁船沈没時の捜査活動を支援するための資料,航空機事故発生時の救難ヘリコプターが安全運航するための支援資料など,様々な場面での災害応急活動などに対して支援を行っている.図に東日本大震災の被災地での復旧担当者・被災者向け気象支援資料の例を示すが,3時間ごとの天気・雨量・気温・風・波の高さ・潮位などの予想を提供することで,復旧作業や被災者の生活に役立つ情報としている.

　災害応急活動などを支援する情報は,災害の状況によって必要な情報の内容が異なるため,災害応急活動などを実施する都道府県や市町村などの要望を踏まえて支援情報を提供している.

（中村直治）

図　「東日本大震災」被災地向けの気象支援資料

第2部　メディア

第3章　マスコミ

3-1 プレビュー：マスコミ

> ポイント： 第3章では，マスコミによる災害情報の伝達についてその役割と課題について記述している．

　災害時の住民への情報伝達手段には，マスメディアと通信メディアがあるが，この第3章では放送を中心としたマスメディアを，次章第4章では通信メディアを扱う．本章では，まず3-2で「報道機関の役割」について述べる．各種法令にも規定されているように，マスコミは報道機関であると同時に，災害時には防災機関の役割も果さなくてはならない．ここでは防災機関としての重要性と，防災機関としてのマスコミが流すべき内容の概要が述べられる．

　3-3から3-6までの4項目では，防災機関としてのマスコミが流すべき具体的内容について，「予警報の伝達」(3-3)，「被害報道」(3-4)，「生活情報」(3-5)，「安否報送」(3-6)の順に述べられる．そのなかで「予警報の伝達」では津波警報の迅速化について，「生活情報」ではライフライン情報，貴雨水所情報，復旧復興情報があること，また「安否報送」では阪神・淡路大震災における安否放送の限界があったことが解説される．

　災害時の放送としてはテレビとAMラジオが基本となるが，最近災害時の放送として注目されているものに，コミュニティーFMなどの「ローカルメディア」(3-8)や「地デジ―データ放送・通信との連携」(3-9)がある．「地デジ・ワンセグ」ではその伝達コードであるTVCMLやXML及びそのもととなる各機関の情報共有についても解説している．これらは課題として取り上げる「メディアミックス」(3-7)を考えるうえでも重要なメディアである．

　他方，災害報道の課題ないし報道を行う際の留意点について，「メディアミックス」，「報道被害」(3-10)，「センセーショナリズムと取材の安全」(3-11)と3項目にわたって解説している．「メディアミックス」では，マスコミの各メディア及び通信メディアにはそれぞれ長所と短所があり，それぞれ適した内容が違っていること，各メディアをミックスして機能させるべきことなどが述べられている．例えば命にかかわるような最低限の情報については各メディアが総力を挙げて伝達するべきだが，他方で1つのメディアですべての内容を送ろうとせず，役割分担をすることが重要である．

　「メディアミックス」を分担するメディアには，本章で扱うマスメディアの他に，第4章で扱う「災害時安否確認システム」(4-2)，携帯電話の「CBS」(4-3)，「インターネット」(4-4)，「ソーシャルメディア」(4-5)，第5章で扱う「防災行政通信システム」(5-2)といった，通信メディアも関係している．

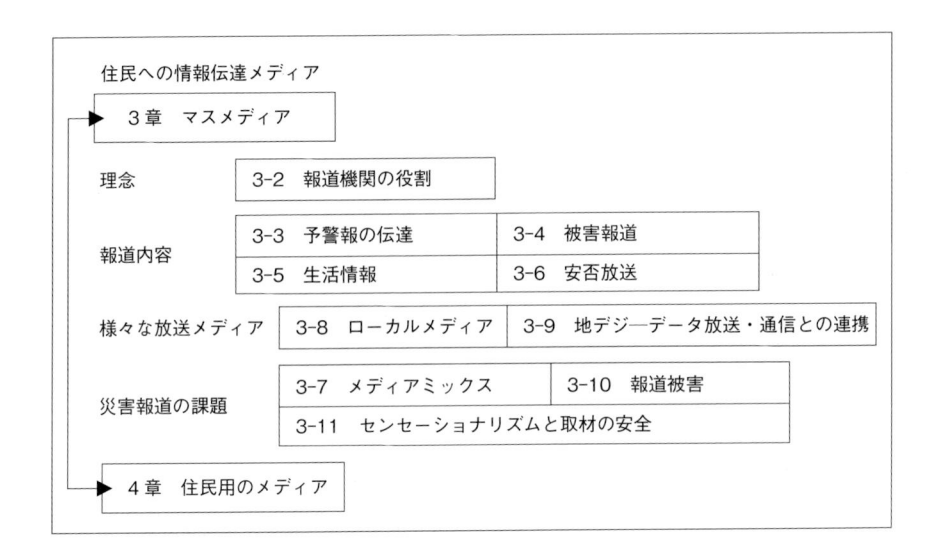

```
住民への情報伝達メディア
┌─ 3章　マスメディア
│
├ 理念 ──── 3-2　報道機関の役割
│
├ 報道内容 ── 3-3　予警報の伝達 │ 3-4　被害報道
│           3-5　生活情報     │ 3-6　安否放送
│
├ 様々な放送メディア ─ 3-8　ローカルメディア │ 3-9　地デジ―データ放送・通信との連携
│
├ 災害報道の課題 ── 3-7　メディアミックス │ 3-10　報道被害
│                3-11　センセーショナリズムと取材の安全
│
└─ 4章　住民用のメディア
```

　マスメディアの留意点の第2は「報道被害」である．災害報道にあたっては行政機関の取材被害，ヘリコプター取材の問題，そして被害者の心情などが考慮されなくてはならない．

　また課題の第3には「センセーショナリズムと取材の安全」がある．取材の際には，よりショッキングな映像を撮るために過剰な取材となって，取材者の安全を脅かすことがないように留意しなければならない． 　　　　　　　　　　　　　　　（中村　功）

➡　**関連項目**　住民用のメディア（4章），防災行政通信システム（5-2），緊急時のマスコミ対応（7-8），復興とマスコミ（8-5）

3-2　解説：報道機関の役割

> **ポイント：**　放送は，事実を伝える報道機関であると同時に，災害時には被害を低減するための防災機関でもある．放送は防災機関としての自覚をもち，その役割をさらに強化していくことが望まれる．

　報道には，事実をありのままに伝える側面と同時に，災害時には，防災機関という役割もある．

　例えば放送法では「基幹放送事業者は，国内基幹放送等を行うに当たり，暴風，豪雨，洪水，地震，大規模な火事その他による災害が発生し，又は発生するおそれがある場合には，その発生を予防し，又はその被害を軽減するために役立つ放送をするようにしなければならない．」(第108条) とある．

　また災害対策基本法では，放送局は「指定公共機関」または「指定地方公共機関」に指定され (第2条)，「その業務の公共性又は公益性にかんがみ，それぞれその業務を通じて防災に寄与しなければならない．」(第6条) となっている．

　放送するべき具体的な内容としては，第1に気象庁が出す**予報や警報（特別警報を含む）の伝達**がある．気象業務法第15条には，NHKは気象，地象，津波，高潮，波浪及び洪水の警報については，「直ちにその通知された事項の放送をしなければならない．」とあり，特に重視されている．

　第2に市町村が出す**避難勧告**や**避難指示**がある．災害対策基本法第57条では，市町村長は「基幹放送事業者に放送を行うことを求めることができる」としている．しかし現実には，放送エリア内に多数の市町村を抱えていることや，放送機関への伝達がFAXや電話といった旧メディアに依存していることが多いこと，などがネックになり，十分に行われているとはいえない．

　第3に，災害時に住民の適切な行動を呼びかける**呼びかけ放送**がある．地震発生時の呼びかけについては，マニュアルが整備され，よく行われるようになってきたが，風水害など他の災害についてはまだ不十分なところが多い．

　第4に，救援を円滑に行うための**被害情報**がある．これは通常の報道と重なる部分なので，比較的よく行われている．しかし伝えられる被害が局所に偏ってしまう，局所拡大現象が問題となっている．例えば東日本大震災では当初，気仙沼市，名取市，陸前高田市などはよく取り上げられたが，大槌町，山田町，山元町などは大きな被害のわりには，あまり取り上げられなかった．

　第5に**生活情報**がある．ここには電気・ガス・水道・交通・通信などライフラインの復旧状況や水や物資の配布情報などがある．ミクロな情報なのでコミュニティーFMなどのローカルメディアや，保存性や一覧性のある新聞なども，その伝達に有効

なメディアである．

　第6に**安否情報**がある．新潟地震を契機に被災者の安否について放送するようになったが，安否を問い合わせる側の情報が多いことや，放送では多くの人の情報を読み上げきれないことなどから，放送の個人安否情報伝達には限界がある．

　また，これまで被災地では，停電時にも使えるラジオが有効だったが，最近ではワンセグやテレビの音声をラジオでも流す「スルー放送」が一般化したことから，テレビでも被災者向けの放送をすることが求められている．

● 事　例

　予警報の伝達は災害ごとに迅速化してきており，この点は評価するべきである．例えば1983（昭和58）年の日本海中部地震では地震の14分後に大津波警報が出され，さらにその5分後に放送されている．1993（平成5）年の北海道南西沖地震では地震の5分後に大津波津波警報が出され，その2分後に放送された．2011（平成23）年の東日本大震災では地震の3分後に大津波警報が出され，その約30秒後には放送されている（いずれもNHKの場合）．

　呼びかけ放送については，東日本大震災時，NHKテレビでは地震の直後に次のような放送を行っている．「緊急地震速報です．強い揺れに警戒してください．緊急地震速報です．次の地域では強い揺れに警戒してください．宮城県，岩手県，福島県，秋田県，山形県です．揺れが来るまではわずかな時間しかありません．ケガをしないように自分の身の安全を図ってください．倒れやすい家具からは離れてください．また上から落ちてくるものに気をつけてください．」また大津波警報発表時には次のように呼びかけている．「大津波警報が出ている海岸や川の河口付近には絶対に近づかないでください．また海岸付近の方は早く安全な高い所に避難をしてください．」こうした放送にも一定の評価ができる．改善点としては，重要度の低い情報（各地の津波到着予想時刻や予想される津波の高さ，中継映像，役場との電話インタビューなど）を減らして，音声でも画像でも，より強力に避難の呼びかけをすることはできなかったか，ということがある．

　その後NHKでは危機感をより伝える工夫がされ，例えば2012年12月の津波警報の際には，大きなテロップで「津波！避難！」と表示するとともに「東日本大震災を思い出してください．急いで逃げてください．命を守るため急いで逃げてください．」などと放送している．今後も，避難の促進や生活情報など，防災の役に立つ放送への努力が望まれる．

（中村　功）

➡　関連項目　予警報の伝達（3-3），地デジ—データ放送・通信との連携（3-9），報道被害（3-10），センセーショナリズムと取材の安全（3-11）

3-3　予警報の伝達

ポイント：　津波警報の発表と放送は，1983年の日本海中部地震以来，主に「迅速さ」を追求してきたが，2011年の東日本大震災では，当初，津波の高さを過小に予想して「正確さ」を欠き，課題となった．2013年8月から大雨などの「特別警報」の運用が開始された．

　予警報には，大雨警報や津波警報などの気象業務法に基づく警報・注意報，それに水防法に基づく水防警報などがある．気象庁から都道府県を通じて市町村などに伝達される他，放送などを通じて住民に伝えられる．2013年8月からは，警報の発表基準をはるかに超える豪雨や大津波等が予想され，重大な災害の危険性が著しく高まっている場合，気象庁は「特別警報」を発表することになった．これらの予警報は，被害を未然に防ぎ，軽減する防災・減災のために最も重要な災害情報である．

　気象業務法では，気象庁は警報を警察庁や国土交通省の他，**NHK**などの指定公共機関に通知しなければならない（第15条1項）と規定され，NHKも「直ちに放送をしなければならない」と規定されている（第15条6項）．放送法でも，NHKは「災害が発生し，発生するおそれがある場合には，発生を予防し，または被害を軽減するために役立つ放送をしなければならない」と規定され（第6条2項），この規定は，都道府県の地域防災計画などで民間放送にも準用されている．

　予警報や気象情報の伝達が本格的に防災に活用されるようになったのは，1959（昭和34）年の**伊勢湾台風**などの反省からである．放送局は事前の台風情報や気象情報を重視して，繰り返し放送するようになった．以来，気象に関する予警報の伝達は，台風や大雨の被害を教訓にたびたび見直されながら，防災・減災の役割を高めてきた．

　また，予警報などの伝達には，わかりやすさも求められる．記録的短時間大雨情報や土砂災害警戒情報，指定河川洪水予報，緊急地震速報など，新しい予警報が設けられ，情報の詳細化や地域化が進んでいる．このため，メディアには，どこに，どのような警報が出されているかを伝えるだけではなく，その予警報のもつ意味や住民がとるべき行動などを，早く確実にわかりやすく伝える必要性が高まっている．特別警報についても，「まだ特別警報ではないから安心」という誤解を与えず，早めの避難や行動を促すようにしなければならない．

　災害情報の精度向上と伝達の複数化・迅速化は，より多くの生命を救う．災害情報に関わる者は，正確な情報を迅速にわかりやすく伝えることが国民の生命・財産・生活を守るということを，あらためて心に銘記しなければならない．

●事例（津波警報）

　津波に関する予警報の伝達は，多くの犠牲と苦い経験を重ねつつ，関係者のさらなる努力や予測・伝達の技術進歩を必要としてきた．

1983（昭和58）年の**日本海中部地震**では，地震発生から気象庁が警報を発表するまで14分，NHKが警報を報道するまでにさらに5分かかった．計19分の間に津波は秋田県沿岸などに襲来し，100人超が犠牲になった．市町村経由の伝達も不十分であったことなど，他の課題も多かったが，津波警報の迅速な発表と伝達は大きな課題となった．この後気象庁は，警報判定作業の大半を自動化して警報発表までを時間短縮，放送局もデータ通信回線を整備するなどして，情報入手と放送までの時間短縮に努めた．

　その結果，1993（平成5）年の**北海道南西沖地震**では，警報の発表は地震発生の5分後，NHKの放送はその2分後にまで短縮されたが，奥尻島を津波の第1波が襲ったのは地震発生の約5分後で，犠牲者は200人を超えた．

　気象庁と放送局による時間短縮の努力は，新型地震計の導入や画面の自動作成などでさらに進められ，2011（平成23）年の**東日本大震災**では，発表まで約3分，発表から放送まで数秒と大きく短縮した．

　しかし，もう1つの大きな課題である「正確さ」が立ちはだかる．正確さの課題は，主にいわゆる「空振り」や「過大」の問題が中心であった．大雨や津波の警報が発表されたものの，結果的に被害が皆無もしくは極少であったことは，被害が出たケースよりも多い．このため住民は「警報が出てもたいしたことない」と思いがちで，「空振り」や「過大」の繰り返しが「狼少年」との批判にもつながり，予警報をはじめとする防災情報への信頼を揺るがしている．

　こうした中で，東日本大震災では，逆に予想の「過小」が深刻な問題であったことを思い知らされた．気象庁が午後2時50分に発表した津波の予想高さは宮城県6m，岩手県・福島県3mであった．岩手・福島6m，宮城10m以上に更新されたのは午後3時14分，岩手・福島10m以上に更新されたのは午後3時31分であった．このため，最初の警報しか耳にしなかった住民の中には「津波は防潮堤を超えない」と判断した人も多かった．犠牲者の中にはさらに多かったであろう．精度の高い予想は技術的な限界もあろうが，発表や伝達が迅速であっても，正確さが欠ければ多くの犠牲が出る．極めて苦い教訓となった．

　気象庁には，予想が過大もしくは過小になる課題の解決が求められる．一方，メディアには，予想に加え，初めは低くなりがちな観測値をどう伝えるべきかなどが課題となっている． 　　　　　　　　　　　　　　　　　　　　　　　　　　　　（二宮　徹）

➡　**関連項目**　津波警報・注意報（1-8），大雨警報・注意報（2-11）

3-4 被害報道

> **ポイント：** 被害状況を伝える被害報道は長く災害報道の中心であったが，年々，防災・減災報道の重要性が増してきた．情報で命を守るため，災害を検証・反省し，その教訓を生かす不断の努力が必要である．

被害報道は，どこでどのような被害がどの程度の規模で発生したかを報道する．災害発生直後から被害状況を早く正確に伝えることで，早急な救助・救援や復旧，ボランティア活動などに役立つ．また，被害者の安否や様子を伝えることで，視聴者や読者は現実感を強め，寄付や防災行動を促す効果がある．内容は，新聞・メディアの違いや地震・津波・大雨などの災害の種類，程度によって多少異なるものの，瓦版の時代から，また世界中の国々で長く災害報道の中心となってきた．

しかし，台風や津波などで大きな被害を受けるたびに，事前に情報を提供したり，警戒や避難を呼びかけたりすることで，被害を未然に防ぎ，軽減する**防災・減災報道**の重要性が増してきた．現在の災害報道は，その段階・役割に応じて，被害報道の他，その前段階での防災・減災報道，さらに災害発生後の安否報道や生活情報などに分けられる（表）が，それぞれ一層の充実が求められている．そして，それらを伝達するメディアも，インターネットやSNSなど，多様化が進んでいる．しかし，ネット上や被災地にあふれる情報と，確認された事実を伝えるという報道の基本の両立は容易ではなく，取材や情報伝達が混乱するケースもみられる．

●事 例

災害報道は，災害の反省・教訓とメディアの技術進歩を生かして発展してきた．1923（大正12）年の関東大震災では，ラジオはまだ実用化されておらず，災害報道は新聞による被害報道がほとんど唯一のものであったが，被災により新聞の多くが発行できずに多くのデマが広がった．ラジオによる災害報道が初めて本格的に行われたのは，1934（昭和9）年の室戸台風であった．しかし，戦時中や終戦直後の大地震や台風では，情報統制や混乱などにより，災害情報が防災に生かされることはほとんど

表 災害報道の段階別役割

災害の段階	主な報道	例
①事前対応期	防災・減災報道	予警報，気象情報，避難情報
②被害発生期	被害報道	被害の場所，概要，規模
③応急対応期	救助・安否報道	全体的な状況，人的被害の詳細
④復旧期	生活情報	ライフラインなど被災者向けの情報
⑤復興期	検証・提言報道	復興に向けた検証や提言
⑥平時	啓発報道	防災の課題解決・意識向上につながる情報

なく，その結果，犠牲者を増やしたといえる．

　防災報道が役割を果たし始めるのは，1954（昭和29）年の洞爺丸台風や1959（昭和34）年の伊勢湾台風の被害の反省からである．台風情報や予警報の伝達，氾濫や停電への備えの呼びかけなどが本格的に行われたが，それでも甚大な被害が出た反省は，1961（昭和36）年に公布された災害対策基本法につながり，NHKが指定公共機関となるなど，情報伝達による防災体制の整備が進められた．

　その後も，災害のたびに災害報道が見直されたが，1995（平成7）年の阪神・淡路大震災は，災害報道のあり方を大きく問い直すものとなった．未明の発生であったため，どこで，どの程度の被害があったのかが何時間もわからなかった．当初は神戸市の震度すらわからず，午前7時過ぎのヘリコプターからの映像によって，高速道路が倒れ，各所で火災が発生していることが伝えられた．この衝撃的な映像によって被害の大きさが全国に伝わったものの，交通網の途絶や渋滞などで本格的な救助・救援にはなお時間を要した．また，被災地に近いほど，被害状況が把握できない**情報の空洞化**の問題や，被災地にいる人に情報が伝わらない**情報孤立**の問題も生じた．

　1000人以上が犠牲となる地震は1948（昭和23）年の福井地震以来で，日本中の人たちがあらためて災害の恐ろしさ，悲惨さを思い知ったが，一部のマスコミの配慮を欠いた取材や報道内容には批判も多く，被害報道の新たな課題となった．

　そして，2011（平成23）年の東日本大震災である．激しく揺れる前の緊急地震速報から放送が始まり，各テレビ局は避難を呼びかけ続けながら，津波が押し寄せる様子をリモートコントロールカメラで伝えた．しかし，津波の高さは気象庁の初期の予想を大きく超え，東北から関東の太平洋沿岸は甚大な被害を受けた．被害状況の把握は範囲の広さと交通の途絶などで難航し，被災者向けの報道も停電や中継施設の被災などで十分に伝わらなかった．また，新聞も輪転機や社員自身の被災などで大きな打撃を受けた．こうした中，情報を得るツールとしては，やはり携帯用ラジオが役立った．

　しかし，東日本大震災でも，被害報道は衝撃的な映像の繰り返しが目立つなどしたため，阪神・淡路大震災の時と同様，特に全国メディアは批判を浴びた．津波襲来前に繰り返し避難を呼びかけるとともに，被災地の現状を全国・全世界に伝える役割は果たしたものの，2万人近い犠牲の前には決して胸を張ることはできない．

　災害報道がかつての被害報道中心から防災・減災報道へ重点を移しているのは，当然の流れである．災害情報で命を守るためにはどうすればよいか．2つの大震災をはじめとする幾多の災害を検証・反省し，その教訓を生かす不断の努力が必要である．

（二宮　徹）

➡　**関連項目**　災害対策基本法（6-2）

3-5 生活情報

> **ポイント**： 災害時の生活情報は，交通・ライフラインの状況から銭湯の情報などまで様々である．被災者が必要とする情報を確実に伝えるため，各メディアが特性を生かして工夫する必要がある．

　災害時の生活情報には，交通や**ライフラインの情報**，**給水所情報**，病院や避難所に関する情報，**復旧・復興情報**など，実に様々であり，被災者が生きていくうえで必要とする情報すべてであるといえる．発生直後だけでなく，復旧・復興期も，仮設住宅や税免除など，様々な情報が必要とされる．しかし，被害の大きさや被災範囲の広さによっては情報量が膨大になり，その入手や確認だけでなく，情報の更新やデータ入力，それに放送時間や紙面の確保など，困難も増大する．大災害時，各メディアは被害の取材や放送に加え，生活情報のために多くの人員を集めるが，日常で習熟しがたい業務のため，経験の継承や手順の共有化などが課題になっている．

　生活情報は，放送や紙面，インターネットやデータ放送に加え，SNSやワンセグ放送なども活用して，確実にわかりやすく伝達することが求められる．ただし，多メディア化で高齢者や障害者などに情報格差が生じないよう，注意や配慮が必要である．

●事例

　災害時の生活情報の発信が大規模に行われたのは1995（平成7）年の阪神・淡路大震災であった．30万以上の住民が避難所で生活し，電気やガス，水道などの不通が長引く中，その必要性が強く訴えられ，震災直後から各放送局や新聞は被災者の要望を聞きながら試行錯誤で取り組んだ．ライフラインの状況や復旧見込み，給水やごみ収集の時間・場所から，人工透析ができる病院の情報や仮設住宅の応募方法，入学試験の延期や学校の再開時期，さらには入浴できる銭湯の情報などもあった．

　こうした生活情報に，新聞は多くの紙面を使い，テレビ局は通常の画面を縮小して，その外側に文字情報を流す「L字（または逆L字）画面」などで対応した．しかし，当初は多くがどこでどのような被害があったか，死者は何人になったかなどの被害報道がほとんどで，本格的に生活情報を伝えたのはしばらく後からであった．また，地域の詳細な生活情報を伝えるのは全国メディアでは限界があり，地域のコミュニティFM局がその役割を果たし，注目された．

　こうした生活情報が多く求められた背景には，多くの自治体で職員自身が被災していたうえ，被災者の救助・救援・復旧に要員が割かれ，住民向けの広報が不足していたことも挙げられる．また，毛布や衣服などが不足していると報道された避難所に救援物資やボランティアが集中するという問題も発生し，課題となった．

　一方，普及しつつあったパソコン通信を活用して情報の発信や交換をするケースも

みられたが，通信回線インフラの問題などから，効果は限定的であった．

災害時の生活情報は，阪神・淡路大震災以降，新潟県中越地震や各地での大雨災害などでも行われ，各メディアは生活情報の充実に取り組んだ．台風や大雨の際には，早い段階から鉄道や交通の情報などが伝えられるようになった他，インターネットの活用も進み，情報の質・量とも充実してきた．2007（平成19）年の新潟県中越沖地震では，NHK新潟放送局が普及期にあった地上デジタル放送のデータ放送を活用して，発生翌日から本格的に生活情報を発信した．

こうした新しいメディアの活用は，放送や紙面では伝えきれない多くの情報を伝えるとともに，見逃し・聞き逃しなど，それぞれのメディアの弱点を補うことにもなり，被災者はより早くより多くの情報を入手できるようになった．

2011（平成23）年3月11日の東日本大震災では，NHKと一部の民放が放送をインターネットの動画配信サイト「Ustream」や「ニコニコ動画」，「Yahoo!」に配信した．災害報道の本格的なインターネット同時配信は初めてで，NHKの同時配信を視聴した人は，3月末までに推計3630万人にのぼった．

また，関東や関西のラジオ局もインターネット同時配信をするエリアの制限を解除し，臨時措置として被災者への情報伝達を補完した．さらにコミュニティFM局も大きな役割を果たし，あらためて災害時のラジオの有用性やローカルメディアの重要性を知らしめた．

また，被災地の新聞社やケーブルテレビ局は，設備や社員が被災したり，停電でコンピュータが使えなくなったりして大きな打撃を受けたが，遠隔地の新聞社に代行印刷を依頼するなどして，情報収集と発信の継続に努めた．特に石巻日日新聞は，ロール紙に手書きで作った「壁新聞」を，被災翌日から6日間避難所に張り出し，国際的な話題になった．

このように東日本大震災での各メディアの対応には，緊急・臨時の措置が多く，ライフラインなどの生活情報や安否情報を伝え続けることで，被災者を支えようとする姿勢が目立った．

一方で，報道が一部の市町村や避難所に偏り，救援物資やボランティアが集中するという阪神・淡路大震災での問題も再び指摘された．しかも，壊滅的な被害を受けた範囲があまりに広大であったことから，救援や安否確認すら困難な地域では必要な情報の発信・受信ができない状況が長く続き，情報の空洞化や情報孤立の問題は阪神・淡路大震災以上に深刻であった．

（二宮　徹）

➡ 関連項目　ローカルメディア（3-8）

3-6　安否放送

> **ポイント**：　安否放送とは，放送事業者が災害時に安否情報を放送することをいう．安否情報には「無事を知らせる」と「安否を尋ねる」の要素がある．また「個人安否情報」「集団安否情報」に分類することもある．

　安否放送の沿革を辿ると，それは戦後，NHK ラジオが放送した**尋ね人**にある．
　「前の住所が東京都台東区谷中初音町 4 丁目の木村とみさん，マレーにいられるお子さんのことに関して，東京都新宿区下落合 3 の 1741 の栗原四十治さんから消息をお聞きください」（日本放送協会編「20 世紀の放送史」）
　「尋ね人」は戦争で家族が離散したり，親戚や知人との連絡が途絶えたりした人たちの消息を尋ねる放送で，敗戦後の 1946（昭和 21）年から 15 年間続いた．この「尋ね人」が 1959（昭和 34）年の伊勢湾台風災害時でも放送された．
　伊勢湾台風は死者・行方不明者 5098 人，流失家屋 83 万棟の観測史上最悪の台風被害で，災害対策基本法制定のきっかけになった災害である．NHK ラジオはこの伊勢湾台風災害で，後の災害放送で重要な柱となる安否情報を放送した．浸水した被災地で NHK の旗を立てた取材ボートに，孤立した被災者から「親戚に無事でいることを伝えてほしい」との依頼が相次ぎ，「罹災者だより」の時間で伝言を放送した．
　安否放送が本格的に登場したのは，1964（昭和 39）年の新潟地震である．しかし，放送のきっかけは偶然で，地震発生から 2 時間ほどたったころ，NHK 新潟放送局に「修学旅行の女子高生の一行が無事避難しているので伝えて欲しい」との依頼が入り放送したところ，次々に依頼が来て，地震の混乱が収まるまでに放送された安否情報は，NHK は 3000 件にのぼり，民間放送の新潟放送は 5000 件に達した．
　その後，安否放送は 1978（昭和 53）年の宮城県沖地震，1982（昭和 57）年の長崎大水害，1983（昭和 58）年の日本海中部地震，1993（平成 5）年の北海道南西沖地震，1995（平成 7）年の阪神・淡路大震災，2004（平成 16）年の新潟県中越地震でも行われ，被災住民や視聴者の高い評価を受けている．
　なぜ，放送事業者は安否放送を行うのか．まず，各種アンケート調査でも裏づけられているように，災害時の安否情報ニーズは非常に高いが，身近な連絡手段である電話が災害時には輻輳し，ほとんど通じないことが主たる理由である．
　また放送事業者は災害対策基本法で，災害時には防災機関（NHK は指定公共機関，民間放送は指定地方公共機関）として，被害の軽減に努めることが義務づけられていることも挙げられる．だが法的義務もさることながら，県域放送として免許を受けている放送事業者は，日頃から地域とのつながりを大事にしており，特に地元向け番組を主に放送しているラジオ局はその傾向が強い．死者 299 人を出した 1982 年の長崎

大水害では，長崎放送ラジオは安否情報，生活情報など被災住民のニーズに沿った放送をし，「ラジオは神様だった」と被災住民から感謝された．地元住民も放送局に対し日頃から気楽に接しているので，初めの安否放送が呼び水になって，安否情報の放送要請が殺到することになる．

●事　例

1995年の阪神・淡路大震災で地元ラジオ局が放送した事例を紹介する．

「時刻は8時30分です．安否情報をお伝えします．須磨区離宮前の○○さんから，家族3人無事です．入院中の○○さんから，お母さまへ，無事ですか，心配しています，連絡ください．神戸大学病院のベビー室から，赤ちゃんをお預けになっているお母さんへ，赤ちゃんは全員無事です．兵庫区中道通りの○○さんから，茨木市の○○さんへ，家は全焼しましたが家族は全員無事です，中道小学校のグランドに避難しています．須磨区の老人ホームの福寿荘から全員無事との情報が入っています．」（ラジオ関西AM神戸）震災報道記録班編著「RADIO AM神戸69時間震災報道の記録」)

このように，安否放送で伝える安否情報には，大きく分けて「無事を知らせる」と「安否を尋ねる」の2つの要素がある．また，個人に関する安否情報を「個人安否情報」，学校や会社，病院などの集団に関する安否情報を「集団安否情報」と分類することもある．

［役割と限界］　安否放送は放送依頼者の要請に応えるだけでなく，放送を聴く他の被災者に「自分たちは見捨てられていない」（阪神・淡路大震災被災者）との安心感を与える．また電話の輻輳の緩和や交通渋滞の解消に多少なりとも役立ち，緊急通話や救援車両の円滑な運用につながる．

だが阪神・淡路大震災では，懸念されていた大都市圏での安否放送の限界と課題が顕在化した．阪神・淡路大震災のときNHKはテレビ，ラジオでのべ300時間で3.2万件放送したが，放送依頼の半分近くを積み残した．大都市圏での災害では膨大な放送依頼となり，放送枠をいくら増やしても対応できないことになる．

もともと安否情報の主たる連絡手段は，身近で手軽な固定電話や携帯電話（スマートフォン）で，放送はその代替手段である．

これからの個人安否情報は阪神・淡路大震災以後，NTTやNTTドコモなどの通信事業者が構築した安否確認システム「災害用伝言ダイヤル」（171），災害用ブロードバンド伝言板（Web171）が担い，放送時間に限界のある放送事業者は集団安否情報を担当するという役割分担をし，災害時の安否情報ニーズに応えることが望まれる．2011（平成23）年の東日本大震災でのFacebookなどのSNS（Social Network Service）の活躍にみられるように，情報通信技術の進展はそれを可能にしている．

（中村信郎）

➡　関連項目　災害時安否確認システム（4-2）

3-7 メディアミックス

> **ポイント：** 放送・新聞・通信・ネットには長所と短所がある．災害情報では，各メディアの特性および利用者の多様性を考慮しながら，組み合わせて伝達することが重要だ．各メディアは協力したり役割分担し，総合的に機能させるべきだ．

　災害情報伝達について，各メディアにはそれぞれに特徴がある．
　テレビは，メディアとしては即時性と画像と音声によるわかりやすさがあり，被災前に警戒を呼びかけたり，被災後には被害情報を伝えるのが得意である．災害時の発信は比較的頑健であるが，カーナビやスマホについているワンセグ以外では，停電時には受信できなくなる．これまで報道機関として事実を伝える側面が強かったが，ワンセグにより被災地内でも視聴できるようになったので，今後は被災者向けをより意識した放送に力を入れるべきであろう．
　ラジオは，即時性があると同時に停電時や外出中でも聞けるので，災害時に大変役立つメディアである．東日本大震災でも被災直後被災地で最も役に立ったのはラジオであった．
　同報無線は，市町村から住民へ屋外スピーカーや屋内受信機を通して音声で伝えるメディアである．停電時にも使え，市町村から直接住民に訴える手段なので，警報や避難勧告，生活情報の伝達に有効である．地震時は屋外スピーカーも有効だが，大雨時は窓を閉めるので屋内受信機が必要だ．問題は設置費用が高いことである．
　電話や携帯電話（スマホ） はパーソナルメディアなので，救援要請や安否確認に有用である．基地局に予備電源があるので，停電でもすぐに使えなくなることはないが，被災直後は輻輳（通信混雑）により通話はほとんどつながらなくなる．携帯メールは混雑の影響が少なく，比較的つながりやすい．一方携帯電話の緊急速報メール（CBS）は地域の携帯電話に文字を一斉伝達できる仕組みである．これは輻輳がなく，アドレス登録も必要ないので，警報や避難勧告伝達手段として有効である．
　インターネットは，LAN回線を使ったものについては，停電するとルータなどの接続装置が機能せず使えなくなる．携帯の電波を使ったスマホやタブレットでは，基地局の予備電源が続く限りは停電時でも利用できるはずだが，輻輳やサーバーの不具合などで災害時に不通となる心配はある．しかしネットが利用できれば，ウェブページで被害状況や生活情報を入手したり，ソーシャルネットワークで安否確認をしたりと，かなりのことができる．ただアプリごとに得意なこととそうではないことがあること（TwitterとLINEの違いなど），新しいアプリ（機能）に対して社会の対応が遅れがちになること（たとえばLINEからの119番通報など），アプリは住民の間でも利用に差があること（たとえば世代間のキャップなど）から，適材適所で使う姿勢

が重要となる．

新聞は，速報性こそないが，一覧性と保存性があるために，被災地では意外と役に立っている．得意とする伝達内容としては，災害の全体像を伝える他，各種の生活情報などがある．

広報誌，**ミニコミ**，**コミュニティFM**などは，災害からしばらく経ってからになるが，ローカルな生活情報を伝えるのに，有効なメディアである．

ここで重要なのは，1つのメディアですべてをやろうとせず，様々なメディアを組み合わせて，総合的に情報を提供していくという，メディアミックスの姿勢である．その理由には，メディアには伝える情報に得手不得手があること，災害時には思わぬ障害が発生じること，利用者にもあるメディアを使う人と使わない人というような多様性があること，などがある．

その際，命にかかわる，全員が必要とする最低限の情報（**ミニマム情報**）は，あらゆるメディアを使って伝達することが重要である．ミニマム情報には避難勧告，津波警報，噴火警報（レベル5），洪水危険度（レベル3以上），緊急地震速報などがある．こうした情報の伝達には，同報無線，CBS，広報車など，伝達に受け手の主体性を必要としない**プッシュメディア**が特に重要である．ここでは国から市区町村に衛星経由で危険情報を伝える**Jアラート**も期待される．ミニマム情報以外はオプショナルな情報で，それには各種観測情報（震度，津波水位，河川水位，降水量），生活情報，安否情報，行政情報などがある．これらはインターネット，データ放送，新聞など，一覧性や検索性のあるメディアを使って伝達すればよい．

また今後はメディア間の連携（**クロスメディア**）も大事だ．例えばCBSの文字情報で，災害用伝言板やワンセグ放送や市のホームページなどの利用を呼びかけるとか，市の公式Twitterで避難勧告などを流し，それをラジオで取り上げ，呼びかける，などといったことである．

● 事　例

東日本大震災では津波警報と避難の呼びかけが様々なメディアでなされた．NHKは地震3分後の津波警報とほぼ同時にラジオとテレビで津波警報を呼びかけたが，沿岸自治体も呼びかけている．例えば気仙沼市では，同報無線で，津波警報を発表とほぼ同時に，また避難勧告を地震6分後に伝えた．さらにエリアメールでも伝えようとしたが庁内LANの不通で発信できなかったため，地震の9分後にTwitterで「宮城県沿岸に大津波警報高台に避難」と呼びかけている．

（中村　功）

〔文献〕
田中　淳・吉井博明編（2008）『災害情報論入門』弘文堂．

➡ 関連項目　ローカルメディア(3-8)，地デジ・データ放送・通信との連携(3-9)，携帯電話による緊急情報の同報配信(4-3)，インターネット(4-4)，防災行政通信システム(5-2)

3-8　ローカルメディア

> **ポイント：** コミュニティ放送などのように，概ね市区町村またはそれらより狭い地域の不特定多数の人々を対象に情報伝達する媒体を指す．マスメディアが必ずしも長けていない災害時の地域情報について，そのニーズを満たす活動が期待されている．

　市区町村が地域の人々を対象に情報を直接伝える放送として，以前から同時通報用無線放送（同報無線＝防災無線），有線放送，NTTのオフトーク通信などがあった．また，CATV（ケーブルテレビ）の自主放送も地域の災害情報に有効なメディアとして機能していた．そして，1990年代に入って**コミュニティ放送**が制度化され，ここに地域の災害情報を伝える手段が新たに加わった．

　コミュニティ放送は超短波（FM）を使用する放送で，免許が必要となる．それ以前からあった微弱な電波を使用したミニFMなどのように免許の必要がない放送とは違うものである．かつての放送法では，ラジオの地上波放送は，県域放送（1つの都道府県をエリアとするもの）と広域放送（複数の都道府県をエリアとするもの）に大きく分けられていた．また，「臨時目的放送」（臨時で一時の目的のための放送）と位置づけられている「イベント放送局（博覧会などのイベントにおいて期間を限定して開設する放送局）」や，災害に関しては，1984(昭和59)年の長野県西部地震では長野県の民間放送・信越放送が被災地の王滝村に，1991(平成3)年の雲仙岳噴火ではNHKが島原に放送局を設けた例もあるが，これらはいずれも臨時の措置であり，通常は市区町村やそれらよりも狭い地域をエリアとした放送は原則として認められていなかった．

　しかし，地域に密着した放送の必要性などが示されるようになったことから，1992(平成4)年に市区町村の一部を対象とするコミュニティ放送が制度化された．それまでの放送は「毎日休まず放送すること」が義務づけられていたが，コミュニティ放送はその義務が緩和されたため，観光やレジャーのシーズンだけ放送することも可能になった．そのため，当初のコミュニティ放送の設置の目的や関心は，災害時の地域情報にも有効という面は示されてはいたものの，どちらかといえば観光や地域活性化の面に主眼がおかれていたようである．

　1992年12月24日に北海道函館市に日本最初のコミュニティ放送「FMいるか（はこだてエフエム）」が開局した．そして，コミュニティ放送の中で災害時の地域情報を最初に放送したのも，このFMいるかであった．

　1993(平成5)年1月15日（当時の「成人の日」）20時6分，釧路沖地震が発生し，函館海洋気象台では震度4を記録した．当時，FMいるかは20時に定時放送が終了していたが，函館市民向けに災害情報を伝えようというスタッフ独自の判断で放送を再開した．そして，この地震の半年後の同年7月12日に発生した北海道南西沖地震

でも，災害情報を伝える放送をしている．この地震では函館市内でも被害が生じたことや，奥尻島など被災地域に縁のあるスタッフもいたことなどもあり釧路沖地震よりも長い時間放送を行った．

しかし，この時点では，全国的にはコミュニティ放送への注目はあまり集まらず，災害時の地域情報の伝達手段としても必ずしも重視されていなかった．コミュニティ放送への認識が低かったことや経営面の問題，さらには同報無線などを導入している地域では新たに放送局を設置する必要性を認めなかったことなどがその理由と考えられる．しかし，1995（平成 7）年の阪神・淡路大震災により，災害時の地域の詳細な情報を伝える手段としてのコミュニティ放送が注目され，以後，各地で開局するコミュニティ放送は，災害情報の伝達という役割にも期待が寄せられた．また，この震災を契機に，「災害が発生した場合に，その被害を軽減するために役立つこと」を目的とした「臨時目的放送」の**臨時災害放送局**（臨機の措置により口頭による申請に対し速やかに免許がおりる）を設ける自治体が増え，2011（平成 23）年の東日本大震災や新燃岳噴火でも開局している．

ただし，災害時におけるコミュニティ放送や臨時災害放送局の放送は，住民の接触率が必ずしも高いとはいえない．人々の災害時に情報収集は，一般的にみて日ごろ接触している従来のマス・メディアから得ようとする傾向があり，日ごろ馴染みのない手段で情報を得ようとする人は少ない．しかし，2004（平成 16）年の新潟・福島豪雨における新潟県三条市の「燕三条エフエム」や同年の台風 23 号における兵庫県豊岡市の「FM ジャングル」などのように，自治体との連携，自治体広報の補完，また行政では難しい放送独自の特性を生かす工夫をすることで，聴取する人が多くなった事例もある．既存の大手メディアに比べ，人機材などの関係から災害時の取材・情報収集や非常電源の確保などに自ずと限界が生じてしまうことなど解決が求められる問題はある．しかし，コミュニティ放送を地域の防災・減災に必要な機関と位置づけるのであれば，コミュニティ放送がその効果を十分に発揮できるよう，バックアップや体制づくりなどを地域全体で日ごろから検討し，それらを具体化していく必要があるだろう．

また，テレビの地上デジタル放送の移行により，容易に活用できるようになったデータ放送や 2006 年に日本で始まったワンセグ放送における地域向けの独自編成の放送，さらに対象範囲の狭い「エリアワンセグ（エリア限定ワンセグ放送）」なども，これからの災害における有効な情報発信の手段として期待されている． （中森広道）

〔文献〕
東京大学社会情報研究所「災害と情報」研究会（1993）『平成 5 年釧路沖地震における住民の対応と災害情報の伝達』東京大学社会情報研究所．
日本災害情報学会（2005）「特集 1　災害情報と地域メディア」『災害情報』**3**：1-16, 日本災害情報学会．

➡　**関連項目**　生活情報（3-5），メディアミックス（3-7），緊急時の住民公報（7-9）

3-9　地デジ—データ放送・通信との連携

ポイント：　マスメディアの放送は速報性や同報性には優れているが，情報のキメ細さや検索性に難がある．これを補完するのが地デジのデータ放送であり，通信回線を介して雨雲や気象予報のデータをオンラインで伝えるサービスも実施されている．データ放送以外に，災害発生時のテレビ映像をインターネットに同時配信する環境も整備され，放送と通信の連携による災害情報の共有が進みつつある．

　日本の地上波のテレビは，2012（平成24）年3月にアナログ放送が終了し，**地上デジタル放送（地デジ）**への移行が完了した．災害情報を伝達する上で，地デジの利点とされるのは，① データ放送，② ワンセグ，③ 通信との双方向，④ 標準画質によるマルチ番組編成，⑤ 自動車での良好な受信などである．このうち，災害時の**情報共有**で活用されているのが①の**データ放送**である．

　データ放送の災害情報は，一般的には大雨警報や洪水警報などの気象警報，台風情報，津波・地震情報，河川情報，避難情報などである．いずれも文字や地図，図案，グラフ，静止画像を使い，ビジュアルにみせる工夫がなされている．防災機関は，データをデジタル情報の記述言語であるXML(eXtensible Markup Language)やXMLをベースにした**TVCML**(TV Common Markup Language)のフォーマットで放送局に転送している．放送局はこれらのデータをデータ放送の記述言語であるBML(Broadcast Markup Language)が表示できる形式に変換して，データ放送のコンテンツとしている．

　データ放送が情報共有に資するとされるのは，① 細かい文字情報を一度に伝えるのが苦手な放送の特性を補うものであること，② 郵便番号設定によって最寄りの地区の情報を自動的に表示できることによる．例えば，大雨警報などの気象警報は，2010（平成22）年5月から全国の市町村ごとに細分化されたが，これをテレビの**テロップ/L字画面**で伝える場合，市町村の数が多いと，1画面にはおさまらず，テロップを何回にも分けて出したり，L字画面のスクロールを長くしたりしなければならない．視聴者にとっては自分が住む市町村の情報が出てくるまでテレビ画面を見続けなければならないし，見逃しもある．その点，データ放送は情報をいつでも手早く検索できる．

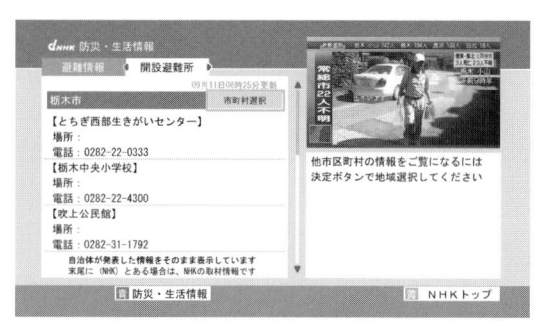

　図　データ放送の避難所開設情報（NHK宇都宮放送局）

避難情報についても，避難の指示や勧告が一度に多数の地域に出されると，テレビの本放送の画面では，地名の細かい字名や避難の理由までは伝え切れないことがあるが，決められたフォーマットで情報が提供されるデータ放送では，見やすい表形式で情報が表示される．

　2011（平成23）年3月の東日本大震災では，放送各局はデータ放送に震災関連の特別コーナーを設け，地震，交通，避難，ライフライン，東京電力による計画停電，義援金受付け，安否情報などの情報を伝えた．このうち，被災地向けのライフライン情報は，給水や医療機関，電気・ガスの復旧見通しなどであったが，被災地の行政機関が甚大な被害を受け，通信の不通も続いていたことから，情報の収集と確認，更新には困難が伴った．また，被災地の各局とも，放送対応に手一杯の状態で，コンテンツ制作のマンパワー確保に苦労した．中には設備が地震で破損した局もあった．安否情報は，NHKが全国向けにETVと衛星ハイビジョン（BShi）の2波で伝えた．

　データ放送の短所は，伝送容量が小さいことである．情報量が嵩むと画面の表示に時間がかかってしまう．これを解決するために通信との連携が進められている．データ放送の画面から通信回線を介して放送局のサーバーにアクセスし，雨雲のレーダー画像や5キロメッシュの天気予報を表示するサービスが実施されている．

　放送と通信の連携によって，災害情報の共有が一段と推進みつつある．東日本大震災では，NHKや民放の報道番組が特例としてインターネットで同時配信された．2015（平成27）年4月施行の改正放送法により，NHKが緊急時の災害報道をインターネットで同時配信する環境が整備され，2015年（平成27）年の「鬼怒川堤防決壊」や「阿蘇山噴火警戒レベル3」などのニュース映像がネットで同時配信された．

　避難情報や気象警報などの災害情報をデジタルのフォーマットで放送やCATV，携帯端末，インターネットのWebサイト等多様なメディアに配信する共通プラットフォーム「公共情報コモンズ」も2011年（平成23）年6月から運用が始まった．運用開始から数年後には，通信障害などのライフライン情報や旅客船の運航状況等の交通情報も配信されるようになった．また，配信先のメディアに電子看板（Digital Signage）も加わった．公共情報コモンズは2105年（平成27）10月に商標登録によって「Lアラート」と改称された．

　このほか，近年ではWeb言語のHTML5を使って，テレビとスマートフォンなどの通信機器双方に多様なコンテンツを提供するハイブリッドキャスト（Hybridcast）が開発され，防災・減災への利活用が期待されている． 　　　　　　　（福長秀彦）

〔文献〕
藤吉洋一郎ほか日本災害情報学会デジタル放送研究会有志（2010）「誰にでも身近な水災害情報流通の実現に向けた研究成果報告書」（https://sites.google.com/site/fricsjasdis/home）

➡ 関連項目　コラム8

3-10 報道被害

> **ポイント**： 報道被害とは，過剰な報道や誤報により，報道される側が何らかの被害を受けることである．犯罪報道の時によく起きるが，災害報道でもみられる．その背景には災害報道におけるセンセーショナリズムとパタン化がある．

報道被害は第1に，被災市町村の災害対策担当部局が被るものがある．災害時には，テレビ・新聞各社から取材の電話が一斉にかかってくるが，それを少数の担当者で受けるために，災害対策本部の設営すらままならなくなることがある．特に深刻なのは，スタジオと役所をつないだ電話中継である．電話中継は，まず記者が電話で状況を取材し，そのうえでスタジオの進行に合わせて災害担当職員を電話口に待機させて行うので，災害直後のマンパワーを奪ってしまう．録音取材を使うなど，他の方法を考えるべきであろう．

また同じ報道機関に何度も同じ説明をしなくてはならないという非効率性もある．災害の長期化に伴って取材者が交代する際の引継ぎが不十分なことや，ニュース部門とワイドショー部門など部門間での情報共有ができていないことがその原因である．取材をする時には，すでに現地入りした記者から事情を聞いて，情報を共有しておくことが重要である．

報道被害の第2には，**ヘリコプター取材**の問題がある．がれきの中に埋まっている生存者の救出には生存者の音が頼りになるが，ヘリコプターの音でそれが聞こえなくなってしまうのである．さらには捜索活動をしている消防隊の無線の音が聞こえず，十分な部隊展開ができなくなることもある．イタリアなどでは，初期の状況把握以降は飛行が禁止されるが，サイレントタイムを設けるなど，何らかの規制が必要であろう．

報道被害の第3の被害者は，被災住民である．まず非人道的な取材がある．例えば阪神大震災時には生き埋めになっている人にマイクを向けたことがあったし，犠牲者の家族に心境を尋ねる取材は今も行われている．また避難所での撮影によるトラブルもある．夜に避難所を撮影されて眠れないとか，食事中撮影されて落ち着かない，という訴えだ．そのため最近では各避難所に受付を設け，取材時間を制限するなど折り合いをつけることが多くなった．

報道被害の背景には，よりショッキングな映像を撮りたいというセンセーショナリズムと，災害報道がパタン化してきて，よくある筋書きに沿って取材しがちなことがある．災害時にはマスコミは防災機関であるという原点を忘れないことが肝要である．

他方，行政側の対策も重要だ．殺到する取材対策としては，① 災害対策本部の一部は立ち入り禁止にし，代わりに取材者のスペースを作る，② マスコミ担当者を決

めておく（担当者はトップ以外の人で話上手な人が望ましい），③ 基本的データや現況を廊下などに掲示する，④ 定期的に**記者会見**を開く，などが挙げられる．

記者会見のポイントには，① テレビや新聞の締め切りに間に合うように時間設定する（新聞は午前零時前後の朝刊締め切り，テレビは夕方のニュースに間に合わせたい），② 上級官庁への報告を土台にして配布資料を作る，③ 結論は先に述べる，④ 確定情報と未確認情報を分けて述べ，未確認情報は確認予想時刻を告げる，⑤ 情報は隠さず，プライバシーに関する情報などはオフレコを利用する，などがある．最近では災害対策本部会議を取材陣に公開する例もあるが，そうすると本部会議前に一度全体打ち合わせをすることになり，二度手間になる危険性がある．

本来，マスコミと行政は，防災という目的を共有する同志なのだから，互いの事情を知って行動すれば協調体制がとれるはずである．

● 事　例

たいていの災害時には，行政への報道被害がみられる．例えば2003（平成15）年宮城県北部地震時，矢本町では，地震後30分から1時間後まで，報道各社から被害状況の問い合わせが殺到し，本部体制の立ち上げに支障をきたした．また南郷町でも記者の質問に対して答えを用意せねばならず，それに人的資源がさかれた．同役場には「報道関係の皆様　この先の立ち入りご遠慮願います」「報道関係の皆様へ　被害状況についてはホワイトボードをご覧ください．その他の情報については把握しだいお知らせします」などの張り紙があり，報道被害の跡を物語っていた．　　（中村　功）

〔文献〕
安富　信（2012）『減災と情報』コンプラス．

➡ **関連項目**　解説：報道機関の役割（3-2），緊急時のマスコミ対応（7-8），風評被害（12-5）

3-11　センセーショナリズムと取材の安全

ポイント：　マスコミにとって災害は大ニュースであり，大勢の記者が取材する．1991年の雲仙・普賢岳噴火災害では，「絵になる」現場を撮影中のカメラマンらが火砕流で亡くなり，地元消防団員らも犠牲になった．

　報道とはニュースを伝えることである．ニュース性を決める要素は，「珍しさ」と「新鮮さ」，「身近さ」にある（中川，2008）．「世界で初めて」は珍しいが，それが1年前ならニュースではなく，どんなことでも「今日」のことはニュース性が高い．遠い南米での「世界初」と，身近な地域での「国内初」では，後者の方を知りたい人が多い．
　これらの要素が「誰にとって」珍しいのか，新鮮なのか，身近なのかがポイントだ．テレビの全国ニュースや全国紙の報道は，広く日本中の人にとってニュースであるかどうかが鍵になる．地方紙や地方局にとっては，その地の人たちにどれだけ身近なのかで**ニュース価値**が変わる．
　実際の災害は，めったに発生しないからこそ大ニュースになる．「珍しさ」を強調するために，センセーショナルで派手な場面を写真や映像で伝えがちである．いわゆる「絵になる」場面である．しかし，絵になる場面だけを伝えることは，被災の実態を伝えることにならない．米ノースリッジ地震（1994）では，高速道路の高架が落ちた場面やモービルハウスが燃える場面だけを伝え，ロサンゼルス全域が壊滅したかのように受け取られかねなかった．三陸はるか沖地震（1995）で死者を出したパチンコ店の倒壊場面も同様の誤解を招いた．このため，当時は全体を俯瞰する「引いた絵」の大切さが指摘された．しかし，直後の阪神・淡路大震災では，見渡す限り家屋の倒壊が続いている状況をうまく伝えきれなかった．東日本大震災の被災の全容を伝えるのは，途方に暮れるしかなかった．
　「災害」を誰に伝えるかで，伝える中身も変わる．阪神・淡路大震災で神戸新聞は「被災者になって分かったこと」という社説を掲げ，関西系の民放局は「東京目線」でニュースを組み立てるキー局と闘ったというが，多くの報道は被災者以外に届けられることを前提にした内容だった．
　珍しさや新鮮さが勝負のニュースは，よりセンセーショナルなネタが出てくれば，主役の座を明け渡すことになる．地震発生から2ヵ月余の地下鉄サリン事件以降，全国で被災地の情報はがたんと減った．それは，長く続く被災後の生活再建や復興という地味なテーマを，どのような切り口で伝えていけばいいか，マスコミ側の手法が十分確立されていなかったからともいえる．
　その後の新潟県中越地震なども含め，生活再建や復興のプロセスの伝え方の経験が蓄積されたこともあり，東日本大震災では「寄り添い」や「絆」をキーワードに落ち

着いた報道ぶりとなった．被災者に語ってもらうメッセージ番組が継続しているのも，災害がセンセーショナルな場面だけでないことを伝えている．

● 事　例

1990（平成2）年から始まった雲仙・普賢岳の噴火災害では，成長し続ける溶岩ドームが崩落する際に火砕流が発生．山腹を爆発的に流れ下る迫力満点の映像はかっこうのネタとなり，山腹を正面にみる場所は，避難勧告地域内にも関わらず「定点」といわれるほどマスコミ各社の取材が集中した．1991年6月3日午後4時8分，溶岩ドームの大半が崩落する火砕流が発生，取材中の新聞・出版関係6人，放送関係10人，取材用タクシー運転手4人の報道関係者が亡くなった．

研究者や島原市からの撤退要請にも関わらず取材を続け，いったん撤退した社も「迫力のある絵が必要」と取材を再開していた．避難した住民宅からテレビ局による電気盗用が発覚．前日に避難勧告地域に詰め所を戻した消防団員12人も犠牲になった．地元では，「取材マナーの問題が消防団員の死につながった」とマスコミへの怒りと不信が渦巻いた（槌田, 2007）．

普賢岳災害後の地元マスコミは，長く続く災害や復興を被災地の目線で伝え続ける努力を重ねた．マスコミの災害報道のあり方も問う「雲仙集会」が，マスコミ主催で10年間続けられ，報道のあり方に疑問を突きつけるとともに，阪神・淡路大震災や2000（平成12）年有珠山噴火などとの被災地交流を実現する場ともなった．

一方，研究者や気象庁が事前に把握していた**普賢岳噴火**の兆候は，地元自治体に伝えられておらず，噴火の最中も自治体や住民と情報を共有する体制は取られていなかった．犠牲者を出したマスコミだけでなく，行政も住民も，向き合っているリスクの大きさを把握できないまま，火砕流に巻き込まれたともいえる．2000年有珠山噴火や2011（平成23）年の新燃岳噴火では，普賢岳の反省を踏まえ，研究者と行政，住民の情報共有が図られている．

災害の専門的な知識をもたない記者が，平時から学んでおくための場は，日本災害情報学会を産み出すきっかけともなった故廣井脩東大教授らが主催した災害情報研究会（1992～1998）や，名古屋のマスコミが中心に10年以上月例の勉強会を続けているNSL（2001～）など，各地で試みられ，両事例には普賢岳報道に関わった記者たちが中心的に関わっている． 　　　　　　　　　　　　　　　　　　（中川和之）

〔文献〕

中川和之（2008）「新聞・通信社と災害報道」『災害情報論入門（シリーズ災害と社会7)』（田中淳，吉井博明編集）弘文堂．

槌田禎子（2007）「第3章第3節マスコミの報道」『災害教訓の継承に関する専門調査会報告書1990-1995 雲仙普賢岳噴火』内閣府．

➡ 関連項目　報道被害（3-10）

●コラム5●　ゲリラ豪雨

　2008（平成20）年に「ユーキャン新語・流行語大賞」に選出され，一般にも広く使われるようになった言葉である．気象学上の定義はなく，いつから使われるようになったかは定かでない．

　2008年の夏は雨の災害が相次いだ．7月22日に神戸市・都賀川の急増水で川遊び中の5人死亡，8月5日には東京・豊島区の下水道の急増水で作業員5人死亡，そして29日に愛知県岡崎市に全市民対象の避難勧告が出て，川の増水・氾濫で2人が死亡した．いずれの報道でも，その突発性をとらえて「**ゲリラ豪雨**」という言葉が使われた．

　このうち岡崎水害がゲリラ豪雨と呼ばれた背景について，被災地調査を行った日本災害情報学会の調査団は「1時間に何mm以上の雨が降るというような気象の状態をいうものではなく，予期せぬ降り方で社会的な混乱を生じさせるような豪雨を指している」と分析している．

　本書2-4（局地的大雨）にもあるように，気象庁では災害を引き起こす雨を積乱雲の起き方で区別して，一時的なものを**局地的大雨**，数時間にわたるものを**集中豪雨**と呼んでいる．2008年でいえば，神戸市と豊島区は局地的大雨，岡崎市は豪雨，と別の現象になる．

　その後もゲリラ豪雨という言葉は，2010（平成22）年7月の東京・板橋区のケース等，主に都市部で発生する大雨災害で使われた．日本災害情報学会調査団の分析にもあったように，ゲリラ豪雨は「被災地の混乱の度合い」に応じて使われる言葉として市民権を得てきた．雨に伴う河川の増水が急激で逃げる術がなかったとか，真夜中にもかかわらず市内全域に避難勧告を出されたなど，災害の発生が伝えられるなかで，それを知った人たちの衝撃度が大きい時ほどゲリラ豪雨と呼ばれた．つまり，ゲリラ豪雨は災害発生後に判断され，つけられる名前だった．別の見方をすれば「想定外の豪雨がゲリラ豪雨」といえるかもしれない．

　ならば，ゲリラ豪雨はゼロにすることを目指せるかもしれない．気象庁のいう局地的大雨や集中豪雨は，その言葉が示すのが気象現象であり，現象自体をなくすことはできなくても，ゲリラ豪雨は災害対応という社会現象を現わしているからである．Xバンドレーダーなどによる大雨予測の技術が向上し，それに基づきわかりやすい災害情報が出され，さらにビルやマンションなども活用した新たな避難の環境が整えば，突然の豪雨でも人的被害は減り，その衝撃はゲリラと呼ぶほどでなくなるからである．

（谷原和憲）

第 2 部　メディア

第 4 章　住民用のメディア

4-1　プレビュー：住民が使える災害時のメディア

ポイント： 第4章では，災害時に住民一般が，利用可能な情報収集・発信手段について概観する．

●第2部第4章の概要

　災害発生時に住民が被害状況などの情報を得るために利用するメディアは，まず，**テレビ**である．自動車運転中や停電の場合は，**ラジオ**から情報を得ることが可能であるが，近年，急速に普及している地上波デジタルワンセグ放送対応の**携帯電話やスマートフォン**で情報を得ることも可能になっている．また，「**緊急情報一斉同報配信**」対応の**携帯電話やスマートフォン**であれば，**緊急地震速報**や**津波警報**，**噴火や気象等に関する特別警報**，**災害・避難情報**を受信し，災害による被害が出る前に，災害発生を知ることができ，さらに，自治体からの避難情報や各種災害情報を得ることができる．

　そして，携帯電話でメールをやりとりするのに慣れている人たちは，災害時に家族や親しい人たちとの間でお互いの安否を伝え合う手段としてメールを活用している．また，メールアドレスを知らない相手については，「携帯版災害用伝言板サービス」や「災害用ブロードバンド伝言板（web171）」を利用して，他方で，携帯電話を使い慣れない人たちは，屋外や避難所の公衆電話から「災害用伝言ダイヤル（171）」を利用して，安否を知りたい・知らせたい相手の電話番号を入力し，安否を伝え合うことできる．

　このように，現在，災害時に住民が利用できる情報収集・発信手段の選択肢が複数あるが，1995年の**阪神・淡路大震災**当時は，被災地内外の大多数の住民が利用可能な情報収集手段は，テレビ・ラジオ・新聞，情報発信手段は，固定電話に限られていた．

　この震災以降，当時の教訓に基づいて，電話会社は，**災害時安否確認システム**（災害用伝言ダイヤル（171）・携帯版災害用伝言板サービス・災害用ブロードバンド伝言板（web171））と緊急情報一斉同報配信（緊急地震速報及び津波警報，噴火や気象等に関する特別警報，災害・避難情報）を設置・運用するようになった．

　他方で，今日，大多数の住民が，パソコンや**携帯電話やスマートフォン**から，日常的にインターネットに接続して，**Web**サイトからの情報収集や**メール**のやりとり，**ブログ**，**SNS**，**動画共有サイト**，**Twitter**，**Facebook**，**LINE**などの「**ソーシャル・メディア**」を通じた交流を行っており，災害時にも，これらの情報発信手段を用いて安否確認や各種情報の受発信を行うようになっている．

　そして，地道な活動であるが，阪神・淡路大震災以降，行政機関やマスメディアな

どの様々な情報源から被災者や支援者が必要とする情報を，主にインターネットを活用して，長期にわたってタイムリーに収集し，編集・加工し，伝達する「**情報ボランティア**」の活動が展開され，情報流通面で被災者の避難生活や支援者の活動を支えている．

●各項目の概要

この第2部第4章は，以下の項目から構成されている．

「災害時安否確認システム」(4-2)，「携帯電話による緊急情報の同報配信」(4-3)「インターネット」(4-4)，「ソーシャル・メディア」(4-5)，「情報ボランティア」(4-6)

まず，「災害時安否確認システム」では，阪神・淡路大震災の教訓に基づいて開発され，1998（平成10）年3月より開設・運用されている「災害用伝言ダイヤル（171）」について，また，携帯電話とインターネットの急速な普及に対応して開設・運用されるようになった「携帯版災害用伝言板サービス」と「災害用ブロードバンド伝言板（web171）」及び「災害用音声お届けサービス」について解説し，事例を取り上げながらこれまでの実績と課題を示す．

次に，「携帯電話による緊急情報の同報配信」の項目では，携帯電話の緊急情報一斉同報配信による住民向けの緊急地震速報や津波情報，噴火や気象等に関する特別警報，自治体の災害・避難情報の配信について解説し，現状と留意点を示す．

そして，「インターネット」では，阪神・淡路大震災での被災地の自治体や大学からのインターネットによる情報発信を契機として，また，1990年代後半からインターネット利用者が急速に増えるにしたがって，行政機関・防災関係機関・マスメディアが災害時にインターネットを利用して各種の情報を発信するようになり，住民にとってインターネットは，災害時の重要な情報収集・発信手段となっている現状について，事例をとりあげながら解説し，課題を示す．

また，「ソーシャル・メディア」では，若者を中心に急速に普及し，日常的に使われるようになった**ブログ**（weblog）や **SNS**（Social Networking Service），**動画共有サイト**，**Twitter**，**Facebook**，**LINE** が，近年，災害発生時に，住民や自治体だけでなく，支援活動を行う人びとや団体・組織の中心的な情報発信手段となっている．それらの事例をとりあげて解説し，各種の情報発信手段を支援活動に利用する際の問題点と課題について示す．

最後の「情報ボランティア」では，阪神・淡路大震災を契機にして始まった情報ボランティアの活動の必要性と実態について事例をとりあげながら解説し，課題を示す．

(干川剛史)

4-2　災害時安否確認システム

> **ポイント**：　災害が発生すると安否を気遣う電話などで電話がつながりにくい状態となる．このような時に，被災地外の安否を気遣う方と被災地にいる方を声や文字の伝言板で結ぶのが「災害用伝言ダイヤル（171），災害用伝言板（web171），また携帯電話用の災害用伝言板，災害用音声お届けサービス」などである．

　災害に遭遇した際，自分の安否を家族や知人に知らせたいと思うことであろう．電気通信事業者は電話による安否確認が多発することで起こる通信ネットワークの**輻輳**を少しでも回避しなければならなく，また安否情報がいち早く家族や知人に伝わることを重要視し，災害時における伝言サービスをそれぞれ提供している．

　[災害時伝言ダイヤル（171）・災害用伝言板（web171）]　固定電話のサービスをメインに開発され，1998年3月から提供されているのが「災害時伝言ダイヤル（171）」である．このサービスは，被災地にいて安否を知らせたい人がご自身の安否を録音し，被災地外にいる人がその録音を聞いて安否の確認をするというもので，一度の録音で複数の人が確認をすることができるため，効率的に安否確認ができる．録音装置は全国に複数設置されており，被災地外に設置された装置を利用する仕組みのため，被災地への電話の集中を緩和できる．東日本大震災では346万回の利用があった．

　また電話による音声録音での安否確認システムに加え，インターネットを活用した「災害用伝言板（web171）→URL:https://www.web171.jp」も提供している．このシステムは音声録音とは違い，被災地にいる人がテキストによる**安否情報**を伝言板として登録することで，その情報を被災地外の人が検索し，安否確認をするというものだ．東日本大震災では33万回の利用があった．2005年8月からサービス提供されているが，2012年8月には，さらに利便性を高めてシステムをグレードアップしている．主な機能追加は以下のとおり．

- a) 伝言の登録件数の拡大（10件→20件）
- b) 伝言の保存期間の拡大（48時間→最大6ヶ月）
- c) 携帯・PHS版災害用伝言板との連携（相互検索・参照が可能になった）
- d) 伝言の通知（テキストで登録した内容を事前に設定しておいた相手にメールや音声で通知するサービス）
- e) 伝言板ホームページの多言語対応（HP表示画面に日本語・英語・中国語・韓国語を対応させた）

　[携帯電話「災害用伝言板」「災害用音声お届けサービス」]　携帯電話においても同様のサービスとして「**災害用伝言板**」を提供している．災害伝言板への登録，再生には災害発生時のトラフィックが高い状況下でも比較的輻輳に強い**パケット通信**を利用しているので，音声通話を試みるよりは安否の確認をスムーズに行える．また，それ

でも音声を使った確認手段を求める声に応えて，一部携帯電話事業者では携帯端末で音声をパケットに変換して送受信することで，トラフィックが高い状況下においてもスムーズに音声によって伝言板機能を提供できる「災害用音声お届けサービス」を導入している．

［電気通信事業者間での連携による利便性の向上］ 携帯・PHS 事業者 5 社は，2010 年 3 月から，それぞれの伝言板サービスシステムを連携させ，「災害用伝言板の全社一括検索」を開始した．これはある事業者の携帯電話から登録された伝言を，他の事業者の携帯電話からでも，確認用サイトを介さずに直接確認できるもので，災害時における利便性は大幅に向上した．また 2012 年 9 月から，NTT 西日本／東日本と携帯電話事業者各社との間でも相互に情報を検索できるサービスを開始し，利用者にとっての安否確認のしやすさが著しく改善された．さらに同年 10 月からは，様々な企業・団体が保有する各種安否情報を，まとめて検索・確認できる Web 共同サイト「J-anpi ～安否情報まとめて検索～→URL:http://anpi.jp/」がサービスを開始した．PC やスマートフォン，携帯電話などから「電話番号」または「氏名」を入力して**一括検索**ができるもので，NTT 東西，ドコモ，NHK，日本郵便，KDDI，ソフトバンク，Y!mobile ウィルコム等 10 社 12 種類が参画している．

［災害に備えた安否確認方法のルールづくり］ これらの安否確認システムは災害時にはもちろんのこと，毎月 1 日，15 日や防災週間（8 月 30 日～9 月 5 日），正月三が日，防災とボランティア週間（1 月 15 日～21 日）には**体験利用**が可能であるため，普段から家族や知人間で利用方法について確認しあい，**安否確認方法**のルールを作っておくことが肝要といえる．

(久保田　伸)

➡　関連項目　安否放送（3-6）

4-3 携帯電話による緊急情報の同報配信

> **ポイント：** 携帯電話による緊急情報の同報配信とは，3GPPで標準化されたCBSやETWSと呼ばれる方式による一斉同報配信の機能である．これにより緊急地震速報や津波警報，災害・避難情報が携帯端末に同報配信されている．

　通常の**携帯電話**の通信は，着信すべき端末の電話番号やメールアドレスを識別し，その情報をもとに該当端末に対し1:1の通信を行う．一方**CBS**や**ETWS**は，指定されたエリア内に同一内容の情報を一斉送信し，エリア内にいる対応端末はすべてその情報を受信する（後述の注意事項参照）ものである．携帯電話は元来特定端末に着信する際に，その端末の在圏の有無を確認するために一定エリア内全体を一斉同報で呼び出す方式を採っており，この機能を応用するものである．
　このような方式のため，CBS/ETWSは通常の通信と比べて以下のような特長がある．
　① 特定のアドレス向け送信ではなく，エリア向け同報送信であるので，送信されたエリアに一時的に在圏している人（端末）も情報を受信できる．
　② 同報であり，かつ通常の通信とは別の呼出用の無線チャネルを使用するため，通常の通信量が変動しても，その影響を受けにくい．
　［災害時の情報配信手段としてのCBS/ETWSのメリット］　携帯電話事業者は，前述のように本方式を利用して**緊急地震速報**や**津波警報**，**噴火や気象等に関する特別警報**，**災害・避難情報**を配信するサービス（NTTドコモの"緊急速報「エリアメール」"など）を提供している．本方式による携帯電話での**同報配信**を，防災情報を受信する手段として考えると，以下のような多くのメリットがある．
　① いつでも，どこでも受信できる：　災害に関わる情報は，少しでも早く伝えなければならないものが多いが，携帯電話は常に所持していることが多いため，外出先や移動中でも情報が伝わりやすい．さらに就寝時などでも，テレビやラジオなどと比べて電源が入っている確率が高いため，情報伝達の即時性において有利である．
　② 誰でも受信できる：　CBS/ETWSの特長としてエリア内の対応端末はすべて（後述の注意事項参照）受信できるので，出張や旅行などでたまたま該当エリアにいる人でも，情報を得ることができる．
　③ 短時間で送信が完了する：　通常のメール送信のようなシーケンシャルな送信処理ではなく同報であるので，短時間に多数の携帯に情報を伝えることができる．
　④ 輻輳の影響を受けにくい：　災害発生時は様々な通信の需要が高まり，通信量が増加する．しかしCBS/ETWSはその特長として，通常の通信とは別のチャネルを使用して一斉同報を行うため，比較的輻輳の影響を受けにくく，迅速な情報送信が行

える．

　⑤ 送信側のメールアドレス管理が不要： 通常のメールで防災情報などを複数人に送信する場合は，送信対象者のメールアドレス管理が必要になるが，CBS/ETWSはアドレスではなく対象エリア向けの一斉同報であるため，対象者の変動に伴う面倒なメールアドレス管理が不要である．

●事　例

　2015（平成27）年11月現在，NTTドコモ，KDDI，ソフトバンクモバイルの各携帯電話事業者とも，緊急地震速報，津波警報，噴火や気象等に関する特別警報，災害・避難情報の配信サービスを提供している．

　緊急地震速報は，気象庁が発信する緊急地震速報を端末に配信するもので，最大震度5弱以上が推定される地震の場合に，震度4以上の揺れが想定されるエリアに対して配信される．津波警報は，気象庁から大津波警報，津波警報が発表された場合に，該当する沿岸地域に配信される．いずれも配信処理はシステムが実施するため，迅速な配信が可能である．

　一方災害・避難情報は，自治体が発出する避難勧告などの情報を配信するもので，配信文の作成と配信エリアの指定は自治体が行う．配信文は500文字までの範囲で任意に作成でき，自治体の配信指示により指定エリアに配信される．

　[注意事項]　災害・避難情報については，すべての自治体が配信を実施している状態ではないので，実施している自治体を確認されることが望ましい．また機種によっては，対応している配信サービスが限定されているものや，マナーモード時の鳴動条件に差異があるなど，一部条件があるものがある。その他にも，受信できないケースなど細部の注意事項があるため，携帯電話事業者各社のWebサイトなどで確認されたい．

〔文献〕

中尾昌煕ほか（2008）「緊急情報の同報配信サービスの開発」『NTTDoCoMoテクニカル・ジャーナル』**15**(4)：6-11.

　➡　関連項目　避難情報（7-3），緊急時の住民広報（7-9）

　　　　　　　　　　　　　　　　　　　　　　　　　　　　　　　（福島弘典）

4-4　インターネット

ポイント：　日本では図のように，1990年代後半から利用者が急激に増えており，住民にとって災害時の重要な情報収集・発信手段となっている．

　日本において，**インターネット**が急速に普及したのは，1995（平成7）年11月にマイクロソフト社のWindows95の日本語版が発売されたことを契機として，また，それと呼応して，1996（平成8）年1月の時点でインターネット接続業者（プロバイダー）が急増し，雨後の筍のように現れた**プロバイダー**が，競い合って廉価なサービスを提供するようになって，インターネットの普及に拍車がかけられた．また，インターネット普及の1つの要因となったのが，1995年1月17日に発生した**阪神・淡路大震災**でのインターネットによる被災地内外での情報発信であった．

　つまり，神戸市立外国語大学や神戸大学という被災地内の大学，奈良先端技術大学院大学や東京大学，大阪大学などの被災地外の大学，NTTやIIJといった情報通信関連企業，それぞれのWebサーバーに阪神・淡路大震災に関する様々な情報が蓄積され，それが英語などの外国語にも翻訳されて，世界から膨大な数のアクセスがあり，国内外に震災に関する情報が伝えられ，インターネットが災害時に威力を発揮することが注目されたのである（干川，2009：68）．

　阪神・淡路大震災以降の災害では，被災地内外の行政機関，防災関係機関，マスメ

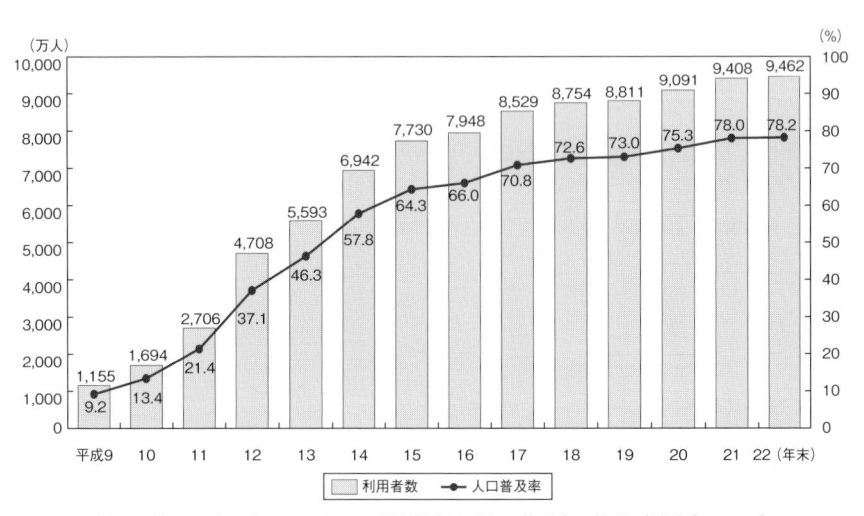

図　日本におけるインターネット利用者数及び人口普及率の推移（総務省，2011）

ディア，大学などの研究機関だけでなく，住民やボランティアなどの多様な機関・団体，個人がインターネットを利用して情報収集・発信を行うようになった．

● **事 例**

[阪神・淡路大震災における神戸市のインターネットによる情報発信] 阪神・淡路大震災で，インターネットを利用して情報発信を行った**神戸市**は，1994（平成 6）年 10 月から市政情報を海外に提供するために，市自らホームページをつくり神戸市立外国語大学の外部接続の窓口を通して，インターネットを利用していた．

そして，神戸市は，阪神・淡路大震災発生時に**ホームページ**を通じて，被災状況を撮影した映像を含めて情報発信を行ったが，アクセスの 8 割以上が海外からであった．その中で最も多くのアクセスがあったのが，「市内の焼失地区の地図」であり，悲惨な映像よりも正確な情報が必要とされていたことがわかる．

また，神戸市の外部接続の窓口となっていた神戸市立外国語大学は，被害の最も少なかった神戸市西区にあり，インターネット接続・利用に必要な機器類（ルーターやサーバーなど）が，被害を受けておらず，地震発生直後の停電を除いて，電気や水やガスの供給も問題なく，神戸市のインターネットの運用に関わっていた職員は，その家族も致命的な被害を受けておらず，自宅から大学への通勤経路も被害が少なかったため，地震発生直後から職務にあたることができた．このような好条件に恵まれていたため，神戸市のホームページによる情報発信が可能であった（干川，2009：70-72）．

[東日本大震災における情報通信の状況と今後の対策] 総務省『平成 23 年版　情報通信白書』によれば，東日本大震災においては，通信インフラに対する被害も甚大であったため，発災直後は，情報伝達の空白地域が広範囲で発生し，通信事業者による「情報空白域」の最小化への取組が行われた．また，この震災では，被害が広域的かつ甚大であったこともあり，マスメディアでは限界のある，きめ細やかな情報を送ることが可能な **Twitter** や **Facebook** 等の**ソーシャル・メディア**が用いられた．さらに，インターネットなどを活用して，震災直後から様々な情報発信が行われるとともに，被災地内外のボランティア活動の後方支援を行う取組も行われた（総務省，2011：14）．

そして，総務省等により設立された「耐災害 ICT 研究協議会」が，大規模災害時の情報空白域の発生を防ぐために，東日本大震災での事例を踏まえて，無線 LAN や衛星通信等の多様な情報通信手段を組み込んだ「災害に強い情報通信ネットワーク」を検討し，その導入を自治体に提案するために「ガイドライン」をとりまとめて 2014（平成 26）年 7 月に公表した．　　　　　　　　　　　　　　　　（干川剛史）

〔文献〕
総務省（2011）『平成 23 年版情報通信白書』，p.15.
干川剛史（2009）『情報化とデジタル・ネットワーキングの展開』晃洋書房．

➡　関連項目　メディアミックス（3-7），ソーシャル・メディア（4-5），緊急時の住民広報（7-9）

4-5　ソーシャル・メディア

ポイント：　若者を中心に普及し日常的に使われるようになったブログやSNS，Twitter，動画共有サイト，Facebook，LINE等の「ソーシャル・メディア」は，災害発生時に，支援活動を行う人びとや団体・組織の中心的な情報発信手段となっている．

1997（平成9）年1月2日に発生した「ロシアタンカー『ナホトカ号』海難・流出油災害（通称「**日本海重油災害**」）」では，福井県三国町（現 坂井市）などの被災地の災害ボランティアセンターや「北國新聞」などの新聞社，被災自治体や政府機関が，Webサイトを開設して各分野の情報を発信した．

これらのWebサイトを情報源として，全国から27万人を超える多くの人びとがボランティアとして重油回収作業に参加したり，大量の支援物資が現地に届けられたり，多額の義捐金や活動支援金が寄付されたりするなど，Web（World Wide Web）による情報発信が，被災地の支援活動に役に立つことが注目された（干川，2009：95）．

しかし，Webサイトを開設・運営するには，HTML（Hyper Text Markup Language）やWebサイト作成ソフトに関する知識や技術が必要となり，また，掲載内容を更新するには，転送ソフトを使ってパソコンからデータをサーバーに転送しなければならないなど，煩雑な作業が必要であった．

それに対して，ブログは，一旦開設してしまえば，Webサイト作成ソフトやファイル転送がいらず，初心者でも，携帯電話から直接アクセスして記事の書き込みや更新が容易にできるというように，サイト管理が，きわめて容易である．

このような手軽さが受け，若者を中心にして2000年代中ごろから，ブログが急速に普及し，「**2004（平成16）年新潟県中越地震**」以来，被災地や被災者の支援活動に携わる個人や団体・組織が活用するようになった（干川，2009：119-120）．

他方で，日本では，親密なコミュニケーションを目的とした参加者限定のブログであるSNSは，若者だけでなく，全国各地で地域づくりに取り組む人たちが，「地域SNS」として活用するようになり，各地の地域SNSが相互に連携し合って全国規模のネットワークを構成し，このネットワークが，「**2009（平成21）年佐用町水害**」などの災害時に，支援活動で大きな役割を果たすようになっている（干川，2014）．

最近では，短文のリアルタイムのやりとりを行うTwitterが普及するに伴って，総務省消防庁では，災害時においてTwitterを活用するために，2010（平成22）年5月18日よりTwitter「災害情報タイムライン」の運用を開始し，2010年10月20日に発生した「**2010（平成22）年奄美豪雨水害**」や2011（平成23）年3月11日に発生した「東日本大震災」で活用された．

そして，東日本大震災以降の災害では，自治体や住民，ボランティアが **Twitter**，**Facebook**，**LINE** を通じた安否確認や災害対応，救援・支援活動を行うようになり，こうした事例を踏まえて，首相官邸「新戦略推進専門調査会防災・減災分科会」が，ソーシャル・メディアの活用を首都直下地震や南海トラフ地震への有効な対策として検討し，その結果を Web サイトで随時公表している．

●事例：東日本大震災におけるソーシャル・メディアの活用の実態と対策
　東日本大震災では，災害発生直後から，**SNS** や **Twitter** で個人が被災状況や救援要請を投稿したり，動画共有サイト上で被災地の様子をリアルタイムに配信したりした．また，マスメディアが現場に入る前に，現地の被害状況がインターネットを通じて伝えられた事例もあった（総務省，2011）．

　その一方で，いたるところで，Twitter のリツイートによる拡散及びブログ・SNS・メールの転載によるチェーンメールが発生し，被災者の不安をあおり立てるようなデマや根拠の不確かな情報が出回った．

　流言蜚語の源となるチェーンメールについて，前述のロシアタンカー「ナホトカ号」海難・流出油災害以来の大災害でしばしば発生し，現地に大量の支援物資が届いて混乱をもたらすなどの危険性が生じている（干川，2007）．

　チェーンメールの問題点は，多くの場合，情報の一次発信元が書かれていないことと，「いつ」の時点の情報であるかが明示されていないため，転載が繰り返されることで時間的な遅滞が生じ，メールの内容が現地の状況とずれてしまうため，内容そのものの信憑性が疑わしくなっていき，流言蜚語と化していくことである．

　このような状況に対して，誰かが，ブログ・SNS・メールの転載や Twitter の拡散を思いとどまらせる役割をすれば，チェーンメールは防ぐことが可能であるし，また，平常時からテレビ・新聞・ラジオだけでなく，社会的信用度の高い機関・団体・人物が開設・運営している Web サイトからも情報を得るような習慣を身につけておくと，緊急時に疑わしい情報に翻弄されることを防ぐことが可能である． 　　　　（干川剛史）

〔文献〕
総務省（2011）『平成 23 年版情報通信白書』，p.17.
干川剛史（2007）『災害とデジタル・ネットワーキング』青山社，pp.84-88.
干川剛史（2009）『情報化とデジタル・ネットワーキングの展開』晃洋書房．
干川剛史（2014）『デジタル・ネットワーキングの展開』晃洋書房，pp.104-108.

➡　関連項目　メディアミックス（3-7），インターネット（4-4）

4-6　情報ボランティア

> **ポイント**：　阪神・淡路大震災から現在に至るまで，大規模災害発生時に，被災地内外の支援活動を情報流通面から支援する「情報ボランティア」の活動が行われている．

　情報ボランティアの活動は，1995（平成 7）年 1 月 17 日に発生した**阪神・淡路大震災**に始まる．当時，情報ボランティアの大多数が利用可能であった通信手段は，**パソコン通信**であった．

　震災当時，NIFT-Serve や PC-VAN などの大手パソコン通信サービスでは，**インターネット**を介してメールの受発信が可能であったので，Web サイトを開設して被害情報や留学生の安否情報等を発信していた神戸大学の教官を中心とした情報ボランティアと被災地内外の主な情報ボランティアは，神戸大学のサイトに開設されたメーリングリストを通じて連携し，活動を展開した．

　情報ボランティアの活動が必要となるのは，次のような理由である．阪神・淡路大震災のような大規模な災害発生時には，被災地の自治体や政府などの行政機関からの情報発信は，収集や確認作業と決裁に時間がかかるために，迅速さに欠ける場合が多い．また，マスメディアからの情報発信は，正確で迅速であるが，被災者や支援者にとって必要でも話題性のない情報は発信されない．そして，個人がパソコン通信やインターネットで発信する情報の大部分は，自分で見聞した範囲の情報や人づてに聞いた情報であったり，思い込みや誹謗中傷に近い情報であったりして，網羅性や正確性に欠ける場合が多い．そこで，行政機関・マスメディア・個々人の情報発信を補う形で，被災者や支援者が必要とする情報を迅速かつ長期にわたって様々な情報源から収集し，わかりやすく編集・加工し，伝達する情報ボランティアの活動が必要となる．

　ところで，阪神・淡路大震災以来行われてきた情報ボランティアの活動を災害発生からの時系列に分けて一般化すると，以下のようになる．

・発災直後初動期（災害発生～3 日）：Web や災害関連メーリングリスト（以下 ML）からの情報の収集，Web 上の主要な情報源を集約したリンク集の作成，災害関連 ML への情報提供

・災害対応・復旧期（災害発生後 3 日～3 ヵ月）：災害ボランティアセンターの直接・後方支援，被災地内の情報ボランティアの後方支援，被災地での活動・調査から得た情報の災害関連 ML への提供・Web 掲載，Web 情報を集約した情報紙の作成・配付

・復興期（災害発生後 3 ヵ月～）：被災地復興に取り組む有志・NPO などに対する情報通信システムの提供・技術支援

なお，この段階分けは，地震災害を前提としており，水害では発生から終息までの期間が短いので，災害対応・復旧期と復興期は，これよりも短くなる傾向がある．また，火山災害では，発生から終息までの期間が数日から十数年と個々の事例ごとに非常にばらつきがあるため，この段階分けよりも著しく長期化する場合がある（干川，2009）．

●事例（三宅島火山災害における情報支援活動の展開）

2000（平成 12）年 6 月 26 日に発生した**三宅島火山災害**では，「有珠山ネット」（同年 3 月末に発生した**有珠山火山災害**を契機に結成された情報支援グループ）が開設・運営していた「三宅島災害対策 ML」で，三宅島の住民，支援者，研究者や専門家，自営業者や企業関係者，行政関係者や各種団体関係者の間で三宅島住民の支援をめぐって情報交換や意見交換・議論が活発に行われた．

しかし，この ML と掲示板を通じてのやりとりは，しばしば，行政や専門家やマスコミの対応についてなどがテーマになると，立場の異なる面識のない人たちの間で見解が対立し，激しい論争や行政・専門家・マスコミ批判などが起こり，その矢面に立たされる人たちにとって堪え難い「顔の見えない相互不信」が生じ，特に，行政関係者は，ML で発言する支援者との連携に消極的にならざるをえなかった（干川，2014）．

他方で，東京都や三宅村，政府機関などの行政機関から**インターネット**を通じて発信されている多種多様な膨大な情報は，島外に避難している三宅島住民の大多数には届いていないと推測され，そのような情報過疎状態を解消するべく，多摩ニュータウン地区に避難してきた三宅島住民の支援のために結成された「**三宅島と多摩をむすぶ会**」の支援活動として情報紙「アカコッコ─三宅・多摩だより─」が 2000 年 9 月 22 日に創刊され，避難指示解除による三宅島住民の帰島直前の 2005（平成 17）年 1 月 16 日まで第 1 号から第 66 号が発行された（干川，2007）．

（干川剛史）

〔文献〕
総務省（2011）『平成 23 年版情報通信白書』，p.18，21．
干川剛史（2007）『災害とデジタル・ネットワーキング』青山社，pp.13-19．
干川剛史（2009）『情報化とデジタル・ネットワーキングの展開』晃洋書房，pp.182-185．
干川剛史（2014）『デジタルネットワーキングの展開』晃洋書房，pp.78-79．

➡ 関連項目　インターネット（4-4）

●コラム6● 東日本大震災における情報通信の実態と情報孤立

[東日本大震災における情報通信の実態]
　総務省『平成23年版　情報通信白書』によれば，今回の震災においては，地震の影響による交通機関の混乱などもあり通信が集中したことから，比較的長期間にわたり，広範囲で通話の輻輳（ふくそう）が発生し，大規模な通信障害に発展することを防止するため，図のように，通信事業者は**通信規制**を行った．
　主な携帯電話事業者は，音声とパケットを独立して取り扱うことで，災害時などにおけるパケット通信の疎通を向上できる機能を導入しており，今回の震災においても，この機能が活かされ，最大95％程度の発信規制がなされた音声通話と比べると，メールなどのパケット通信の方が疎通しやすい結果となった（総務省2011）．

[被災地における情報孤立の事例（気仙沼市）]
　『朝日新聞』（2011年4月19日付）の記事によれば，津波で大きな被害を受けた宮城県気仙沼市が，**情報孤立**に直面した．住民の多くが加入するケーブルテレビ局「気仙沼ケーブルネットワーク」が全壊し，速報を得る手段としてテレビやインターネットが使えない状態が続いた．
　市内では，約7千の加入世帯のうち，津波による流出・損壊を免れた約半数の世帯が，視聴もできず，インターネットも使えなかった．
　また，市内に設置された防災行政無線の拡声機の3割に当たる約50台が倒壊するなどして使用不能となった．そこで，気仙沼市は，臨時災害FM放送局やTwitterを通じて生活情報を伝えたが，ラジオやインターネットを利用できる住民は限られており，情報伝達手段の決め手を欠いていた．
　その結果，地震・津波発生から1ヵ月経っても，市内の被害情報や生活情報が多数の住民に届かないという状況が続いた．

（干川剛史）

〔文献〕
朝日新聞（2011.4.19）「三陸テレビ見られない」．
総務省（2011）『平成23年版　情報通信白書』p.8.

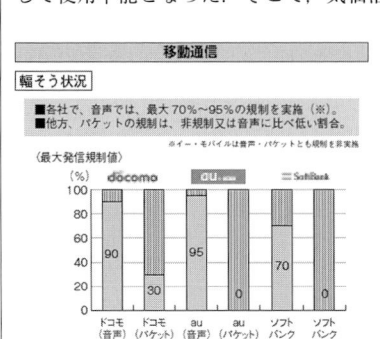

図　移動通信の通信規制（総務省，2011）

第2部　メディア

第5章　行政用のメディア

5-1 プレビュー：行政用のメディア

> **ポイント**： 第5章では，災害時における住民の生命・財産の安全確保のため，国や自治体など行政機関が災害時に必要な情報を収集・整理し，共有と発信を行う情報システムの現状と課題，今後の動向について解説する．

　第5章では，国や自治体の通信確保のため整備されている「防災行政通信システム」，災害情報の収集・提供などのため整備している「防災情報システム」，災害発生時の迅速な意思決定のため整備されている「被害予測システム」，特に水害などの際にリアルタイムで情報提供を行う「水防情報提供システム」，地震発生時の各地の揺れに関する情報共有のため整備された「震度観測システム」について，現状と課題を整理する．

　大きな災害や事故を経験するたびに，災害対策に係る法律や諸制度が整備されてきた．通信や情報処理などに係る行政用のメディアも災害の教訓を踏まえ新たな災害への備えの中から，徐々に進化してきた．1964（昭和39）年の新潟地震では被災地である新潟市内の状況が政府になかなか伝わらず，政府の応援の立ち遅れが課題となった．これをきっかけに政府（消防庁）と都道府県をつなぐ地上系無線網として消防防災無線網が構築された．その後，衛星回線も加わり通信遮断は回避できるよう充実されてきたものの，1995（平成7）年阪神・淡路大震災や2011（平成23）年東日本大震災では，大きな被害を受けた被災地では現地の混乱に通信網の途絶も加わり，被害の状況がなかなか正確には伝わらない事態が発生している．通信ルートの多重化や非常電源の確保などによる「防災行政通信システム」（5-2）の信頼性の向上を図ることはもとより，いざ災害時に使えるためには業務にあたる人材の教育や訓練にも目を向ける必要がある．

　各行政機関内部においても，災害時の迅速な意思決定や関係機関との調整のためには，被害状況の把握が重要となる．迅速に把握できるかは最大の課題であり，近年では大容量の高速通信網を利用し，コンピューターによるネットワークやGIS（地理情報システム）を活用した効率的な防災情報システムを構築する機関も増えてきた．被害状況など災害情報の収集や分析，関係機関との情報共有と住民などへの情報発信，さらに地震発生時には全国にくまなく展開された「震度観測システム」（5-6）の情報と連携した「被害予測システム」（5-4）を組み込む例もある．1995年阪神・淡路大震災では震源付近の神戸市内の震度が伝わらず救援活動の遅れにもつながった．「震度観測システム」や「被害予測システム」は迅速な意思決定にも大きな威力を発揮するものと期待されているが，ここにもシステムを扱う人材をいかに育成できるかが大きな壁となってくる．複雑化する処理系をいかに単純化するかの努力と，訓練方法な

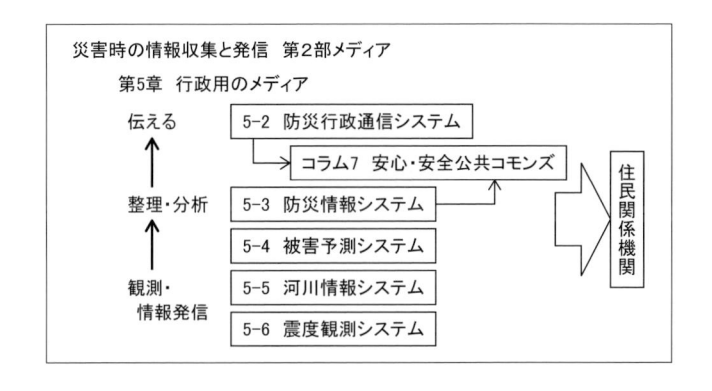

```
災害時の情報収集と発信　第2部メディア
　第5章　行政用のメディア

伝える　　　5-2　防災行政通信システム
　↑　　　　　　　　→　コラム7　安心・安全公共コモンズ
整理・分析　5-3　防災情報システム　　↑
　↑　　　　5-4　被害予測システム
観測・　　　5-5　河川情報システム
情報発信　　5-6　震度観測システム
```

　　　　　　　　　　　　　　　　　　　　　　　住民関係機関

どを工夫してより実践的な場面を見据えてシステムを使いこなせる人材の育成が必要となる．

　住民側の視点から考えると，家庭内にインターネットが普及することにより，災害時にも各種の情報を家庭にいながらにして入手することが可能になってきた．洪水や土砂災害などの災害から安全に避難するためには，まずは自ら行動する「自助」，地域の連携による「共助」が重要となる．自ら行動に移すという判断に必要な様々な情報が各機関のホームページ上にリアルタイムで提供されるようになってきた．気象庁が発信する予報や警報はもとより，国土交通省が提供する「川の防災情報」のページには全国のレーダー雨量情報や川の水位，洪水・水防警報などの状況がリアルタイムで提供されている．各都道府県においてもインターネットを介して地域に密着した情報提供が行われるようになってきた．

　テレビ放送では，2011年7月に地上デジタル放送に移行（東日本大震災の被災地，岩手・宮城・福島の3県2012年3月末に完全移行）したことにより，データ放送から受信できる情報も圧倒的に増加した．災害時には市町村から出される避難勧告や刻々と変化する災害情報を，テレビやラジオを通じて入手する機会が今後増えてくる．現在，総務省において普及が進められている「安心・安全公共コモンズ」（コラム7）は，災害時などでも行政機関からリアルタイムで放送メディアに情報を伝えるシステムの情報基盤として期待されている．　　　　　　　　　　　　　　　　　（岩田孝仁）

5-2 防災行政通信システム

ポイント： 災害により公衆回線網など通信設備が寸断した場合に備え，市町村や都道府県など行政機関も自営の防災行政無線網を構築してきた．今後の動向については無線のデジタル化など課題も多い．

災害により固定電話に代表される公衆回線網が寸断される事態を想定し，行政機関相互，行政機関内及び住民への情報伝達手段として自営無線網が構築されてきた．一般的に**防災無線**の呼称も使われる．

「**中央防災無線**」は国の中央省庁やNHKや電力会社など指定公共機関などを相互に結ぶ無線通信網として整備されている．1995（平成7）年阪神・淡路大震災を契機に政府の非常災害対策本部と全国の都道府県を結ぶ無線網も整備された．

国（消防庁）と各都道府県を結ぶ**消防防災無線**は，1964年新潟地震の際，当時の日本電信電話公社の東京〜新潟の基幹ルートが被災し，被災地の状況が政府に伝わらず救援が遅れたことから，1966（昭和41）年から整備が始まった．1995年の阪神・淡路大震災を契機に，通信衛星（スーパーバード）を利用した衛星回線も加わり地上系との2ルート化が図られた．

都道府県と管内市町村などを結ぶ**都道府県防災行政無線**は，自営無線で構成する地上系と通信衛星（スーパーバード）を利用した衛星系の2つのルートを有することが可能である．しかし，地上系を有するのは2011（平成23）年4月現在37都道府県に留まる．無線機器の更新時期をきっかけに，維持経費や技術スタッフの負担軽減を図るため民間通信会社の回線網の利用に切り替え，衛星系のみを維持している自治体もある．衛星系についても市町村局は廃止し県庁局のみを維持する自治体もある．

市町村防災行政無線のうち「同報系」（**同時通報用無線**：同報無線とも呼ばれる）は，地震災害などで有線による通信回線や商用電源が途絶しても避難勧告など重要な情報が市町村から住民に途絶えることなく伝達できるよう，東海地震対策として1978（昭和53）年に大規模地震対策特別措置法が制定されたことを契機に整備が始まった．2011年3月の東日本大震災でも停電する中，同報無線を使い市町村から津波警報の伝達や避難の呼びかけが繰り返し行われるなど，災害時の住民への情報伝達に一定の効果を上げている．最近では，国民保護法の施行を受けて整備された**J-アラート**（J-Alert）と連動し自動起動するよう改良が進められている．自動起動には数秒から数十秒と多少の時間がかかるものの，国民保護情報や地震・火山情報，津波警報などの迅速な伝達に威力を発揮すると期待される．

一方，近年の気密性の高い住宅では屋外からの音声は聞き取りにくいなどの事情から，屋内に**戸別受信機**を整備する市町村もある．ただし戸別受信機の整備には1基あ

たり約3万円と経費的な負担も大きい．このため同報無線の周波数帯（60MHz帯）が受信できる小型で安価なFMラジオを**防災ラジオ**として配布する市町村もある．ただし，受信感度が低いことや，無線が**デジタル化**されると受信できなくなるなどの難点がある．

防災行政無線全体でみると，2002（平成14）年から始まった無線のデジタル化への移行の動きは，市町村や都道府県の防災行政無線を維持するうえで大きな影響を与えている．デジタル化に伴い，60 MHz帯は市町村の同報系を除き廃止され，150 MHz帯，400 MHz帯，800 MHz帯については260 MHz帯へ移行する方針が総務省から示されている．デジタル化により移動系にはMCA（マルチチャネルアクセス無線，Multi-Channel Access radio system）方式による双方向通信の多チャンネル化，さらに現場からの画像伝送やデータ通信なども可能となる．通信機能は向上し秘匿性も高くなる．一方で，機器整備コストの増大や60 MHz帯から260 MHz帯への移行に伴う中継所の増設など新たな課題も生じる．

防災行政無線のデジタル化移行のため，全国の自治体で防災行政通信システムの更新が進められているが，2003（平成15）年度から進められた政府の三位一体改革などを機に財政力が著しく低下した自治体も多い．各自治体にとって災害時の通信確保は住民の生命を守る重要な役割を担っており，国民の生命の安全のためには国としての特別な財政支援策が望まれる．

この他，1974（昭和49）年の岡山県水島臨海石油コンビナートの油流出事故を契機に，現場活動を行う消防，警察，自治体，海上保安庁などが相互に通信できる150 MHz帯の共通波による**防災相互通信用無線**が整備された．携帯電話の普及に伴い，最近ではこの無線の重要性をあまり意識しなくなっている．東日本大震災では長時間の電源途絶などにより携帯電話の基地局も寸断し，関係機関相互の通信も途絶えた．防災訓練などの機会に防災相互通信用無線の有効性を改めて確認しておく必要がある．

（岩田孝仁）

➡ **関連項目** 携帯電話による緊急情報の同報配信（4-3），インターネット（4-4），ソーシャル・メディア（4-5）

5-3 防災情報システム

ポイント: 防災情報システムとは，あらゆる災害に対し，幅広い災害関連情報を共有するシステムのことである．防災関係機関，目的，用途，機能によって多種多様なシステムが存在する．

防災情報システムと名称づけされているシステムは，多数存在する．**川の防災情報システム**，地震被害早期評価システム（EES），道路情報システム，気象資料総合処理システム，震度計，雨量計などが防災情報システムとして位置づけられる．個々の防災情報システムを複数をまとめたものを**総合防災情報システム**と呼ぶ．防災関係機関は，用途ごとに個別にシステムを整備してきたが，多様化する災害に対し，情報欠落による被害拡大を防ぐため，情報共有を目的として各機関のシステムの連携が行われている（図1）．しかし，災害が拡大すると，連携できずに欠落する情報が増え，欠落を防ぐために多数のシステムを操作して情報収集するといった手間が生じる．2003（平成15）年3月，政府の基本方針として「防災情報システム整備の基本方針」（内閣府，2003）が中央防災会議により決定され，情報の連携と共有をサポートするシステムとして総合防災情報システムが提唱された．この方針は，防災情報の共有化を行ない① 時間的・空間的な情報の空白を解消，② 情報活用体制を確立（情報システムを的確かつ効果的に活用できる体制），③ 平常時からの防災情報の的確な共有・活用を体系的に推進，④ 情報技術（IT）を活用した防災電子政府を構築，⑤ 防災情報システム整備推進体制を整備，の5つが要点となっている．これにより情報を集めて分析してから必要な情報を連携（集約→分析・把握→対策→情報連携→情報提供）させる従来型のシステムから，情報を1ヵ所に集約し共有を行い必要な情報を選定して利用（集約→共有→分析・把握→対策→情報提供）ができるシステムに構築し直すことが求められた（図2）．また，中央防災会議は，防災情報システム整備の具体的施策として総合化による情報の有効活用を謳っている．特にGIS（地理情報システム：Geo-

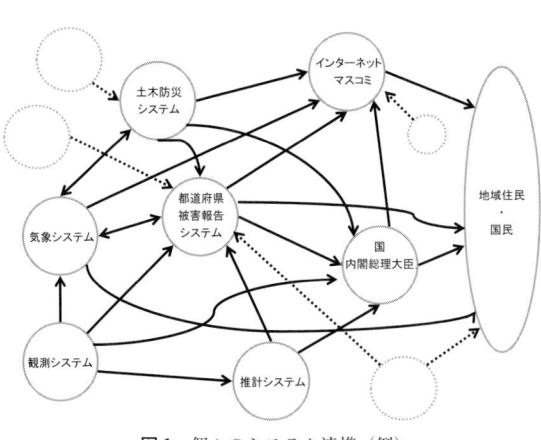

図1 個々のシステム連携（例）

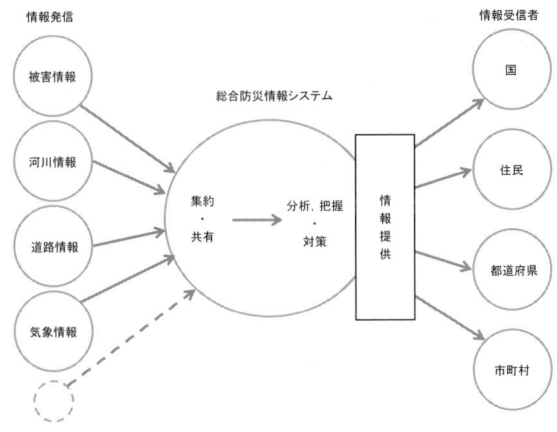

図 2 共有を主とした防災情報システム（イメージ）

graphic Information System）の利用が具体的に明記され，システムを構築する上では必要不可欠なシステムとなっている．また，東日本大震災クラスの広域災害でも防災情報システムを利用可能にするためには，システムの冗長性・耐災性が課題となってくる．その打開策の1つとしてクラウドコンピューティングの利用が注目されている．

● 事　例

　（独）防災科学技術研究所が作成した災害リスク情報プラットフォーム（http://bosai-drip.jp/index.htm）は，大量の情報が集約されており，これをもとに「ALL311：東日本大震災協働情報プラットフォーム」として活躍をしている．このシステムは標準化・統合化を念頭に作成しており，1つのシステムですべてができることを目指し，図2の「情報配信」側の位置づけで考えれば有用なシステムである．一方，静岡県が2011（平成23）年に整備した「ふじのくに防災情報共有システム（FUJISAN）」は市町村からの様々な災害情報をリアルタイムで集約し共有まで一括して行う仕組みで，情報処理とデータベースはクラウドコンピューティングのため汎用性が高く，Google Earth を利用した**防災 GIS** は，データ形式が国際的なインターフェイスである KML（Keyhole Markup Language）のため Google Maps との連携のみならず，他の GIS 連携も容易となっている．またデータベースや GIS は API（Application Program Interface）で接続しており，他システムとの連携も API で容易となる．

〈内山敬介〉

〔文献〕
内閣府（2003）「防災情報システム整備の基本方針」．

➡ 関連項目　河川情報システム（5-5）

5-4 被害予測システム

ポイント： 災害時の迅速な応急活動を実施するため，地震災害を中心に様々な被害予測システムが開発されている．関係機関が連携して迅速な意思決定に役立てていくことが重要である．

1995（平成7）年の阪神・淡路大震災では，震源直近の神戸海洋気象台の最大震度が伝達されず，さらに政府には自治体からの被害情報がなかなか集まらず，被害の全貌を把握するのにかなりの時間を要した．このため，政府の初動の立ち上げが遅れ，迅速な応急活動がとれなかった．地震災害などでは被害が大きくなればなるほど情報インフラの途絶や被害を把握する基礎自治体の混乱と被災などにより，迅速に被害状況をつかむことは困難な場合が多くなる．一方で，的確な応急活動を行うためには，少しでも早く被害の実態をつかむ必要がある．

内閣府では阪神・淡路大震災の教訓から，政府として発災時の災害応急活動を迅速かつ円滑に行うため必要な情報ツールの1つとして，地理情報システム（GIS）を活用し，地形，地盤，人口，建物，防災施設などの情報を数値地図とリンクさせて管理する**地震防災情報システム**（**DIS**：Disaster Information Systems）が整備されている．DISには「地震被害早期評価システム（**EES**：Early Estimation System）」が組み込まれ，気象庁の震源震度に関する情報などから発生地震による建物被害や人的被害など被害規模の概要を地震発生から概ね30分以内に推計し，官邸など政府の関係機関に自動的に情報発信される．

消防庁では自治体向けに**簡易型地震被害想定システム**を開発している．簡易型と銘打っているのはプログラムをインストールしたPCに地震の諸元（位置，深さ，規模）を入力すると，およその被害（人的，建物，火災）推定値が計算され，複雑なシステムを必要としないというメリットがある．

いずれのシステムも，国土数値情報として整備されている地盤や建物，人口などの分布データ用い概数ではあるが地震発生直後に被害規模のイメージをつかむことができ，応急活動を早めに立ち上げるための判断ツールとなる．

一方で，特定の機関の目的に合わせて開発された**被害予測システム**もある．東京ガスなど都市ガス事業者では，地震発生時には被害の発生状況に応じて供給ブロック別に緊急遮断を行う必要がある．迅速な判断を行うため，独自にSIセンサーによる地震計観測網を展開しリアルタイムでガス管の被害などを推計するシステムが開発されている．いわゆる**リアルタイム地震防災システム**と呼ばれ，各地に展開する地震計から地震の揺れの情報をオンラインで得て，瞬時に被害を推定し対応に役立てる仕組みである．コンピュータの能力やネットワークの技術が進み，様々な分野で急速に実用

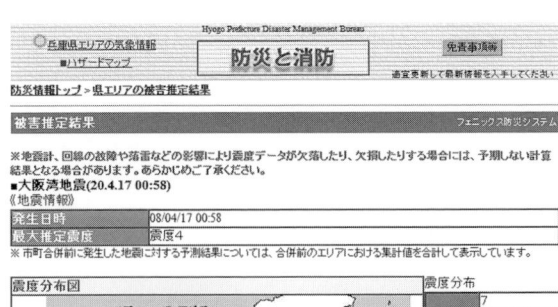

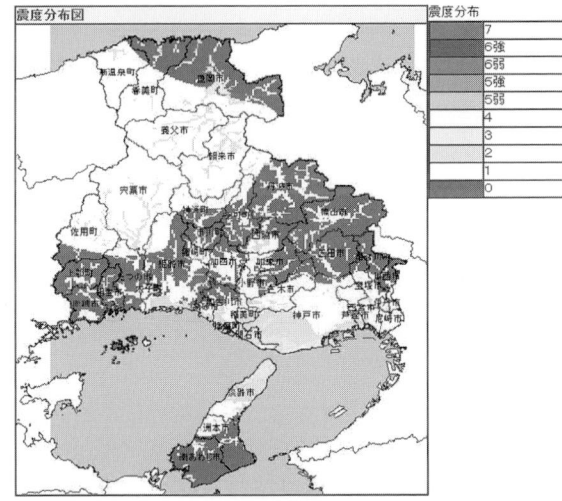

図 フェニックス防災情報システムによる被害予測例

化されてきた.

震源により近い場所で観測したP波を解析し,大きな揺れが来る前に警報を出すシステムは**地震早期警戒システム**と呼ばれる.その先駆けとなったJR新幹線で運用されている**ユレダス**(地震動早期検知警報システム,Urgent Earthquake Detection and Alarm System)や,2007(平成19)年10月から運用が始まった気象庁の**緊急地震速報**は,被害予測システムとしての一面をもつ「リアルタイム地震防災システム」である.

このように開発機関の目的や適用範囲に合わせ被害予測システムが開発されているが,地盤や人口,建物などの基本データは共有できる部分が多い.基本データを関係機関相互に流通させ,発災時にリアルタイムで予測したデータを共有できる仕組みづくりが課題である.

● 事 例

兵庫県では1995年の阪神・淡路大震災の教訓を踏まえ,地震や風水害など災害発生時に県や市町村,防災関係機関相互の連携を強化するため**フェニックス防災情報システム**を構築した.県や市町村など各機関に端末を置き,被害などの災害情報や気象情報の収集・提供を行う総合的な防災情報システムで,地震災害に関しては被害予測システムも組み込まれている. 〔岩田孝仁〕

➡ 関連項目 防災情報システム(5-3)

5-5 河川情報システム

ポイント： 災害時などにおける的確な河川管理，水防活動，避難活動などのために必要な雨量，河川の水位・流量，洪水予警報，水防警報などの河川に関する情報を提供するシステムである．

[河川情報システム]　水害・土砂災害などによる被害を防止・軽減するためには，的確な河川管理，水防活動，避難活動などのために必要な雨量・河川水位などの情報を把握する必要がある．また，平常時においてもダム・堰などの施設操作に必要な雨量・河川水位などの情報を把握することが重要である．このため，国土交通省では，全国の地方整備局などで観測された雨量・河川水位などの情報をインターネットなどを通じて提供している．全国の地方整備局などではレーダ雨量，地上雨量，河川水位・流量，ダムの流入量・放流量などを観測しているが，全国の約20000観測所から送られてくるこれらのデータを収集し，分かりやすい形の情報に加工・編集した上で，5～10分間隔で，インターネットサイト「川の防災情報」を通じて河川管理者，市町村，住民などに提供している．また，都道府県による観測情報も集約しており，国土交通省と都道府県の河川情報を一元的に提供している．

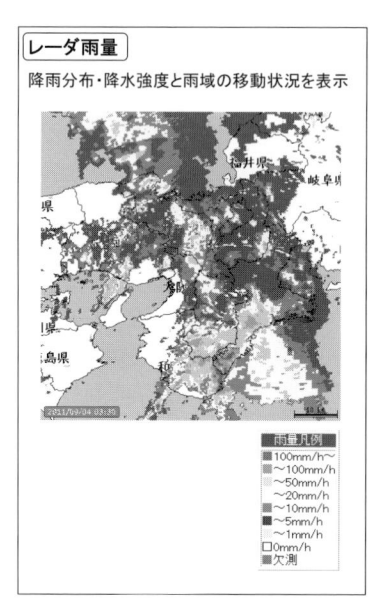

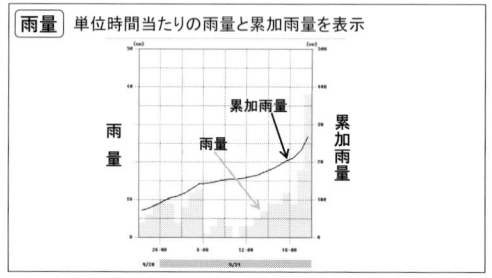

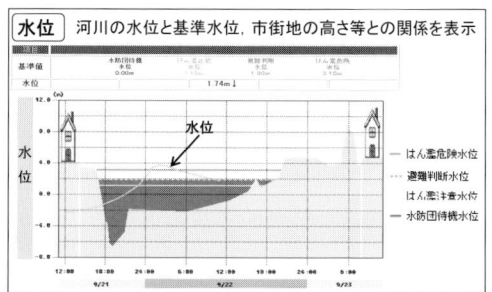

図　「川の防災情報」の提供画面の例

河川情報システムを通じて提供されている情報は，迅速な防災体制の立ち上げ，洪水予警報・水防警報の発令，河川管理施設の操作，水防活動，避難勧告・指示などの発令，住民などの避難行動，水難事故防止，災害時の支援活動などに幅広く活用されている（URL：http://www.river.go.jp/，一般向け）．

現在，GPS機能により現在位置周辺の河川に関する情報を迅速に把握できるスマートフォン用画面の構築などの改良を行っている．

[XRAIN：(X-band polarimetric (multi parameter) RAdar Information Network)：(XバンドMPレーダネットワーク)] 近年，集中豪雨や局地的大雨（いわゆるゲリラ豪雨）による水害・土砂災害などが頻発している．国土交通省では，このような雨量を的確に把握し，適切な河川管理や防災活動などを行うために，新型の高性能レーダ（XバンドMPレーダ）を全国の14地域（札幌周辺，岩手・宮城，福島，関東，新潟，富山・石川，静岡，中部，近畿，岡山，広島，九州北部，熊本，桜島周辺：2015年12月現在）に配備し，雨量観測情報の一般配信を行っている．このレーダは下記の特徴を有する．

- 従来のレーダ（Cバンドレーダ：1kmメッシュ）に比べ，16倍の高分解能（250mメッシュ）での観測が可能．
- MPレーダは雨粒の形状を把握することができるため，雨量の推定精度が高く，地上雨量計での補正が不要．

このため，XバンドMPレーダは，従来のレーダ（Cバンドレーダ）と比べて，局地的大雨などを的確に把握することができるとともに，これまで5～10分かかっていた配信に要する時間を1～2分に短縮することができる．また，観測間隔も1分程度となり，高頻度でのデータ配信が可能となっている．

こうした特徴をいかして，局地的大雨などの早期把握による迅速・的確な水防活動や河川管理施設の操作，避難活動などに活用されている．

また，XバンドMPレーダのデータを活用して，気象庁では降水域と強度を高い解像度で1時間先まで予測する「高解像度ナウキャスト」を2014年8月より開始している．

[地上デジタル放送を活用した河川情報の提供] インターネットを使用しない人も河川情報を容易に取得・利用することができるよう，2013年9月現在，全国の放送局で，地上デジタル放送による雨量・河川水位などの情報提供を行っている．

（池内幸司）

➡ 関連項目　地デジ—データ放送・通信との連携（3-9）

5-6 震度観測システム

ポイント: 日本の震度観測システムは,気象庁と自治体の震度観測点,防災科学技術研究所のK-NET観測点など複数の観測網から構成されている.震度情報は迅速に発表され,被害の推定や組織の初動体制の確立などに活用されている.

　日本では,古くから地震が発生すると,気象庁職員の体感とその周囲の被害の状況から震度を推定して公表していた.1995（平成7）年の阪神・淡路大震災では,地震直後に震度6が発表され,後日,実際の被害状況を調査して震度7に修正された.このため甚大な被害を伝えるはずの震度7の情報発表が遅れて,国や自治体などの初動体制の立ち上げに影響した.これを機に,気象庁は**計測震度計**を開発して全国574地点に整備し,翌1996年4月から体感震度でなく計測震度計で観測した震度を発表するようにした.また,それまでの震度0～7まで8段階の震度階級を,震度5弱と5強,6弱と6強に細分化して10段階の震度階級で発表するようにした（気象庁,1996）.

　震度情報は国や自治体などの防災関係機関が被害状況を把握するために有用であることから,消防庁は1995年の補正予算で,全国の市町村に最低1台の計測震度計を設置する震度情報ネットワーク整備事業を実施した.観測点の設置は各都道府県が実施し,その震度情報は各都道府県に集められ,そこから消防庁や気象庁にも伝達されている（長尾,1998）.その後この自治体震度計の多くは,2009（平成21）年度から実施された消防庁の**震度情報ネットワークの更新・整備事業**により更新されたが,その際,一部の観測点では移設や廃止もなされた.また政令指定都市が設置した震度計もその後更新された.一方,防災科学技術研究所は,約25kmの間隔で全国1000ヵ所に強震観測施設を設置する**K-NET強震観測網**を整備し,1996年6月から震度3以上の地震の強震波形データの公開を開始した.当初,K-NET観測点のうち約100点だけが気象庁に計測震度を伝達していたが,その後2004年から順次観測装置を更新し,2013年3月時点では777点の計測震度が気象庁に伝達されている.こうして,気象庁の655点,自治体の2918点,K-NETの777点の計4350点からなる震度観測システムが構築され,震度情報が気象庁を通じて速報されている.

[活用と課題]

　震度情報は,地震後にどの地域にどの程度の被害が発生したかを推定するのに有用な情報である.そのため,自治体や企業などにおいて,地震時の迅速な初動体制を確立するのに震度情報が活用されている.しかしながら,職員を参集しても発表された震度に比べて建物被害が少ないなどの事例があったことから,気象庁は2008（平成20）年度に震度に関する検討会を設置し,計測震度と被害などの関係の調査を行った（気象庁,2009）.その結果,震度は倒壊などの建物被害との相関でみると不十分な面

もあるが，罹災証明による全壊率との相関は高く，全壊率は負傷者数，死者数との相関が比較的よいことから，初動対応の指標として震度を用いても大きな問題はない，と結論づけている．検討会ではまた，震度と被害の状況を解説した**震度階級関連解説表**を改訂し，建物の耐震性の高低に応じた記載にしたり，鉄道や道路，通信，エレベータなどのライフライン・インフラへの影響，超高層ビルなど大規模構造物への影響などを追加し，今後5年ごとに見直すこととしている．

　日本の震度観測システムは単に震度を観測するだけでなく，迅速な防災対応に活用されるのが特徴である．そのため震度計は，適切な場所に適切に設置されていることが要請される．気象庁はこれを**震度計設置環境評価指針**として定め，設置環境が適切でない観測点は震度情報を公表しないとしている．しかし，最近でも異常に大きな震度を出した観測点を後で調べてみると，設置環境が適切でなかった，ということがまれに発生しており震度情報の品質管理の困難さを物語る．2011（平成23）年の東日本大震災の後，地盤の変形などで設置環境が適切でなくなった震度観測点が見つかり，非公開観測点として公表されたこともあった．

　震度観測システムを活用する場合の落とし穴は，震度依存症ともいうべき観測された震度に極端に依存してしまい適切な判断ができなくなることにある．これを防ぐ情報として，気象庁が発表している，**推計震度分布図**の活用を推奨したい．震度は点の情報であるために，たまたま地震断層に非常に近い観測点で局所的に1点だけ異常に大きな震度が発表されることがある．また一方で，たまたま震度計が近くになかったり震度計の情報が通信断などで途絶えてしまったために，最も被害の大きな地域が見落とされる可能性がある．推計震度分布図は，気象庁が震度5弱以上を観測した地震について震度4以上が推定される場所を推計して地図上にプロットしたもので，地盤増幅度の情報を使って，1kmメッシュで細かく震度を推定している．震度計がないところでも，震度が示されるため，大きな震度が予想されるエリアの広がり具合がよくわかり，より的確な初動体制に結びつけることができるであろう．なお，推計震度分布図と同様な情報が，防災科学技術研究所が実験的に公開している**J-RISQ地震速報**でも得られるようになった（防災科研，2013）．J-RISQ地震速報では人口分布の情報も組み合わせて，地震による強い震度に遭遇した人口情報も推計して提供しているところがユニークである．

〔鷹野　澄〕

〔文献〕
気象庁監修（1996）『震度を知る　基礎知識とその活用』ぎょうせい．
気象庁（2009）「震度に関する検討会　報告書」(http://www.data.jma.go.jp/svd/eqev/data/study-panel/shindo_kentokai/index.html)
気象庁「推計震度分布図」(http://www.seisvol.kishou.go.jp/svd/eew/suikei/)
長尾一郎（1998）「震度情報ネットワークシステムの整備」，地震学会ニュースレター Vol.10，No.3．
防災科研（2013）J-RISQ地震速報（http://www.j-risq.bosai.go.jp/report）

●コラム7● Lアラート

　このシステムは，総務省が主催の「地域の安心・安全情報基盤に関する研究会」（総務省，2008）で検討された，8つの原則（① 迅速かつ的確に住民に提供，② 住民のニーズに応え安心・安全に資する，③ 地方公共団体にとって有効性が高い，④ 地方公共団体にとって過度の負担とならない，⑤ 自主的な参画によって構築・運用，⑥ 継続的に運用され，住民の間に認知される，⑦ 効率性に反しない，⑧ ICT 発展に対応）を基とした情報基盤づくりの総称．その仕組みを実現するための情報伝達システムを「公共情報コモンズ」（商標登録済み）と呼んでいたが「災害時等の情報伝達の共有基盤の在り方に関する研究会」（総務省，2014）の時，新たな名称として「L アラート（災害情報共有システム）」に変更された．L アラートは，当初，**地方自治体間を接続するネットワーク（LGWAN）**や VPN（Virtual Private Network）を利用し，XML（Extensible Markup Language）と地上デジタル放送対応情報伝達用共通フォーマット（TVCML）で通信をしていた．災害発生時の配信情報は，**避難勧告・指示**など，避難所情報，災害対策本部設置状況の 3 つに絞ってスタートした．平常時にも配信できる仕組みとなっており気象警報・注意報，河川水位情報，雨量情報，イベント（お知らせ）情報が配信可能である．配信者は，地方公共団体だけでなく，交通機関・電気・ガスなどのライフライン事業者なども計画として含まれている．今後は配信情報に被害情報，**土砂災害警戒情報**などを順次拡張して扱う予定となっており，拡張次第では災害情報流通の主軸の 1 つとなることが期待されているため，情報伝達者は 500 団体を超える数となっている．

　2014 年 12 月時点で運用をしている地方公共団体は 33 県，267 市町村となっている．独自の防災情報システムを所持していたり，総務省に後押ししてもらったりした地方公共団体は L アラートへの接続ができたが，大半の市町村は運用準備すらしていない．運用が進まない理由としては，経費的な課題だけでなく，災害情報の需要と供給のマッチングが難しく関係機関の調整が進まないことが挙げられる．

〈内山敬介〉

〔文献〕
総務省（2008）「地域の安心・安全情報基盤に関する研究会」．
総務省（2014）「災害時等の情報伝達の共有基盤の在り方に関する研究会」．

第3部　行政

第6章　行政対応の基本

6-1　プレビュー：行政対応の基本

> **ポイント：**　第6章では，行政の防災対応の基本として，法律，計画，体制の観点から重要な項目を解説する．

　平常時の被害軽減対策から発災時の応急対策，復旧・復興・生活再建支援に至る行政機関の対応は，法律や法律に基づいて定められた防災計画・防災体制等に則って進められる．災害情報の観点からは，一連の対応における組織内，組織間，そして組織と住民間の情報伝達，受容，共有，そして調整や公開のあり様など数多くの切り口がある．論点を明確にするためには，まず行政対応の基本的な構図を理解しておくことが必要であり，本章ではそのあらましを示すことにした．併せて，国際的な視点から「アメリカの災害対応体制」（6-15）と「国際協力」（6-16）についても紹介している．

　日本の防災の基本となる法律は，伊勢湾台風（1959年）を契機に制定された「災害対策基本法」（6-2）である．国，都道府県，市町村，公共機関，住民などが果たすべき責務の他，防災組織，防災計画，警報の伝達，避難，応援などの基本的な考え方が規定されている．この法律は，制定以来，阪神・淡路大震災（1995年）などを教訓に度々改正されてきた．そして，2011（平成23）年に起きた東日本大震災を受け，大幅な改正がなされているところである．

　災害対策基本法とは別に，多くの個別法が制定されている．日本は，地震，台風，豪雨，火山噴火など様々な自然のリスクにさらされ，また，原子力発電所やコンビナート施設などでの事故のリスクも内包している．被害を低減するためには，個々の災害特性を考慮したきめ細かい対策・対応が求められる．本章では，自然災害の観点から，「水防法改正と災害情報」（6-3），「土砂災害関連法」（6-4），「地震に関する法律」（6-5），「津波対策の推進に関する法律」（6-6），「津波防災地域づくりに関する法律」（6-7）について紹介している．

　こうした法律に基づいた防災対策が計画的に実行されるよう，各機関で「防災計画」（6-8）を作成している．日本の防災の基本的方向及び基準を定めるものとして，中央防災会議（会長：内閣総理大臣）では防災基本計画を作成する．それを受けて各省庁及び指定公共機関は防災業務計画を作成し，都道府県・市町村では「地域防災計画」（6-9）を作成している．

　災害が発生すると（災害が発生するおそれがあると認知すると），防災計画に基づいて各々の行政機関が体制を整え，対策を遂行する．首相官邸の「内閣情報集約センター」（6-14）では24時間体制で情報の収集を行い，政府の初動を促す．都道府県や市町村では「災害対策本部」（6-10）体制に移行し，被害軽減のための応急対策を講

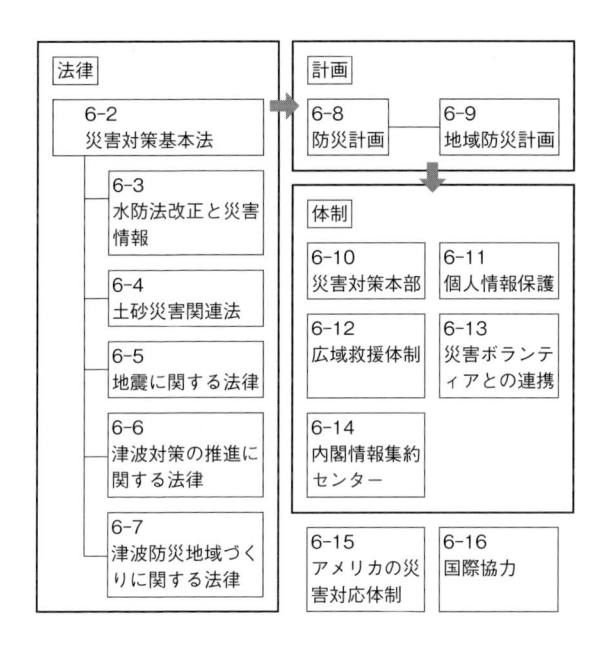

```
┌─────────────────────────────────┐  ┌──────────────────────────────────┐
│ 法律                            │  │ 計画                             │
│  ┌─────────────┐                │  │  ┌─────────┐ ┌─────────┐         │
│  │ 6-2         │                │⇒ │  │ 6-8     │ │ 6-9     │         │
│  │ 災害対策基本法 │                │  │  │ 防災計画 │ │ 地域防災計画│     │
│  └─────┬───────┘                │  │  └─────────┘ └─────────┘         │
│        │ ┌─────────┐            │  └──────────────────────────────────┘
│        ├─│ 6-3     │            │                 ⇓
│        │ │水防法改正と災害│       │  ┌──────────────────────────────────┐
│        │ │情報     │            │  │ 体制                             │
│        │ └─────────┘            │  │  ┌─────────┐ ┌─────────┐         │
│        │ ┌─────────┐            │  │  │ 6-10    │ │ 6-11    │         │
│        ├─│ 6-4     │            │  │  │災害対策本部│ │個人情報保護│     │
│        │ │土砂災害関連法│         │  │  └─────────┘ └─────────┘         │
│        │ └─────────┘            │  │  ┌─────────┐ ┌─────────┐         │
│        │ ┌─────────┐            │  │  │ 6-12    │ │ 6-13    │         │
│        ├─│ 6-5     │            │  │  │広域救援体制│ │災害ボランティ│   │
│        │ │地震に関する法律│       │  │  │         │ │アとの連携│      │
│        │ └─────────┘            │  │  └─────────┘ └─────────┘         │
│        │ ┌─────────┐            │  │  ┌─────────┐                    │
│        ├─│ 6-6     │            │  │  │ 6-14    │                    │
│        │ │津波対策の推進に│       │  │  │内閣情報集約│                  │
│        │ │関する法律│            │  │  │センター  │                    │
│        │ └─────────┘            │  │  └─────────┘                    │
│        │ ┌─────────┐            │  │  ┌─────────┐ ┌─────────┐         │
│        └─│ 6-7     │            │  │  │ 6-15    │ │ 6-16    │         │
│          │津波防災地域づ│         │  │  │アメリカの災│ │国際協力 │      │
│          │くりに関する法律│       │  │  │害対応体制│ │         │      │
│          └─────────┘            │  │  └─────────┘ └─────────┘         │
└─────────────────────────────────┘  └──────────────────────────────────┘
```

じる．被災地の都道府県や市町村だけでは対応が困難な場合，「広域救援体制」(6-12)が発動する．阪神・淡路大震災を契機に，自衛隊，災害派遣医療チーム（DMAT），緊急災害対策派遣隊（TEC-FORCE：国土交通省），緊急消防援助隊（消防），広域緊急援助隊（警察）などの体制が整えられ，さらに，地方公共団体間の相互応援体制も充実してきている．

　阪神・淡路大震災をきっかけに充実したのは公的な防災体制だけではない．この震災では2カ月間に100万人というボランティアが遠方からも駆けつけ，様々な救援活動を展開したが，それは一過性のものではなかった．その後起きた多くの災害現場にもボランティアが駆けつけ，今や「ボランティアをみない被災地はない」時代となった．よりよい被災者支援の可能性を広げるため，行政機関としては「災害ボランティアとの連携」(6-13)が重要な鍵となっている．

　なお，こうした一連の災害対応の中で，「個人情報保護」(6-11)について，例外規定はあるものの十分注意を要する状況にある．　　　　　　　　　　　　　　（黒田洋司）

6-2 災害対策基本法

> **ポイント：** 総合的で計画的な防災体制を整備するために，日本の防災対策の基本的考え方や仕組みを規定した法律である．他の様々な災害対策関連法令を体系立て，補完する意味で，災害対策の憲法的存在である．

　第1章「総則」では，「防災」という言葉を「災害を未然に防止し，災害が発生した場合における被害の拡大を防ぎ，及び災害の復旧を図ること」と定義している．

　第2章「防災に関する組織」では，防災の組織化のために，**中央防災会議**（国）などの防災会議を設置すること，災害発生時には各行政レベルごとに**災害対策本部**を置くとされる．大災害が生じたときは国務大臣を長とする**非常災害対策本部**が，さらに激甚な災害の場合には内閣総理大臣を長とする**緊急災害対策本部**が設置される．

　第3章「防災計画」では，計画的な防災対策のため中央防災会議は**防災基本計画**，指定行政機関（省庁等）や指定公共機関は**防災業務計画**，都道府県及び市町村は**地域防災計画**を作ることを定めている．

　第4章の「災害予防」では，応急対策に必要な資材の整備や防災訓練など，災害予防を行う責任や組織について規定している．

　第5章「災害応急対策」では，警報伝達，避難，応急措置，被災者の保護などについて規定している．情報伝達については，警報等は国→都道府県→市区町村→住民へと伝えられるべきこと，被害や前兆現象については逆に住民→市区町村→都道府県→国というように収集することとなっている．その際，例えば警報の伝達にあたって，都道府県や市区町村は，通信事業者の設備を優先的に使用したり，放送をさせる権限をもっている．また市町村長は**避難勧告**や**避難指示**を行う権限をもち（第60条），さらに罰則をともなった**警戒区域**の設定をできること（第63条）などが明記されている．

　第6章の「災害復旧」では，復旧実施責任，事業費の決定，国の負担金などが規定されている．第7章「被災者の援護を図るための措置」では，罹災証明書の交付，被災者台帳の作成および利用とその提供について規定されている．第8章の「財政金融措置」では，災害対策に必要な費用を国や地方公共団体がどう負担するかが規定されている．第9章「災害緊急事態」では，社会秩序の維持が難しくなるような時には，首相が災害緊急事態を布告し，場合によっては国会の承認なしに政令を発することができること，などが規定されている．

●事 例

　この法律は，死者行方不明者5000人以上の大被害を出した**伊勢湾台風**を契機に作られた．それまでにも災害救助法や水防法といった重要な災害法令はあったが，災害ごとに作られる特別立法に支えられる部分も多く，本法律は日本の災害体制整備上大

きな意味をもっている.

　その後幾多の改正がなされたが，1995（平成7）年の阪神・淡路大震災では，緊急災害対策本部の設置要件の緩和，地方公共団体間の広域応援体制の強化，交通規制の拡充，自衛隊の出動体制の変更などがあった.

　さらに2011（平成23）年の東日本大震災を受けて，大規模な改正が行われた.

　そのポイントの第1は広域的な防災対策に関することである．たとえば災害対策の要である市町村が機能不全に陥った場合の都道府県や国の役割が強化された．すなわち市町村が被害の報告ができない時は都道府県が情報を集めたり（第53条），都道府県が国に他都道府県からの応援を要求することができるようになったり（第74条の2），国や都道府県は市町村からの要請がなくても支援物資を送れるようになった（第86条の16）．他方，**広域避難**に関する市町村及び都道府県間の協議について規定されたが，この協議ができない場合は国による協議の代行も可能とした（第86条の13）．また広域避難に際し，都道府県は運送事業者である指定（地方）公共機関に被災者の運送を要請・指示できるようになった（第86条の14）．

　改正ポイントの第2は避難に関することである．たとえば，高齢者や障害者などのうち避難に助けが必要な人について**避難行動要支援者名簿**を作ることや（第49条の10），避難生活をする**指定避難所**に対して，津波や水害など災害の危険から逃れるための**指定緊急避難場所**を災害ごとに指定すること（第49条の4）が市町村に義務づけられた．また従来の**立ち退き避難**についての勧告・指示に加えて，**垂直避難**を含む**屋内での退避等の安全確保措置**を指示できるようなった（第60条）．避難勧告・指示に際しては気象台や地方整備局などへの助言を求められる規定も追加された（第61条の2）．さらに避難・指示については，放送事業者に加えインターネットのポータルサイト等に対しても情報の伝達を求められるようになった（第57条および第61条の3）．

　第3に自助共助の促進策がある．たとえば住民や事業者が自発的に**地区防災計画**を作り市町村に提案できること（第42条の2）や，防災対策に必要な財やサービスを提供する事業者が防災対策へ協力すること（第7条）などが規定された.

　第4に被災者保護の円滑化がある．都道府県や市町村が家族の問い合わせに対して**安否情報**を提供すること（第86条の15），迅速な**罹災証明書**の交付（第90条の2），**被災者台帳**の作成（第90条の3）などが規定された．　　　　　　　（中村　功）

〔文献〕

武田文男（2011）「災害・防災関連法規」『災害対策全書1災害概論』ぎょうせい．

➡　関連項目　防災計画（6-8），地域防災計画（6-9），災害対策本部（6-10）

6-3 水防法改正と災害情報

> **ポイント：** 水防法は，洪水，高潮，津波などの水災に対して，警戒，防御，被害軽減を目的に制定された法律であり，主に水防団の活動等について規定しているが，この他，流域全体のリスク管理の観点から，水害時における河川情報・氾濫情報の発信，浸水想定区域の指定，自治体による洪水ハザードマップの作成等についても規定されている．

水防法は，洪水，高潮，津波などの水災に際し，これを警戒，防御し，またこれによる被害を軽減することを目的に昭和24年に制定された法律であり，主に水防組織による水防活動等について定めている法律であるが，昨今の災害発生状況を踏まえ，以下のとおり数次の法改正を行っており，近年では，水防活動や水災からの避難のための河川情報・氾濫情報の発信，浸水想定区域・洪水ハザードマップの作成・公表，自治体・事業者による避難確保・浸水防止計画の策定などの規定が新たに設けられ，これらの施策について強化が図られている．

○平成13年改正

平成11年の福岡水害や平成12年の東海豪雨等を踏まえ，都市化の進展に伴い都市部においてひとたび氾濫が発生したときは被害が甚大になるおそれがあること，特に地下街については人命確保の観点から円滑かつ迅速な避難が必要なことから，

・国土交通大臣に加えて，新たに都道府県知事が，洪水により相当な損害を生じるおそれがある河川について洪水予報を行う河川に指定し気象庁長官と共同で洪水予報を実施

・洪水予報を行う河川について，洪水時の円滑かつ迅速な避難の確保を図るため浸水想定区域を指定し公表

・市町村地域防災計画に，浸水想定区域ごとに，洪水予報の伝達方法，避難場所等，円滑かつ迅速な避難を図るために必要な事項を記載．また浸水想定区域内に地下街等がある場合は，利用者の円滑かつ迅速な避難を確保するため，同計画に地下街等における洪水予報の伝達方法を記載

などの改正を行っている．

○平成17年改正

平成16年に発生した新潟・福島豪雨等の記録的な豪雨や観測史上最多の台風上陸等に起因する大規模な水災の発生状況等を踏まえ，

・流域面積が小さく洪水予報を行う時間的余裕がない河川についても住民避難のために的確な情報提供を行うことが必要なことから，国土交通大臣又は都道府県知事が指定した主要な中小河川（水位周知河川）について特別警戒水位を定め，水位到達情報を関係者及び一般に周知

・浸水想定区域の指定を洪水予報河川から水位周知河川まで拡大し，併せて自治体

によるハザードマップの作成を義務づけ
- 高齢者，障害者，乳幼児などの災害時要援護者の被災状況を踏まえ，浸水想定区域内にこれらの者が利用する施設がある場合は，市町村地域防災計画に洪水予報等の伝達方法を記載
- 地下街等において洪水予報等の情報を利用者に的確に伝達するため，地下街管理者等に対し避難確保計画の作成を義務づけ

などの改正を行っている．

○平成 23 年，平成 25 年，平成 27 年改正

平成 23 年に発生した東日本大震災や，近年，全国各地で多発している集中豪雨等の水災の発生状況を踏まえ，現場での水防活動の安全確保の徹底について水防計画に記載することや，大規模な水災に際し国が直接，氾濫水の排除などを行う特定緊急水防活動の創設などについて措置した他，

- 近年，洪水のみならず，内水，高潮による水災も多発していることから，洪水に加え新たに内水及び高潮に係る水位周知制度を創設（水位周知下水道，水位周知海岸）
- 洪水予報河川，水位周知河川において指定する浸水想定区域について，これまでは計画規模の降雨を対象にしていたが，気候変動の影響等により，これまでの計画規模を上回る外力の発生頻度の増大が予測されることから，想定し得る最大規模の降雨を対象に浸水想定区域の指定を行うとともに，これに併せてハザードマップを見直し（内水，高潮においても同様の対応を措置）
- 浸水想定区域内の地下街，要配慮者利用施設，大規模工場等において，施設管理者等に対し，避難確保計画，浸水防止計画の作成，自衛水防組織の設置等を義務づけ（一部努力義務）

などの改正を行っている．

以上のとおり水防法は，昨今の社会情勢，災害の発生状況などを踏まえ，これまでの地先の水防活動を行うための法律から，水害時の流域全体のリスク管理を行うための法律に変遷してきている．リスク管理を行う上で，浸水想定区域，ハザードマップなどの事前の情報と洪水予報などの危機管理対応時の災害情報は必要不可欠であり，今後においても水防法に基づき適切かつ迅速に河川情報，氾濫情報等が発せられ，これにより住民等の適切な避難がなされ水害被害の最小化が図られることが期待されている．

(中込　淳)

➡ **関連項目**　指定河川洪水予報 (2-14), 水防警報 (2-15)

6-4　土砂災害関連法

> **ポイント**：　土石流や地すべり，がけ崩れなどの土砂移動現象により生ずる災害を土砂災害という．毎年，全国で発生する土砂災害を防止・軽減するために土砂災害関連法に基づいてハード・ソフト両面の対策が実施されている．

　毎年平均すると1000件を超す**土砂災害**が全国で発生し，多くの悲惨な被害が生じている．特に2011（平成23）年には台風12号により激甚な土砂災害が発生した．このような土砂災害を防止・軽減するための対策が法律に基づいて実施されている．
　土砂災害対策として，はじめに法制化されたのは**砂防法**である．
　1897（明治30）年3月30日に発布された砂防法は，河川の上流域や山腹において土砂の流出を防ぐことにより治水の目的を達成させるもので，水系としての土砂災害対策が実施されている．その後，土石流による被害を防止するための地先的対策（谷の出口にある集落など限定された保全対象を守る対策）も砂防法の対象として実施されている．砂防法におけるソフト対策は長い間，有害行為の禁止を主とするものであったが，1982（昭和57）年7月長崎大災害の教訓をもとに，国は通達により人命を守るための避難などに関する指導を実施してきた．
　1958（昭和33）年4月1日，**地すべり等防止法**が施行された．地すべり対策は法律により地すべり防止工事基本計画を作成して対策工事を実施している．また，地すべり防止区域においては一定の行為が制限されていて，行為をするためには都道府県知事の許可を受けることとなっている．
　1967（昭和42）年7～8月西日本を主とした集中豪雨によりがけ崩れによる犠牲者が多数に及んだ．そこで，がけ崩れ災害から国民の生命を守るための法律として1969（昭和44）年7月，急傾斜地の崩壊による災害の防止に関する法律（通称**がけ法**）が施行された．法成立時はハード対策と警戒避難体制の整備も併せた総合的ながけ崩れ対策のための法律であったが，後述する土砂災害防止法の施行により，有害行為の禁止を含むハード対策を主とする法律となっている．
　1999（平成11）年6月29日，梅雨前線の活発化に伴う集中豪雨により発生した**広島災害**の教訓から，土砂災害対策におけるソフト法といえる**土砂災害防止法**（土砂災害警戒区域等における土砂災害防止対策の推進に関する法律）が2000年5月8日に制定された．法律の目的は「土砂災害から国民の生命及び身体を保護するため，土砂災害が発生するおそれがある土地の区域を明らかにし，当該区域における警戒避難体制の整備を図るとともに，著しい土砂災害が発生するおそれがある土地の区域においては，一定の開発行為を制限するほか，建築物の構造の規制を行い，土砂災害を防止する」ことにある．

本法でいう**土砂災害警戒区域**とは土石流やがけ崩れなどが発生した場合，住民などの生命または身体に危険が生ずるおそれのある土地の区域のことをいい，**土砂災害特別警戒区域**とは警戒区域のうち，住民等の生命または身体に著しい危険が生ずるおそれのある土地の区域のことをいう．

●事　例（土砂災害防止法に基づく災害情報事例）
① 土砂災害警戒区域と特別警戒区域の指定・公表
　土砂災害防止法に基づいて，都道府県により土砂災害警戒区域と特別警戒区域の調査が実施され，順次区域指定と公表がなされている（都道府県のHP参照）．
② ハザードマップによる周知徹底等
　土砂災害警戒区域における避難体制をより一層充実すべきとの考えから，2005（平成17）年土砂災害防止法の一部改正が行われ，住民にハザードマップなどで危険箇所を周知徹底することや災害時要援護者が利用する施設への土砂災害情報等の伝達方法を市町村地域防災計画に規定することとした．
③ 火山噴火に伴う土石流などに対する防災情報の発信
　大規模な土砂災害が急迫している状況において，市町村が適切に住民の避難指示の判断などを行えるよう，特に高度な技術を要する土砂災害については国土交通省が，その他の土砂災害については都道府県が，被害の想定される区域，時期の情報を提供することとした土砂災害防止法の改正が行われ，2011年5月1日から施行されている．ここでいう特に高度な技術を要する土砂災害とは，天然ダムによる湛水を発生原因とする土石流による災害，天然ダムによる湛水災害，火山噴火に伴う火山灰の降下等に起因する土石流災害をいい，その他の土砂災害とは地すべり災害をいう．
　2011年1月から火山噴火活動を活発化させている霧島山（新燃岳）周辺の火山噴火に伴う土石流災害について，法改正後初の**土砂災害緊急情報**が，国土交通省から宮崎県，都城市及び高原町に提供され，天然ダムについては台風12号により形成された5ヵ所について国の緊急調査が実施され，緊急情報が出されている．　　　（池谷　浩）

➡　関連項目　解説：土砂災害とは（2-16）

6-5 地震に関する法律

> ポイント： 地震に関する法律は，施設整備を主にしているものと，それに加えて避難計画等の規定もあるものとに大別される．災害情報の観点からは後者が重要である．

　防災に関する法律は多岐にわたっているが，そのうち地震に特化したものを抽出し，災害情報の観点から概説する．

　① **大規模地震対策特別措置法**（昭和53法律第83号）：同法に基づき，大規模な地震により著しい被害が生じるおそれのある地域は「地震防災対策強化地域」として指定されることとなる．現時点においては，東海地震の被害想定地域のみを対象としている．同地域においては，各種計画に基づき国，県，市町村，民間事業者等によりハード・ソフトの地震対策が推進されている．

　同法に基づく対策のうち他の関連法とは異なる際だった特徴として，内閣総理大臣による「警戒宣言」の発出がある．有識者からなる「地震防災対策強化地域判定会」によるデータの判定結果を踏まえ，気象庁長官から内閣総理大臣に「地震予知情報」の報告があった場合，閣議にかけて「警戒宣言」を出すこととなっている．「警戒宣言」が発出された場合，行政及び関係機関は居住者等の避難行動を支援するとともに，公共交通機関の運休，安全が確保されない場合の集客施設の休業等，事前に定めた応急

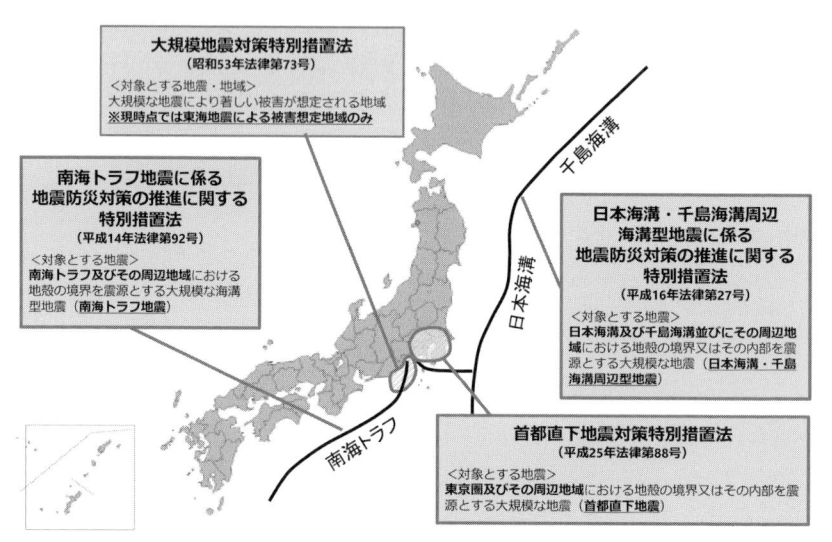

図　地震に関する主な法律とそれらの対象とする地震

対策を執ることとされている.

② **南海トラフ地震に係る地震防災対策の推進に関する特別措置法（平成14年法律第92号）**：かつては，「東南海・南海地震に係る地震防災対策の推進に関する特別措置法」という名称であったが，平成25年の改正時に名称が変更された.

南海トラフ地震に対する地震防災対策全般を推進する必要がある地域を，「南海トラフ地震防災対策推進地域」として指定し，その地域のうち津波により30cm以上の浸水が地震発生から30分以内に生じる地域等を，「南海トラフ地震津波避難対策特別強化地域（特別強化地域）」として指定することとされている．特別強化地域に指定された場合，避難場所の整備や集団移転促進事業等について，国庫補助率の嵩上げや許可要件の緩和等がなされる.

③ **日本海溝・千島海溝周辺海溝型地震に係る地震防災対策の推進に関する特別措置法（平成16年法律第27号）**：東海地震，東南海・南海地震に続く，地震の特措法として制定された．前の2つの法律と同様に，著しい被害が生じるおそれのある地域を「日本海溝・千島海溝周辺海溝型地震防災対策推進地域」として指定し，避難や耐震化のための対策を推進することとされている.

④ **首都直下地震対策特別措置法（平成25年法律第88号）**：著しい被害が生じるおそれのある地域を「首都直下地震緊急対策区域」として指定し，対策を推進することとされている．同法における特徴的な規定としては，首都を襲う地震であることから「政府業務継続計画」を策定すること，首都中枢機能の維持及び滞在者等の安全確保を図るための施設整備を緊急的に推進すること等が挙げられる.

上記の4つの法律については，法の適用対象地域を「地域指定」すること，政府が「基本計画」を策定すること，地方公共団体や民間企業等は個別に「推進計画」，「対策計画」を策定すること等，類似の規定がある.

さらに，法律で規定されているものではないが，4つの法律が対象とする地震等の被害軽減のために共通する施策をまとめた「大規模地震防災・減災対策大綱」が中央防災会議で決定されている.

上記のほか，地震に関する法律としては，「地震防災対策強化地域における地震対策緊急整備事業に係る国の財政上の特別措置に関する法律（昭和55年法律第63号）」，「地震防災対策特別措置法（平成7年法律第111号）」があるが，これらは施設整備とそれに対する財政措置についての規定が主となっている．なお，後者の法律に基づき，地震に関する観測，研究を推進するために，地震調査研究推進本部（本部長：文部科学大臣）が設置されている． （多田直人・滝澤　朗・山崎　航）

➡ **関連項目**　東海地震に関連する情報（1-10），東海地震に関わる警戒態勢（1-11），東海・東南海・南海地震（1-12），M7クラスの首都直下地震（1-13）

6-6　津波対策の推進に関する法律

ポイント： 津波による被害から国民の生命，身体，財産を保護するため，津波に対する基本的認識を明らかにするとともに，被害からの復旧・復興までも視野に入れた津波対策を総合的かつ効果的に推進しようとするものであり，津波災害を単独で対象とした初めての法律である．

[制定の背景]　2011（平成23）年3月11日に発生した東日本大震災の惨禍を2度と繰り返すことのないよう，津波に関する最新の知見及び先人の知恵，行動その他の歴史的教訓を踏まえつつ，津波防災対策に万全を期すため，**津波対策の推進に関する法律**が制定された（同年6月24日施行）．

[法律の概要]　津波による被害から国民の生命，身体及び財産を保護するため，津波の観測体制の強化，調査研究の推進，津波による被害予測，防災教育や訓練の実施，避難計画の作成などのソフト対策と，海岸保全施設の整備，津波対策に配慮したまちづくりの推進，危険物を扱う施設の安全の確保などのハード対策が，そして，被災地域の産業の復興や雇用の確保，津波対策に関する国際協力の推進，津波防災の日などが定められている．

具体的には，次に示す努力義務が規定されている．

① 学校教育その他の多様な機会を通じ，映像等を用いた効果的な手法を活用しつつ，津波防災教育や訓練，防災思想の普及等を行うこと．

② 津波からの迅速かつ円滑な避難を確保するため，津波警報や避難指示等が的確かつ迅速に伝達され，迅速かつ円滑に避難するするために必要な体制の整備，津波発生時等における，住民の迅速かつ円滑な避難のための計画を作成し公表すること．

③ 津波による被害の危険性の高い地域における住宅等の立地の抑制，沿岸部の堅固な建築物を利用した内陸部への津波の侵入を軽減する仕組みの構築等，津波対策の推進に配慮して取り組むこと．

④ 産業との調和に配意しつつ，石油類，火薬類，高圧ガス，核燃料物質その他の危険物を多量に扱う施設の津波からの安全を確保すること．

⑤ 津波防災の日を11月5日（安政南海地震（1854年）が発生した日）とし，津波対策についての理解と関心を深めるようにするため，その趣旨にふさわしい行事を実施すること．

（越智繁雄）

➡　関連項目　解説：津波のメカニズム（1-7）

津波対策の推進に関する法律　概要

前文（前文）

平成23年3月11日に発生した東日本大震災の惨禍を二度と繰り返すことのないよう、津波対策に万全を期することが必要

法の基本的な考え方（第1条～第3条）

（目的）
津波による被害から国民の生命、身体及び財産を保護するため、津波対策を総合的かつ効果的に推進し、もって社会の秩序の維持と公共の福祉の確保に資すること

（基本的認識）
① 津波は、一度発生すると、広域にわたり、国民の生命、身体及び財産に甚大な被害を及ぼすとともに、我が国の経済社会の健全な発展に深刻な影響を及ぼすおそれ
② 津波は、国民が迅速かつ適切な行動をとることにより、人命に対する被害を相当程度軽減することができることから、防潮堤や津波避難施設の整備等とともに、教育・訓練の実施等により国民の理解と関心を深めることが特に重要
③ 津波被害の発生の防止・軽減のための観測体制の充実、調査研究の推進が重要
④ 津波の広域伝播性から、観測・調査研究に係る国際協力の推進が重要

ソフト面における津波対策の努力義務（第4条～第9条）

① 国、地方公共団体、研究機関、事業者、国民等の相互間の緊密な連携協力体制の整備
② 津波の観測体制の強化及び調査研究の推進
③ 想定される津波被害に係る、津波の規模及び津波対策施設の整備等の状況ごとの複数の予測の実施、及び津波対策への活用
④ 学校教育等を通じた、映像等を用いた効果的な手法による教育及び訓練等
⑤ 想定される津波被害に係る、印刷物の配布、映像の視聴等による住民への効果的な周知
⑥ 予報・警報や避難勧告・指示の的確かつ迅速な伝達のために必要な体制の整備等
⑦ 津波避難計画の作成・公表等

ハード面における津波対策の努力義務（第10条～第13条）

① 津波対策に係る施設の整備等における、最新の知見に基づく整備、既存の施設の維持・改良、海岸・河川堤防の性能確保・向上、津波避難施設の指定等への特段の配慮
② 住宅等の立地の抑制、沿岸部への堅牢建築物の整備等、津波対策の推進に配慮したまちづくりの推進
③ 石油類、火薬類、高圧ガス、核燃料物質等の危険物を多量に扱う施設の津波からの安全の確保
④ 災害復旧に関する国の制度における、津波被害への十分な配慮

津波対策に係るその他の施策に関する規定（第14条～第16条、附則第2条）

① 津波の広域伝播性等を踏まえた、津波対策に係る国際協力の推進の努力義務
② 国民の理解と関心を深めるための津波防災の日（11月5日）の設定
③ 津波対策の推進のために必要な財政上・税制上の措置等の努力義務
④ 地方公共団体に対する、ハザードマップ・映像の作成に係る財政上の援助
⑤ 津波避難施設等の整備促進のための財政上・税制上の措置に係る検討
⑥ 施行後3年を目途とした、東日本大震災の検証等を踏まえた、津波対策の在り方に係る検討

図　津波対策の推進に関する法律の概要

6-7　津波防災地域づくりに関する法律

ポイント：　2011（平成23）年3月11日に発生した東日本大震災による被害を踏まえ、「なんとしても人命を守る」という考え方により、ハード・ソフト施策を総動員し、多重防御による津波防災地域づくりを推進するための法律である。

[制定の背景]　東日本大震災により甚大な被害を受けた地域の復興にあたっては、将来を見据えた津波災害に強い地域づくりを推進する必要がある。また、将来起こりうる津波災害の防止・軽減のため、全国で活用可能な一般的な制度を創設した（2011（平成23）年12月27日に一部の規定を除き施行）。

[法律の概要]　津波による災害から国民の生命、身体及び財産の保護を図るため、市町村による推進計画の作成、推進計画の区域における所要の措置、津波災害警戒区域における警戒避難体制の整備並びに津波災害特別警戒区域における一定の開発行為及び建築物の建築などの制限に関する措置などについて定めたもので、具体的な内容は次のとおりである（図）。

① **基本指針**：　国土交通大臣は、津波防災地域づくりの推進に関する基本的な事項や津波災害警戒区域及び津波災害特別警戒区域の指定について指針となるべき事項など、津波防災地域づくりの推進に関する基本的な指針（基本方針）を定めなくてはならない。

② **津波浸水想定の設定等**：　都道府県知事は、基本方針に基づき、津波浸水想定を定め、それを踏まえて推進計画を定めるとともに、津波災害警戒区域や津波災害特別警戒区域を指定することとなる。

③ **推進計画**：　市町村は、基本方針に基づき、かつ津波浸水想定を踏まえ、津波浸水想定に定める浸水の区域（浸水想定区域）における土地の利用及び警戒避難体制の整備に関する事項など、津波防災地域づくりを総合的に推進するための計画（推進計画）を作成することができる。

④ 津波防護施設等
〇津波防護施設

津波災害を防止し、または軽減するために都道府県知事または市町村長が管理する盛土構造物、閘門その他施設を**津波防護施設**として位置づけるとともに、都道府県知事等は、推進計画のその整備に関する事項が定められた津波防護施設の新設、改良その他の管理を行う。

〇指定津波防護施設

都道府県知事は、浸水想定区域内に存する施設が、当該浸水想定区域における津波災害を防止し、または軽減するために有用であると認める時は、当該施設を**指定津波**

```
概要
┌─────────────────────────────────────────────┐
│         基 本 指 針（国土交通大臣）         │
└─────────────────────────────────────────────┘
  津波浸水想定の設定
  都道府県知事は，基本指針に基づき，津波浸水想定（津波により浸水するおそれがある土地の区域
  及び浸水した場合に想定される水深）を設定し，公表する．

  推進計画の作成
  市町村は，基本指針に基づき，かつ，津波浸水想定を踏まえ，津波防災地域づくりを総合的に推進す
  るための計画（推進計画）を作成することができる．

  特例措置
  （推進計画区域内における特例）
  ┌──────────┬──────────┬──────────┬──────────┐
  │津波防災住宅等│津波避難建築物│都道府県による│一団地の津波防災│
  │建設区の創設  │の容積率規制の│集団移転促進事│拠点市街地形成施│
  │              │緩和          │業計画の作成  │設に関する都市計│
  │              │              │              │画              │
  └──────────┴──────────┴──────────┴──────────┘

  津波防護施設の管理等
  都道府県知事又は市町村長は，盛土構造物，閘門等の津波防護施設の新設，改良その他の管理を
  行う．

  津波災害警戒区域及び津波災害特別警戒区域の指定
  ・都道府県知事は，警戒避難体制を特に整備すべき土地の区域を，津波災害警戒区域として指定す
   ることができる．
  ・都道府県知事は，警戒区域のうち，津波災害から住民の生命及び身体を保護するために一定の開
   発行為及び建築を制限すべき土地の区域を，津波災害特別警戒区域として指定することができる．
```

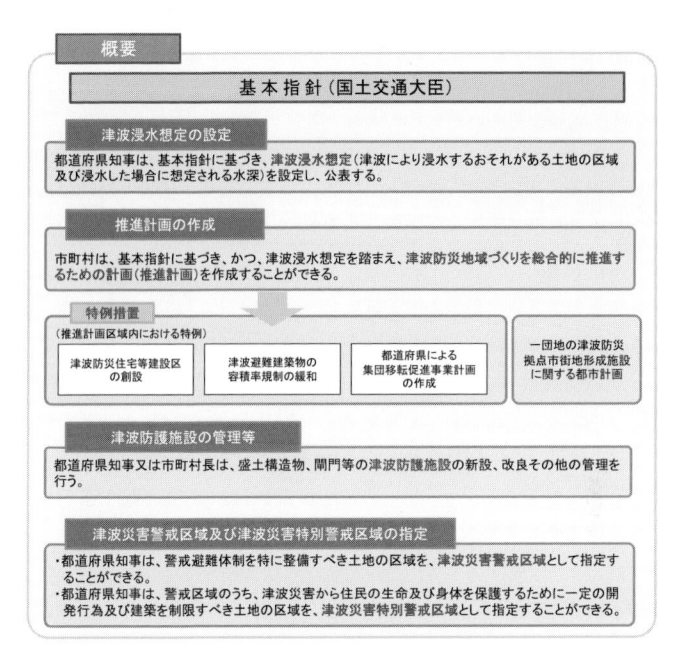

図　津波防災地域づくりに関する法律の概要

防護施設として指定することができる．

⑤ **津波災害警戒区域**：　都道府県知事は，基本指針に基づき，かつ津波浸水想定を踏まえ，津波災害を防止するために警戒避難体制を特に整備すべき土地の区域を，**津波災害警戒区域**（警戒区域）として指定することができる．警戒区域の指定は，指定の区域及び基準水位を明らかにしてするものとしている．警戒区域の指定があった場合は，以下の措置を講ずることとなる．

円滑かつ迅速な避難確保措置／住民等に対する周知／指定避難施設の指定／管理協定の締結／津波避難訓練への協力／避難確保計画の作成等

⑥ **津波災害特別警戒区域**：　都道府県は，基本指針に基づき，かつ，津波浸水想定を踏まえ，警戒区域のうち，津波災害から住民等の生命及び身体に著しい危害が生ずるおそれがあると認められる土地の区域で，一定の開発行為及び建築の制限をすべき土地の区域について，**津波災害特別警戒区域**（特別警戒区域）として指定することができる．特別警戒区域の指定があった場合には，特定開発行為の制限，特定建築行為の制限等の措置を講ずることとなる．

(越智繁雄)

➡　**関連項目**　ダム，水門等の防災施設の操作（7-4）

6-8 防災計画

> **ポイント**： 災害対策基本法に基づく防災計画には，防災基本計画，防災業務計画及び地域防災計画がある．災害情報の視点としては，情報の収集・伝達・処理のあり方，組織内及び組織間の活動の調整やコントロールのあり方が挙げられる．

災害対策基本法に基づく防災計画には，**防災基本計画**，**防災業務計画**及び**地域防災計画**がある．防災基本計画は，内閣総理大臣を会長として組織される**中央防災会議**において作成される．この計画は日本の防災の基本的方向及び基準を定めるもので，防災業務計画と地域防災計画はこれに基づいて作成されることになる．防災業務計画は，**指定行政機関**（内閣府，総務省，国土交通省，厚生労働省など24府省庁など），**指定公共機関**（日本銀行，日本赤十字社，日本放送協会など56機関）によって作成される個別組織の活動計画である．一方，地域防災計画は，都道府県や市町村の範囲を単位として，関係する機関などで構成される**地方防災会議**（複数の地方防災会議による「協議会」を含む）が作成するもので組織間の活動計画とも捉えられる．

災害対策基本法が成立する前は，日本の災害対応の欠陥として，関係機関の対応がバラバラで，それに伴う責任体制の不明確さが指摘されていた（防災行政研究会，2002）．ここに挙げた防災計画は，相互に有機的な関連をもって作成されることで，総合的な計画化が担保されている（図）．

1995（平成7）年1月に発生した阪神・淡路大震災は，これら防災計画の転機となった．この震災は，国・地方公共団体における初動体制，広域連携など様々な面からこれまで隠れていた災害対応上の問題を顕在化させた．噴出した問題に対処するため，

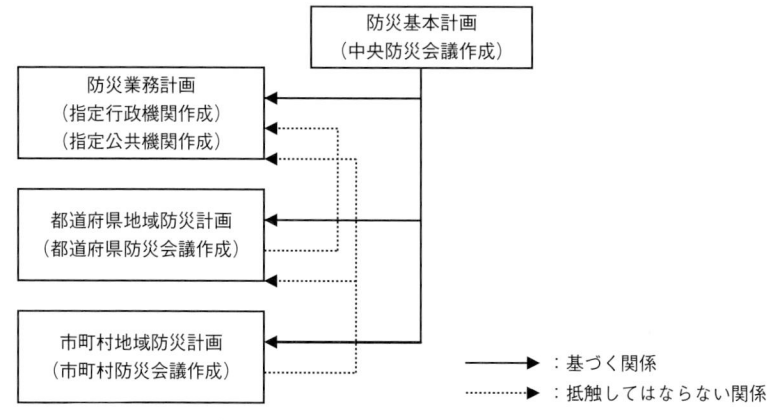

図　防災基本計画・防災業務計画・地域防災計画の関係

地震発生の9日後には防災基本計画の見直しが決められ，7月には全面的に修正された計画が公表された．主な特徴としては，① 災害の特性に応じた対策を明確にするため「震災対策編」「風水害対策編」「火山災害対策編」に細分化されたこと，② 各規定に主語が明記され，各省庁，指定公共機関，地方公共団体，住民の役割が明確化されたことが挙げられる．これを受け，防災業務計画と地域防災計画も全面的な見直しが進められ，質・量とも大幅に拡充された．

　これらの防災計画は，その後の災害や事故の教訓を踏まえ，また，緊急地震速報等新技術の導入を受けて，逐次修正・更新されている．2011（平成23）年3月に発生した東日本大震災後は，平成23年12月と平成24年9月の2回地震・津波対策の抜本的強化などを内容とした防災基本計画の修正が行われ（平成25年4月末現在），防災業務計画や地域防災計画もそれに呼応した見直しが行われている．

　防災計画を災害情報の視点から見ると，例えば次の2つの見方が挙げられる．

　① 各種災害情報の収集・伝達・処理のあり方： 防災計画では，気象予警報，津波情報，被害情報など様々な種類の災害情報について，その収集・伝達・処理の方法やルールが定められている．今後ともその妥当性，有効性に関する実証的な研究が蓄積されていくことが望まれる．

　② 組織内及び組織間の活動の調整やコントロールのあり方： 防災計画は，組織内部あるいは組織間で分化した業務を全体目標の達成に向けて整序するプロセス（**調整**）や組織の規範・基準に対するメンバーの同調を確保するプロセス（**コントロール**）を定めたものとも理解することができる（山本，1981）．いずれもその実質的な成果は組織内部の部門間，組織間，組織とメンバー間での情報交換を通じてもたらされる．こうした視点から防災計画と災害事例を照らし合わせていくことで，調整やコントロールのあり方についてより深く理解することができるだろう．今後，実証研究の蓄積や理論の深化が待たれる分野といえる．

　なお，東海地震，南海トラフ地震，日本海溝・千島海溝周辺海溝型地震や石油コンビナートなど特別防災区域については，個別法に基づいた計画が作成されている．また，近年，中央省庁や地方自治体においても「業務継続計画」の作成が進められている．本項で解説した防災計画とは対象とする業務の相違などによって区別されるが，災害情報の観点からは同様のアプローチが可能であろう． 　　　　　　（黒田洋司）

〔文献〕
防災行政研究会編（2002）『逐条解説 災害対策基本法（第二次改訂版）』ぎょうせい．
山本康正（1981）「災害と組織」『災害への社会科学的アプローチ』新曜社，p.64.

➡ 関連項目　地域防災計画（6-9）

6-9　地域防災計画

> **ポイント**：　都道府県地域防災計画と市町村地域防災計画がある．毎年，災害の教訓などを踏まえた見直しが求められている．

　地域防災計画とは，都道府県及び市町村に置かれる**地方防災会議**（会長は知事・市町村長）が災害対策基本法に基づき作成する計画で，都道府県地域防災計画と市町村地域防災計画に分けられる．具体的内容は，**中央防災会議**が作成する**防災基本計画**に基づき作成されるが，各地域での**被害想定**を踏まえ，平常時の予防対策（ハード，ソフト）から，災害発生後の各種応急対策及び復旧・復興対策，そして被災者の生活再建支援対策まで広範に及ぶ総合的な計画である．阪神・淡路大震災以降，災害の種類に応じてきめ細かな対応が図られるよう，地震災害，風水害，火山災害などに分けて作成されるのが一般的となっている．

　防災計画（6-8）の図に示したように，総合的な計画化を担保するため，都道府県地域防災計画については**防災業務計画**に，市町村地域防災計画については防災業務計画及び当該市町村を包括する都道府県の地域防災計画に抵触するものであってはならないとされている．そのため，作成手続きとして，都道府県地域防災計画については内閣総理大臣へ，市町村地域防災計画については都道府県知事への報告（事後）が必要とされている（注）．

　地域防災計画は，毎年検討を加え，必要があると認めるときは修正しなければならないことになっている．災害に関連する環境（医療機関等社会資源の状況など）は常に変化している．また，不幸にして災害に見舞われたり，逐次行われる防災訓練などを通じて新たな課題が見出されることもあるだろう．さらに，全国レベルで見ると災害は毎年どこかで発生し，様々な教訓が得られる．災害に最善の方法で対応していくため，毎年，こうした状況を踏まえた見直し（PDCA：Plan Do Check Action）が地域防災計画には求められている．近年の修正状況は表のとおりであり，新潟県中越地震，新潟・福井豪雨，台風第23号など災害の多発した平成16年の翌年度は半数近くの市区町村で修正が行われているのが特徴的である．東日本大震災の発生を受け，多くの団体で被害想定の段階から大幅な見直しが進められている．

　ところで近年，全国の市町村ではいわゆる「**平成の合併**」が推進されてきた．合併に伴う防災上のメリットやデメリットとしては，防災担当要員の増員とそれに伴う専門部署の創設（メリット），本庁と支所との情報共有の困難（デメリット）などが指摘されている（林，2008）．合併市町村ではこうした点を考慮した新たな計画の作成も求められている．

表　近年の地域防災計画の修正状況

年　度	都道府県 (修正団体数)	市区町村		
		修正団体数	全市区町村数	割合
平成 14 年度	31	730	3,213	22.7%
平成 15 年度	30	684	3,123	21.9%
平成 16 年度	34	635	2,418	26.3%
平成 17 年度	30	849	1,843	46.1%
平成 18 年度	33	649	1,827	35.5%
平成 19 年度	32	599	1,811	33.1%
平成 20 年度	27	601	1,800	33.4%
平成 21 年度	27	553	1,750	31.6%
平成 22 年度	27	513	1,619	31.7%
平成 23 年度	30	468	1,742	26.9%

『地方防災行政の現況』総務省消防庁各年度版より作成
※平成22年度の数値には，岩手県，宮城県，福島県及び同管内の市町村は含まれていない．

　また，大規模災害が発生した場合，都道府県や市町村には地域防災計画に定める各種応急対策とともに，災害時にも継続が求められる優先度が高い通常業務も存在する．庁舎の被災や停電などの状況にあってもこれらの業務を実施できるよう，業務継続計画を作成が求められるようになっている（内閣府（防災担当），2010）．

　運用上の問題として，地域防災計画は，他の防災計画との整合を考慮するあまり当該地方のオリジナリティを発揮しにくいという点や，計画の充実に伴ってボリュームが増大し職員の習熟のためのコストも増大するといった点が指摘できる．こうした点を補うため，計画を踏まえた独自のマニュアルの作成や，要点のみを記載した職員マニュアルの作成といった取り組みを多くの団体が行っている．　　　　　　（黒田洋司）

(注)　従前は，都道府県地域防災計画は内閣総理大臣へ，市町村地域防災計画は都道府県知事への事前の協議が必要とされてきたが，「地域の自主性及び自立性を高めるための改革の推進を図るための関係法律の整備に関する法律」（平成 23 年法律第 37 号及び法律第 105 号）により事後の「報告」に改められた．

〔文献〕
林　智和 (2008)「防災対策における市町村合併のメリット・デメリット」『自治体危機管理研究』No.2.
内閣府(防災担当)(2010)『地震発災時における地方公共団体の業務継続の手引きとその解説(第1版)』．

➡　関連項目　防災計画 (6-8)

6-10　災害対策本部

> **ポイント：**　災害が発生した時，又は発生するおそれがある場合に，都道府県や市町村が臨時に設置する「機関」である．近年では，2004年及び2011年の設置回数が突出して多くなっている．

災害対策本部とは，災害が発生した時，又は発生するおそれがある場合に，災害対策基本法に基づき都道府県や市町村が臨時に設置する「機関」である（注）．地域防災計画に規定された組織図や事務分掌をみると，災害対策本部は都道府県や市町村の特定の部門や場所をさすのではなく，組織全体が「災害対策本部」という名の下で平常時の組織体制を基本として再編成されたものと捉えるのが一般的である．なお，阪神・淡路大震災後の災害対策基本法改正の中で，災害の状況によっては，被害が集中した地区などで機動的かつ迅速な応急対策を実施するため**現地災害対策本部**を置くことができることも法定化された．

近年の設置状況は表のとおりである．新潟県中越地震，新潟，福島，福井豪雨，台風第23号等災害が多発した2004（平成16）年と東日本大震災が発生した2011（平成23）年の設置回数が突出して多くなっている．

災害対策本部の中で，活動や意思決定の拠点となる部門及びその執務場所として「**本部室**」「本部事務局」などと呼ばれる場が設置されることが多い（以下「本部室」という）．市町村では，災害時，庁舎内の会議室などに臨時の執務室が設けられ，その入り口に「災害対策本部」という看板を掲示し，対内的にも対外的にも本部室が「災

表　災害対策本部の年度別設置延回数

年　次	都道府県	市区町村		
		設置延回数	全市区町村数	1市町村当たり設置延回数
平成14年	34	1,015	3,213	0.32
平成15年	24	885	3,123	0.28
平成16年	86	2,894	2,418	1.20
平成17年	61	995	1,843	0.54
平成18年	41	874	1,827	0.48
平成19年	69	942	1,811	0.52
平成20年	55	602	1,800	0.33
平成21年	46	798	1,750	0.46
平成22年	50	974	1,619	0.60
平成23年	73	1,379	1,742	0.79

『地方防災行政の現況』総務省消防庁各年度版より作成
※平成22年の数値には，岩手県，宮城県，福島県及び同管内の市町村は含まれていない．

害対策本部」と呼ばれたり，認識されている場合も多い．また，本部室には消防，警察，自衛隊などの関係機関が集結するのも一般的である．

本部室では，首長（本部長）と幹部職員（本部員）による意思決定及び情報共有のための会議（「**本部会議**」などと呼称）が開かれ，また，情報の集約・整理などが行われる．会議には関係機関やボランティアが同席することもある．本部室の特に重要な機能として諸部門・諸機関の活動調整が挙げられる．「**状況認識の統一**」という言葉でその重要性が指摘されるようになっており（近藤ほか，2006），災害対策本部の円滑な運用を図るため，今後，さらに検討が進められるべき分野である．

●事　例

平成19年能登半島地震で大きな被害を受けた石川県輪島市では，本庁に災害対策本部が，特に大きな被害を受けた門前総合支所（旧門前町が平成18年2月に合併）に現地災害対策本部が設置された．石川県は，当初奥能登総合事務所に置いた現地災害対策本部を，被害状況が明らかになった3日後には輪島市役所内に移設した．政府は，地震発生当日中に，政府調査団を派遣した．そして，輪島市役所内に関係省庁による連絡対策室を設置した．

こうして輪島市役所には県や国の機関が集結する状況となったが，情報交換や要望を調整するための**県市町合同会議**が4月24日までの間，計21回開催された．会議は県主催で，テレビ会議システムも用いて公開で開かれた．県現地災害対策本部長（副知事）が議長を務め，輪島市長，隣接する穴水町長，国の機関が参加した．その他，中越地震の被災自治体や大学研究者，ボランティアセンタースタッフもオブザーバーとして参加した．関係者からは，情報不足の解消や情報の共有に効果があったと指摘されている．（消防科学総合センター，2009）　　　　　　　　　　　　　　（黒田洋司）

(注) 本項では地方レベルでの災害対策本部について解説する．国レベルでは，特別の必要があると認めるときは，内閣総理大臣により**非常災害対策本部**又は**緊急災害対策本部**が設置される．

〔文献〕

近藤民代・越山健司・林　春男・福留邦洋・河田恵昭（2006）「新潟県中越地震における県災害対策本部のマネジメントと状況認識の統一に関する研究―「目標による管理」の視点からの分析―」『地域安全学会論文集』，No.8．

(財) 消防科学総合センター（2009）『地域防災データ総覧　能登半島地震・新潟県中越沖地震編』．

➡　関連項目　地域防災計画 (6-9)

6-11　個人情報保護

ポイント： 仮に災害時であっても個人情報は個人情報保護法によって保護される必要があるが，この法律には災害時の例外規定があり，また平常時においても災害時要援護者の防災対策のために特例措置が認められている．

［JR 西日本福知山線脱線事故の混乱］ 個人情報保護法は 2003（平成 15）年に成立，2005（平成 17）年 4 月 1 日に施行された．JR 西日本福知山線脱線事故は，法律施行直後の同年 4 月 25 日に起き，107 人が死亡，562 人が負傷した．個人情報保護法施行後の大惨事だったことから負傷者の情報の取り扱いをめぐって医療機関も大混乱に陥った．従来どおり氏名，住所，年齢，傷病名を公表した医療機関があるかと思えば，一切発表しなかった医療機関など，その対応は様々であった．このため，家族や知人の安否を確認しようと病院には電話が殺到し，病院の業務に影響が出るありさまだった．特に病院のマスコミ対応については大きな課題を残したことから，厚生労働省は 2006（平成 18）年 4 月に改訂ガイドラインを発表した．それによると，大規模災害や事故などで，意識不明で身元の確認できない多数の患者が複数の医療機関に分散して搬送されている場合に，患者の家族または関係者から患者が搬送されているかという電話での問い合わせがあり，相手が家族などであるか十分に確認できない状況下で患者の存否情報を回答してもよいか，という問題について次のような見解を出している．

『患者が意識不明であれば，本人の同意を得ることは困難な場合に該当します．また，個人情報保護法第 23 条第 1 項第 2 号の「人の生命，身体又は財産の保護のために必要がある場合」の「人」には，患者本人だけではなく，第三者である患者の家族や職場の人等も含まれます．このため，このような場合は，第三者提供の例外に該当し，本人の同意を得ずに存否情報等を回答することができ得ると考えられるので，災害の規模等を勘案して，本人の安否を家族等の関係者に迅速に伝えることによる本人や家族等の安心や生命，身体又は財産の保護等に資するような情報提供を行うべきと考えます．

なお，「本人の同意を得ることが困難な場合」については，本人が意識不明である場合等の他，医療機関としての通常の体制と比較して，非常に多数の傷病者が一時に搬送され，家族等からの問い合わせに迅速に対応するためには，本人の同意を得るための作業を行うことが著しく不合理と考えられる場合も含まれるものと考えます．』

また，報道機関や地方公共団体などに情報を提供することについては，「これらの機関を経由して，身元不明の患者に関する情報が広く提供されることにより，家族等がより早く患者を探しあてることが可能になると判断できる場合には，「人の生命，

身体又は財産の保護のために必要がある場合」に該当するので，医療機関は，存否確認に必要な範囲で，意識不明である患者の同意を得ることなく患者の情報を提供することが可能と考えられます．』

つまり，患者の利益を前提に考えるなら情報の提供は当然であり，しかもそれによって被災地全体の混乱防止につながるという考えである．

［避難所の避難者台帳］ 災害発生時には避難所が開設され，住宅を失った人たちは仮設住宅ができるまでここで暮らすことになる．避難所では，外部からの問い合わせなどに対処するために世帯ごとの避難者台帳を作成する．この台帳が個人情報の対象になる．災害で混乱しているとはいえ，個人の情報は守られる必要があることからこれら台帳などの取り扱いは厳重に注意すべきといえる．

［災害時要援護者対策］ 2004（平成16）年の**新潟・福島豪雨**の後，国は本格的に**災害時要援護者対策**に取り組み始め，翌年には自治体と自主防災組織などに要援護者の名簿作成を促した．ここで大きな障害となったのが個人情報保護法である．自治体の福祉関係の部局には，援護者に関する個人データがあるが，このデータを法制度の規制があることから防災担当には提供できないという問題が生じた．このような中，2007（平成19）年7月に**新潟県中越沖地震**が発生し，柏崎市が作成していた要援護者名簿に記載されていた人のうち4人が死亡した．このとき市が作成していた名簿が自主防災組織に提供されていればこれらの人が犠牲になることはなかったのではないか，という指摘が出た．

このような課題を解決するため，厚生労働省は2007年8月10日づけで「要援護者に係る情報の把握・共有及び安否確認等の円滑な実施について」という通知を自治体に出した．通知の趣旨は，災害時要援護者対策に関わる関係機関で情報の共有化を図ることを目的にしていた．しかし，東日本大震災では多くの高齢者が，また避難誘導にあたっていた消防団や民生委員が犠牲になった．このため国は2013年6月の災害対策基本法の改正に際し各自治体に「避難行動要支援者名簿」の作成を義務づけた．作成にあたって個人情報については，平常時では避難行動要支援者本人からの同意を前提として情報を支援の関係者に提供，また災害発生時には本人の同意がなくても情報の漏えい防止を前提に支援関係者に名簿情報を提供することができるとしている．

このように緊急時においては，本人の利益のため，さらには社会の混乱防止のために個人に関する情報は基本的には解除されるが，そのデータの取り扱いには十分注意することが必要である． 〔木村拓郎〕

〔文献〕
消防庁（2006）「武力攻撃事態等における安否情報のあり方に関する報告書」．

➡ 関連項目　災害時要援護者支援（9-6）

6-12　広域救援体制

ポイント： 阪神・淡路大震災を契機に広域救援体制が強化され，自衛隊の災害派遣の重要性も認識されている．また，首都圏の九都県市による相互応援協定のように，自治体間の広域救援体制の整備も進んでいる．

災害が発生した場合，まずは被災地域内の救急・救助組織が災害対応にあたる．だが，被災地域内の組織だけでは人員・装備などが不足する場合もある．こうした事態に備えて，被災地域外から被災地域に応援に駆けつけて災害対応を強化するべく，**広域救援体制**の整備が進んでいる．

以下では，広域救援体制の組織制度として，自衛隊，医療支援，国土交通省，消防，警察及び自治体間の取組みを紹介する．

自衛隊の災害派遣は，都道府県知事，海上保安庁長官，管区海上保安本部長，空港事務所長の災害派遣要請に基づき実施される．法制上，災害対応の最前線に立つ市区町村長が自衛隊の派遣を直接要請することはできない．しかし，近年は正式な災害派遣に先立って自衛隊の連絡要員（リエゾン）が被災自治体の災害対策本部に直接派遣され，情報共有や活動内容の調整に従事している事例もある．

自衛隊の航空機による広域の医療搬送も広域応援の一形態である．航空機動衛生隊は2006（平成18）年10月に発足した．患者搬送用の機動衛生ユニットと呼ばれる医療機器をC-130H（輸送機）の貨物室に搭載し，医官，救急救命士，看護師及び管理要員（搬送コーディネーター）で構成されるチームを搭乗させ，必要に応じ応急処置を行いながら重症患者を遠隔地の医療施設等に搬送することを任務とする（防衛省，2008）．

災害派遣医療チーム（**DMAT**：Disaster Medical Assistance Team）とは，「大規模事故災害，広域地震災害などの際に，災害現場・被災地域内で迅速に救命治療を行えるための専門的な訓練を受けた，機動性を有する災害派遣医療チーム」である（辺見，2002）．阪神・淡路大震災を契機にDMAT整備の議論が盛んになり，東京DMATは2004（平成16）年8月に，日本DMATは2005年に設立した．DMATの任務は，被災地以内での医療情報収集と伝達，災害現場でのトリアージ・応急処置など，被災地内の病院における診療の支援，近隣・域内搬送における消防ヘリ・救急車などでの患者の監視・必要な処置，広域搬送拠点臨時医療施設における患者安定化処置・搬送トリアージなどがある（辺見，2006）．DMATの整備に加えて，**広域災害救急医療情報システム**（**EMIS**：Emergency Medical Information System）も構築された．EMISとは，災害時に被災した都道府県を越えて医療機関の稼動状況など災害医療に関わる情報を共有し，被災地域での迅速かつ適切な医療・救護に関わる各種情報

を集約・提供することを目的としている（厚生労働省，2007）．EMIS は 1996 年に兵庫県が運用を開始したものの，東日本大震災発生時には全都道府県での導入が完了しておらず課題が残った．

　緊急災害対策派遣隊（**TEC-FORCE**：Technical Emergency Control Force）は国土交通省本省・国土技術政策総合研究所・国土地理院・地方支分部局・気象庁に 2008（平成 20）年 5 月に設置された．あらかじめ職員を緊急災害対策派遣隊隊員として任命するなど事前に人員や資器材の派遣体制を整備している点が特徴的である．

　緊急消防援助隊は阪神・淡路大震災を契機に 1995（平成 7）年 6 月に発足した．1995 年の発足当時は緊急消防援助隊要綱に基づく運用がなされていたが，2003（平成 15）年には消防組織法の改正により法制化された．2000（平成 12）年から緊急消防援助隊動態情報システムの開発を進め，効率的な運用を図る試みが続けられている（総務省消防庁，2008）．

　警察による**広域緊急援助隊**も阪神・淡路大震災を契機に 1995 年 6 月に発足した．各都道府県警察に設置され，① 被災情報，交通情報など収集及び伝達，② 救出救助，③ 緊急交通路の確保及び緊急通行車両の先導，④ 検死，遺族などへの安否情報の提供を主な任務としている（警察庁，2008）．2005（平成 17）年には特別救助班（P-REX）を，2006 年には刑事部隊を広域緊急援助隊に設置し，さらに東日本大震災発生後には警察災害派遣隊設置要綱を新たに制定して，体制強化を図っている．

　広域救援体制は，自治体行政組織間でも作られている．例えば，首都圏では九都県市による災害時の相互応援の協定が結ばれている．もとは 1992（平成 4）年に六都県市（埼玉県，千葉県，東京都，神奈川県，横浜市，川崎市）による取組みが始まり，2011 年 4 月からは千葉市，さいたま市，相模原市が加わり九都県市による**広域応援協定**が締結された．　　　　　　　　　　　　　　　　　　　　　（地引泰人）

〔文献〕
警察庁（2008）『平成 19 年度警察白書』．
厚生労働省（2007）『広域災害救急医療情報システムの概要』．
総務省消防庁（2008）『平成 19 年度消防白書』．
地引泰人（2008）「第 4 章第 3 節　救急・救助組織と情報」『災害情報論入門』（田中　淳他編），弘文堂，pp.147-153．
辺見　弘（2002）『平成 13 年度厚生特別科学研究　日本における災害時派遣医療チーム（DMAT）の標準化に関する研究』．
辺見　弘（2006）「DMAT の活動」平成 17 年度厚生労働科学研究（医療技術評価総合研究事業）『災害時医療体制の整備促進に関する研究』（http://www.dmat.jp/DMAT.pdf）．
防衛省（2008）『平成 19 年度防衛白書』．

6-13　災害ボランティアとの連携

> ポイント：　行政とは行動原理が異なるボランティアとの連携は簡単でないが，両者が補完し合えば災害対応の可能性も広がる．ボランティアは管理すれば硬直化する．その自発性・多様性を発揮できる活動環境が求められる．

　災害多発国の日本では，古くから民間の様々な主体によって被災者への炊き出しや慰問など，無償の救援活動が行われてきた．こうした活動にボランティアという言葉が使われるようになったのは 1980 年代に入ってからであり，さらにその活動が定着したのは，1995（平成 7）年の阪神・淡路大震災以降である．この震災では，遠隔地からも大勢のボランティアが駆けつけ，2ヵ月間に 100 万人という，かつてない規模の救援活動を展開，ボランティア元年と称された．

　当時，多くのボランティアが情報と活動場所を求めて被災自治体の庁舎に殺到したが，災害対応に忙殺されていた職員は，彼らを受入れ，活動場所を提供することがほとんどできなかった．集まったボランティアらは，庁舎の中に自主運営組織を結成し，自らの活動をコーディネートする仕組みを創り出していった．地震発生から 10 日前後経った頃には，多くの被災自治体に，こうしたボランティアコーディネート機能をもつ**災害ボランティアセンター**が開設され，自治体とも連携しながら，避難所の運営や物資の配布など，行政の対応を代替・補完したり，対応から漏れている問題を発見して支援につなげていった．

　当時の活躍により，**災害ボランティア**は，自助，公助に続く災害対応の新たな主体として認識されるようになり，実際に，防災行政の連携先として，法制度的な位置づけも与えられていった．1995 年 7 月に改定された防災基本計画では，「防災ボランティア活動の環境整備」と「ボランティアの受入れ」に関する項目が新たに設けられた．また，同年 12 月に改正された災害対策基本法でも，国や自治体が「ボランティアによる防災活動の環境の整備に関する事項」の実施に努めなければならないことが明確に規定された．こうした法制度の改定を受けて，自治体は，地域防災計画の中に，一般のボランティアを受入れる窓口を設定し，災害時に求められる技能（医療，語学，建築など）をもった人々を**専門ボランティア**として登録する制度を創るなどして，災害ボランティアとの連携体制づくりを進めてきた．

　他方，民間でも，市民の自発的な活動を災害対応に生かしていく枠組みづくりが行われてきた．現在，一般市民による災害ボランティアの実質的な受入れ・コーディネートは，**社会福祉協議会**（以下，社協）が，通常のボランティアセンター機能を拡張する形で災害ボランティアセンターを開設して行う形が定着している．上述の防災基本計画の改定により，社協はボランティア活動の環境整備における行政の連携先として

位置づけられ，現在までの間に，災害時に職員を派遣する相互応援協定の締結や，財源の確保など，センター設営に必要な対応体制を整えてきた．

また，災害救援や防災をテーマとするNPOも各地で結成されている．災害の切迫性が指摘されている都道府県などでは，災害NPOだけでなく，福祉・環境・人権など異なる分野で活動する団体が加わる形で，**災害に備えるネットワーク**も結成されてきた．

東日本大震災ではこうした蓄積が生かされる形で全国ネットワークが結成され，政府とも，内閣官房内に設置された「震災ボランティア連携室」を介した連携が行われたが，同時に多くの課題も顕在化した．この震災の経験をふまえ，平成25年に改正された災害対策基本法には，国及び地方公共団体が「ボランティアとの連携に努めなければならない」という文言が新たに加えられた．

現在，ボランティアをみない被災地はない．災害対応の要を担う行政としても，同じ被災者を支援するボランティアとの連携は欠かせない．もちろん，行政とは異なる価値と行動原理をもつボランティアとの連携は簡単ではないが，両者が補完し合うことで，よりよい被災者支援の可能性が広がる．

災害時のボランティア活動の特徴は，① 被災地という特殊な環境下で，② 大勢の人達によって短期集中的に行われ，③ 刻々と変化する環境の中で，求められる活動の変化が激しいこと，が挙げられる．また④ 安全な活動環境の確保・心身ともに傷つきやすい被災者への配慮も，平常時以上に求められる．これらの特徴を念頭に置き，ボランティアの自発性や多様性を生かした活動環境づくりが求められている．

●事 例

[災害ボランティアセンターの課題] 近年，災害ボランティアセンターの開設・運営は比較的スムーズに行われるようになってきたが，運営上の課題も顕在化している．準公的な組織を母体にセンターを運営することで，災害ボランティア活動の信頼性向上につながった側面はある一方，被災者ニーズへの対応より活動ルールを守ることが優先されたり，活動内容が限定されるなど活動の硬直化をもたらしやすい．また，社協自身も，通常業務の復旧や災害対応業務（生活福祉資金の支給など）を抱えており，十分なニーズ把握やボランティア募集が行えない，あるいは社協自身が被災してセンターを運営できない状態に陥ることもある．とくに東日本大震災では社協を母体とする災害ボランティアセンターのみを受入れ窓口とする体制に限界があることが明らかになった．他の市民団体，専門家集団と連携を図りながら，できるだけ多様な被災者ニーズに応えられる体制を作っていくことが求められる． 　　　　　（菅　磨志保）

〔文献〕
菅磨志保・山下祐介・渥美公秀編（2008）『災害ボランティア論入門』弘文堂．

➡ 関連項目　情報ボランティア（4-6），助け合いの心理（12-9）

6-14 内閣情報集約センター

> **ポイント**： 阪神・淡路大震災の反省から，大規模災害など緊急事態に政府の初動体制を確保するため，首相官邸の内閣情報調査室に置かれている24時間体制で情報収集を行う組織．

内閣情報集約センターでは，気象庁からオンラインで提供される情報や関係省庁が収集した被害情報，ヘリコプターによる被災地映像，電力，ガス，NTTなどの指定公共機関などが収集した被害情報，テレビ，ラジオ，内外の通信社やインターネットでの情報を24時間体制でモニターしている．地震災害や風水害，火山災害などの大規模な自然災害，航空機や鉄道事故，原子力事故などの重大事故，ハイジャック，NBC・爆弾テロ，サイバーテロ，武装不審船や弾道ミサイルなどの重大事件，新型インフルエンザの発生などに関する第一次情報を一元的に集約し，首相や官房長官，内閣危機管理監らに報告する．

内閣危機管理監は，必要に応じて関係省庁局長級の緊急参集チームを官邸地下の危機管理センターに招集，**官邸対策室**や連絡室を設置し，危機管理・情報集約体制を整備する．

緊急参集チームは，東京23区内で震度5強以上の地震や，全国で震度6弱以上の地震，津波警報（大津波）の発表，東海地震注意情報の発表時には，危機管理監の指示を待たずに自動参集し，23区内で震度6強以上の首都直下型地震の場合は全閣僚が自動参集することになっている．参集対象府省庁の基準は，緊急事態の種類ごとに定められている．

●事　例

2011（平成23）年3月11日の東日本大震災では，地震発生から4分後に官邸対策室を設置し，14分後に官邸地下にある危機管理センターで緊急参集チームが協議を開始．28分後に災害対策基本法制定後初めてとなる**緊急災害対策本部**（緊対本部）の設置を決め，51分後に第1回の緊対本部会議で災害応急対策に関する基本方針を決定．断続的に2回目の緊対本部会議の開催後，68分後に菅直人首相（当時）が初めての記者会見を行った．

4時間以内に，宮城県に政府の**現地対策本部**（現対本部）を設置するため，内閣府副大臣を団長にした約30人の政府調査団を派遣，翌12日午前6時に仙台市に現対本部を設置し，同日朝に副大臣や政務官をトップに岩手，福島の両県に現地連絡室を設置するための調査団が派遣された．

地震や津波災害そのものに対する初動はほぼ手順通りで，情報集約センターで集めた情報をもとに，危機管理センターに参集している各省庁の局長級幹部が機動的に意

見調整を行い，菅首相がトップの緊対本部会議で意思決定を行った．

緊対本部会議は，8回目の3月13日までは1日複数回行われ，17日の12回までは連日だったものの，21日の13回以降は10日に1回となった．初動では機能した現対本部が，期待された現地での3県の調整や県と市町村との連携促進の役割が果たせないなかで，緊対本部会議も開かれず，現地状況を踏まえて各省庁が対応を行うには，情報や認識の共有が十分できなかった．

また，福島第一原発事故対応をする原子力災害対策本部の意思決定は，菅首相や関係閣僚，原子力安全委員会委員長，東京電力幹部が加わって，主として官邸5階で行われた．政府の「東京電力福島原子力発電所における事故調査・検証委員会」は中間報告で，「政府が総力を挙げて事態対応しなければならないにも関わらず，地下の緊急参集チームとの間のコミュニケーションは不十分」と指摘している．これらは，過度な政治主導の弊害といえよう．

一方，東日本大震災までの情報集約センターは，各省庁などから集まってくる情報をセンターの職員らがデータ入力するなどしていたが，集約・共有に問題があったとして，内閣府に総合防災情報システムを整備．各省庁や都道府県と，順次相互接続するとともにインターネットで国民に公開できるような仕組みを検討している．

● 経　緯

1995（平成7）年1月17日の阪神・淡路大震災の際は，首相官邸には危機管理の当直体制がなかった．このため，公邸にいた村山富市首相（当時）の下に地震発生の一報が秘書官から届いたのは地震発生から2時間後，**非常災害対策本部**の設置は4時間以上たった後で，初期対応の遅れが大きな問題となった．内閣情報調査室は，気象庁が前年から始めていた地震情報のオンライン配信も受けておらず，マスコミ情報が頼りだった．

この反省から，地震発生から2週間後，警察庁，防衛庁，海上保安庁などの長官，次長，局長らによる「災害緊急事態即応体制検討プロジェクトチーム」を設置．各省庁から緊急参集チームを参集し，ライフライン企業などからの情報も集約することなどを決め，1996（平成8）年5月に内閣情報集約センターが設置された．その後，1998（平成10）年4月に「国民の生命，身体又は財産に重大な被害が生じ，又は生じる恐れがある緊急の事態への対処及び当該事態の発生の防止」することを職務とする内閣危機管理監を設置．2002（平成14）年4月には新官邸の地下で危機管理センターの運用を開始し，2003（平成15）年11月に17種類あった危機管理マニュアルを一本化して自然災害以外の重大事故やテロも含めた「緊急事態に対する政府の初動対処体制について」を閣議決定している．

（中川和之）

〔文献〕
内閣官房，内閣府，総務省消防庁ホームページ

6-15 アメリカの災害対応体制

ポイント： 災害後の対応に中心を置いた対策から被害抑止，復旧・復興も含めた総合的な対策へ．大規模災害時には連邦政府（FEMA）が災害対応，復旧・復興の中心となる．

アメリカの現在の災害対策・体制は，1950年に制定された**災害救助法**（Disaster Relief Act），**市民防災法**（Civil Defense Act）に始まる．1965年に発生したハリケーン・ベッツィーはハリケーン・カトリーナ（2005）でも大きな被害を受けたニューオリンズに甚大な被害をもたらし，この災害を契機として1968年に**全米洪水保険**（National Flood Insurance Act）が創設される．1974年に災害救助法が大改正され，大統領の災害宣言に基づき連邦が被災者/自治体支援をするという現在の災害対策の枠組みの原型が完成する．また，1988年には発災後の対応を規定する**スタフォード・アクト**（the Robert T. Stafford Disaster Relief and Emergency Assistance Act）が成立する．

災害が発生した場合の対応は，アメリカも日本と同様に第一義的には基礎自治体（市，郡）が事態に対応することになっている．連邦政府の支援は大統領による**災害宣言**（Declaration of Disaster）が行われて初めて実施される．災害の規模に応じて基礎自治体→州→連邦政府というように災害対応に関与する機関が増えてくるという考え方は日本と同じであるが，日本とアメリカの最大の違いは，連邦政府による支援が開始された場合，連邦政府の機関が，直接災害対応業務を実施することにある．連邦政府の災害対応の指揮調整は**FEMA**が行うことになっており，すべての連邦政府の機関はFEMAの指揮下に入り，災害対応予算もFEMAが管理する．

発災後の対応に重点を置いた災害対策を進めてきたアメリカであるが，80年代後半〜90年代に巨額の経済被害を伴う大規模災害（ロマプリエタ地震（1989），ハリケーン・ヒューゴー（1989），ハリケーン・アンドリュー（1992），ノースリッジ地震（1994））が頻発し，被害抑止対策を実施しなければ，応急対応，復旧・復興に巨額の費用を要することが問題となり，被害抑止対策も重視されるようになる．特にクリントン政権下（1993〜2001）では，Project Impactと呼ばれる自然災害による被害を抑止し，災害に強いコミュニティをつくるプログラムが全米各地の自治体で実施された．また，2000年には**防災対策法**（Disaster Mitigation Act of 2000）が制定され，すべての地方政府に被害抑止計画を策定することを求め，策定していない場合には被災した場合に，FEMAによる復旧支援（The Hazard Mitigation Grant Program；HMGP）を全額受け取ることができないという規定が設けられた．

クリントン政権時代に被害抑止も含めた総合的な対策へと大きく舵を切ったアメリカであるが，2001年同時多発テロ後は，テロ対策が災害対策の中心課題となる．

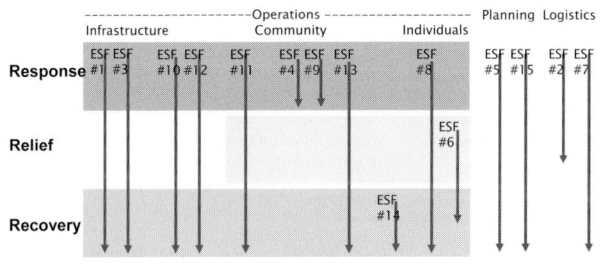

```
                    ----------------Operations----------------  Planning Logistics
               Infrastructure    Community      Individuals
               ESF ESF  ESF ESF  ESF  ESF ESF ESF  ESF   ESF ESF   ESF ESF
   Response    #1  #3   #10 #12  #11  #4  #9  #13  #8    #5  #15   #2  #7

                                              ESF
   Relief                                     #6

                                        ESF
   Recovery                             #14
```

```
Emergency Support Functions
ESF #1 - Transportation                    ESF #9 - Urban Search and Rescue
ESF #2 - Communications                    ESF #10 - Oil and Hazardous Materials Response
ESF #3 - Public Works and Engineering      ESF #11 - Agriculture and Natural Resources
ESF #4 - Firefighting                      ESF #12 - Energy
ESF #5 - Emergency Management              ESF #13 - Public Safety and Security
ESF #6 - Mass Care, Housing, and Human Services  ESF #14 - Long-Term Community Recovery and Mitigation
ESF #7 - Resource Support                  ESF #15 - External Affairs
ESF #8 - Public Health and Medical Services
```

図　連邦政府の支援機能

　2002年国家安全保障省が創設され，FEMAは国家安全保障省の一部局となり，自然災害ではなく人為災害がFEMAの主要な課題となる．また，2004年には連邦政府の対応計画も連邦政府災害対応計画（**Federal Response Plan**）に変わって**全米災害対応計画**（National Response Plan）となる．この計画の特徴としては，災害対応，復旧・復興に関わる連邦政府の役割が，緊急支援機能（Emergency Support Functions；ESF）が明確に規定されていることがある（図）．また，同時に全米共通の危機管理システム，**全米危機管理システム**（National Incident Management System；NIMS）が導入される．

　テロ対策重視の中，2005年ハリケーン・カトリーナが発生し，再び自然災害対策に関心が向けられるようになる．特に災害復興が大きな課題となり，Post-Katrina Emergency Management Reform Act（2006）では，連邦政府が災害復興についても重要な役割を果たすことが求められるようになる．また，被害抑止についても2007年にカリフォルニア州ではあらゆる災害を対象とした被害抑止計画（State of California Multi-Hazard Mitigation Plan, 2007）が策定される．このようにアメリカにおいては，あらゆる災害を対象とし，被害抑止・被害軽減・災害対応・復旧/復興を含む総合的な災害対策の実質的な仕組みが完成されつつある．　　　　　（牧　紀男）

〔文献〕
牧　紀男（2010）「災害対策基本法の総合性，計画性と巨大災害への対処― 21世紀前半の巨大時代を踏まえた災害対策のあり方―」『地域安全学会論文集』**12**：71-80.

6-16 国際協力

ポイント： OCHA をはじめとして国連の先導的な取り組みにより国家間の情報の共有は改善されてきた．しかし，国家主権の壁や増加する非国家アクターとの情報共有の問題もあり，依然として課題が残る．

国連と防災という観点から，**国家間の情報の共有**の取り組みについて説明する．その際に，災害の発生前と発生後に分けて整理する．

災害発生前の国家間の情報共有の代表的な取り組みとして，WMO（世界気象機関，World Meteorological Organization）による気象情報の共有がある．また，太平洋地域では**台風委員会**が 1968 年に設立され，台風の進路や規模に関する情報共有を実施する体制を整えている．一方，1960 年のチリ地震を契機に，UNESCO（国連教育科学文化機関，the United Nations Educational, Scientific and Cultural Organization）の下部に**太平洋津波警報センター**が設立され，太平洋地域で発生する地震や津波に関する情報を国家間で共有するための仕組みが整備されてきた．

実用的な情報共有とはやや異なるが，国連では 1990 年から「国際防災の 10 年 (IDNDR)」が実施され，それを引き継ぐ形で 2005 年には「兵庫行動枠組 2005-2015」が，2015 年には「仙台防災枠組み 2015-2030」が採択され，国連加盟国間で今後の防災指針が共有されている．

災害発生後の国家間の情報共有は，**OCHA**（**国連人道問題調整事務所**，the United Nations Office for Coordination of Humanitarian Affairs）が先導的な役割を担っている．被災直後には，各国から捜索救助チームが派遣される場合がある．捜索救助チームの運用については，災害発生前から **INSARAG**（**国際捜索救助諮問グループ**，International Search and Rescue Advisory Group）において技術標準の周知や訓練が行われ，各国チームの能力情報が共有されている．また，被災国に **UNDAC**（**国連災害評価調整チーム**，the United Nations Disaster Assessment and Coordination Team）が派遣され，被災の状況や支援ニーズをまとめて Situation Report（状況報告書）が作成・発信されることもある．UNDAC は **OSOCC**（**現地活動調整センター**，On-site Operations Coordination Centre）を立ち上げ，捜索救助チームを含めて被災地で活動する支援主体間の情報共有に努めている．また，ReliefWeb と呼ばれるポータルサイトでは，OSOCC のインターネット版（Virtual OSOCC）を利用できたり，Situation Report を入手することができる．さらに，OCHA は 2005 年から**クラスター・アプローチ**と呼ばれる調整制度を通じて，**国際人道支援**に従事する主体間の情報共有を促進している．これは，栄養（食糧），医療，衛生といったクラスターと呼ばれる支援分野ごとに多種多様な支援主体間の情報共有を効率的に行うことを目的としてい

る.

　1987年に「国際緊急援助隊の派遣に関する法律」が公布・施行され,日本の**国際緊急援助隊**の活動が統合され本格化した.日本の国際緊急援助隊が被災国に派遣される場合も,UNDACとの連携や必要に応じてクラスターの会合にも参加している.2011年3月の東日本大震災では,クラスター・アプローチは採用されなかったものの,UNDACを初めて受け入れた.また,20以上の国・地域・機関からの国際緊急救助隊を受入れたが,被災国として国内の被災情報を国外に発信し,どのような支援が必要なのかを整理するという点に課題を残した.

　近年の著しい空間情報技術の発展に伴い,衛星画像や航空写真に加えてリモートセンシングによって得られた情報の共有も進んでいる.International Disaster Charter（国際災害チャーター）では,被災国政府の要請によってチャーターが発動すると,各国政府が保有する人工衛星や航空機によって得られたデータが提供される仕組みとなっている.国連でも空間情報の防災への有効活用のために**UN-SPIDER**（the United Nations Platform for Space-based Information for Disaster Management and Emergency Response）と呼ばれるプログラムが2006年から開始されている.

　国家間の情報の共有は,国連主導だけで行われているわけではない.最新の取り組みとしては,ASEAN（Association of Southeast Asian Nations,東南アジア諸国連合）によって2011年11月に**AHAセンター**（通称**アハセンター**,ASEAN防災人道支援調整センターASEAN Coordinating Center for Humanitarian Assistance on Disaster Management）が設立された.同センターはインドネシアの首都ジャカルタに設置され,ASEAN域内の災害状況を常時モニターすると同時に,域内の河川の氾濫予測技術の向上を図るなど,平時から関係諸機関をネットワークする機能を果たすことが期待されている.

（地引泰人）

〔文献〕
地引泰人（2009a）「国際緊急人道支援におけるクラスター・アプローチ制度の分析」『東京大学大学院情報学環研究紀要調査研究編』**25**：11-27.
地引泰人（2009b）「災害時の国際緊急人道支援における調整制度の歴史的変遷の分析」『災害情報』**7**：124-133.
沖田陽介（2006）「国際緊急援助におけるUNOCHAの援助調整と日本の取り組み―自然災害発災直後の緊急期対応を例に―」『国際協力研究』**22**(1)：22-31.
沖田陽介（2009）「「災害主権」の二面性：自然災害に対する国際支援への提言」『国際公共政策研究』**13**(2)：1-14.
内海成治・中村安秀・勝間　靖編（2008）『国際緊急人道支援』ナカニシヤ出版.
UN-SPIDERのWeb：http://www.un-spider.org/［2013年10月11日閲覧］

第3部　行政

第7章　緊急時対応

7-1 プレビュー：緊急時対応

> **ポイント：** 本章では緊急時に行政機関がなすべき様々な対応について解説している．台風など発災前に余裕があるときは順番に対処することもできるが，各業務を同時に対処しなければならない場合も多い．

発災の直前・直後の緊急時には，行政には，以下のような業務が発生する．

① 危機を予測する災害情報の収集と分析

各種情報を正しく分析し，危険の予測をして防災対策や住民の避難に結びつけることは人命確保にとって極めて重要である．本章では 7-2「危機予測と避難」で災害の種類別に災害情報と避難について概観している．さらに本事典第 1 部「災害時の情報」では，災害ごとに，流される情報の種類や意味を解説している．

② 災害対策本部の設置と要員確保

災害対策の主体となる組織の編成も必要である．地震のように突然起きる災害では要員招集が問題となる．これは本章では 7-5「災害対策本部の情報集約と意思決定」で扱っているが，6-10「災害対策本部」も参照してほしい．

③ 避難の勧告と誘導

避難勧告や指示の原則については本章 7-3「避難情報」で扱っているが，災害の時系列・種類別の避難対策としては 9-4「避難対策」を参照し，さらに避難時の住民の心理については第 11 章「避難の心理」を参照してほしい．また避難誘導時には地域の消防団 (9-7「消防団・水防団」) の役割も重要で，さらに 9-6「災害時要援護者支援」で述べられている，高齢者や身体障害者の問題もある．要援護者の把握については 6-11「個人情報保護」も参照してほしい．また避難を呼びかける手段としては防災行政無線 (5-2「防災行政通信システム」) や，携帯電話への緊急通報メール (4-3「携帯電話による緊急情報の同時配信」) などがある．

④ 被害情報の収集と報告

被害情報は救援にとって重要な情報であり，早期に各機関が共有することが望ましい．災害時には，市区町村は 30 分以内に被害状況を都道府県に報告し，総務省消防庁を通じて内閣府に集約することになっている (6-14「内閣情報集約センター」参照)．しかし大災害時の被害状況の把握は容易ではない．119 番通報や自治体職員の現場確認によって被害が認知され，防災行政無線で都道府県に伝えられることも多い．都道府県の防災オンラインネットワーク，防災情報システム (5-3「防災情報システム」)，ヘリテレ映像などにより，被害情報収集の迅速化が図られているが，まだ万全ではない．一方，本章 7-7 で扱っている「道路情報」も復旧に必要な被害情報だ．今後は 7 章コラムにある「ビッグデータ」の利用により，道路情報や滞留者などに関する情報

```
① 危機を予測する災害情報の収集と分析 ← 7-2「危険予測と避難」 ← 第1部「災害時の情報」
② 災害対策本部の設置と要員確保 ← 7-5「災害対策本部の情報集約と意思決定」
                              6-10「災害対策本部」
③ 避難の勧告と誘導 ← 7-3「避難情報」  9-4「避難対策」  第11章「避難の心理」
                    9-7「消防団・水防団」 9-6「災害時要援護者支援」 6-11「個人情報保護」
                    5-2「防災行政通信システム」 4-3「携帯電話による緊急情報の同時配信」
④ 被害情報の収集と報告 ← 6-14「内閣情報集約センター」  5-3「防災情報システム」
                      7-7「道路情報」  コラム8「ビッグデータ」
⑤ 救助
⑥ 避難所の開設と物資の確保 ← 7-2「危機予測と避難」
⑦ マスコミへの対応 ← 7-8「緊急時のマスコミ対応」 3-10「報道被害」
⑧ 被害拡大の防止 ← 7-4「ダム,水門等の防災施設操作」 7-6「被害拡大の防止」
```

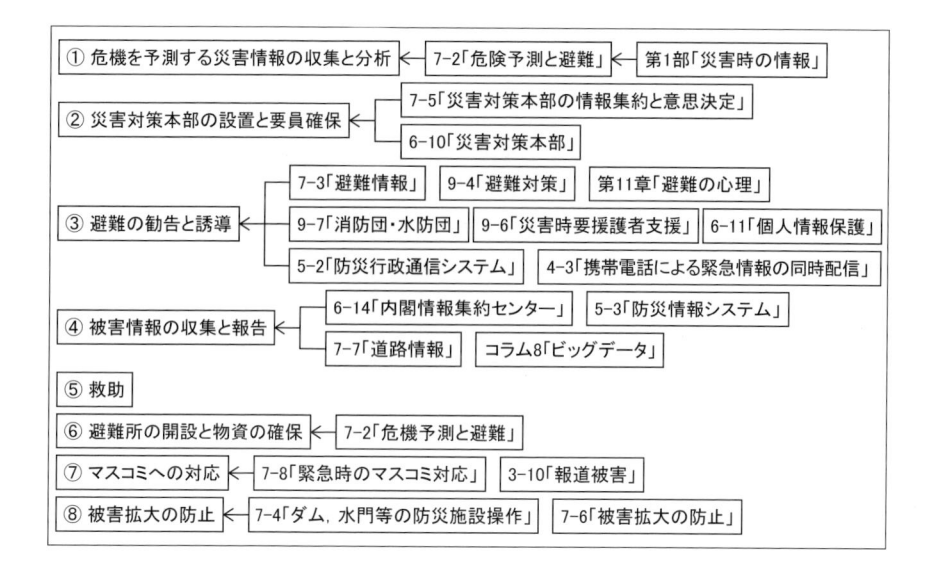

の把握が迅速化されることが期待される.

⑤ 救助

住民が救助を求める手段としては119番通報があるが,災害時には119番の受付担当者数が限られているために,つながりにくい.東日本大震災時にはツイッターで救助を求めた例があるが,実際に行ってみると避難者がいないことも多かった.

⑥ 避難所の開設と物資の確保

避難勧告をしたり,避難者が出た場合には,市区町村は避難所を開設し,必要な食糧や物資を調達しなければならない.7-2「危機予測と避難」では危険回避の避難場所と生活のための避難所について解説している.

⑦ マスコミへの対応

災害が発生すると,マスコミからの取材が殺到し,職員はその対応に追われる.時には防災活動の障害となることもある(3-10「報道被害」参照).その対応方法については本章7-8「緊急時のマスコミ対応」で解説されている.

⑧ 被害拡大の防止

災害時には被害拡大の防止も重要である.7-4「ダム,水門等の防災施設操作」では水害防止の対策について述べ,7-6「被害拡大の防止」では家屋の応急危険度判定や危険区域の緊急調査,緊急工事などについて述べられている.

このような多様な業務を前にして行政担当者は,常に最悪の事態を想定し,人的被害の減少を最優先に取り組む必要があるだろう. (中村 功)

7-2　危機予測と避難

> **ポイント：** 災害の種類により適切な避難のあり方は変わる．災害から身体・生命を守るために，普段から災害情報に注意し，自分が住んでいる場所の危険をよく知るとともに，災害時には適切な危機予測や避難行動を行うことが求められる．

一般に，避難行動を開始するまでには，① 様々な災害の状況や情報を認知し，② それらの情報と自らの知識・経験等から危機を予測して避難が必要だと判断し，③ 具体的な避難行動をとるというプロセスを経る．自然災害の種類によって，得られる災害情報や災害に関する知識・経験，さらに危機回避が可能な時間的猶予が異なるため，適切な避難のあり方も変わってくる．このため，ハザードマップによる災害危険区域の周知や防災教育など事前の対策が重要である．

「避難」という用語は，「当面の危険な状態を回避する避難」と「住民が安全な場所で一時的に生活する避難」の両方の意味で使われている．後者については，例えば，避難所や応急仮設住宅での避難などの文脈で用いられるが，ここでは避難を前者の意味に限定して解説する．また，文献によっては，水害時に建物の上層階に上がるような避難形態を「退避」(shelter) と呼び，水平方向の立退きを伴う「避難」(evacuation) とは区別しているものもある（例えば中村，2008）．2013年の災害対策基本法改正においては，これらの避難の形態の差異を踏まえ，「指定緊急避難場所」，「指定避難所」，「屋内での待避等の安全確保措置」などの規定が置かれた．

●ハザードごとの危機予測と適切な避難

① 地震災害：　地震災害では，地震予知に向けて観測が行われている想定東海地震などもあるが，一般的には予知が困難であり，緊急地震速報によるとっさの身体保護を行う以外では，地震後に避難行動が行われる．地震後に想定される危機としては，地震により弱体化した建物などが余震などにより崩壊する恐れ，地震後の火災に巻き込まれる恐れなどである．したがって，一時的な避難場所として火災による延焼の恐れがない，例えば大学の構内や公園など広い開放空間がある場所が緊急の避難場所として選定される．これらの「避難場所」は，あくまでも危険を回避するための一時的なものであり，災害後に被災者の生活の場ともなる学校の体育館，公民館等の「避難所」とは区別される．

② 津波災害：　津波災害は，地震に伴って発生し，あらかじめ津波注意報や警報が発出される．これらの予警報をきっかけとして避難行動が行われる．津波は，その破壊力が大きく，身体・生命を守るためには，津波の及ばない高い場所に避難する必要がある．東日本大震災では，広い範囲に大津波が襲来し多くの犠牲者が生じた．このため，津波情報の発信・伝達，避難支援者や水門操作に伴う被災，車避難の是非，

津波防災教育や伝承のあり方等,様々な課題が提起された.近地地震津波の場合,地震発生から津波襲来までのリードタイムが短い場合もあり,危険な地域では避難路の整備,「命山」・津波避難タワー等の設置,津波避難ビルの指定や日頃からの避難訓練が求められる.

③ 火山噴火災害:　火山噴火災害は,一たん噴火すれば,その破壊力は大きく危険地域から立退くしか身体・生命を守る術がない.伊豆大島,三宅島,口永良部島の全島避難,有珠山や雲仙普賢岳の警戒区域の設定など,地域全体が他の安全な場所に避難する必要に迫られる.気象庁では,2007年12月より噴火災害軽減のため噴火警報及び噴火予報の発表を開始した.噴火警戒レベルを導入している火山ではレベル4が避難準備,レベル5が避難である.2014年の御嶽山噴火では,事前に噴火レベルの引き上げや噴火警報が発表されず多くの犠牲者が生じたことを踏まえ,火山観測態勢の強化,火山専門家の育成等が求められている(中央防災会議,2015).

④ 水害・土砂災害:　水害では,氾濫の流れが強く建物が流されるような場所では,事前に安全な場所に避難することが必要であるが,内水氾濫のような場合には自宅の二階に逃げるだけでも生命・身体の安全を図ることができる.2009年の佐用町水害で見られたように水害時に豪雨の中を避難することが被災につながることもあり,指定された避難所に避難することだけが適切な避難ではないことなどを踏まえ,屋内での待避等の安全確保も避難行動の1つとされている.

土砂災害では,土砂法に基づく土砂災害警戒区域,特別警戒区域等の指定,ハザードマップの公表等により,適切な避難が行われることが期待されているが,2014年の広島土砂災害では,警戒区域が未設定の渓流で多くの死者が生じたことから,2014年の土砂法改正において,基礎調査の結果の公表,土砂災害警戒情報の一般への周知,避難体制の充実・強化などが盛り込まれた.

なお,適切な避難のあり方については,内閣府により「避難勧告等の判断・伝達マニュアルガイドライン」が2005年3月に作成され,2014年9月及び2015年8月にそれぞれ改正されている.　　　　　　　　　　　　　　　　　　(須見徹太郎)

〔文献〕
中村　功(2008)「避難の理論」『災害危機管理論入門』,弘文堂,2008.
中央防災会議防災対策実行会議火山防災対策推進ワーキンググループ(2015)「御嶽山噴火を踏まえた今後の火山防災対策の推進について(報告)」.

➡ 関連項目　避難情報(7-3)

7-3 避難情報

> **ポイント**： 避難情報は，直接住民に避難を呼びかけるものであり，避難情報が適切に発表され伝達されることにより，住民の適切な避難行動につながり生命・身体への被害が防止されることが期待されている情報である．

　2004年の新潟・福島豪雨，福井豪雨，台風23号などの一連の災害が避難情報のあり方を見直す大きなきっかけとなった．その後も2008年8月末豪雨（岡崎市等），2009年台風第9号（佐用町水害），2009年7月中国・北九州豪雨（防府市土砂災害），2010年チリ津波，2011年東日本大震災，台風第12号，15号などの災害で避難のあり方が問われ，避難情報に関しても見直しが進められた．

●解　説

　避難情報には，災害対策基本法第60条に基づき市町村長が発表する避難勧告及び避難指示の他，避難準備情報などがある．避難勧告は，居住者等が勧告を尊重することを期待して，避難のための立退きを勧め，または促す行為であるが，一方避難指示は，被害の危険が目前に切迫している場合等に発せられ，勧告よりも拘束力が強いとされている．行政側では，このように勧告と指示を使い分けているが，住民にとってはその相違が十分理解できていないという指摘もある．また，避難準備情報は，一般住民に対して避難準備を呼び掛けるとともに，災害時要配慮者等，特に避難行動に時間を要する者に対して，その避難行動支援対策と対応しつつ，早めのタイミングで避難行動を開始することを求めるものである．避難準備情報は，2013年の災害対策基本法の改正により，必要に応じ市町村長が住民等に通知又は警告する内容の例示として「避難のための立退きの準備その他の」措置が追加された．またこの改正では，立退き避難を求める避難勧告・避難指示とは別に，立退きがかえって危険を増すと認められる場合に，「屋内での待避等の安全確保措置」を指示することができる規定を置いた．これらの避難情報以外では，市町村が独自に危険地域の住民に対して自主避難を呼びかけることもある．

　また市町村長は，人の生命又は身体に対する危険を防止するため特に必要があると認める場合に，災害対策基本法第63条に基づく警戒区域を設定できることとなっている．この場合には，同法116条第2項により当該区域の立入の制限若しくは禁止又は当該区域からの退去命令に従わなかった者に対する罰金又は拘留の規定があることから，警戒区域の設定は拘束力の強い避難情報であると考えることができるが，1991年雲仙普賢岳噴火，2000年有珠山噴火，2011年台風12号に伴う紀伊半島における河道閉塞など，設定された事例は限られている．

　なお，災害対策法に基づく避難情報は災害一般に広く適用されるが，それ以外に水

防法，地すべり等防止法，消防法，警察官職務執行法に，それぞれの法律の目的に応じた警戒区域の設置，立退きの指示等の規定がある．

● 避難勧告等の判断・伝達マニュアル

2004年の一連の災害において，避難勧告，避難指示等の避難情報が適切に発表されていなかったこと，住民への確実な情報伝達が難しいことなどが課題とされ，これを受けて2005年に内閣府により「避難勧告等の判断・伝達マニュアル作成ガイドライン」がまとめられ，防災基本計画において地方公共団体は避難勧告等の判断基準などを明確にしたマニュアルの作成に努めることとされた．

その後2010年に中央防災会議に設置された「災害時の避難に関する専門調査会」の議論や2011年の東日本大震災，また2013年の災害対策基本法の改正を受けて，2014年に同ガイドラインの改定・充実が図られさらに2014年の広島市の土砂災害，同年の土砂災害防止法の改正を踏まえ2015年8月に再度同ガイドラインの改定が行われている．

同ガイドラインでは，水害，土砂災害，高潮災害，津波災害の各ハザードについて，避難勧告等を発表するための基準となる情報の解説や判断基準設定の考え方などについて解説している他，避難行動の原則や安全確保行動の考え方，避難勧告等の情報伝達について，最新の知見を踏まえとりまとめられている．例えば，2013年の災害対策基本法の改正により，指定避難所とは別に，切迫した災害の種別に対応した指定緊急避難場所に関する規定が追加されたこと等を踏まえ，災害種別ごとの避難場所（屋内における安全確保措置も含む）を記載した「災害・避難カード」を建物ごとに用意するなどの提案がなされている．また避難情報の伝達についてはLアラートを活用するとともに，IP告知システムやTwitterなどのSNSを伝達手段として位置づけている．

（須見徹太郎）

〔文献〕
内閣府（防災担当），「避難勧告等の判断・伝達マニュアル作成ガイドライン」，2015年8月．

➡ 関連項目　危機予測と避難（7-2）

7-4 ダム，水門等の防災施設の操作

> **ポイント**： ダム，水門，樋門，陸閘門などの防災施設は，洪水，高潮，津波などによる災害を防ぐために設置された施設で，操作を伴うものである．それらの操作に関する災害情報や課題等について解説する．

[ダム操作の基本]
　ダムには，防災操作（洪水調節）を伴う治水ダムまたは多目的ダムと防災操作を伴わない利水専用ダムがある．いずれのダムにおいても，洪水時の操作の基本は，ダムが設置される以前の状態よりダム下流の洪水流量を増加させないことである．洪水操作を行うダムにおいては，洪水をダム湖にため込み，流入する洪水よりもダムから流す量を減少させる．利水専用ダムにおいては，ダムから流す量が流入する洪水量を上回らないような操作が行われる．

[ダムの放流通報]
　ダムの操作により，下流の河川の水位が上昇するなど流況に著しい変動を生じる場合には関係機関に通報するとともに，河川内にいる河川利用者に対しても通常サイレンにより周知することとなっている．1999年神奈川県の玄倉ダムの放流に伴いキャンパーが流されるという事故があったが，一部の人がサイレンの吹鳴や警告に従わなかったことが問題となった．

[ダム操作に関する用語の見直し]
　ダムの操作に関しては，昭和40年代に徳島県の長安口ダム，岡山県の新成羽川ダムなどで訴訟が提起された．ダム放流が原因で下流の水害が生じたという訴えに対して，いずれも原告が敗訴となった裁判である．
　ダムの放流や洪水調節などの操作については，ダムの放流量と流入量の関係など十分な理解が得られていないことも多く，このため国土交通省では2010年にダム操作に関する用語等の見直しを行った（2011年改訂）．その基本方針としては，用語についてできるだけ誤解が生じないように文章で丁寧に表現することとし，表示する字数等に制限がある場合には，例えば「放流」という用語を，その目的に応じて通常操作・発電操作・防災操作などと言い換えるようにしている．

[特例操作（ただし書き操作）]
　河川管理施設であるダムについては，操作規則が定められ，洪水量に応じた操作の方法が定められるが，「ただし，気象，水象その他の状況により特に必要と認める場合はこのかぎりではない」というような規定が通常置かれており，これによる特例的な操作をただし書き操作という．
　ダム用語の見直しにおいては，ただし書き操作を特例操作と言い換えることとして

いるが，特に計画規模を超える洪水によりダムが満水となることが予想され流入量と同量の放流へと移行する特例操作を「異常洪水時防災操作」，下流の被害を軽減するために貯留を増やしてダム容量を有効に使い下流の流量を低減させる高度な操作を「特別防災操作」と呼ぶ．このような特別防災操作の事例としては，2013年台風18号の淀川水系桂川の出水に対し，京都市内での氾濫状況を踏まえ日吉ダムが通常貯水できる水位を超えてぎりぎりまで洪水を貯留した事例や，2009年台風18号による淀川水系木津川の出水に際して，木津川水系の3ダムが通常操作によらない「3ダム連携操作」により下流名張市街地での氾濫被害を防いだ事例など挙げられる．

なお，気候変動に対する適応策の一環として，ダムの事前放流により洪水を貯留するための貯水池容量を増加させる操作の必要性が議論されている．このような事前放流や特別防災操作の効果的な実施のためには降雨予測や流量予測のさらなる精度向上が求められる．

[水門，樋門，陸閘等の操作]

水門，樋門，陸閘等は，洪水，高潮，津波の際に市街地等に洪水等が流入しないように設置する施設であり，平常時は開放しており，洪水時等に閉鎖する操作が行われる．国や都道府県が管理している施設でも市町村に委託し，水防団，地元住民等が操作している施設が多い．

近年，局所的な豪雨による急激な河川水位の上昇に陸閘や樋門の閉鎖が間に合わないケースも生じており，いわゆるゲリラ豪雨に対して水門，樋門，陸閘等の操作を確実に行う対策が課題となっている（日本災害情報学会，2009）．また，東日本大震災では，岩手，宮城，福島の三県で約250人の消防団員が亡くなっている．この中には水門や陸閘の操作のために海岸に向かい津波に巻き込まれた消防団員もいることから，津波防御のための水門等については，できるだけ自動化・遠隔操作化することが望ましいとされている（内閣衆質，2011）．またこのような事例も踏まえ，2013年の災害対策基本法改正において，災害応急対策の実施に際して，対策に従事する者の安全の確保に十分配慮する旨の規定が加えられた．　　　　　　　　　　（須見徹太郎）

〔文献〕

日本災害情報学会2008年8月末豪雨等調査団（2009）「2008年8月末豪雨災害時に関する調査報告」
　　第6章，災害情報 No.7．
内閣衆質179第22号（2011）「勇敢なる消防団員の水門操作に関する質問に対する答弁書」．

➡　**関連項目**　津波防災地域づくりに関する法律（6-7）

7-5　災害対策本部の情報集約と意思決定

> **ポイント**：　災害対策本部は，災害応急対策等を強力に推進するため臨時的に設置される組織であり，迅速な情報収集と意思決定が可能となるような組織運営が求められる．

災害時には，平時の体制と異なり，迅速な情報収集とトップによる意思決定に基づく総合的な緊急対応が可能となるような体制の整備が必要である．このため，災害対策基本法に基づく，災害時又は災害が発生する恐れのある場合の臨時的な機関として，都道府県知事又は市町村長を本部長とする災害対策本部が設置される．政府では，広域に及ぶ大規模な災害が発生した際に，防災担当大臣を本部長とする非常災害対策本部が設置され，著しく異常かつ激甚な場合総理大臣を本部長とする緊急災害対策本部が設置される他，必要に応じて現地対策本部が設置される．また防災に関連する機関等において，災害対応を行う臨時の機関を災害対策本部と称することもある．

災害対策本部では，災害情報の収集・集約，組織内や関係機関との情報共有，関係機関との総合調整，災害応急対策の実施の指示等が行われる．大規模な災害に際しては，平常時に災害関係業務に従事していない職員も動員されることとなるが，平時の組織の役割を離れたタスクベースの組織の再編が必要であり，通常時から大規模災害を想定した訓練を行うなどの備えが重要である．

[災害対策本部室の形態]

災害対策本部室の形態は，「島方式」と「会議室方式」に大別される．「島方式」は，総括，情報の収集・集約，連絡調整など機能班ごとに島状に机を並べ，災害対策本部においてオペレーションを行う形式である．「会議室方式」は，組織のトップである災害対策本部長を中心に会議机が設置され，本部長を筆頭とした幹部が集結し，各部局等からの報告を受け，意思決定を行う場として使われる．

「島方式」では，本部長以下関係する職員が災害対策本部に常駐して，情報の収集・集約，幹部への報告，意思決定，関係部署・機関への連絡調整・指示といった一連の活動を行うもので，防災を主務とする機関の災害対策本部や自治体が全庁的な対応を行う際に適している．「会議室方式」では，定期的に開催される本部会で各部局が集約した情報等が報告され，対応方針等の意思決定が行われる場であり，関係部局が多い組織での情報共有や迅速な意思決定に適している．

ちなみに東京消防庁の災害対策室は「島形式」，東京都の災害対策本部は「会議室方式」，国土交通省の防災センターは半分が「島方式」で半分が「会議室式」の混合タイプである．また，幹部会議室とオペレーションルームを別々に設置する場合もある．

[災害対策本部事務局の機能]

災害対策本部の中枢機能を実際に機能させるのが災害対策本部の事務局である．事務局の主要な機能を例示的に掲げると以下の通りである．

- 事務局総括： 本部会議の開催など本部の運営について総括する．本部指示を伝えるなど事務局の司令塔の役割．
- 情報収集・集約： 情報を収集し，集約し，組織の公式記録として「災害情報」などをとりまとめ，定期的に更新する．
- 連絡調整，事案処理： 関係機関との連絡調整を行うとともに，例えば緊急物資の調達，輸送など特定の対策を実施する．
- 広報： 広報関係者への総合的な窓口を担う．
- 総務・庶務： 食料，仮眠場所，防災服等の用意などの庶務，本部会議運営などの事務を担う．
- 情報通信： 本会議室のスクリーン，モニター，通信機器等の管理を行う．ヘリテレやCCTV画像，テレビ会議などリアルタイムの情報を本部に確実に提供するために情報通信班を本部事務局に置く場合もある．
- リエゾン： 関係機関等から災害対策本部に派遣される連絡係．本部会議にもオブザーバー参加し情報共有を行う場合もある．

[災害対策本部における情報集約]

災害対策本部により集約した被害状況や復旧状況等の情報は，通常，公表を前提とした災害情報（及び関連図面）として取りまとめられ，定期的に更新される．このような集約情報は組織的に用い，対外的な説明に離齬のないようにするのが一般的である．また，内部的には，対外的な送受信事項，入手した情報等を時系列情報（クロノロジー）としてとりまとめることが多い． (須見徹太郎)

〔文献〕

国土交通省東北地方整備局（2013）「東日本大震災の実体験に基づく災害初動期指揮心得」．

➡ 関連項目 災害対策本部（6-10）

7-6　被害拡大の防止

> **ポイント**：　地震や風水害などの災害により，住宅や業務ビル等の建造物や道路などの公共土木施設が危険な状態となり，地山がゆるむ等により新たな土砂災害が発生する恐れが増大する．このような災害後の被害の拡大を防止するため，建物や公共施設等の安全点検や二次災害防止対策が実施される．なお，消防活動や水防活動などの災害中の直接の被害拡大防止については他章で記述する．

[危険箇所の点検]

　災害後に，公共施設については管理者による緊急点検が行われ，危険な箇所については立入制限等の措置が取られる．例えば道路については，風水害の際に山間地などの危険な区域について事前に雨量等による交通規制が行われる他，災害後に点検を行い，危険な区間については通行止めとする．

　建物については，余震などによる倒壊の危険性や外壁・窓ガラスの落下，付属設備の転倒などの危険性を判定することにより，人命に関わる二次的災害を防止するための応急危険度判定が行われる．「危険（赤）」「注意（黄）」「調査済（青）」といった判定結果を建築物の見やすい場所に表示し，その建築物の危険性について一般に情報提供される．これらは基本的に市町村が地震発生後の様々な応急対策の1つとして行うものであるが，大規模災害に際しては，判定を必要とする建築物の量的な問題や被災地域の広域性から行政職員だけでは対応が難しいため，都道府県が「応急危険度判定士」として登録している民間の建築士等の協力も得ることとしている．同様の取り組みは，地震や風水害により被災した宅地の危険度判定についても行われており，被災宅地危険度判定士の登録が行われている．

　土砂災害については，地震後に地山がゆるみ新たな災害が生じる恐れがあることから，土砂災害危険箇所の緊急点検が行われる．2011年東日本大震災では，余震も含めて各地域で震度5強以上を観測した箇所を点検対象としているが，その対象箇所は，14都県212市区町村，約3万2000箇所に達した．点検の結果は，A：緊急的な工事等が必要，B：詳細調査後，必要に応じて工事等を行う，C：当面，工事等を行う必要がないに3分類され，市町村に報告されている．

　また，2011年5月に施行された改正土砂災害防止法により，河道閉塞や火山の噴火に伴う土石流及び地滑りといった大規模な土砂災害が急迫している場合，国又は都道府県が緊急調査を行い，被害の想定される区域と時期に関する情報（土砂災害緊急情報）を関係市町村へ通知すると共に一般に周知することとなった．これにより，市町村長が災害対策基本法に基づく住民への避難指示の判断を適切に行うことが可能となり，土砂災害から国民の生命・身体の保護がより一層図られることが期待されている．

[応急復旧等による二次災害の防止]

災害により被災した公共土木施設については，二次災害を防止するために応急復旧が行われる。例えば，地震により被災した堤防については，洪水に備え一定の安全度が確保できるように矢板，盛り土，土のうなどによる応急対応が行われ，その後に堤防の改築等の本復旧が行われる。

災害後に災害査定が終わらないと応急復旧ができないのではないかという誤解があるが，公共土木施設については，国の災害査定を待たず，被災直後からの復旧工事が可能であり，災害査定前に実施した復旧工事も，災害復旧事業に合致するものすべてが国庫負担の対象となる。さらに，仮道，仮締切，欠壊防止など，応急的に施工する必要がある仮工事も国庫負担の対象である。ただし，査定前に着工する箇所については，写真が被災の事実を示す唯一の手段のものとなるので，被災状況ができる限りわかるものをあらかじめ用意しておくことが肝要である。

土砂災害においては，大規模な土砂崩壊に伴う二次災害の危険性や火山噴火等に伴う土石流の危険性が切迫している場合等に，緊急工事が行われる。このような現場には，地盤や土砂の状況が不安定，重機が入りづらい山間部など条件の厳しい箇所もあり，そのような場合に，遠隔操縦式の無人バックホウや，ヘリコプターにより現地に運べる分解対応型バックホウなど特殊な機材が用いられる。　　　　　　（須見徹太郎）

➡　**関連項目**　解説：土砂災害とは（2-16），土砂災害警戒情報（2-17）

7-7 道路情報

ポイント： 災害時における道路情報は，防災関係機関にとって最も重要な情報の1つである．道路管理の現状と，災害時の新しい道路情報を共有する仕組みである通れた道路マップ（通行実績情報）について解説する．

災害時における様々な救急・救援活動や復旧活動に際して，移動や搬送手段として自動車の利用は不可欠であり，道路情報は災害時において最も重要な情報の1つである．しかしながら，大きな災害に際しては，広域にわたって同時多発的に被害が発生する一方，道路管理者自身も被災して迅速なパトロールが困難になる，警察は人命救助など優先順位の高い業務が発生するため交通に専念できなくなるなど，道路情報の収集と集約には多くの時間が必要となる．

災害時における道路情報の共有は，従来から大きな課題となっている．2004年新潟県中越地震においては，280カ所に及ぶ全面通行止が発生した．国土交通省道路局国道・防災課は，北陸地方整備局や新潟県から送られてくるメールやファックスの整理に追われ，中越地方の通行止めや被災状況を地図上に落とし込んだのは，地震発生から3日後のことであった．

道路情報はどのように管理され，その情報は共有されているのだろうか．図1は，道路災害における情報収集体制を示している．高速道路株式会社は高速道路を，国土交通省は直轄国道を，都道府県は補助国道と地方道を管理し，各管理者が報告する通行止め区間や通行規制の情報を本省でとりまとめている．一方，道路延長は全国で126万8743 kmにも及ぶが，高速道路9127 km（0.7％），直轄国道2万7646 km（2.2％），補助国道3万9592 km（3.1％），都道府県道14万2408 km（11％），市町村道104万9971 km（83％）となっており，下位の管理主体ほど道路延長は長い．したがって，災害時においては，高速道路や直轄国道は比較的早期にパトロールが実施され，道路情報は流通するが，都道府県道，市町村道と下位になるにしたがって，被災状況がなかなか集約されず，道路情報の共有化に時間がかかる．これは管理する道路延長が長いことに加えて，道路をパトロールする地元の建設会社等も被災することも大きな要因である．

災害時におけるインターネットでの情報提供の代表的なものとして，

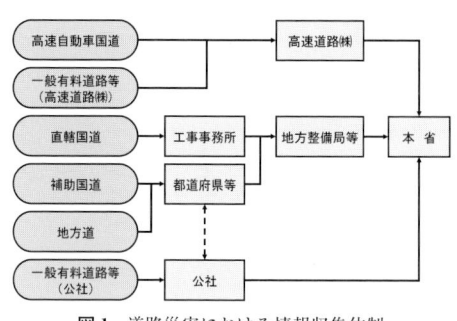

図1 道路災害における情報収集体制

高速道路 0.7%
直轄国道 2.2%
補助国道 3.1%
都道府県道 11%
市町村道 83%

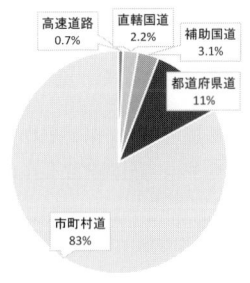

図2 日本の道路の割合

国土交通省防災情報提供センターがある．国土交通省が管理する防災情報のワンストップサービスであり，同サイトでは高速道路と直轄国道の被災情報や通行規制情報が一元的に提供されている．都道府県が管理している補助国道や都道府県道については，各都道府県の道路管理課等が道路規制情報をWebサイトで公開しているのが一般的である．しかし，複数の都道府県にまたがるような広域災害において，被災地外から被災地にどういったルートで向かえば良いのかを判断するためには，複数の道路管理者のWebサイトを確認する必要があり，道路管理に関する階層性の問題は依然として解決していない．

　そこで，こうした問題を解決するために，道路管理者を介さない形で災害時の迅速な道路情報の共有化を実現したのが，通れた道路マップ（通行実績情報）である．被災地を走行する自動車の位置情報を集約し，通行可能な道路情報として地図上で共有化する仕組みである．2007年新潟県中越沖地震の際に，柏崎市の要請を受けて，特定非営利活動法人防災推進機構が本田技研工業株式会社の協力を得て，Webサイト上に通れた道路マップとして公開したのが先駆けである．この取り組みが実績となり，2011年東日本大震災では，Googleクライシスレスポンスにおいて，道路通行実績が公開されることにつながった．現在では業界団体であるITS Japanが，自動車会社やカーナビメーカーの協力を得て，大規模災害時に通行実績情報を迅速に公開する恒常的な取り組みを構築している．

（秦　康範）

〔文献〕
秦　康範・小玉乃理子・鈴木猛康・末冨岩雄・目黒公郎（2007）：走行車情報を用いた災害時道路情報共有化に関する研究，土木学会地震工学論文集，**29**：801-809．
秦　康範・鈴木猛康・下羅弘樹・目黒公郎・小玉乃理子（2009）：新潟県中越沖地震における通れた道路マップの提供とプローブカー情報の減災利用実現に向けた課題と展望，日本地震工学会論文集，**9**(2)：148-159．
国土交通省：道路統計年報 2011．

7-8 緊急時のマスコミ対応

> ポイント： 緊急時のマスコミ対応は概して非常に難しい．国，都道府県，市町村それぞれの防災基本計画，地域防災計画などである程度の想定はしていても，その規模が大きくなるほど想定外の事態が起きる．入念に訓練等を重ね，柔軟な対応が必要だ．

　緊急時のマスコミ対応とは，台風が接近して猛烈な大雨が降り続く状況であったり，大地震が発生したり，火山噴火により住民や観光客に甚大な被害が出たりするような事態で，国や地方自治体が，取材する新聞，テレビ，ラジオなどの記者たちに対応することと解する．時間の変化によってその対応が変化し，最も難しい対応を迫られる．

　マスコミは大災害が発生すると，まず電話取材を試みる．大雨の場合なら，「1時間雨量100 mm が降ったという情報があるが，被害が発生していないか」，「震度6強の地震が起きたが，死者，負傷者は出ていないか」などである．市町村の危機管理か防災担当部局に複数の社から電話が入る．もちろん，この段階で行政側がもつ情報は極めて少ない．マスコミ側は「とにかく一報を」という考えであり，詳しい情報がほしいわけではない．一方，行政職員の多くは聞かれたことすべてに答えようとして窮する．

　全国ほとんどの都道府県，市町村はホームページを作っており，災害が発生すると，新たな情報を次々と書き込んで行く．防災メールなどで発信している自治体も多い．マスコミはこれらの情報に接したうえで，電話をかけるのである．そういった取材をしながら，被害が甚大な地域には取材班を送り出す．電話取材はそのための準備作業だ．その後，現場に向かう者と行政に向かう者とに分かれる．お互いに本社を通じて情報交換する．

　このようにして，被害が甚大な市町村の危機管理・防災部局に多くのマスコミ関係者が殺到する．この際，行政職員にとって最も厄介な作業が発生する．それは，多くの記者が広報関係者を通さずに直接，防災部局の職員に取材を試みるからである．これらに対応すると，どんな優秀な防災部局や災害対策本部であっても，容赦ない取材攻勢に遭って本来やらなければならない災害対応業務が妨げられる．過去，多くの被災自治体で見られた光景だ．この事態を避けるためには，あらかじめ地域防災計画などに，発災後のマスコミ対応についての決め事を明記しておかなければならない．マスコミを防災部局や災害対策本部事務局に入れるのか．1995年1月の阪神淡路大震災で神戸市は，記者を災害対策本部の中に入れ，半分を仕切って随時発表資料を出す，いわゆる「エンベッド方式」を取った（山中，2005）．マスコミの性格から見れば，一律「立ち入り禁止」にすると猛烈な反発は必至だ．その意味では神戸市が取ったエンベッド方式は，20年経った今でも評判が良い．しかし，これは運営が難しい．第一にマスコミ対応に精通した広報担当者の存在が必須だからだ．

次に考えておかなければならないことは，災害対策本部会議を公開にするか非公開にするかである．このことは，引き続いて行う記者会見とも密接な関係がある．災害対策本部会議は発生後，できるだけ早く開催する必要があり，直後は1日数回開くこともある．被災自治体の首長がしっかりと被災状況を見極めたうえで，3日後，1週間後，1か月後の災害対応を決定するための重要な会議である．これをマスコミに公開することは，災害対応を赤裸々に見せることであり，難しい判断を行政側が下す際には公開は馴染まないかもしれない．マスコミに情報公開を徹底することにより，要らぬ不信感を抱かせないことになり，会議で配布された詳細な被害状況などを共有することにより，後に開く記者会見では細かい説明が不要となるメリットもある．災害対策本部事務局，災害対策本部会議をマスコミ対応の一環として，どう位置付けておくかは，事前の協議が必須で，事前計画の中にもかなりの分量が必要だと考える．

　多くの災害現場や訓練での記者会見を見てきたが，勘違いしているケースが多い．それは，誰のために記者会見を開いているのか．前にいる記者たちの質問に対して無難に答えて記者会見を乗り切ろうという意識が垣間見える．時間の制約がある中で，① 行政側からの説明は簡潔に　② あらかじめ会見時間をしっかりと告知する　③ テレビ中継などもあるので歯を見せない――などの留意点は多々あるが，根本は，記者会見を通じてテレビ，ラジオの向こうの視聴者や新聞の読者，つまり住民に対して，被災自治体として今後この災害にどう立ち向かうか，具体的に被災者支援をどうするか，などをしっかりと表明する場である．これを肝に銘じるべきである．

　記者会見資料は，書面によるものだけではなく，地図やGPS，ホワイトボードなどを駆使して説明すべきである．緊急時という時間のフェーズでは，間違いなく大切な情報は命を守る情報であり，避難所や行方不明者の情報，病院，ライフライン情報などは非常に重要である．特に，「黄金の72時間」といわれる，命を救うための概ね3日間での記者会見は，命を守るための戦いであるという，強い決意が求められる．

　首長や危機管理監や防災監らが会見する場合，サポートする職員の多くが，「このこと以外は話さないでください」となりがちだが，それでは記者会見はもたない．「このことは言ってはだめです」というネガティブリストを示しておく必要がある（佐々, 2011）．さらに，その時点でわからないことは，はっきりと「わからない」と答え，時間を区切って返答することを約束することも大切．間違いを発表したら，速やかに訂正する．ただ，記者側が間違ったことを追及してきた場合は，しっかりと反論することも必要だ．緊急時は情報が錯綜して間違った情報や先の読めない情報も混在する．住民の顔を浮かべて毅然とした態度で対応するべきだ．　　　　　　（安富　信）

〔文献〕
山中茂樹（2005）『震災とメディア』，世界思想社，p.172.
佐々淳行（2011）『「危機管理・記者会見」のノウハウ』，文藝春秋，p.180.

7-9　緊急時の住民広報

> **ポイント：** 災害時の住民広報の重要性は阪神・淡路大震災でクローズアップされた．広報紙，携帯メールなど様々な広報手段があるが，長所・短所を踏まえ，対象，時期，内容などに応じた広報が求められる．

　災害時，被災地の中にいるか否かに関わらず人々は様々な情報を求める．特に，日常と異なる生活を余儀なくされた被災者は，交通情報，給水情報など様々な**生活情報**を欲する．さらに生活情報の中には，「こころのケア」のように被災者の心を支え，生活再建につなげるため行政側から積極的に発信すべきものもある（森岡，2008）．これらの情報の多くは，住民広報の一環として被災市町村からの発信が期待されるものであり，**流言飛語**のリスクを減らすためにも市町村は積極的な対応に迫られる．

　住民広報の重要性は災害対策基本法の成立当初から指摘されていたが（魚谷・川崎，1964），1995（平成7）年の阪神・淡路大震災で大きくクローズアップされた（廣井，1996）．表に示すように被災地の人々は地震発生直後から様々な情報を欲した．しかし，当時，被災地の多くの市町は防災行政無線など有効な広報手段をもたなかった．さらに，職員の被災や避難所対応など様々な応急対策の輻輳ともあいまって「ほぼ1週間のあいだは，自治体から住民への情報提供がほとんど行われないという状況」になり，停電でテレビも見られない人々はまさしく**情報飢餓**の状態に陥った．こうした中，臨時の広報紙などを通じて生活情報の発信が行われた．これ以降の災害では，**ケーブルテレビ**を通じた災害対策本部会議の生中継（平成16年新潟県中越地震の長岡市）など，教訓を踏まえた様々な取り組みが見られるようになっている．

　市町村からの直接の広報手段としては，防災行政無線（同報系），広報車，**臨時広報紙**，**ホームページ**などが挙げられる．近年では，これらに加え**携帯メール**，**緊急速報メール**，**Twitter**といった手段も用いられるようになっている．いずれの手段にも長所や短所があり，広報効果を高めるため，広報の対象，時期，内容などに応じて使い分けたり，組み合わせたりすることが求められる．

　この他，市町村にとっては，テレビ（ケーブルテレビ含む），ラジオ（**コミュニティFM**含む），新聞といったメディアを通じての情報発信も不可欠である．一般には記者発表といった方法がとられるが，災害時に報道機関が殺到し，その対応で応急対策に支障が生じるといった問題もあり，記者発表の方法や事前の訓練などが大きな課題となっている．

　なお，生活情報の発信を迫られるのは市町村だけではない．国や都道府県，そして電気，ガス，通信などライフライン機関なども同様である．国レベルでは，平成18年度に「**大規模災害発生時における情報提供のあり方に関する懇談会**」を内閣府が設

表　地震後の情報ニーズ（阪神・淡路大震災での神戸市民）$N=699$

	当日(%)	一週間後(%)		当日(%)	一週間後(%)
地震の規模や発生場所	37.1	17.9	危険な場所の情報	12.7	11.4
津波の状況	—	2.6	公衆トイレの場所	4.4	6
余震の今後の見通し	63.1	65.2	ペットの餌や医療について	—	3
地震の被害	34	29	ゴミや瓦礫の処理について	—	8.2
家族や知人の安否	47.8	28.2	銀行・金融機関の情報	4.6	9.4
火災の状況	23.6	14.6	入学試験の情報	—	1.6
けが人の救急や病院の受け入れ	9.7	8.9	職場・学校の情報	5.7	9.6
遺体安置や葬儀について	—	8	水・食料の配給場所	16.2	30.8
電気・ガス・水道などの復旧見通し	31.6	58.5	入浴に関する情報	13.3	32.9
交通機関や道路の開通状況	21.7	36.9	流言に関する情報	2.9	1.7
渋滞情報	6.6	10.3	宿泊施設に関する情報	0.9	1.4
食料や生活物資の状況	19.9	33.2	神戸市以外の情報	—	4.7
ガソリンスタンドの状況	4.9	7.9	神戸市の対応	—	17.2
開店している店の状況	12.7	19.9	兵庫県の対応	—	12.6
医薬品に関する情報	2.7	5.6	国や他の都道府県の対応	—	8.6
公衆電話の設置場所	9.6	7.3	全国や海外での報道のされ方	—	2.1
自宅の安全性	25.3	30.6	その他	2.4	2
どこに避難すればよいのかといった情報	20.2	11.2	知りたい情報はなかった	5.6	4

(廣井，1996より作成)

置し，大規模災害時に国の災害対策本部がどのような情報をいかに提供していくかをテーマとした議論が行われた（内閣府，2007）．原子力災害も複合した東日本大震災を踏まえると，災害が巨大化（広域化）・複合化するほど住民広報は市町村だけの問題に止まらないことがわかる．都道府県，国レベルでもさらに検討と準備が求められる課題だといえる． 　　　　　　　　　　　　　　　　　　　　　　　　　（黒田洋司）

〔文献〕
魚谷増男・川崎　渉（1964）『市町村地域防災計画の運用と解説』第一法規．
内閣府（2007）『大規模災害時における情報提供のあり方に関する懇談会報告書』．
廣井　脩（1996）「阪神・淡路大震災と災害情報」『阪神・淡路大震災調査報告 -1-』東京大学社会情報研究所．
森岡千穂（2008）「生活情報」『災害情報論入門』弘文堂．

➡　関連項目　生活情報（3-5），ローカルメディア（3-8），防災行政通信システム（5-2）

●コラム8● ビッグデータが拓く次世代の災害情報活用

　広域かつ甚大な災害が発生した時，国や自治体，医療機関，報道機関，そして住民はどのようにして被災状況を把握すればよいのか．NHK スペシャル「震災ビッグデータ」では，災害時に生み出される膨大な情報を収集し，検証することで次世代防災に繋がる提言をしてきた．その代表例が携帯電話やスマートフォンの位置情報の活用だ．GPS の記録を分析すれば，いつどこに何人いるのかを把握することができる．東日本大震災では，発災時に 60 万人超が浸水域にいたことや，沿岸地域にいた人の約 41% が津波警報発令後に浸水域に入ったことが明らかになった．きわめて基礎的な情報でありながらビッグデータを紐解くことでしか得られない知見である．車輌のプローブデータも様々な切り口で有益な情報を生み出す．数百万台が描く走行軌跡は "災害時でも通行できる道" を示しており，避難・救援ルートとして活用できるだろう．逆に "走行記録のないエリア" は被害の大きさと相関があることが石巻市など 20 の沿岸自治体で確認できた．さらに車速分析では，都内だけで 1000 km 超の渋滞が発生したことや時速 20 km 以上で走行可能な抜け道が 15% 以上存在することもわかった．ビッグデータは，災害下の混沌とした状況下においても我々に定量的な判断材料を提示してくれるのだ．

　しかし，膨大かつ複雑な情報を瞬時に理解することは容易ではない．データを使った防災戦略には "情報デザイン力" が求められる．データに含まれるノイズを除去し，統計的に有意なエッセンスを抽出し，人・車・気象・SNS など情報を立体的に重ね合わせ，全貌と細部の両面から事象を捉えなければならないのだ．その一助となるのがデータビジュアライゼーションである．NHK では，ビッグデータ可視化システムを開発し，あらゆるデジタルデータを地図上に落とし込むことで被害の偏在箇所を検知し，時系列アニメーションによって状況の推移を直感的に捉えられる表現を模索した．このシステムはすでに報道現場で使用されている．例えば気象では，風のベクトルデータを高度 5700 m から地表までの 16 段階で描画．風の流れをラインストリームで描くことで，台風の東側に強風域・線状降水帯があることが一目でわかるようになる．"眼の情報処理能力" を活かした映像表現は，一般視聴者にはわかりやすく，専門家にとってはより深く分析する材料となるのだ．ビッグデータの防災活用は，計算機の能力向上によってリアルタイム化が進んでいる．国や自治体が被害を把握するだけでなく，わたしたち一人一人もスマートフォンなどで情報共有できる時代になった．災害は情報戦である．

(阿部博史)

第3部　行政

第8章　復旧・復興

8-1　プレビュー：復旧・復興

> **ポイント：** 第8章では，被災地の復旧や復興を推進するうえで被災者などに提供される各種支援情報の伝達方法，被災者のニーズの把握方法，マスコミの役割，事前復興へ取り組むことによる防災教育などについて解説する．

災害時には被災者の生活再建に関わる支援情報が基礎自治体を始めとして様々な機関から，しかも長期にわたって発信される．しかしこれらの情報はあまりにも量が多く，内容も複雑多岐にわたっているため被災者に的確に伝達されていないことが多い．(8-2)「生活復興情報」では，生活再建に不可欠な生活復興情報の伝達上の課題をもとに，きめ細かく支援するための被災者情報の管理システム，公的支援制度を被災者に紹介する仕組みの必要性など，今後の対応策についても言及する．

災害による被災者への公的支援策は，災害の種類，規模にかかわらず共通するものもあるが，災害によっては固有の支援策が必要になる場合がある．災害による固有の支援策の必要性は，被災者ニーズ，つまり被災者が抱えている課題をまずは情報として把握することが不可欠である．(8-3)「復興における被災者ニーズ」では，住宅や雇用，医療など，ニーズの種類，それら被災者ニーズを把握する上での課題，行政相談窓口の重要性，様々な方法でニーズを把握することの必要性などについて提言する．

被災地を早期に復興させるためには，被災地内の事業所を早期に再生させ，雇用の安定を図ることが不可欠である．災害によって多くの被災者が職を失い，しかも失業が長期化した場合，被災地からの人口の流出は避けられないことになる．この人口流出が復興遅延の大きな原因となる．事業の再開を促進させるためには，通常の支援策の速やかな提供に加え新しい支援制度を創出するための地元自治体と企業との連携が不可欠である．(8-4)「被災中小企業に対する支援情報」では，被災事業所と自治体との連携の重要性，支援策の事例紹介，事業所の再建手法の新しい動き，支援にあたっての留意点などを解説する．

被災地の復興を推進するためにはマスコミの支援は不可欠である．マスコミ報道によって復興の課題や進捗状況が周知され，それによって新たな支援活動も期待できよう．その典型的な例が義援金といえる．一方で報道の内容によっては，被災地内外で誤解を生むような事態も生じている．(8-5)「復興とマスコミ」では，復興というプロセスの中での取材の限界，報道の視点など，報道が抱えている課題を明らかにする．また復興報道のあり方として対象別にどのような報道をすべきかなど，復興報道の留意点についても言及する．

(8-6)「事前復興」という考えのなかには，当然のこととして災害発生時の復興計画策定に関する混乱を最小限に止めようとする目的（復興準備）がある．もう1つは

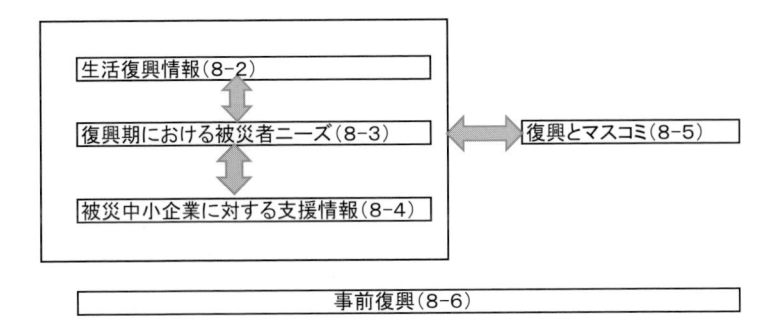

```
┌─────────────────────────────────────┐
│  生活復興情報(8-2)                   │
│                ↕                     │      ┌──────────────────┐
│  復興期における被災者ニーズ(8-3)      │ ←→  │ 復興とマスコミ(8-5)│
│                ↕                     │      └──────────────────┘
│  被災中小企業に対する支援情報(8-4)    │
└─────────────────────────────────────┘

        ┌─────────────────事前復興(8-6)─────────────────┐
```

　発災前に復興に向け各種の準備をしておくこと，それ自体が防災対策を促進させる効果が期待できることである．つまり事前復興に取り組むことで地域に内在する災害リスクなどを認識してもらい，そこから抽出された問題意識が平常時の災害に強いまちづくり活動に反映できるという考え方である．

　復興の混乱を最小限に食い止め，短期間で復興の成果を出すためには，被災者および被災事業者へ正確な情報を確実に提供することが必要である．しかしながら復興(生活再建)に関わる情報は，インフラの復興を始め，住宅再建，雇用，福祉，教育，生業の再開，コミュニティの再構築など，実に多種多様で，しかも東日本大震災のように大規模災害になると情報の量も多く，様々な情報が輻輳することが多くなる．その結果，被災者は曖昧な情報に振り回され何度も生活再建の判断を誤ってしまうことになり，一方，自治体は立案した復興計画全体の見直しを余儀なくされる．まさに負の連鎖である．

　復興時の情報のあり方については，被災者ニーズの把握方法，被災者情報の管理システム，復興報道のあり方など，まだ多くのテーマで課題を抱えている状態で今後さらなる調査研究が必要である．

（木村拓郎・加藤孝明）

8-2　生活復興情報

> **ポイント**：　生活復興に関する情報ニーズは発災後早期に高まる．被災者の生活再建には「世帯ごとへの相談・情報提供」が不可欠であり，被災台帳を活用した情報管理の仕組みづくりが有効である．

[生活復興情報の提供]

生活復興情報の特徴，留意点：　被災地の自治体は，水，食料，生活物資の供給に忙殺されるが，さらにそれと平行して被災者生活再建，住宅再建に取り組まなければならない．例えば，大規模災害でも，住宅再建の施策や情報ニーズは発災後概ね一週間程度から急増するのである．しかも，激甚な被災地域，その周辺などの一定の被害を生じた地域，被害が軽微な地域，それぞれで情報ニーズが異なる．自治体の防災対応の中でも非常に重要な対応の1つが発災後急速に高まる生活復興に関する広報や被災者相談への対応であるが，そうした点への理解が不十分なことが多い．より実践的に災害時の広報計画地域防災計画や応急対策マニュアルを準備しておく必要がある．

　生活復興に関する広報などにおいて自治体がしばしば陥りがちなのは，「情報は出したので伝わっているはず」といった誤解である．支援情報は，それを必要としている被災者などに的確に届き，理解され，具体的な行動につながる必要がある．そのためには，被災者の情報収集行動を踏まえた取り組みが必要となる．例えば，被災者は生活再建に向けた様々な活動に忙殺される状況で，多くの情報媒体から自分が使いやすい方法（媒体），時刻に情報にアクセスすることを求める．したがって，自治体広報においても広報紙という基本的な媒体から，ソーシャル・ネットワーク（SNS）などと呼ばれる仕組みなど，多様なメディアを有効に活用して情報提供することが望ましい．

　また，高齢者などをはじめとする情報面の弱者には，直接情報を届けたり，理解されるよう説明が必要となるケースもある．このようなケースでは，高齢者一人ひとりの属性やニーズを把握しているコミュニティを通じた口コミ情報や自治会長などが大事な役割を果たすことも多い．一方，仮設住宅以外の被災者にはそうした形の情報提供の機会がなく，特に遠隔地に避難した人たちへの情報提供が十分にできないことが多い．災害後，早い時期から連絡先の把握などに努める必要があり，郵便事業者の協力を得ることも効果的である．

広報から個報へのシフト：　応急対策の段階から復旧復興に移行する段階では，被災者が抱える生活再建上の問題が個別化，深化するため，情報提供のあり方も広報から「世帯ごとへの情報提供」に重点が置かれることが必要になる．

　細かな制度が多くてどれを自分が使えるのかがわからない，申請に必要な書類が多

かったり複雑だったりして，整えるのが大変，いつの間にか申請期限を過ぎていたなど，生活復興のための情報提供・支援には，被災者支援制度の多くが申請主義であることに起因する課題がある．それに対応するには，被災者からの申請を待つのではなく，制度利用の条件を満たす世帯などに通知する方式を導入することも選択肢として考慮することが望ましい．

生活復興情報提供の要となる被災者台帳，相談対応の重視： 個人ごとへの情報提供など，被災者に必要な情報提供をはじめとして各種の的確な支援をするためには，被災者との相談や支援制度の利用状況などを記録し，活用する被災者台帳の仕組みの導入が有効である．

また，同時に，被災者の置かれている環境を聞き取り，相談をしながらそれぞれの自治体や関係機関などの制度利用につないでいくコーディネーターの役割が必要となる．個人情報を扱うことから，現在そうした対応の役割は自治体職員などに限られるが，今後はNPOを含めた信頼できる第三者機関による支援の仕組みを構築することが必要かつ有効と考えられる． (小田淳一)

➡ 関連項目　生活情報（3-5），ソーシャル・メディア（4-5），情報ボランティア（4-6）

8-3　復興期における被災者ニーズ

ポイント：　復興期において，住まいや雇用，医療や復興まちづくりなど多様な被災者ニーズがあり，行政相談窓口の設置やまちづくり懇談会などが行われる．適切な被災者情報管理とニーズ把握に応じた柔軟な復興施策の展開が求められる．

[復興期における被災者情報]　東日本大震災直後，被災した自治体における住民の安否確認などのために，氏名・住所・生年月日・性別の4情報と住民票コードの情報に限定されるものの「住民基本台帳ネットワークシステム」から情報の臨時提供があった．その後，広域的に分散した避難者情報の一元化のために総務省「全国避難者情報システム」が提供されたものの，既存の住民基本台帳システムと連動したものではないこと，避難先情報が自由記述でテキスト入力してもその後処理し難いこと，など，課題が指摘できる．

[復興期における行政相談窓口など]　復興期における被災者ニーズを受け付ける先として，行政による相談窓口がある．表に東日本大震災後，2011（平成23）年10月末の岩手県釜石市の**行政相談窓口**の一覧を示す．り災・被災証明，支援金や義援金の交付申請，納税相談などに加え，**仮設住宅**入居者は，困り事や提案ができるようになっており，さらに，就職ナビゲーターによる出張相談や，法律相談会，中小企業事業者

表　岩手県釜石市の行政相談窓口など（2011.10末）

名　称	内　容
被災者生活再建支援相談窓口	・生活再建支援金の申請　　・災害援護資金の借入相談 ・災害弔慰金の案内　　・災害義援金の交付申請
がれき撤去相談窓口	・がれき撤去，被災車両の取り扱い相談
税務課窓口	・税証明の発行，納税相談
り災・被災証明窓口	・り災証明，被災証明の発行　　・地震による家屋損壊調査の申請受付
市民課窓口	・住民票・印鑑証明書発行　　・戸籍の証明書の発行 ・転入・転出届　　・出生・死亡・婚姻届
健康推進課窓口	・国民健康保険業務　　・医療費給付業務 ・国民年金業務など
仮設住宅運営センター	・仮設住宅に関する相談
就職ナビゲーター出張相談	・求人情報，職業訓練，雇用保険の相談など
法律相談会	・無料法律相談（週1回程度）
資金貸付，各種相談	・事業者への資金貸付や経営支援相談など
まちづくり懇親会など	・復興まちづくりについての意見交換

への資金貸付や経営相談，まちづくり懇談会の開催など多様なニーズ把握がある．

[住まいのニーズ] 東日本大震災後，民間賃貸住宅についても災害救助法の適用となって国庫負担が行われる**見なし仮設**が増加し，応急仮設住宅入居数を超えている．応急仮設住宅は見なし仮設の増加により当初要望戸数を大幅に下回り，一部に空き家が発生している．公的な現物支給以外を含めた住まいのニーズが十分に把握されていないことによる需要と供給のミスマッチの問題がある．

[雇用や医療・介護のニーズ] 復興期における需要と供給のミスマッチは住宅問題に限定しない．災害により職場を失ったホワイトカラーに公共事業の現場労働を紹介するような雇用における事例も考えられる．阪神淡路大震災後の兵庫県の雇用統計では，有効求人数が増加しても，震災直後に増加した有効求職者数がなかなか減少しない状況がみられた（杉村，1999）．災害により増加した求職者数を低減するには，仕事内容のニーズに応じた就業支援など求められるが，本質的には新たな雇用創出をするような産業育成も課題となる．

避難所や仮設住宅などでは，阪神高齢者・障害者支援ネットワークのようにボランティアや医療・健康保健関係者が各戸を訪問し，医療や介護のニーズを把握して支援につなげる活動もみられる．被災者が膨大かつ広域に発生した場合，そのような支援が届かない箇所が出てくることも想定される．

●課　題

復興期の住まいや雇用，医療や地域経済と復興まちづくりは相互に関係する問題であるが，それぞれのニーズの把握については，様々な機関などの尽力により進められるものの，十分に全体を網羅しているとは言い難い．

例えば，ボランティアの目が行き届かない一部の見なし仮設における医療・介護支援のニーズ，帰郷を希望するが地域での生活が成立するか思案している域外若年避難者のニーズなど，様々な被災者ニーズの把握は，きめ細やかな復興施策を検討する上で重要である．

国や地方公共団体が整備している住民情報の利活用も含めた被災者情報の管理が進むことが期待されると同時に，その上で，行政相談窓口の充実に加え，地道な聞き取り調査，アンケート調査，対話集会，Web上のサービスの利用など，多様な方法で被災者ニーズにアクセスしていく取組みがなされ，適切な情報管理とニーズ把握に応じた柔軟な復興施策が展開されることが期待される．　　　　　　（佐藤慶一）

〔文献〕
杉村芳美（1999）「雇用の復興と政策課題」『阪神大震災と経済再建』（藤本建夫編）勁草書房．

➡　関連項目　生活情報（3-5），災害ボランティアとの連携（6-13）

8-4　被災中小企業に対する支援情報

> **ポイント**：　中小企業支援のために被災自治体では，関係職員をできるだけ早く職場復帰させる配慮も必要である．なお，災害時のニーズ把握や施策立案には，職員と企業との平時からの信頼関係が不可欠である．

［被災中小企業］

　被災中小企業支援への留意点：　中小製造業の多くは厳しい地域間，事業者間競争にさらされており，被災後，迅速に復旧したり，製品の供給を継続することが重要となる．製造業にとって製品の供給を停止することは，それまで努力して確保した店舗の棚のスペースを競合他社に奪われることになり，一度シェアを失えば，取り戻すのは容易ではないという実態がある．地域を商圏とする商店などの事業者の場合には，人口回復の遅れが大きな問題となる．こうした業種では，災害を機に廃業する高齢の経営者も多い．加えて，ボランティアや無償物資が供給されることも売り上げ回復を妨げる要因となる．地域に根ざして人脈と分業が複雑に構造化されている地場産業などでは，その一部機能（事業者）が欠けてもうまく機能しないため，地域全体として再生することが重要となる．阪神・淡路大震災で大きな被害を受けた神戸市長田区のケミカルシューズ製造や，東日本大震災における水産業はそうした産業の典型である．また，被災していないも関わらず，風評被害を受けたり，物流に遅延が生じるケースも多く，事業者による取引先への情報提供，自治体による風評被害の払拭への取り組みも不可欠である．

　いずれにしても，災害の影響が長期化するほど，中小企業の被害は累積的に増加する．それに対して行政は被災者支援に忙殺されることもあり，こうした産業面の被害への対応は遅れがちである．中小企業は地域の重要な雇用の受け皿でもあり，被災者の生活再建と地域の経済復興に大きな役割を果たすこともあり，被災自治体ではできるだけ早期に産業関係部門の職員を職場に復帰させるといった配慮も必要である．また，行政だけでなく，地域の経済団体，業界団体による情報発信や早期の再開支援も重要である．業界団体を通じて全国から遊休資機材の提供を呼びかけ，それらを必要としている被災事業者とをマッチングする仕組みを構築して被災事業者の再開を支援した例もある．

　多様化する中小企業への支援：　従来，被災中小企業支援は融資，税の減免猶予，各種雇用対策を通じた支援などが柱となっていた．しかし近年，直接的な補助金投入が行われるようになるなど，行政の被災中小企業支援の枠組みにも変化がみられる．また，被災した事業者が地域の雇用維持に果たす影響の大きさに鑑みて，自治体がその基幹事業者を優先してライフラインを復旧した例がある．自治体には，従来の枠組

みにとらわれずに，必要な支援に取り組む柔軟さが望まれる．

また，近年はインターネットを通じて直接個人から出資を募るなどの取組みをはじめとして，中小企業が復旧・復興資金を調達する方策も多様化しており，特に，「融資」ではなく，「投資」による支援の重要性・有効性が指摘されている．資本として中小企業が資金を得ることで，経営者は返済に追われることなく経営に専念でき，また，資本増強となることにより金融機関も長期にわたって企業を支援しやすくなるというものである．東日本大震災では，民間による類似の取組みもみられた．高度成長期とは異なる経済環境下では，融資や利子補給による支援には限界があり，自治体も「投資」という形態の支援も視野に入れて支援制度構築や情報提供に取り組むことが必要と考えられる．

重要な普段からの信頼関係づくり： 災害時の支援が有効に機能するためには，普段からの自治体と企業，地域金融機関の関係構築が重要である．平時からの良好なコミュニケーションや信頼関係構築が災害時のニーズ把握や施策立案に不可欠である．また，再建可能な企業は，初期の立ち上がりだけを支援すれば足りるといわれ，不採算企業の延命につながらないよう配慮することも必要である．そうした判断のためにも自治体と地域金融機関，商工業団体とによる普段からのきめ細かな企業情報の把握，交流が重要である． 　　　　　　　　　　　　　　　　　　　　　　　　（小田淳一）

➡ 　**関連項目**　BCP（事業継続計画）(16-3)，企業活動と防災 (16-10)，災害関連融資 (16-11)

8-5　復興とマスコミ

> ポイント：　被災者にとって復興期におけるマスコミ報道は大きな支えとなるが，一方でマスコミにとって復興の進捗に関する情報は扱いにくく，場合によっては復興を遅延させる要因となる．

[マスコミの貢献]　被災者の生活再建は一般的に数年に及ぶが，この間被災者を精神的に支えているのがマスコミである．

また今や義援金は被災者の生活再建の大きな原資となっており，災害ごとの総額はマスコミの報道量が大きく影響しているという．図は阪神・淡路大震災（1995年）と新潟県中越地震（2004年）での義援金の月別受入状況である．両地震とも発災の翌月が最も多く，前者が約670億円で後者が約80億円である．義援金の受取額は両震災とも3ヵ月目から下降線をたどるが，特に阪神・淡路大震災は急激な減額となり，4ヵ月目の受取額は前月に対して約2割にまで落ち込んでいる．その理由としては同年3月20日に発生した地下鉄サリン事件で，報道の内容がほとんどサリン事件に切り替わったためといわれている．このように復興期であっても他に大きな事件や次の災害などが発生した場合は当初の災害の扱いは小さくなり，これに比例して義援金の総額も大幅に減少することになる．

[復興報道の現状と課題]　これまで復興関係のニュースというと，橋梁の落成式，道路の開通式など公共事業関係あるいは慰霊祭や復興祭などのイベント関係が多く，その出来事が復興全体の中でどのような位置づけになるのかわかりにくいのが実情である．また復興報道に関しては次のような課題がある．

・復興は範囲が広いため行政機関の広報担当者は詳細な内容を知らないことが多い．このため広報セクションから得られる情報は限定的である．

・行政機関は課題をオープンにしないことが多いため復興推進にあたって課題が表面化しにくい．

・復興は数年に及ぶことが多い．この間被災地を取材している担当記者も異動で変わるため取材のポイントが把握できない．

・復興期は住民による会議が多くなる．このため特にテレビは映像がワンパターンになるという理由からニュース性が乏しくなる．

・復興期は日々大きな出来事がない．このため記者は些末な情報を大きく取り上げ

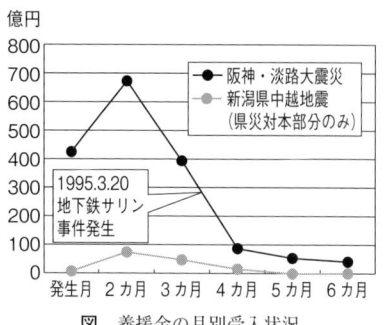

図　義援金の月別受入状況

る傾向があり，その結果行政機関は復興に関する業務に慎重になり，事務処理に多大な時間を費やすことになる．
　・計画反対者が少数にもかかわらず，報道機関はその意見だけを取り上げることが多い．賛成者は取材されず，実情を知らない人たちにとって多くの人が反対しているようにみえる．
　このように復興期には報道の量が極端に少なくなったり，実情とは異なる報道がなされることに起因して復興が大きく遅延するケースがみられる．

　[復興報道のあり方]　復興期の報道のあり方としては，被災者には知識を提供するものが必要であり，また一般市民向けには復興計画などに理解が得られるような報道を目指すべきと考えられる．以下に対象別に報道上の留意事項を記す．

○被災者向け
　・住民が望む復興を後押しするような内容とする
　・節目，節目で過去の経緯がわかるような報道を目指す
　・復興上の課題も報道する
　・制度の解説や復興事例を紹介する

○一般市民向け
　・復興の進捗状況を経過を含めて報道する
　・特に新聞，ラジオは積極的に報道する（復興段階になると個人が抱えている経済的問題が出てくる．被災者はテレビの前で顔を出して取材を受けることに抵抗感がある）

　復興の段階でよく仮設店舗で営業再開というニュースや検証報道だけが大きくクローズアップされることがあるが，報道機関としては，そのニュースを出すタイミングや報道の量に十分注意を払う必要があろう．
　いずれにしても報道機関には，常に被災地全体を俯瞰し，さらにはいろいろな立場の被災者や復興に従事している機関に気を配り，被災地全域の復興を推進しようとする姿勢が求められる．

〔木村拓郎〕

〔文献〕
三枝博行ほか（2008）『災害報道―阪神・淡路大震災の教訓から―』晃洋書房．

➡　**関連項目**　解説：報道機関の役割（3-2）

8-6 事前復興

ポイント： 「事前復興」は，「復興準備」と「減災の促進・上乗せ」の2つの意味をもつ．復興準備は，災害対応のための準備計画と同様，当たり前の対策として地域防災計画に位置づけられる必要がある．事前に復興を考えることは，減災まちづくりの促進剤としても機能する．

[**事前復興とは**] 1995年阪神・淡路大震災の復興事業に関して社会的な議論が噴出，あるいは，社会的に問題が指摘されたことをふまえ，1998年の防災基本計画改定において，事前の復興対策の検討が「復興対策の拡充」として位置づけられた．先駆的な地方公共団体では，「復興マニュアル」といった被災後の復興を見据えたマニュアルの作成等が進められた．「事前復興」という言葉が使われるようになったのは，この頃からである．

事前復興とは，復興準備と防災まちづくりの促進・上乗せの2つの意味をもつ．中林（2004）は，① 被災後に進める復興対策の手順や体制を事前に講じておく，② 復興における将来目標像を事前に検討し，共有しておく，③ 被災後の復興事業の困難さを考えると，事前に復興まちづくりを実現し，災害に強いまちにしておくことこそ，究極の事前復興計画である，と説明している．①，②が復興準備，③が防災まちづくりの促進・上乗せに対応する．

[**復興準備**] 復興準備は，その位置づけを次のように理解すると，当たり前の対策として防災計画の中に位置づけられるべきものであることがわかる．「復興準備」は，時間のかかる防災まちづくりの「フェールセーフ」と位置づけられる．一般に防災まちづくりを進めるには，時間がかかるため，完成までの間に災害が発生する可能性が高い．そのため，被災したとしても速やかに復興できるよう復興準備を行っておく必要がある．安全工学でいう「フェールセーフ」である．別の観点では，「復興の準備計画」と位置づけられる．例えば，被災後の避難所運営を行うために事前に避難所運営マニュアルや運営に必要な物資を備蓄しておくことは，防災計画の中の準備計画として位置づけられている．復興に関しても準備計画をもっておくことは備蓄と同じようにあたりまえのことと認識されるべきである．

[**事前復興の実際**] 東京都や一部の都道府県，政令指定都市では，「事前復興」の取り組みが進められている．中でも東京都の取り組みは先進的であり，1つのスタンダードといえる形式となっている．復興準備のうち，①に対応するものとして2つのマニュアルを作成している．都市計画の分野の「都市復興マニュアル」，個人の生活再建に焦点をあてた「生活再建マニュアル」を作成している．さらに都市復興マニュアルの習熟を目的として，都区の職員が参加する都市復興図上訓練を毎年行われているほか，実際の復興まちづくりでは，住民が参加するコミュニティベースの合意形成

が不可欠であることから、「地域協働復興」を掲げ、住民を巻き込んだ「復興まちづくり模擬訓練」が行われている。②に対応するものとしては、2002年に都市像を復興グランドデザインが策定された。さらに③については、復興まちづくり模擬訓練を通して事前の予防的なまちづくりの取り組みへの喚起をねらっている。また、法制面では、復興まちづくり条例を制定し、行政内での復興体制を定めている。

　一方、最近では、復興準備の手法として「復興状況イメージトレーニング」が提案されている。その特徴は、次の災害は「未経験の復興状況」となることを前提としている点である。現在の事業制度を前提とするのではなく、災害状況、かつ、地域の状況に適した新たな政策を事前に検討し、必要とされる政策を準備することを目的としている。生活再建を急ぎたいという世帯の視点と良い街を再興するという街づくりの視点からあり得るシナリオを描くことによって、被災状況と地域特性を反映した地域特有の復興課題を理解し、それに対応した適切な対応ができるようにすることを目的としている。そのためには、復興イメトレを通して、多様な復興課題に対応できる新たな政策・対策のセットを事前にそれぞれの自治体が準備することを最終的な目標としている。埼玉県、さいたま市、茅ヶ崎市、名古屋市等で試行されている。

[今後の取り組みに向けて]
　事前復興の取り組みは、全国的に見て、十分に進んでいるわけではないし、地域防災計画の中に明確に位置づけられているわけではない。かつて、阪神・淡路大震災後、整備された復興関係のマニュアルの中には形骸化したものも散見された。東日本大震災の復興の困難さを目の当たりにし、復興準備の取り組みの機運が盛り上がる中、地域防災計画をはじめとする行政計画の中に確固たる形で位置づけられるようになることが期待される。

（加藤孝明）

〔文献〕
中林一樹（2004）「「事前復興計画」の理念と展望」、『都市計画』**252**：23-26.
加藤孝明（2010）首都直下地震における復興課題と復興状況イメージトレーニングの必要性、日本災害復興論文集、**1**、1-5.
加藤孝明（2011）未経験の復興状況に対応するための事前準備：復興イメージトレーニング手法の構築—埼玉県における取り組み—、都市計画学会学術研究論文集 **46**：913-918.

● コラム 9 ●　圏外避難者への情報提供

　阪神・淡路大震災では,「早く落ち着きたかった」,「家族・知人に勧められた」,「ライフラインが使えず,被災地で生活できなかった」などの理由から多くの被災者が被災地を離れた. その人数は今もって正確に把握されておらず, 発災直後の人数は 12 万人, 2 年後は 5 万 5 千人ともいわれている. その居住地は 2009（平成 21）年の調査では 36 都道府県に及んでいることがわかっている. これらの人たちの最大の課題は, 行政機関が実施している支援策についての情報が入手できない, したがって支援制度を利用できない, あるいはある情報を知ったときはすでに申請時期が過ぎていたなど, 情報がないために生活再建の計画が立てられなかったことである. 県外で生活していた避難者からは,「まるで行政機関から見捨てられたようだ」という苦情が数多く寄せられた. このため兵庫県は全国の自治体の協力を得て県外被災者の所在の把握に努め, 住所が判明した人には 1996（平成 8）年末から情報紙「ひょうご便り」を郵送して情報の提供に努めた. この情報紙は発災から 5 年後の 2005 年 3 月（最終号は 49 号）まで発行され, 約 1 万世帯に郵送された. このような情報紙の発送は, 兵庫県に限らず被災地となった神戸市, 芦屋市, 豊中市も市の広報紙を郵送した. またボランティア団体による情報提供も実施された. 県外被災者への情報提供は電話でも行われた. 県は 1996 年 12 月 2 日に「県外被災者用相談フリーダイヤル」を開設, 神戸市も 1997 年 1 月から電話相談を開始した. また兵庫県は 2000 年 7 月から連絡制度「ひょうごカムバックコール＆メール事業」を開始, 登録者は一時 856 人にのぼった. 2009 年 3 月末でも 113 人が登録している.

　東日本大震災では, 東京電力福島第一原発事故もあったため多くの人が県外に避難した. このため総務省は避難者の所在を把握するため「全国避難者情報システム」を 4 月 22 日からスタートさせた. このシステムに登録した避難者は 3 ヵ月間で約 10 万人を数えた. 被災自治体の中には地元に残った避難者対応に追われ, 圏外避難者へきめ細かな情報をできていないところもあるという. 一方で, 避難者を受け入れた自治体では学校や福祉施設の定員や費用などで問題が生じている.

　このようなシステムをより充実させるためには, 今回の震災から得られた課題を分析し, システムに関連する課題を解決することが必要である. 　（木村拓郎）

表　県外へ出た理由（複数回答）（田並, 2010）

理　由	度数	（％）
ライフラインが使えず, 被災地で生活できなかった	64	(11.9%)
避難所にいられなかった	44	(8.2%)
仮設住宅に当たらなかった	43	(8.0%)
早く落ち着きたかった	101	(18.7%)
行政に勧められた	8	(1.5%)
家族・知人に勧められた	89	(16.5%)
高齢のため	30	(5.6%)
病気のため	23	(4.3%)
子どもの学校のため	15	(2.8%)
仕事のため	57	(10.6%)
その他	65	(12.1%)
合計	539	(100.0%)

〔文献〕
田並尚恵（2010）「阪神・淡路大震災の県外被災者の今―震災から 15 年」研究紀要『災害復興研究』**2**：151.

第3部　行政

第9章　被害軽減

9-1 プレビュー：被害軽減

ポイント： 第9章では，災害サイクルの4つのフェーズ（対応，復旧・復興，予防，準備）を踏まえて，被害を軽減するための具体的なアプローチについて概観する．

　災害による被害を軽減するためにはどういったアプローチがあるのか．これを考えるには，図1に示す災害サイクルの概念が有用だ．災害発生後のフェーズとして，災害直後の救命救急や消火活動などの応急活動を意味する「対応（response）」と，平常期に戻るための「復旧・復興（recovery）」，事前に災害に備えるフェーズとして，構造物の耐震化や都市計画などの「予防（mitigation）」と，防災訓練や情報システムの整備，人材育成などの「準備（preparedness）」，これらの4つのサイクルから構成される．専門的には，危機管理（crisis management）は，災害が発生した後の危機的な状況での活動を，リスク管理（risk management）は，災害が発生しないように対処する活動を，それぞれ対象として区別している．

　この図は，被害を効果的に軽減するためには，災害後の応急的な対応のみならず，災害サイクルの各フェーズにおいて，適切な対処を行うことが重要であることを示している．1995（平成7）年兵庫県南部地震においては，住宅の倒壊を原因とした死者が全体の8割以上を占めた．未明に発生したこの地震から人的被害を大きく軽減するためには，住宅の耐震性を高めておく以外に有効な対策はなかったのである．事前対策を推進することは，直接的な被害を軽減できるばかりか，対応や復旧・復興活動を容易にすることにつながる点にも留意する必要があるだろう．

　予防は，ダムや堤防といった構造物の整備，「住宅耐震化」（9-2）や「家具固定」（9-3）

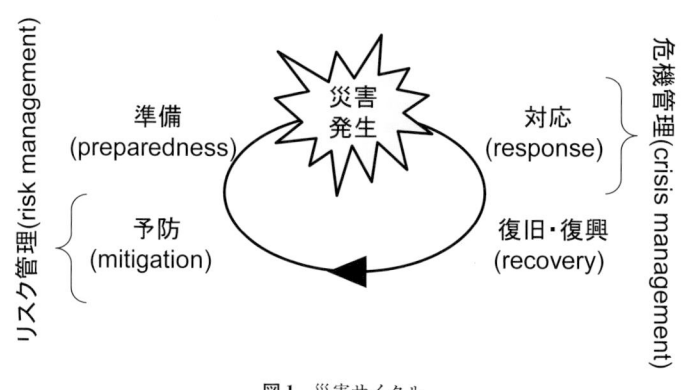

図1 災害サイクル

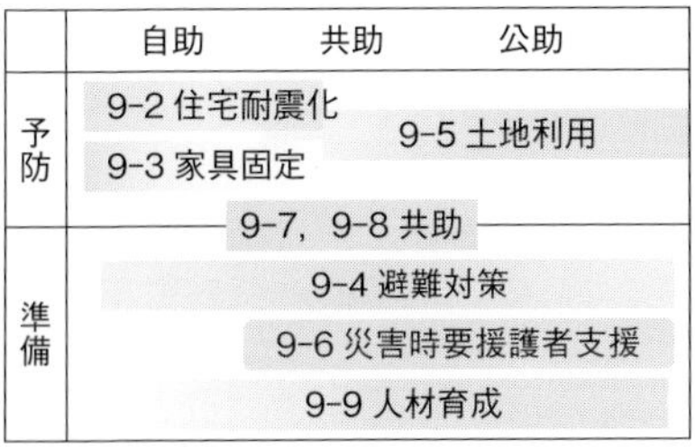

	自助	共助	公助
予防	9-2 住宅耐震化　　　　　　　　　　9-5 土地利用		
	9-3 家具固定		
準備	9-7, 9-8 共助		
	9-4 避難対策		
	9-6 災害時要援護者支援		
	9-9 人材育成		

図2 被害軽減のアプローチと自助・共助・公助

といったハード対策に加えて，津波危険地域に居住する集落を高所移転させたり，土砂災害の危険性の高い地域に人を住まわせない「土地利用」(9-5) の誘導や規制といったソフト対策も含まれる．つまり，予防は被害の発生を抑止する対策であり，そのため被害抑止と呼ばれることもある．

一方，準備は災害により発生する被害を拡大させないための準備活動であり，災害対応の円滑化に資する対策である．津波や豪雨災害から人的被害を軽減するためには，防潮堤や砂防ダムといった構造物の整備に加えて，住民の避難行動が不可欠である．そのため，避難訓練やハザードマップの配付，避難路の整備といった「避難対策」(9-4) が，各地域で進められている．特に，近年は高齢者や身体障害者などの「災害時要援護者支援」(9-6) が重要な課題となっている．こうした要援護者の支援を進めるに際しては，行政（公助）と地域コミュニティ（共助）との連携が求められる．共助の要として期待されている機関や組織として，「消防団・水防団」(9-7) と「地域コミュニティ」(9-8) がある．

防災対策を担うのは人間であり，最終的には従事する人の資質によるところが大きい．そのため，公的機関による体系的な「人材育成」(9-9) が各地で展開されている．本章で取り上げた被害軽減のアプローチについて，自助・共助・公助の枠組みで整理を行った（図2）．なお，共助を支える「消防団・水防団」(9-7) と「地域コミュニティ」(9-8) は，除外している．

（秦　康範）

〔文献〕
内閣府（2005）『平成17年度版 防災白書』．
永松伸吾・秦　康範(2003)「住宅被害の軽減策の推進と事後補償の充実～両立可能な制度の提案～」『地域安全学会論文集』**5**：353-362，地域安全学会．

9-2 住宅耐震化

ポイント： 2005年に国は2015年までに耐震化率を9割にするという目標を打ち出したが，工事の効果が実感しにくく，費用がかかる住宅の耐震化はあまり進んでいない．簡易改修への助成や地域ぐるみの取組みなど，普及策にも工夫が必要となる．

阪神・淡路大震災では，表のように，死者の約8割が住宅や家具の下敷きという圧死などであったとされている（兵庫県，2005（平成17）年調査結果）．また，図のように，高齢者のみならず，耐震性の低い老朽木造賃貸住宅に住んでいた20代前半の若い世代の犠牲者が多かった．日本では，これらの反省から，1995年10月に「建築物の**耐震改修**の促進に関する法律（耐震改修促進法）」が施行された．これに基づき2015年までに建築物の耐震化率を少なくとも9割にし，地震による死者・経済損失を半減させるという減災目標が示された．2006年1月には同法が改正され，都道府県で耐震改修促進計画を策定することが義務付けられ，計画的に**耐震化**を進めていこうとしている．続く「国土強靱化アクションプラン2015」においては，住宅や多数の者が利用する建物の耐震化率を2020年までに95％とする目標を定めている．2015年時点での耐震化率は住宅82％，多数が利用する建築物が85％となっている．

その結果，多くの市町村では耐震改修の経費の助成が行われている．しかし，住宅の耐震化が順調に進んでいない地域も多い．耐震化の進まない理由として，「高い費用がかかる」「費用がいくらかかるかわからない」といった経済的な理由，「効果がわかりにくい」「どんな業者に相談したらよいかわからない」といった耐震化の効果や工事のわかりにくさに関わる理由，「近いうちに建て替える」「古い家にはもったいない」「現在の居住者の子世代は住まない」など，家族のライフサイクルに関わる理由などが挙げられる．また，住宅の耐震化は個々の建物の安全のためだけでなく，地域で取り組むことで建物の倒壊による避難路の閉鎖を防ぐなど地域全体の防災力の向上を目指すことにもつながる．

表　直接死の死因【単位：人,（％）】

死因	死者数	％
窒息・圧死	3,979	72.6
外傷性ショック	425	7.8
焼死	403	7.4
頭・頸部損傷	172	3.1
内臓損傷	68	1.2
その他	143	2.6
不詳及び不明	293	5.3
合計	5,483	100.0

●事　例

住宅の耐震化を普及させていくには，災害情報の観点では，助成制度の拡充などに加えて，先述のような「耐震化が進まない理由」をなくしていく工夫が必要である．本項では先進事例を次の4つの視点で紹介する．すなわち，① 耐震化の費用負担の軽減，② 業者選定や耐震技術のわかりやすい情報提供，③ 地域ぐるみの取り組み，④ 世代を超えた防災教育の取組み，である．

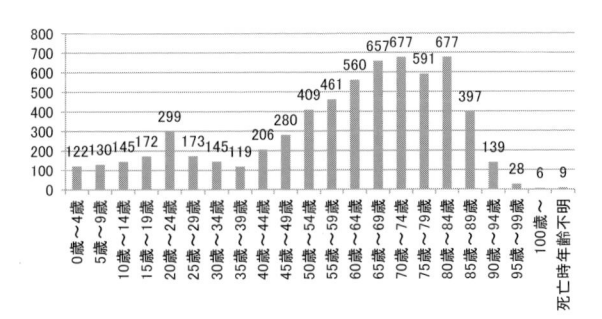

図　死亡時年齢（単位：人）

① 耐震化の費用負担の軽減：**耐震診断**や費用の**自治体助成制度**については静岡県の「TOUKAI-0」プロジェクトが実績をあげている．また，危険度が高い古い木造住宅などで，耐震工事を行っても**耐震基準**1.0 以上にすることが困難，あるいは多額の費用がかかるために耐震化を断念してしまうケースがある．東京都墨田区では，財産よりも「いのちを守る」趣旨で，このような住宅にも簡易耐震改修工事が行われ，その費用を助成している．

② 業者選定や耐震技術のわかりやすい情報提供：「どのような方法で建物を耐震化するのか」「信頼できる業者をどのように選んだらよいか」という疑問を解き，耐震化をより身近なものにするために，神奈川県平塚市や東京都墨田区では「耐震モデルハウス」を設けて公開し，情報提供を行っている．また，墨田区では，町内会館を耐震化した際に，壁の仕上げを一部せずにみえる状態にしておくことで，モデルハウスと同様の効果を期待し，日常利用する住民への啓発が行われている．

③ 地域ぐるみの取組み：行政と地元建設関連団体などが連携して，ローラー作戦で地域内の建物を悉皆で耐震診断する取組みが，全国で行われている．また，災害時要援護者支援や日常の見守りなど，地域がかかえる福祉などの問題を，耐震化や家具固定の普及と同時にすすめていく愛知県半田市の取組みなどがある．

④ 世代を超えた防災教育の取組み：自宅の耐震化を積極的に検討していない世帯でも，子供が学校の防災教育の授業で耐震化について学んだ結果，自宅の耐震性について指摘されると親も真剣に考える機会になることもある．千葉県立市川工業高校では，耐震診断を学んだ生徒が学校周辺の地区の家を診断することで，地域の耐震化を進めるきっかけとなっている．市川工業高校のこの取組みは，現在では他の学校でも取り入れられてきている．また，名古屋大学の福和研究室が開発した振動実験教材である「ぶるる」は，住宅の耐震化の普及教材として広く利用されている．（石川永子）

〔文献〕

兵庫県ホームページ　阪神・淡路大震災の死者にかかる調査について（平成 17 年 12 月 22 日，企画県民部災害対策局災害対策課　記者発表）(http://web.pref.hyogo.jp/pa20/pa20_000000016.html)

➡ 関連項目　地震に関する法律（6-5），家具固定（9-3）

9-3 家具固定

ポイント： 最近の地震による負傷者の約半数は家具の転倒が原因である．高齢者などで家具固定ができない人に対して，施工費用を助成する市町村も少なくない．地域福祉活動と連携させて取り組む地域もある．

近年に発生した地震による負傷者のなかで，家具の転倒・落下が原因である人の割合は，約30～50％を占めている（図）．また，阪神・淡路大震災の負傷者の約46％が家具の転倒・落下で負傷しており，他の原因であるガラスの破片による負傷（約29％），家屋の倒壊により負傷（約3％）に比べ著しい．このように，たとえ建物の被害が小さいと予想されても，家具の転倒対策を行うことは，室内安全対策上重要である．首都直下地震の被害想定（東京都防災会議，2006）では，負傷者15万9000人の実に3分の1（5万4500人）が家具など屋内収容物の転倒や落下が原因となると考えられている．

プレート境界型の巨大地震が想定される今日では，高層建築においては，長周期地震動の影響に対するオフィスや住宅の家具転倒対策が必要となる．

室内の安全を考える時基本となるのは，まず寝室や廊下に背の高い家具を置かないこと，重いものは家具の下部に収納することである．次に，これらの家具が地震動で転倒しないよう，固定することが重要である．寝室の近くにある仏壇は固定されていないことが多く，重量もあり転倒すると凶器と化すことから，特に対策が必要である．

家具の固定方法については，設置場所と壁や天井との関係，家具の形態に合わせて適切に選ぶ必要がある．代表的な固定具としては，ネジで壁と家具を固定するL字型金具やベルト付金具，賃貸住宅にも気軽に使える壁や家具を傷つけず高さの調整が可能なポール式器具や段ボール製の隙間用器具がある．さらに，家具の前側に敷き重心を壁側にすることで転倒を防ぐ家具転倒防止安定板や，テレビなどの電子機器の転倒を防ぐリングストッパーやゲル状パットなどがある．東京消防庁（2005）の実験結果によると，地震動に対して効果が高いのはL字金物，次いでベルトやチェーン式であり，

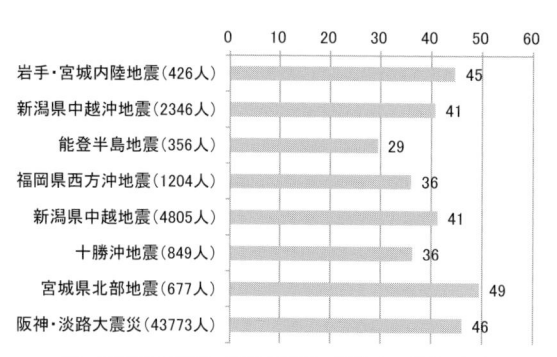

地震	割合(%)
岩手・宮城内陸地震(426人)	45
新潟県中越沖地震(2346人)	41
能登半島地震(356人)	29
福岡県西方沖地震(1204人)	36
新潟県中越地震(4805人)	41
十勝沖地震(849人)	36
宮城県北部地震(677人)	49
阪神・淡路大震災(43773人)	46

図 家具類の転倒・落下が原因の怪我人の割合（％）（東京消防庁，2010；日本建築学会，1996をもとに作成．表中の括弧内は負傷者総数）

壁などに傷をつけることがないマット式やポール式のものは効果が小さいことが多いため，組み合わせて使うなどの工夫が必要である．

室内壁の多くは石こうボードなどでネジが効かないため，裏側の柱や間柱などネジが効く柱や間柱といった木材部分を探し，40〜70 mm以上の長いネジで留める．探す時は，ドライバーなどで壁を叩いて「ポコポコ」ではなく「コンコン」という音がするところを選ぶ．家具の設置位置に柱等がない場合は，補助板を柱間に固定し，その板と家具を固定する．天井の強度はポール式の器具を設置する場合に必要となるが，和室の竿縁天井など，天井を押して持ち上がったり歪んだりする場合は使用できない．

●事　例

家具固定を促進するための，**自治体の助成制度や地域ぐるみの取組み**について紹介する．

自治体の取組みとしては，家具転倒防止器具などを現物で支給する，高齢者のみ世帯や障がい者のいる世帯に対して器具や取付工事費を助成するなどが多い．

地域ぐるみの取組みの一例として，岐阜県恵那市の家具転倒防止実行委員会の事例を紹介する．2004年から，民生委員，中高生，日赤奉仕団，自治会ボランティア，消防団，電気工事関係者などからなるボランティアで防災研究会を設立し積極的に防災活動に取り組み，地域単位で家具転倒防止事業を行っている．

福祉の活動と連携させた事例として，名古屋市の福祉住環境コーディネーター中部推進協議会の取組みである「わがやネット」のかぐてんぼう隊がある．「わがやネット」は，家庭内事故をなくす取組みを行ってきたが，2004（平成16）年から，社会人や建築学科の学生を対象に家具転倒防止の施工人材を育てる養成講座を開催し，受講者を隊員として高齢者世帯などに派遣して家具固定の施工を行っている．施工には男性が4〜5名で行うことが多いため，施工中の高齢者の不安を和らげるために女性の「おしゃべり隊」が活動している．特に一人暮らしの高齢女性は，男性の作業員が家に入ることに不安を感じ，躊躇する傾向があるからだ．

このように自ら家具固定を行うことが困難な世帯と，災害時に地域で安否確認や避難支援をする必要のある災害時要援護者の世帯は重なる．そのため，災害時要援護者の避難支援の取組みとあわせて活動する愛知県半田市の事例などもある．（石川永子）

〔文献〕

東京消防庁（2010）『家具類の転倒・落下防止対策ハンドブック—室内の地震対策—』．
日本建築学会（1996）『阪神淡路大震災　住宅内部被害調査報告書』．
NHK出版（2008）『わが家を守る！防犯・防災徹底ガイド』．

➡　関連項目　住宅耐震化（9-2）

9-4 避難対策

> **ポイント：** 避難の意味や目的は外力の種類や，災害の進展する時間軸によって異なり，全国一律に単純な避難のあり方を適用することはできない．当該地域で想定される災害に応じて，ハード，ソフト両面からの対策を講じることが重要である．

自然災害における避難は，豪雨，津波などの外力によって生じる様々な被害のうち，主に人的被害の軽減を目的として行う対応行動の１つにあたる．避難は，時間軸や，外力の種類によってその意味や目的が変化する．災害発生前の避難は，もっぱら外力によって生じる（と予想される）被害から身を守るための，**危険から離れる避難**である（図）．地震発生直後に津波から逃れるために高台に移動するといった行為がこれに当たる．実際に災害が発生した後も危険から離れる避難は存在する．例えば，河川堤防が破堤して浸水深が深くなる中で，建物の屋上に逃れるような行為である．災害発生後は，危険から離れる避難とは別に，特に身に危険が及ぶ現象は生じていないが，自宅で日常生活を営めなくなったため移動する，仮住まいするための避難が生じる．地震で自宅が損壊し，学校などの指定避難場所に身を移すのが典型例である．危険から離れる避難と仮住まいするための避難では，避難先として目指す場所が根本的に異なる．前者は，公的な指定避難場所か否かといったことにこだわる必要はなく，ともかく外力の影響を受けにくい，少しでも安全な場所を目指さねばならない．後者は，食料や生活物資を得る必要があるので，指定避難場所への避難が原則となる．

避難の意味は，外力の種類によってもかなり異なる（表）．地震の場合は，基本的には避難によって人的被害を軽減することができず，仮住まいするための避難が中心となる．避難開始のきっかけや，避難先の選定はあまり迷う要素がない．津波の場合

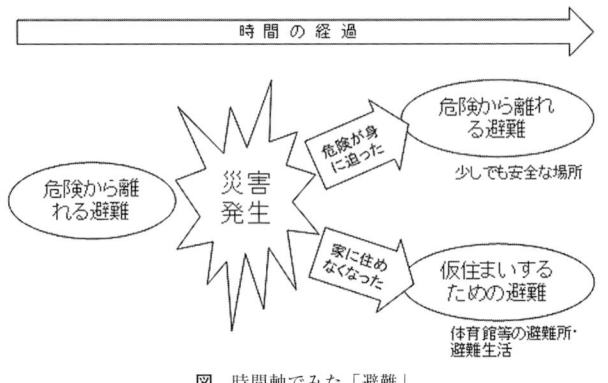

図　時間軸でみた「避難」

表　外力と「避難」

外力	余裕時間	避難で人的被害軽減	きっかけの明確さ	安全な避難先の選定
地震	× 除：東海地震予知成功	× 除：大規模火災	○	建物の構造で決まる
津波	△ ばらつき大	○	○ 海岸近くで強い地震	○ 基本は高所
豪雨	△ ばらつき大	○ 避難起因の遭難可能性有	△ 現場でわかりにくい	△ 事態の進展により変化

は，避難による人的被害軽減効果が大きく，避難開始のきっかけや目指すべき避難場所も比較的明確だが，余裕時間が限定されることが多い．豪雨の場合も避難による被害軽減効果は期待できるが，いつ，どこへ逃げるのかの判断が難しく，避難したために遭難することもあり得る（牛山・片田，2010）．

避難自体はソフト対策（non structural measures：構造物によらない対策）の一部だが，避難行動を支える方策は，ハード対策（structural measures：構造物による対策）も含む幅広い技術，システムから構築される．例えば，① 浸水想定区域や土砂災害警戒区域など災害の危険性がある場所を明示する情報の整備，② 避難勧告などの避難に関わる情報についての制度・基準作り，③ 避難に関わる情報の伝達装置の整備や伝達方法の準備・計画，④ **避難誘導**のための社会の組織化，⑤ 避難訓練や避難に関わる教育の実施，⑥ 効率的な避難を行うための**避難路**の整備，⑦ **津波避難ビル**や火山のシェルターのような緊急避難施設の整備などが挙げられる．堤防などハード構造物も，外力の影響の低減や，避難のための時間を稼ぐという意味で避難を支える方策の一部である．これらの方策を，必要に応じて組み合わせていくことになる．

避難とは「避難所へ行くこと」ではなく，避難対策は「避難訓練をすること」ではない．避難対策は，避難という行動そのものばかりを考えるのではなく，個々の地域で想定される災害の種類に応じた，ハード，ソフト両面からの準備・計画が重要である．

（牛山素行）

〔文献〕
牛山素行・片田敏孝（2010）「2009 年 8 月佐用豪雨災害の教訓と課題」『自然災害科学』**29**：205-218，日本自然災害学会．

➡ **関連項目**　危機予測と避難（7-2），避難情報（7-3），放射線被ばくの防護措置（14-6）

9-5 土地利用

> **ポイント**： 防災に関する土地利用は災害に安全な土地利用の誘導・規制などを意味する．災害危険区域では建築基準法，都市計画法などにより，建築制限などが行われているが，開発圧力などにより十分な規制が行われているとは言い難い状況である．

土地利用とは一般的に森林，水田，市街地などの土地（利用）形態を表し，土地利用図などに示されている．しかし，災害や防災に関して，土地利用といえば災害に安全な土地利用の誘導や規制などを意味する．**土地利用規制**には，土砂災害関連の土砂災害防止法（2001 年），急傾斜地法（1969 年）などの被害回避の規制もあるが，本節では被害軽減のための土地利用規制について言及している．

土地利用規制は**建築基準法**（1950 年）第 39 条に基づく**災害危険区域**の指定などで行われており，災害危険区域は全国に約 1.8 万ヵ所（2004 年 3 月）あり，土砂災害（特に急傾斜地崩壊）を対象とした指定区域が多い．東日本大震災（2011 年）後，例えば福島県相馬市などでは津波による被害を受けた沿岸部の土地を災害危険区域に指定し，新たな住宅の建設を制限している．

また，例えば**出水**の災害危険区域に関しては，出水による危険が著しい第 1 種区域では居住に供する建築物の建築禁止を行っている地域もあるが，通常は建築構造の制限や，区域内に高齢者施設などを建設しないようにしている．特に 2009（平成 21）年 7 月に山口県防府市の特別養護老人ホームが土石流被害を受け，7 名が亡くなった後は土砂災害危険区域内にこうした施設を建設しない動きが広まった．

出水に関しては佐賀県，札幌市，長野県飯田市，名古屋市などが災害危険区域に指定されている．名古屋市では 1959（昭和 34）年に発生した伊勢湾台風による被害を契機として，1960 年に指定された．出水に関して，沿岸部から内陸にかけて第 1～3 種区域（市街化区域），第 4 種区域（市街化調整区域）に指定され，1 階の床の高さや構造制限が規定されている他，津波や高潮についても災害危険区域指定が行われている．出水の災害危険区域内では一般的に，

・建物の主要部分を鉄筋コンクリート造りとする
・基準水位以下を居住用にしない
・基礎高は基準水位以上とする

などの制限が自治体の条例に基づいて課せられる場合が多い．

水害危険性が高い地域に新たな住家が立地しないよう，災害危険区域に指定するとともに，土地利用と一体となった治水事業も行われている．熊野川支川相野谷川沿いの三重県紀宝町は熊野川の影響もあって，度々水害被害を受けてきた．近年，沿川区域の災害危険区域の指定を行うとともに，2001（平成 13）年より輪中堤の整備，宅

地の嵩上げを行う「土地利用一体型水防災事業」が実施され，水害被害を軽減している．同様の事業は北上川（宮城県・岩手県），江の川（島根県・広島県），阿武隈川（宮城県・福島県）などでも実施されている．

一方，たびたび災害に襲われる地域の住民の安全性を恒久的に確保するために，**防災集団移転促進事業**（国土交通省）が適用される場合もある．この事業は地方公共団体が一定規模以上の団地を整備して，住民の移転を促進するもので，急傾斜地崩壊や土石流などの土砂災害が対象になることが多い．例えば水害に関しては青森県黒石市黒森及び石名坂地区で岩木川支川の氾濫（1975年）により，集落の約9割の家屋が被災したため，1976（昭和51）年に200m離れた場所に団地を整備し，44戸の移転を行った．東日本大震災では，**高所移転**の集落が津波被害を免れ，低地の新興住宅が被害を受けた事例がある．岩手県釜石市の唐丹本郷の集落は明治，昭和の三陸津波の被害を受け，1933（昭和8）年に北側の斜面上に全101戸が移転した．その後低地に住宅が建設され，地震に伴い遡上高30mの津波が襲い，標高20m以下の家屋は壊滅的被害を受けたが，高所移転した集落は無事であった．

また，**都市計画法**のなかでは，第33条の都市計画区分に基づいて，市街化区域と市街化調整区域が指定されている．市街化区域は優先的，計画的に市街化が進められる地域であるが，降雨災害に対する（河道整備の）条件が付帯されている．1970年に出された局長通達によれば，「概ね50mm/60分程度の降雨を対象として河道が整備されていない河川の氾濫区域及び50cm以上の湛水が予想される区域は原則として市街化区域に含めない」とされている．すなわち，水害の危険性が高い地域は市街化区域に指定しないというものであるが，開発圧力などに対して，通達は遵守されていない状況にある．

日本のように災害危険区域内に多くの人口・資産が集積している場合，災害危険性が高いからといって土地利用を規制することは実際上難しい．また，土地利用規制は災害後に実施されることが多く，これは私権の制限や財源問題が区域指定上の障害となっているためである．今後は例えば水害に関しては，災害危険区域のように水害危険性が高い地域においては建物の耐水構造を高めるよう規制するとともに，住宅総合保険などの保険料を水害危険度に応じて変えていく方策などが考えられる．

（末次忠司）

〔文献〕

末次忠司（2009）『河川の減災マニュアル』技報堂出版，pp.240-241.
水谷武司（1982）「災害危険地集落の集団移転」『国立防災科学技術センター研究報告』**29**：19-37.

➡ 関連項目　防災計画（6-8）

9-6 災害時要援護者支援

> **ポイント**： 高齢者や身体障害者などの災害時要援護者に対する避難支援方法の検討にあたっては，「要援護者の把握」，「支援者の確保」，「避難場所と支援開始タイミングの検討」が求められている．

災害による犠牲者を低減するためには，高齢者や身体障害者などの"いざというときに一人で避難することが困難な方（災害時要援護者）"への避難支援方法を，平時から検討しておくことが必要不可欠である．その際に一般的に注意すべき点については，**災害時要援護者の避難支援ガイドライン**（内閣府，2006）およびその改訂版である，避難行動要支援者の避難行動支援に関する取組指針（内閣府，2013）を参考にされたい．ここでは，特に注意すべき点について以下に詳述する．

1点目は，**要援護者の把握**である．具体的な支援方法を検討するためには，支援を必要としている方を把握することが必要不可欠であるが，その把握は容易ではない．そのため，自治体が住民票の個人情報などに基づき，機械的に該当者（例えば「65歳以上の単身者」など）の名簿を作成するだけでなく，自主防災組織などの地域コミュニティと連携して，要援護者の把握や**名簿作成**を行うことが望ましい．その具体的な方法の1つが，支援が必要な方に名乗り出てもらう**手上げ方式**である．自主防災組織などの地域コミュニティ単位で，地域の全世帯の登録用紙を配布し，支援が必要な方に提出してもらうことで名簿を作成する方法である．そして，支援が必要な方に，地域コミュニティなどに個人情報を提供し，名簿に名前を載せることに同意してもらう方法（**同意方式**）もある．自治体が住民票などから要援護候補者を絞りこみ，それらの方々に対して同意書を配布し，支援が必要な方に提出してもらうことで名簿を作成する方法である．また，「個人情報を提供したくない人，支援を必要としない人に名乗り出てもらう」方法（**逆手上げ方式**）を導入しているところもある．

2点目は，**支援者の確保**である．これについても，自治体職員だけで対応することには限界あるため，地域コミュニティなどとの連携が必要不可欠である．その際に，災害はいつ発生するかわからないため，特定の個人に支援の責任が集中する仕組みの場合，いざというときに機能しない可能性がある．そのため，支援者については，可能な限り広く地域住民が協力することができる仕組みを構築するとともに，福祉介護施設の職員や生活援助者などの要援護者が普段から付き合いのある方にも協力してもらうことが有効であろう．

3点目は，**支援を開始するタイミング**である．これについては，想定する災害種別ごとに検討する必要がある．例えば，巨大台風の上陸やそれに伴う大河川の氾濫の場合，**避難準備情報**などの事前に注意を促す情報が発表されることが予想されるため，

これらの発表を目安として，災害が発生する前の早い段階で安全な場所に移動を開始することが望ましい．一方，局地的な大雨（ゲリラ豪雨）や地震発生後の津波などについては，災害発生までの余裕時間が短いため，場合によっては行政からの情報を待たずに，支援を開始することが求められる．しかし，**早期避難**を支援する場合，移動が困難な要援護者に空振りを経験させてしまう可能性が高くなる．そのため，早期避難と支援の空振りの天秤問題であることを意識した上で，避難開始タイミングを検討することが求められる．

4点目は，**要援護者を収容する避難先**である．要援護者は，体が不自由であったり，弱っていたりする場合が多いため，普通の避難場所では，避難生活が長期化した際に不便が生じる．そのため，要援護者の避難先の確保にあたっては，自治体がある程度の設備が整った場所を避難所に指定したり（**福祉避難所**），介護や看護の専門スタッフの駐在する施設と受け入れ協定を結ぶなどの対応が有効である．また，緊急避難という観点から，とりあえず命の危険を回避できる場所に移動させて，その後，長期滞在に耐えうる施設へ移送するという計画づくりも有効である．

災害時要援護者支援は，「これさえやっておけば，大丈夫」という絶対的な対応策が存在しないのが現状である．そのため，地域の実情に鑑みて，支援する側の行政や地域コミュニティ，福祉関係機関などが連携するだけでなく，支援される側の住民やその家族とも，平時からコミュニケーションを密に図りながら，可能な限りの備えを行っておくことが求められる．

● 事 例

新潟県三条市は，2004年7.13新潟豪雨災害によって市内で9名が犠牲となり，このうち6名が高齢者であった．この被災を受けて，同市では，災害時要援護者対策として，逆手上げ方式による名簿作成や，自治会，自主防災会，消防団，福祉施設が連携した支援体制を確立している．

埼玉県戸田市は，自主防災会単位でワークショップを開催し，災害時要援護者支援方法を検討している．ここでは，要援護者と支援者の双方を手上げ方式によって募り，自主防災会は，把握した結果を名簿化しておき，いざというときには双方への連絡役だけを担う方法を構築している．

（金井昌信）

〔文献〕
内閣府（2006）「災害時要援護者の避難支援ガイドライン」．
内閣府（2013）「避難行動要支援者の避難行動支援に関する取組指針」．
三条市（2009）「三条市地域防災計画・災害対応マニュアル」．
片田敏孝ほか（2011）「防災ワークショップを通じた大規模氾濫時における緊急避難体制の確立」『土木学会論文集F5（土木技術者実践）』**67**(1)：14-22，土木学会．

➡ **関連項目** 個人情報保護（6-11），避難情報（7-3）

9-7 消防団・水防団

> **ポイント**: 消防団は，郷土愛護の精神に基づき有志により構成される非常備の消防機関である．現在，団員の確保とともに，安全確保のあり方という深刻な課題に直面している．

消防団は，**消防組織法**第9条に基づき市町村が設ける消防機関の1つとして，郷土愛護の精神に基づき有志（消防団員：非常勤特別職の地方公務員）により構成される非常備の消防機関である．常勤の消防職員らで構成される常備消防機関（消防本部・消防署）とは大きく性格が異なる．団員は，日頃は各自の職業に従事しながら訓練や防火啓発活動などに努め，火災や大規模災害発生時には自宅や職場から現場へ駆けつけ，消火・救助活動などを行っている．

消防団は1市を除くすべての市町村で組織され，2012（平成24）年4月1日現在，その数は2234団，団員数は87万4193人となっている．なお，水防法では消防機関が水防事務を十分に処理することができないと認める場合には，**水防団**を置かなければならないとされているが，現状ではほとんどの消防団員が水防団員を兼務しており，水防という観点からも実質的には消防団が大きな役割を担っている．

現在の消防団が制度化されたのは，消防組織法が施行された1948（昭和23）年3月であるが，協同で火災を消すという営みは，地域の相互扶助活動の1つとして昭和23年以前にもその仕組みがあった．後藤（2001）によれば，消防団の原型は**むら消防組**に求めることができるとされる．むら消防組は，各地のむらで自らの生活を守るために自然発生的に生まれたもので，明治，大正，昭和と時代を経る中で，若者契約→消防組→自警団→警防団→消防団へと変遷していった．現在，市町村という住民に最も身近な公的組織が運営を担い，その構成員は有志であるといった点で，消防団の源流からの精神は一貫しているといえるだろう．

消防団は，地域密着性，要員動員力，即時対応力といった防災上の長所を有する．少子高齢化の進展，災害の大規模化，巨大災害の切迫性といった状況の中で，常備消防機関の機能を補い，被害の抑止・軽減につながる活動を展開していくことがますます期待されるが，様々な課題も有している．

特に大きな課題は，団員の確保である．1948（昭和23）年当初団員数はおよそ200万人を数えたが，消防の常備化が進む中，2010（平成22）年には90万人を切る状況となっている．現在，国（総務省消防庁）や都道府県・市町村では，団員の確保を図るため，**消防団協力事業者制度**，**消防団員確保アドバイザー**，**女性消防団**，**学生消防団**，**機能別消防団**など様々な取組みを行っている．

さらに，消防団は，団員の安全確保という深刻な課題にも直面している．2011（平

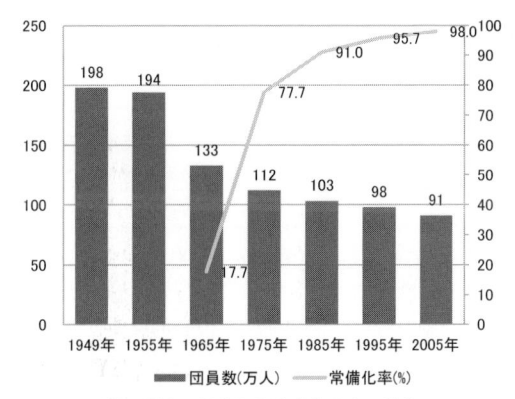

図　消防団員数と消防常備化率の推移
消防団の充実強化についての検討会（2010）より作成．
1949年と1955年分については『わが国の火災の実態と消防の現状』（国家消防本部）による．

成23）年3月に発生した東日本大震災で，消防団は様々な活動に従事し，災害対応に寄与した．その最中，水門や門扉の閉鎖，住民の避難誘導などを行う中で津波に巻き込まれ，岩手県，宮城県，福島県で253名が亡くなったり，行方不明となった（平成23年10月5日現在）．団員の被災事例は，高知県の1972（昭和47）年繁藤災害，1991（平成3）年雲仙普賢岳火砕流災害など数多いが，改めてその活動のあり方が問われている．

この他，消防団には常備消防，自主防災組織などとの連携のあり方や平成の合併に伴う広域化への対応といった課題もある．さらに，東日本大震災では，**防災行政無線**の使用不能による情報不足，自ら被災している中での長期間の活動（**惨事ストレス**），長期活動に伴うローテーションの方法など数多くの課題が顕在化した．今後，様々な角度からの議論が期待されるところである．　　　　　　　　　　　（黒田洋司）

〔文献〕
後藤一蔵（2001）『消防団の源流をたどる—21世紀の消防団の在り方—』近代消防社．
消防団の充実強化についての検討会（2010）『「消防団の充実強化についての検討会」報告書』．
日本消防協会（2011）『東日本大震災全国消防団報告研修会—研修資料—』．

➡　関連項目　水防法改正と災害情報（6-3），ダム，水門等の防災施設の操作（7-4）

9-8 地域コミュニティ

ポイント: 自主防災組織は，地域コミュニティにおける防災を担う，地域住民が主体の任意団体である．災害時だけでなく平常時からの防災訓練や住民啓発などにおいて重要な役割が期待されるが，人間関係の希薄化や役員の高齢化など推進上の課題も多い．

災害が発生した際，公的機関は，災害現場での直後の対応は不可能なことが多い．阪神・淡路大震災時の激甚地区では，地域住民が消火活動や崩壊した家屋に生き埋め状態になった人の救出活動を行い，消防機関等の公的機関（**公助**）によって助けられた人は，わずかであったことなどから，改めて大きな災害時における**自助**（自分自身ないしは家族で），**共助**（地域ないしは民間機関で）の重要性が認識された．

[**地域における防災組織**] 地域コミュニティにおける防災を担う組織として，消防団，**自主防災組織**が存在する．消防団は非常勤の特別職地方公務員であるのに対し，自主防災組織は地域住民を主体とする任意団体である．災害対策基本法（1961（昭和36）年制定）には，地域並びに住民の生命，身体及び財産を災害から保護するため，「住民の隣保協同の精神に基づく自発的な防災組織（自主防災組織）」の充実を図ることは市町村の責務であり，国や地方公共団体は，自主防災組織の育成，ボランティアによる防災活動の環境の整備その他国民の自発的な防災活動の促進を図ることと明記されている．

[**自主防災組織の結成及び推進上の課題**] 自主防災組織の多くは，行政からの呼びかけや災害発生を契機に結成されており，特に阪神・淡路大震災以降，自然災害の多発に伴い，自主的な防災組織による活動カバー率（全世帯数のうち，自主防災組織の活動範囲に含まれている地域の世帯数）は漸増傾向にある（平成26年4月1日現在で80.0%）．ただし，地域においては，地域防災の活動主体である自営業や農業・漁業従事者が減少する一方，住宅地などでは被雇用者の増大などに伴う人間関係の希薄化，積極的参加者の減少，役員の高齢化などの問題を抱えている．

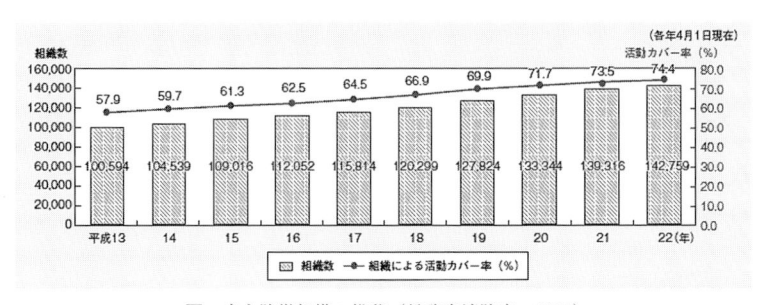

図 自主防災組織の推移（総務省消防庁，2011）

また，地域組織の役員は他の組織の役員を兼ねることが多い．防災に関連する組織としては，町内会・自治会，公民館長，消防団（OB），民生・児童委員，PTA役員，商工会・青年会議所役員，地域の祭り，村おこし・まちおこし活動，防犯・交通安全活動などが挙げられ，医師・看護師，保健師，大工等の技能職（OB）も人材として活用できる．これら，地域の人的・物的ネットワークが防災に動員可能な資源となる．

　[**自主防災組織の役割**]　自主防災組織は，平常時においては，防災知識の普及啓発，防災訓練の実施，地域の点検，資機材などの整備などの災害予防活動を行っている．中には，水害や津波避難に備え自力で避難路を建設したり，避難場所（ビル）を確保するなどの幅広い活動もみられる．災害時においては，初期消火，避難誘導，救出・救護，情報の収集・伝達，給食・給水，避難所運営，災害危険箇所等の巡視，警備活動などが挙げられる．近年特に課題となっている災害時要援護者の把握や避難支援，災害時における安否確認などにおいても重要な役割が期待されており，民生・児童委員などとの連携を図っている組織もある．

　[**災害時における地域住民等の活動及び組織化**]　阪神・淡路大震災以降，神戸市では災害弱者対応（当時）や，防災に関連する組織・個人を包含する小学校区単位での「防災福祉コミュニティ」を自主防災組織として育成するようになった．この中には，自治会・町内会だけでなく，警察・消防，学校関係者，民生・児童委員などを含む協議会形式をとるものや，事業所を単位とする地域協議会もあり，共助の連携強化を指向している点が特徴である．

　新潟県中越地震，岩手・宮城内陸地震，東日本大震災，長野県北部地震などで孤立した集落では，結束の強い地域組織を母体に，消火，救助，避難誘導，避難生活維持のための道路啓開を自ら行うなど，自力での復旧・復興に向けての活動がみられた．しかしながら，東日本大震災時においては，津波避難の呼びかけや避難誘導にあたった消防団員，地域の世話役，消防署員，警察官，市町村職員などの多数の犠牲が生じた．避難訓練を行っていたものの，近場への避難訓練であったため，避難先が浸水し，死亡者が発生した例もあった．

　[**今後予想される災害に備えて**]　東日本大震災では，想定していた規模が大きく違ったものの，高台移転や「津波てんでんこ」の言い伝え，避難訓練などが生かされた地域もあった．地震災害や風水害などの他地区での被災事例を教訓に，自主防災組織を結成していたことが，発災時に役立ったという波及効果もみられる．災害への対処は，地域での対応が基本となる．地域ごとに被災リスクを確認し，いざというときに備えられるよう，地域コミュニティ単位での再点検や防災力強化が必要であるといえよう．

（髙梨成子）

〔文献〕
総務省消防庁（2011）「平成23年度版　消防白書」，同（2014）「平成26年度版　消防白書」．

9-9 人材育成

ポイント： 地域の防災力や自治体の災害対応力の向上には，知識や経験をもつ人材の育成が重要である．このため，国や地方公共団体などでは様々な人材育成プログラムが実施されている．

地震や火山，風水害などによる大規模な自然災害は頻繁に発生するものではない．このため，自治体職員や自主防災組織など地域の防災リーダーが，災害時の混乱の中でも的確に判断や行動できるためには，対応を担う人材の資質によるところが大きい．防災を担う人材の資質向上のためには一定の知識や経験と実践的な訓練を積むことが重要である．

政府の中央防災会議でも2003（平成15）年に「防災に関する人材の育成・活用専門調査会」の報告がまとめられた．国・地方公共団体の防災担当職員が業務を行うにあたって修得しておくべき知識や能力を「標準的な研修プログラム」として取りまとめ，内閣府ではその内容を具体化した「防災に関する標準テキスト」を作成している．

平成18年度版の標準テキストは「知識編」と「対応能力編」の2部構成からなり，「知識編」では震災や風水害など災害発生の仕組みや災害過程，災害対応の組織や法制度について，「対応能力編」では災害エスノグラフィーを活用した研修や評価について実施事例などを交えた解説があり，防災担当職員の研修にあたっての参考になる．

消防庁では（財）消防科学総合センターにおいて市町村職員防災基本研修を実施しており，都道府県単位で1日コースまたは2日コースで防災知識の習得や災害対策演習などのカリキュラムが組まれる．また，自治体の防災担当職員や消防職員向けにインターネットを介して自習する「防災・危機管理e-カレッジ」が提供されている．

神戸市にある人と防災未来センターでは，阪神・淡路大震災時に行政職員の対応力不足から初動対応の不備など様々な問題を抱えた教訓から，自治体の首長や職員を対象にした「災害対策専門研修」を実施している．トップフォーラムやマネジメントコースを設け，危機管理能力の向上や災害対策の専門職員養成を目指し，講座の中には新

表1 地域の大学と自治体が連携する主な人材育成プロジェクト

美（うま）し国おこし・三重さきもり塾（三重大学・三重県）	地域防災のリーダーとなる人材の養成を発展させ，高度な防災教育により，企業・行政・地域における防災・減災活動の中心的な役割を担う防災コミュニティの核となる人材の育成（2009年～）
ふじのくに防災フェロー養成講座（静岡大学防災総合センター・静岡県）	自治体や企業等で災害に関する実務に従事している者を主な対象に，災害発生後の「危機管理ノウハウ」にとどまらず，災害の事前予防を目指し，地域の災害特性を理解し，災害に関わる科学的情報を読み解ける実践的応用力を身につけた人材の育成（2011年～）

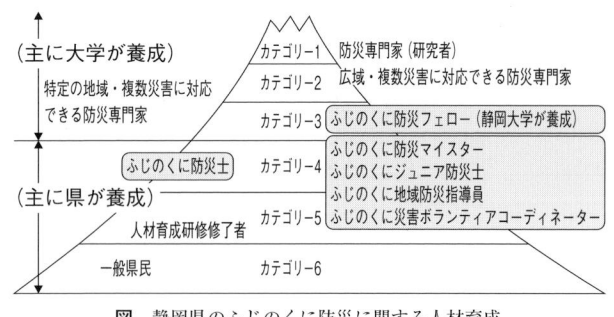

図 静岡県のふじのくに防災に関する人材育成

聞記者が講師になった模擬記者会見など，普段経験できない実践的カリキュラムも組み込まれている．

一方で，日本社会の急速な高齢化の進展（高齢化率：1975年は7.9%，2010年は23.1%）により，地域における防災活動の中心となってきた自主防災組織のリーダーの高齢化や組織の活動力の低下，消防団員の不足などから，いわゆる地域防災力の低下が懸念され，全国的な課題になっている．このため，地域の新たな防災の担い手となる防災リーダーの育成に自治体と地元の大学が連携する新たな取組みもみられる．

● 事　例

静岡県では，防災に無関心な市民を1人でもなくすことを目指し，「ふじのくに防災に関する人材育成」と称する研修コースを組み，一定の終了者には知事認証（現在6つのカテゴリー）を与えている．1996（平成8）年度から始めた静岡県防災士養成講座（現在は「静岡県ふじのくに防災士」と改称）はその草分け的な講座で，各界の専門家が講師となり約10日間の幅広い防災カリキュラムが組まれている．

この他，静岡県が中心となって研修を行うコースとして建築士や医師，看護師，技術士などの国家資格をもつ人には「ふじのくに防災マイスター」，小中学高校生を対象の「ふじのくにジュニア防災士」地域の自主防災組織のリーダーには「ふじのくに地域防災指導員」，ボランティアには「ふじのくに災害ボランティアコーディネーター」養成講座があり，それぞれ知事認証を付与している．さらに，一定の防災経験者を対象とした専門性の高い養成コースとして，「ふじのくに防災フェロー」養成講座が平成23（2011）年からスタートした．静岡大学防災総合センターにおいて1年間のカリキュラムをこなし，修了者は地域社会で様々な災害への備えを自ら考え実践できるリーダーとなることを目指す官学協働で取り組む防災人材育成である．　　　（岩田孝仁）

●コラム10● 逃げどきマップ

　逃げどきマップとは，豪雨災害を対象として，状況や条件の異なる住民のそれぞれに対して，「浸水特性に応じた適切な対応行動を促す」ことを意図したハザードマップである．以下，従来の洪水ハザードマップについて簡単に解説し，それとの比較で"逃げどきマップ"を紹介する．

　洪水ハザードマップは，その作成手引き（国土交通省，2006）にあるように，平時において地域の洪水リスクを周知するための情報として「浸水想定区域」を記載するとともに，災害発生危険時において，適切な避難行動をとるために必要となる情報として「洪水予報や避難情報の伝達方法」と「避難場所」に関する情報を記載している．つまり，現状の洪水ハザードマップの多くは，水害から命の危険を回避するための対応行動として"自宅外へ移動する"ことを促す情報提供ツールとなっている．

　しかし，近年の豪雨災害を振り返ると，避難途中で被災してしまっている事例も少なくない．また，水害から命の危険を回避するための「緊急一時避難」を考えた場合，必ずしも全住民が自宅外への避難が必要とは限らないことは明らかである．例えば，高層マンションの上層階に居住している住民であれば，自宅外への避難の途中で流されてしまう可能性があることを考えると，自宅に滞在していた方が安全であろう．もちろん，高い建物に居

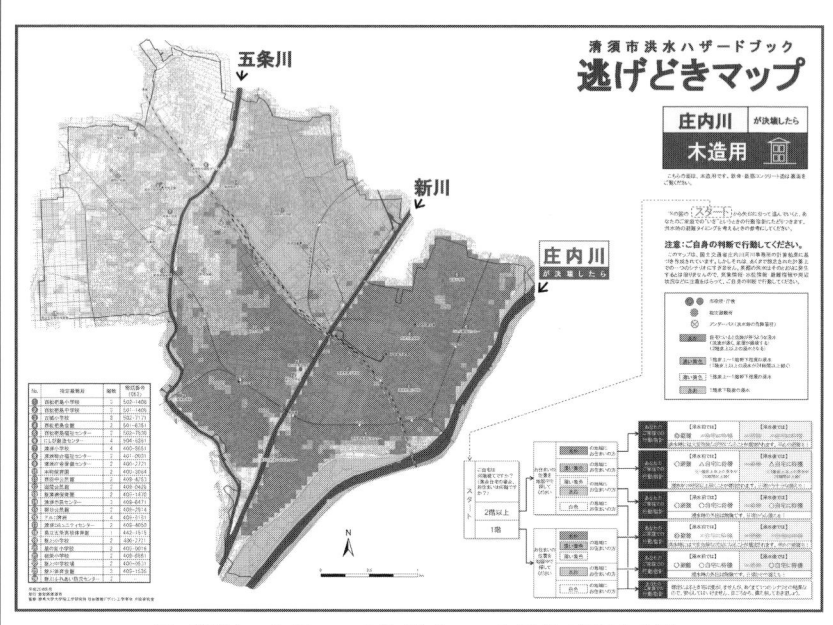

図　清須市で公表している逃げどきマップ（木造家屋居住者用）

住しているだけで，自宅滞在が可能であると判断できるほど単純ではない．流速の大きな浸水が想定される地域では，基礎工がしっかりしていない木造の家屋の場合，流出してしまう可能性もある．また，湛水継続時間が長くなることが想定される地域では，たとえ自宅に滞在していることができたとしても，何の備えもしていなければ，自宅から救出されるまでの間に不都合が生じることもあり，健康状態に不安のある住民などは結果として命の危険にさらされてしまう可能性もある．しかし，現状の洪水ハザードマップには，地域の浸水特性として，"浸水域"と"浸水深"が図示されることが一般的であり，浸水が進展する際の流れの速さ（流速）や，浸水した水が引くまでの時間（湛水継続時間）に関する情報は記載されていないことが多い．そのため，現状の洪水ハザードマップに記載されている情報だけでは，自宅に滞在することによって命の危険を回避することができるかどうかを判断することができない状況にある．

　以上の問題意識のもと，地域で想定される浸水特性と個々の住民の様々な状況を踏まえ，水害時に命の危険を回避するための適切な対応行動を指南する情報を地域住民に提供することを目的として開発されたのが，逃げどきマップである．逃げどきマップは，想定される浸水特性（浸水深，流速，湛水継続時間）によって地域を分類し，それを色分けして示した地図と，この浸水特性分類，住居形式（木造あるいはコンクリート造他），周辺の浸水状況（浸水前あるいは浸水開始）に応じた「命の危険を回避するための行動内容」を示す"判定フロー"からなっている．閲覧者は，まず地図から自宅の浸水特性分類を読み取る．そして，判定フローから，自らの住居形式，周辺状況に応じた適切な対応行動に関する情報を得ることができる．ここで，判定フローに記された対応行動については，「早期の避難が必要不可欠な住居に居住する住民」には自宅外避難のみが提示され，「自宅滞在も可能な住民」には，すでに浸水している場合では避難がかえって危険な場合もあるため，必ずしも自宅外避難のみでなく自宅滞在もある得ることが明示される．これによって，閲覧した住民に，自らの命を守るための適切な行動を自らの判断で選択することを促している．

　逃げどきマップは，洪水災害時の適切な対応行動に関する情報を提供するための新たなハザードマップの1つである．地域の実情や住民の災害リスクに関する情報理解特性を踏まえ，このような新たな情報提供ツールが開発されていくことを期待したい．

（金井昌信）

〔文献〕
国土交通省河川局治水課（2006）「洪水ハザードマップ作成の手引き」.
清須市（2008）「清須市洪水ハザードブック」.

第 3 部　行政

第 10 章　事前教育

10-1　プレビュー：事前教育

ポイント：　第10章では，来るべき災害に対して，人びとや社会が事前に，どのような意図的な準備（防災訓練など），あるいは非意図的な準備（生活習慣，災害文化など）を行いうるのかについて概観する．

「突発災害」という言葉によく表れているように，災害は，予測不能で突発的な事象の代表例とされることが多い．しかし，実際には，最難関と思われる地震災害についてすら，今では，発生の可能性が大きな地域や時期をある程度知ることができる．さらに，風水害など一部の災害については，発生の時間，空間，規模それぞれについて，相当精緻な事前予測が可能となっている．ここに，災害に対する事前の準備や対応の可能性と重要性が生まれている．

しかしながら，そうした予測のほとんどは，災害に対する人びとの日常的な関わりを通じて生まれたものではなく，災害に関するサイエンスの急速な進歩がもたらしたものである．したがって，その内容は，よきにつけ悪しきにつけ，サイエンスの流儀によって枠取られ限界づけられたもので，一般の人びとの生活の中に自動的にその居場所を見出すことができるものではない．専門家と非専門家の「リスク認知」(10-2) のギャップや，それを埋めるための「リスクコミュニケーション」(10-3) の試みが重要な課題となるのは，このためである．

災害に対する事前の準備には，明確な意図をもってそれがなされる場合と，特にそのための目的意識を伴わない中で——ある場合には，別の意図をもった活動や出来事を通して——意図せざる形で，結果として実現される場合とがある．もちろん，そのいずれも重要である．

「防災教育」(10-4)，「防災訓練」(10-5) は，意図的な災害リスク・コミュニケーションの場の代表である．そこでは，種々の「防災教材・ツール」(10-6) が活用されるが，そうした教材等の開発プロセス自体が，防災教育の場として機能している場合もある．また，近年では，専門家と非専門家のギャップを埋めるための努力それ自体が，かえって，教える者（専門家）と教えられる者（非専門家）との関係の固定化を生んで，非専門家の側に防災に対する受動的な態度（例えば，避難時の「情報待ち」などは，その典型例である）を結果してしまう悪循環を解消しようと，新しいタイプの参加型の防災教育や訓練も登場し始めている．

これらと比較すると，「災害伝承」(10-7)，「災害文化」(10-8)，「災害観」(10-9) は，災害や防災に関する狭義の知識やスキルを意図的に伝達するだけでなく，ある地域で暮らすための知恵が総体としてパッケージ化され，「防災のために」という意識が希薄な中で形成・伝承されているものも多い．例えば，過去の災害に端を発する年中行

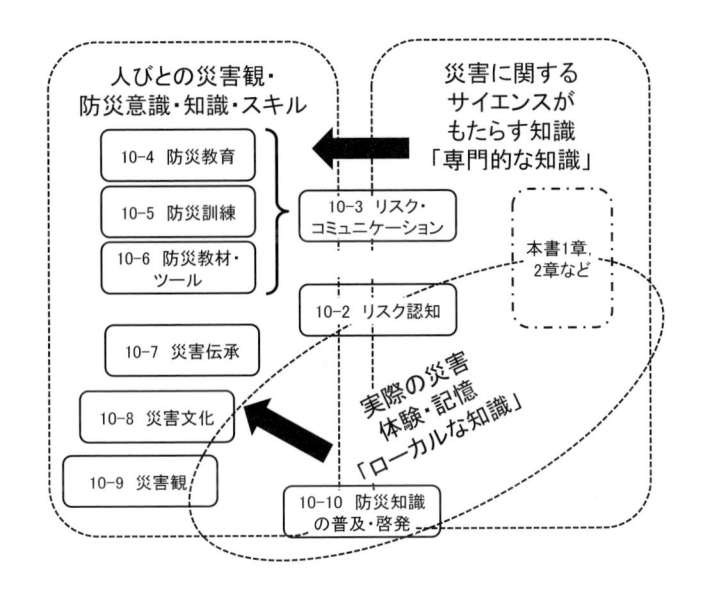

事，巧みに災害に備える術にもなっている生活慣習やならわし，などである．

　この結果，これらは，非意図的な準備であるだけに，つまり，知らず知らずのうちに実現されてしまっているがゆえに，防災教育や訓練といった意図的な災害準備の場よりも，かえって，「防災知識の普及・啓発」（10-10）のための強力な回路として作用していることも多い．また，専門家と非専門家との間のリスク・コミュニケーションに照準を合わせる形で，どちらかといえば，災害に関する「専門的な知識」の普及・啓発と結びつきやすい意図的な準備と比較して，災害伝承，災害文化，災害観は，災害に関する「ローカルな知識」の保持と伝達とも親和的である．

　最後に，事前教育が，「日常」と「異常」とをつなぐ蝶番の位置にある点にも留意しておこう（「日常生活・習慣と災害心理」（コラム11））．鍵になるのは，「異常」と「日常」とは端的に無関係なのではなく，「異常」は「日常」との関係性においてのみ，言いかえれば，そこからの落差・偏差という関係性においてのみ検知されるという点である．すなわち，一方の極に，ある事象の異常性が十分な強度をもっていなければ，それは「日常」の単なる延長線上に位置づけられ，「異常」として検知されない危険性がある．また，他方の極には，ある事象の異常性が事前教育で想定されないほど著しく大きければ，言いかえれば，「日常」との接点がまったくなければ，逆にそれが「異常」として検知されない危険性もある．このように，「日常」の中で実施される「事前教育」は，「日常」と「異常」との関係性の両極端部から忍び寄る危険を見逃す落とし穴を原理的に伴っていることを忘れてはなるまい．

（矢守克也）

10-2　リスク認知

> ポイント：　リスク認知（risk perception）とは，リスクについての主観的な評価をさす．リスク知覚とも訳される．科学的なリスク評価と対比されることが多い．

　リスク認知とは，リスクに対する主観的な評価である．災害リスクに対してもリスク認知がある．

　科学的な**リスク評価**（risk assessment）と，しばしば対比される．リスク評価が被害の大きさ（ハザード）と生起確率という2つの要素の積で表現されるのに対し，リスク認知では，それ以外の要素，例えば，「被害が取り返しのつかないものである」「非自発的にそのリスクにさらされる」など多様な要素が考慮される．そのため，リスク評価とリスク認知は一致しないことが多い．この差異をリスク**認知のギャップ**，あるいは**バイアス**という．

　ただし，科学的であるかどうか，主観的であるかどうかという区別は，それ自体ではどちらか一方が正しいということを含意していない．バイアスという用語が使われているからといって，認知バイアスがゆがんでいるとか，これを修正すべきだというわけではない．異なる要素を考慮に入れている以上，専門家と非専門家（一般の人々）にはリスク認知に差があるのは当然である．また同じリスク評価をもとにしているはずの専門家同士であっても，リスク認知に差があることがわかっている．

　災害リスクについては，科学的なリスク評価よりも，一般の人々のリスク認知が低くなりがちであることが明らかになっている．災害が起こる確率を低く見積もったり，自分だけは被害に遭わないだろうと考えたりしてしまうのである（**楽観主義バイアス**）．結果として災害の備えが不十分になってしまったり，災害発生時に避難が遅れたりする．

　このようにリスク認知が低くなるのは，認知的不協和低減のメカニズムによって説明できる．認知的不協和とは，互いに矛盾する認知がある状態をさす．例えば，自分が住む地域のハザードマップをみて，自宅が「土砂災害の危険がある地域にある」と知ることは，「自分がそこに住んでいる」という事実の認知とは相容れない．このような認知的不協和，すなわち，「危険があると知りつつそこに住んでいる」という状態は人にとって不快なので，これを解消しようとする．そのために，安全な地域への住み替えをするとか，災害が起こりそうな時には早めの避難をするというのが合理的だが，このような行動には通常コストが伴う．それゆえ，行動するのではなく，認知を変更することによって不協和の解消がはかられやすい．「親の代からこの土地に住んでいるが，災害が起こったことはない」という事実を思い出して，不協和を解消す

るのはその一例である．このようにリスクを低く見積もることで，「安全なのだから，住んでいるのだ」と合理化することができる．

　現実の例としては，原子力発電所近くに居住している住民のリスク認知が，より遠くに居住する住民よりも低いことや，その土地に長く居住している住民ほど避難行動を起こしにくいことが明らかになっていることにみられる．

　また，平時だけでなく，災害がまさに迫っている，あるいは眼前で起こっているような状況であっても，それを通常の事態と誤認して（**正常化の偏見**），避難などの災害対応行動が遅れることも多い．日本においては，前述の，災害が起こる確率を低く見積もる「楽観主義バイアス」も「正常化の偏見」ということがある．

　ただし，リスク認知は科学的なリスク評価に比べて常に低くなるというわけではなく，リスク認知が高くなる場合もある．特に生起確率の認知は，記憶からの思い出しやすさからの影響を受けやすいので，事件や事故が起こると，そのリスクの起こりやすさが過大に認知される．

　また，リスク認知が低くなりがちな自然災害に対して，科学技術による災害に対してはリスク認知が高くなることもわかっている．例えば，1979年スリーマイル島の原発事故では，人々が避難しすぎたため交通渋滞が起こり，本来避難を指示されていた妊婦や子供の避難が遅れてしまった．

　前述したようにリスク認知は，専門家もそうであるように，人々の価値観によって影響を受ける．明らかに誤った知識は確かに修正されるべきだが，より重要なことは，このようなリスク認知の特徴を理解した上で，防災教育や避難計画を設計することである．また，専門家も非専門家も，自らがもつリスク認知の特徴を知っておくことが，災害に対する自分の考え方や行動を見直すためにも役に立つ． 　　　　（吉川肇子）

　■▶　**関連項目**　正常化の偏見（11-4），認知バイアス（11-5）

10-3 リスクコミュニケーション

> **ポイント：** 災害対応におけるリスクコミュニケーションの目的は，多様な主体がリスク認知を深め合いながら，防災・減災の道筋を共同的に探求することで，生命を守り，被害を最小限に抑えることである．

リスクコミュニケーションとは，リスクに関する情報をめぐって，多様な主体が共同的に交流するダイナミズムの総体をさす．災害対応の分野において，リスクコミュニケーションの充実化を図る鍵は，多様な主体がリスクに関する認識を深め合いながら，防災・減災に向けた道筋を共同的に探求することにある．したがって，例えば，専門家や行政担当者が作成した**リスクメッセージ**を，メディアを通じて住民に伝達するといった単線的・一方向的なプロセスは，リスクコミュニケーションの一場面を為すにすぎない点，注意が必要である（吉川，1999；2000）．

リスクコミュニケーションをめぐる多様な主体の関係性を模式的に描いたのが，図1である．詳細は後述するが，火山学の知見（岡田・宇井，1997）から，行政，専門家，メディアそして住民の相互作用が重要視されるようになった．これに2点だけ補足すると，まず，メディアを単なる「媒体」と捉えるのは，適当ではない．報道機関に所属する記者やディレクターは，あくまで1人の人間であり，独自の視点と固有の価値観から，情報を選択し，加工している．したがって，リスク情報をめぐる重要な「主体」として位置づけることが必要である．次に，住民の関わりは，最大限，尊重されなければならない．もちろん，専門家の「専門知」が重要であることは論をまたないが，当該地域における社会的・文化的文脈に即して言えば，生活者である住民の「実践知」や「暗黙知」も，妥当性が十分に高いといえる．また，例えば，専門知を有する集団が，確率論的な合理性のみを追及して，最もクリティカルな事象を想定対象外に置くようなリスク評価を下した場合でも，その適否の判断に関して，生活者である住民の視点が最後の安全弁となる可能性がある．

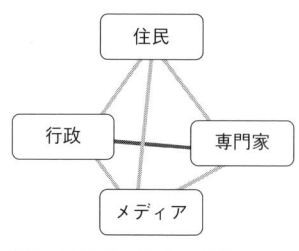

図1 リスク・コミュニケーションをめぐる主体の関係性（岡田・宇井，1997を一部改変）

災害発生の直前・事中・直後のような危機的な局面では，狭義の**クライシスコミュニケーション**を図ることが求められる．このクライシスコミュニケーションは，リスクコミュニケーションのダイナミズムから独立したプロセスとして捉えるのではなく，その連続性にこそ着目して，構造と機能を吟味していくことが肝要である．したがって，クライシスコミュニケーションの体制を事前に準備するための審議過程なども，リスクコミュニケーションの重要な

機会であると捉えなければならない．

　災害対応の分野におけるリスクコミュニケーションは，対象となる災害事象自体がなくならない以上，一過性のプロセスで終わることはあり得ない．田村（2011）が指摘するとおり，リスク評価を再評価する作業は，そのつど，リスクコミュニケーションを活性化させる絶好の機会と成り得る．さらにこの視点から重要なのは，矢守（2009）が「**終わらない対話**」として概念化してみせたように，永続的なダイナミズムとしてリスクコミュニケーションを日常の生活の中に埋め込む工夫を，多様な主体による共同的な実践によって具現化していくことである（矢守，2011）．

● 事　例

　リスクコミュニケーションの具体的な手法としては，すでにサイエンスカフェ，コンセンサス会議，市民陪審，プランニング・セルなど多様な手法が提起されており，各所で実践されている（平川ほか，2011）．

　災害対応の分野で注目すべきケースとしては，2000（平成12）年の有珠山噴火災害が挙げられる（岡田，2003）．ここでは，火山の専門家が，噴火前から火山情報を丁寧に発信したことで早期避難が促され，人的被害を出さずに済んだ．成功の鍵は，リスクコミュニケーションの充実度にあったことが指摘されている（室﨑，2008）．平素から専門家がホームドクターのように地域社会に緊密に関わっていたことで，行政の広報活動やメディアの報道活動が的確に行われ，住民も事態を冷静に受け止めることができた．根底には，まず，多様な主体同士の相互信頼がしっかり保持されていたことが重要である．

〔近藤誠司〕

〔文献〕

吉川肇子（1999）『リスク・コミュニケーション　相互理解とよりよい意思決定をめざして』福村出版．
吉川肇子（2000）『リスクとつきあう―危険な時代のコミュニケーション―』有斐閣．
岡田　弘・宇井忠英（1997）「噴火予知と防災・減災」『火山噴火と災害』東京大学出版会．
田村圭子（2011）「リスク評価」『災害対策全書（4）防災・減災』公益財団法人ひょうご震災記念21世紀研究機構災害対策全書編集企画委員会（編），ぎょうせい，pp.18-21．
矢守克也（2009）『防災人間科学』東京大学出版会．
矢守克也（2011）『増補版　＜生活防災＞のすすめ　東日本大震災と日本社会』ナカニシヤ出版．
平川秀幸・土田昭司・土屋智子（2011）『環境リスクマネジメント5　リスク・コミュニケーション論』大阪大学出版会．
岡田　弘（2003）「有珠山防災情報の核心　コミュニケーションによるコミュニティ支援」（http://www.dpri.kyoto-u.ac.jp/~kazan/coe_ws/04.pdf）．
室﨑益輝（2008）「減災の正四面体と専門家」『室﨑益輝ウェブサイト』（http://www.murosaki.jp/extracts3.html）．

➡　関連項目　リスク認知（10-2）

10-4 防災教育

> **ポイント**: 防災教育は，防災に関する知識や技術を伝達するだけの活動ではない．防災教育という活動の特徴を理解し，専門家と市民の新たな関係を構築することも防災教育の推進に重要である．

広くは防災対策の改善に寄与することを目的とした活動と捉えることができる．教育を受ける主体は，防災実務者を含む広義の専門家と市民に大別される．前者を対象とした**防災教育**としては，人と防災未来センターが実施している**災害対策専門研修**などの研修事業があり，後者では，**市民講座**や**学校での防災教育**などが主だったものとなる．また，避難訓練などの**防災訓練**も防災教育に含まれるといえ，防災に関する知識や技術を伝達する活動が防災教育と呼ばれることが多い．

日本の近代的な防災対策は，1961（昭和36）年に制定された災害対策基本法を嚆矢とし，理工系の研究とその実社会への適用という形式で行われてきた．この防災対策を中心的に担ってきたのは，研究者や防災実務者という専門家である．防災教育が本格的に取り組まれるようになったのは，この形式の防災対策の限界が明らかになった1995（平成7）年の阪神・淡路大震災以降である．その背景には，人文社会系の防災研究の不足と市民不在の防災対策の限界があった．防災対策における自助の重要性の強調に代表されるように，市民が主体的に防災対策に取り組むことが必要不可欠とされ，その前提として市民が災害や防災対策について学ぶ機会の提供，すなわち防災教育が実践されるようになった．そこには，防災対策を行うためには，まず，防災の知識・技術が必要であるという発想，換言すれば，防災の知識・技術を伝達さえすれば，防災対策も推進されるという素朴な見通しがあったといえる．しかし，現実には，警報や避難指示・勧告が発令されているにも関わらず，多くの人が避難しないといった状況や，「面倒だから」という理由で家具の固定をしていない人が数多くいる（内閣府，2010）といった状況である．こうした状況は市民に防災に関する知識・技術が欠如していることが主因となって生じているのではないことから，今一度，防災教育とは何かを再考する必要がある．

この間，**防災教育を支援する取組み**として，「ぼうさい甲子園」，「防災教育チャレンジプラン」が開始された他，安全マップづくりに特化した支援として「ぼうさい探検隊」が開始された．また，防災教育のみならず優れた地域の防災の取り組みを表彰する「**防災まちづくり大賞**」の創設も阪神・淡路大震災が契機となっている．学校教育においては，2000年に創設された**総合的な学習の時間**などを活用して，防災教育に取り組む学校が出てきた．

日本で防災教育が本格的に取り組まれるようになってから20年程度であり，地震

学や建築学のような防災の他領域に比べて，その歴史は短い．ここで気をつけなければならないことは，防災教育を防災の他の領域，より明確には理工系の防災領域にキャッチアップさせるために，これら理工系の領域と同様に取り扱うのは適切ではないという点である．すなわち，学問としての蓄積と論理実証主義という特徴から，「普遍的な」知識や技術が産み出されている理工系の防災領域と同様に，防災教育に「普遍的な」ものを求めようとするのは性急であるということである．

しかし，防災教育といえば，防災に関する知識・技術の伝達「のみ」と捉えられることが多く，その結果，防災教育研究もそこで伝達すべき知識・技術の内容や方法に関するものが中心となっている．防災教育を個人の頭の中に防災に関する情報を蓄えるための働きかけ「のみ」とする狭い定義に問題があり，防災教育は防災対策の改善に寄与することを目的としているという基本に立ち返る必要がある．

市民に対する防災教育が必要なのは，市民が防災対策を実施できるようになることがその第一の理由である．一方で，普段は目にすることのない専門家の防災活動への理解を得るためにも，防災教育は必要であるといえる．これまで，専門家のみが担っていた防災の分野に市民が参加し，ともに防災というコトをなすことが防災に関する学びであり，その学びの機会の提供を防災教育と捉える必要がある．それは，防災に関わる人文社会的な知識は，専門家も市民も含んだ多様な主体の協働実践である**アクションリサーチ**によって生み出されるからである（矢守，2010）．ここで重要なことは，防災教育を通じて生み出される知識は，防災という協働実践によって生み出されるものであり，専門家から市民という一方向の知識伝達ではないという点である．防災「教育」ということばが，知識をもつ者（専門家）から知識をもたない者（市民）への一方通行の知識伝達というイメージを与えているため，近年では，防災教育に代わり，**防災学習**や**防災共育**という言葉も用いられつつある．一方通行でない防災教育，すなわち防災共育の実現は，一見防災とは無関係なようなものをも含む，様々な市民の活動の中に防災をみつける活動といえる．したがって，防災教育として普遍的な知識のようなものを一方的に伝達するだけの活動は，こうした共育を阻害することにもなりかねない．市民レベルの防災力向上を目的として阪神・淡路大震災以降に開始された**防災士**や防災学検定などは，知識普及に役立つ一方で，多様な人々の防災への参加を難しくする可能性のある取組みであるという点に留意が必要である．　　　（城下英行）

〔文献〕
内閣府（2010）『平成21年防災に関する特別世論調査』．
矢守克也（2010）「防災教育の現状と展望―阪神・淡路大震災から15年を経て―」『自然災害科学』29(3)：291-302，日本自然災害学会．

➡　関連項目　防災訓練（10-5），防災教材・ツール（10-6），説得的コミュニケーション（12-10）

10-5 防災訓練

> ポイント： 防災訓練は，実働訓練と机上訓練とに大別される．対応技術の習得に加え，総合防災訓練などにおいて多様な参加団体との協働を行うことで，分業化された対応の限界について知ることも重要である．

防災訓練とは，火災や地震などの災害発生時に，望ましいとされる対応がとれるようになることを目的として，継続的に繰り返し行われる防災教育活動の一種である．英語でも訓練は，一般に Drill と表現され，その意味は，同じことを繰り返す練習であると説明される．防災訓練では，知識のみならず対応技術の修得とその水準の向上が主な目標となる．また，防災訓練には実際の災害対応時に予想される問題点を洗い出し，訓練内容や対応計画を改善するという目的もある．

一般に防災訓練と呼ぶ場合，消火方法や救助方法等の対応技術の修得を目的とした**実働訓練**をさすことが多い．しかし，実働訓練に加え，**机上訓練**と呼ばれる防災訓練も存在する．机上訓練とは，複数人でテーブルを囲み，災害の被害想定を行ったり，その対策等について議論したりする訓練である．机上訓練のうち，地図を用いて行うものを特に**図上訓練**と呼び，防災訓練として現在行われている机上訓練の多くは図上訓練となっている．図上訓練の代表的な方法の1つに **Disaster Imagination Game (DIG)** がある．地図を透明なビニールシートで覆い，ビニールシート上に油性ペンで情報を書き込むという形式の DIG は，1997年に自衛隊の指揮所演習を参考に開発された手法である（小村・平野, 1997）.

実働訓練は，表に示すように参加団体数によって2つに大別することができる．参加団体が単一の訓練としては，例えば消防隊員による火災の消火訓練や救助訓練などが該当する．また，学校における避難訓練も多くの場合は，こちらに該当する．この訓練では，参加団体の対応技術の修得を目的とすることが多く，継続的に繰り返すことで，技術修得ならびにその水準の向上を目指す．一方，複数の団体が参加する訓練としては，毎年9月1日の防災の日前後に全国各地で実施されている**総合防災訓練**などが該当する．この訓練は，各団体の対応技術の修得ではなく，災害発生時に他の団体と円滑に連携をはかるための体制の整備を主な目的としている．

実働訓練の場合，防災訓練の規模が小さければ小さいほど（＝参加団体数が少ないほど），訓練を継続的に「繰り返す」という実働訓練の特徴から，対応技術の修得は行いやすい．例えば，学校における避難訓練はその代表例であるといえ，繰り返される実働訓練によって，児童・生徒らは避難に必要な技能を身につけることができる．

一方，防災訓練への参加団体数が増え，訓練が大規模化すると，「繰り返す」頻度が低下し，高度な対応技術の修得は困難になる．さらに，訓練が大規模化すると**劇場**

表 実働訓練の区分

参加団体数	単一	複数
訓練の主な目的	対応技術の修得，水準向上	他団体との連携強化
代表的な訓練	消防隊員による救助訓練　学校における避難訓練	総合防災訓練
観衆の数	比較的少数	比較的多数

型訓練と呼ばれる事前に想定されたシナリオに基づいた訓練になることが多く，防災訓練の目的の1つである問題点の抽出という側面が弱まることになる．また，劇場型訓練は，劇場という名の通り少数の訓練参加者と多数の観衆という構図に陥りやすく，防災訓練に直接的に関与できる人が限られるという問題もある．

近代化した社会においては，災害は社会的分業体制が崩壊した状態と定義することが可能である．この定義に従うならば，参加団体が単一の訓練は，各団体が担っている社会的役割の深化を目指す活動と理解できる．一方で，総合防災訓練に代表される参加団体が複数の訓練は，社会的分業体制の崩壊を防ぐための活動であると同時に，その限界をも理解するための活動である．総合防災訓練，とりわけ劇場型訓練はうまくいけばいくほど，「いざというときは頼りにできる専門家」というイメージを観衆に与えてしまう可能性がある．しかし，こうした専門家のみによる対応，すなわち社会的分業としての防災の限界を超えた時が災害と呼ばれる状態であることから，実際に巨大災害が発生した時に訓練で目にするような対応を望めるのは被災地域のごく一部であると予想される．参加団体が複数となる訓練では，こうした分業化された防災に常に頼ることができるかのような印象を与えないようにする配慮が必要である．

実働訓練においては，訓練に直接的に関与し，多様な参加団体との協働を行うことができれば，分業化された防災の限界について学ぶことができるといえる．しかし，上述のように総合防災訓練では，参加者に比べ観衆が多く，訓練で協働ができる人数は限られている．こうした問題に対処する方法の1つとして机上訓練を活用する方法が挙げられる．例えば，DIGを行う際に，参加者が実際に所属する団体の一員として参加するのではなく，異なる団体の役割を演じることで，他の団体の役割とその限界について深く考える機会を得ることが可能となる．

防災訓練をより一層有意義な活動とするためには，実働訓練と机上訓練を適切に組み合わせて実施することが必要である． (城下英行)

〔文献〕
小村隆史・平野昌 (1997)「図上訓練DIG (Disaster Imagination Game) について」『1997年地域安全学会論文報告集』pp.136-139, 地域安全学会.

▶ 関連項目 防災教育 (10-4), 防災教材・ツール (10-6)

10-6　防災教材・ツール

> **ポイント：** 災害時に「すべきこと」を記載する防災マニュアルに頼りすぎないよう，そのつど様相を変える災害に臨機応変に対応できる力を養う存在として，各種の防災教材・ツールがある．

　阪神・淡路大震災以降，防災教育は大きな変化を遂げた．その1つに方法論の変化がある．それまで主流であった避難訓練や知識を伝達する教育に加え，「参加型」「体験型」の防災教育プログラムが増えた．防災教育において知識や過去の災害経験を学ぶことは必要不可欠であるが，災害はその都度形を変え，地域や形態によっても被害の様相は異なることから，過去の災害とまったく同じ状況が起こるとは限らない．災害時に有効な知識として学ぶためには，過去の災害時に問題となったことだけでなく，判断には困ったが幸い大きな問題にならなかったことや，危うく大きな被害になった可能性があること（**ヒヤリ・ハット**）を含めて学ぶ必要がある．現在，各地で様々な防災教材・ツールが開発され，活用されている．

　防災教材・ツールの代表的なものに，**クロスロード**（図1）がある．クロスロードは，ゲーミングの手法を用いた教材の1つであり，災害時に人々が経験するジレンマを素材とした問題が提示される．例えば，「被災から数時間．避難所には3000人が避難しているとの確かな情報が得られた．現時点で確保できた食料は2000食．以降の見通しは，今のところなし．まず2000食を配るか？」といった課題に対し，参加者は自分ならどうするか，YESかNOかの決断を迫られる．通常，ゲームは5人もしくは7人1組のグループで，参加者に配られたYES/NOカードを裏向けで提示し，一斉にオープンし，自分とは異なる意見をもつ人と意見交換をする流れで進められる．クロスロードでは，参加者たちは，同じ問題を考え，同じYESの答えを提示したとしても，それぞれが想像した状況や，判断の根拠の違いを感じることになる．それぞれ

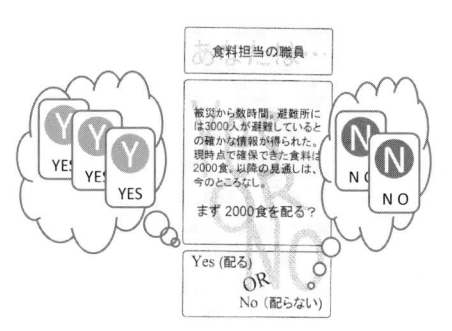

図1　クロスロード　　　　　**図2**　ぼうさいダック

第10章　事前教育

がもつ多様な視点や考えを知り，自分との相違点に出会った時に，参加者は「答えが1つではない」ことに自然と気づいていくようになっている．したがって，クロスロードの問題に，唯一無二の「正解」はない．クロスロード教材は，答えを教えてくれるツールではなく，意見交換の上で多様な視点やヒヤリ・ハットの段階での気づきを与え，与えられた状況下でYESかNOかの判断をするためどのような条件が必要なのか，参加者が自分たちで考え始めるきっかけを与えるものである．

一方で，正しい対処法が明らかで「適切な対応」を学ぶためにプレイする教材もある．**ぼうさいダック**（図2）は，幼児向けの教材として開発されたものであり，災害が起こった時に即座にとるべき行動を，論理的知識としてではなく（知識知），反応として身体に覚えてもらう（身体知）ことを目的とした教材である．図2は，地震の時には「頭を守る」対応をすべきものを教えるカードで，表に災害が，裏には対応行動ととっている動物が描かれている．カードは，津波，水害，台風，雷などの自然災害だけでなく，蜂，あいさつ，交通安全などのものも準備されている．参加者は，災害時の対応行動をまず動物がとっているポーズで覚える．その後，災害の言葉を聞いたらより早く正しい対応行動のポーズを自然と身体が反応するまで何度も繰り返す．

多くの場合，人は「〇〇の状況下では，△△すべき」という唯一無二の正解を求めており，**防災マニュアル**には「すべきこと」が記載されている．しかし，防災マニュアルに頼りすぎると，災害時に，少しでも違う状況が発生した場合，マニュアルに記載されていないことは対応ができなくなる可能性がある．「知っておくべきこと」「すべきこと」を教示する防災マニュアルは，一方で，それ以外は「知らなくてもいい」「しなくてもいい」として発展性や主体性がなく災害時にうまく活用されない可能性もある．

防災教材・ツールは，防災にとって必要な知識や過去の災害経験などを効果的に学ぶ手法として開発されてきたが，参加者による「気づき」を反映し，それまでは見えなかった問題やこぼれおちていた内容を明確化する形で進化し続けている．クロスロードは，阪神・淡路大震災の際に神戸市職員が実際に直面したジレンマが素材として開発されたが，その後，市民編，災害ボランティア編などが加わった．ぼうさいダックは，世界へと伝わり，海外の災害事情に合わせた新しいダックカード（例えば火山災害版）も開発され，現地向けにアレンジがされている．

防災教材・ツールのもつ重要性は，活用を通じて新たな課題に気づき，教材が参加者とともに発展していくプロセスの中で，マニュアルに記載されない現場での力を向上させるところにある．

〔舩木伸江〕

➡ **関連項目** 防災教育（10-4），防災訓練（10-5）

10-7 災害伝承

ポイント： 日本は繰り返し災害を経験してきた．そのため，各地に災害に関する伝承が残されており，実に多種多様である．災害伝承は，ときに姿を変えながら，時代や地域を越えて災害による被害軽減に大きな役割を果たしている．

災害伝承とは，ある社会の中で生み出された過去の災害に関する情報を未来へ伝えていくことである．数百年，数千年に一度しか発生しないような巨大災害に関する災害伝承は，防災・減災のために極めて大切なことである．それは，我々が一生のうちに複数回経験することではないため，自身の経験に基づいて適切な判断ができないからである．災害伝承は，伝えられる情報の種類（被害の情報，教訓，被災者の思いなど），情報を伝える媒体の種類（石碑，災害の体験者，芸術作品など），伝える方法（家庭教育，学校教育，祭りなど）などによって多種多様である．以下にそれぞれ注目すべき特徴のある日本における災害伝承を事例としてとりあげ解説する．

●事 例

① 語り部： 阪神・淡路大震災記念 人と防災未来センターの「語り部」による来館者への被災体験の語りは，災害の体験者が自身の経験として1995（平成7）年阪神・淡路大震災の被害の状況や教訓などを次世代に伝える取組みである（人と防災未来センター，2011）．発災当時まだ児童や幼児だった語り部も「ユース震災語り部」として誕生している．語られる内容は，語り部自身のその後の経験や環境の変化によって，時の経過とともに変化していく．いずれも災害の経験が直接の体験者によって語られるため，災害を経験したことのない人々が本物に接する機会になる．

② 津波てんでんこ： 津波によって家族が皆，犠牲になるというような悲惨な災害―例えば，1896（明治29）年明治三陸大津波―を繰り返し経験してきた三陸地方に伝わる言葉である（山下，2008）．自身で直接語り伝えられなくなった体験者の様々な思いがこの短い言葉に託されている．矢守（2012）は少なくとも4つの意味があると指摘している．中でも最もよく知られているのが「津波の時だけは親子でも兄弟でも人のことは構わずに，てんでバラバラに一目散に逃げなさい（自助原則の強調）」という意味である．2011（平成23）年，再び同地方を巨大津波が襲った東日本大震災を経て，津波災害におけるてんでんこの

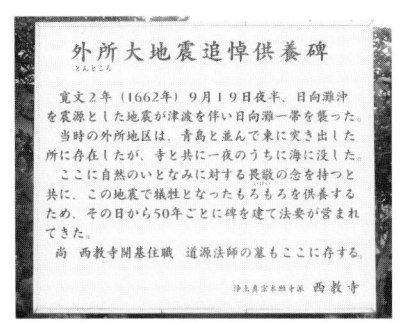

図1 供養碑を解説する看板（2011年6月6日撮影）

図2　7基並んでいる供養碑(2011年6月6日撮影)

実践の重要性が広く知られるようになった．

③ 稲むらの火：「稲むらの火」は，高台にある自宅から異様な引き潮を目撃し，収穫後積み上げてあった稲むら（稲束）に火をつけ，消火に集まった村人たちを大津波から救った五兵衛の物語である．和歌山県広村の浜口梧陵が1854（安政元）年安政南海地震による大津波から村人を救った実話を元に描かれたフィクション物語である．地域における津波からの早期避難を実現するために一人ひとりが重要な役割を担いうることを教えてくれている．

この物語は，小学5年生用の国語の教材として，1937～47（昭和12～22）年（昭和南海地震が発生した翌年）まで使用された．その後は，教科書から姿を消したものの，マンガ（環境防災総合政策研究機構，2005）や人形劇（NPO法人 人形劇プロジェクト 稲むらの火，2011）など様々な形で現在に伝えられている．また，浜口梧陵の活躍は伝記（「百年後のふるさとを守る」）となって平成23年度から小学5年生用の教科書（光村図書）に復活している．2004年インド洋大津波後は，59の言語に訳されるなどし，広く世界にも知られるようになった（アジア防災センター，2011）．

④ 供養碑：災害伝承は，何百年という時を超えて伝えられなければならない．これについては，宮崎市木花地区に建立されている1662（寛文2）年日向灘地震（外所（とんどころ）地震ともいう）とそれに伴う津波による犠牲者を供養するための供養碑が興味深い．同地区の鳥山集落では50年ごとに供養祭が行われており，その度に新しい供養碑がそれ以前の碑の隣に並んで建立されている（図1, 2）．直近の建立は2007（平成19）年で7基目になる．古いものは石碑の風化が進んでいる．それぞれに風化の度合いが異なる7基の石碑からは，同災害の経験を未来に伝える営みが約350年間途絶えることなく続けてこられたことの価値を感じさせてくれる．　　　（奥村与志弘）

〔文献〕
人と防災未来センター（2011）「震災を語る」(http://www.dri.ne.jp/shiryo/katari.html).
矢守克也（2012）「「津波てんでんこ」の4つの意味」『自然災害科学. J. JSNDS』31(1): 35-46.
環境防災総合政策研究機構（2005）『歴史マンガ浜口梧陵伝』文溪堂.
NPO法人 人形劇プロジェクト稲むらの火（2011），http://red.zero.jp/inamura/.
アジア防災センター（2011），http://www.adrc.asia/publications/inamura/top.html.
山下文男（2008）『津波てんでんこ　近代日本の津波史』新日本出版社, p.28.

➡　関連項目　防災教育（10-4），災害文化（10-8）

10-8 災害文化

ポイント： 災害文化は発災前から復興までの時間軸に及ぶ，災害経験に基づいた災害観や災害への知恵や教訓などをさす．防災教育の他，モニュメントや建築物，災害遺構，周年行事や追悼行事を通した継承がはかられている．

「災害文化」はヘンリー・E・ムーア（1964）がdisaster cultureとして提唱した概念である．ムーアはハリケーンの常襲地において，災害前の警戒期から発災後の対応に至る局面で災害対応のセットが確認できるとし，これを**災害文化**と名づけた．この概念が日本に本格的に取り入れられたのは，1980年代になってからのことである．当初は，**災害下位文化**（disaster subculture）として，理論的研究，実証的研究ともに展開していった．「災害文化」が「下位文化」に位置づけられた理由について，林春男（1988）は，① 関連する地域の空間的限定性，② 災害時だけを扱うという時間的限定性，③ 日常生活とは独立した災害だけのための文化という限定性，④ 一部の人だけにしか共有されていないという限定性という4点を示している．

日本における災害文化は，「個人や組織の災害経験を定位し，防災，減災のための心的対応と適切な行動の生起を計り，組織の機能維持と適応能力の向上を可能にする」（広瀬，1984）ものという定義が，長く支持されている．具体例としては，「地震の後には津波が来る」というような知識，そして「津波てんでんこ」のような行動規範を伴う教え，木曽の輪中に代表される技術のように，繰り返しの被災体験から生まれた災害へ知恵や教訓も広く災害文化として認識されてきた．

災害文化の防災・減災のための機能と同時に，逆機能にも注意すべき必要がある．過去の災害体験を元に被害を過小評価し，判断を誤って被害を拡大させてしまうということが，これまでにも起こっている．

また，阪神・淡路大震災を契機として，特定の災害から得られた教訓を社会全体の災害文化として位置づけていくための議論が活発になっていった．その中では，災害救援の文化，ボランティア文化のように，災害に関わる特定の領域に関わる，災害文化の下位文化が表れていった．加えて，阪神・淡路大震災後には，防災や減災に特化した災害文化としての**防災文化**，**減災文化**という言葉も使われるようになってきている．北海道の有珠山では，火山学者を中心として「減災文化」の概念が提唱されている．これは，有珠山には「恵み」という側面と，噴火発生時にもたらされる「災害」という側面がある．そのどちらも知った上で，平常時は「恵み」を受けつつ，噴火の際には避難をするなど，「災害」による被害を軽減させながら，火山と共生していこうという考え方である．

災害を契機として形成される災害文化には，どのようにその災害を解釈しているか，

災害一般についてどのように考えているのかという災害観が反映されている．そして，直接の被災体験をもつ被災者とそうではない人々に対し，どのように災害文化を継承していくかという課題がみられる．この災害文化の継承に関わる取組みについては，学校教育や社会教育における防災教育と結びついた方法が一般的である．その代表例は，語り部による語り継ぎである．学校への出前授業，観光客への発信など，地域内外への伝承活動を行っている．

災害文化の継承に寄与するものとしては，モニュメント，災害ミュージアムや災害遺構，周年行事・追悼行事などが挙げられる．モニュメントは，犠牲者のあった災害では追悼の意味と同時に，災害の記憶を伝えるものともなっている．また，岩手県宮古市姉吉地区に伝わる「此処より下に家を建てるな」と記された石碑のように，災害教訓を伝えるモニュメントも全国各地に残されている．災害ミュージアムは，災害のメカニズム，地域の災害体験や記憶，教訓を伝える展示施設である．**災害遺構**は，災害により破壊された建物などの残存物や，災害により生成したものである．特に津波被災地では，被害規模が大きいほど，あらゆるものが海へと流されてしまい，災害の記憶を伝えるモノが残りにくいという課題がある．そのため，災害遺構の保存が災害を伝えるモノの有無に直結してしまう．また，有珠山や雲仙普賢岳では，火山活動で生成した断層や被災した建物などを保存し，ジオパークとして観光と防災に活用している．これら災害ミュージアムや災害遺構は，災害を直接経験していない地域内の人々や観光客へのアプローチとして活用されている．**周年事業**は，犠牲者のあった被災地では追悼行事として開催されることが多い．**追悼行事**は，犠牲者を悼むための場であるが，周年事業として繰り返し実施し，その中で被災体験をもたない人々の参加を促すことで，世代間の継承の場としても機能することができる．

〈定池祐季〉

〔文献〕
林　春男（1988）「災害文化の形成」『応用心理学講座3 自然災害の行動科学』福村出版，pp.246-262．
広瀬弘忠（1984）『生存のための災害学 自然・人間・文明』新曜社．
定池祐季（2010）「噴火常襲地における災害文化の形成と継承—有珠山周辺地域の壮瞥町を事例として」『地域社会学会年報』**22**：97-111，地域社会学会．

➡　**関連項目**　防災教育（10-4）

10-9 災 害 観

> **ポイント**： 災害観とは，災害そのもの，災害の原因，災害時の人間行動など災害について共通する観念のことである．世界有数の災害国である日本の人々には，天譴論，運命論，精神論と呼ばれる独特の観念の存在が指摘されている．

　日本は地震，津波，台風，噴火などを数多く経験してきた，世界でも有数の災害国である．そのため日本人には独特の，災害について共通する観念が形成されてきた．廣井脩によれば，日本人にはおおむね3つの**災害観**があるという．
　1つが**天譴論**である．「天が人間を罰するために災害を起こす」という観念である．この考え方は元々，儒教的な思想で，災害は為政者に対する譴責とされた．だからこそ為政者は被災者を救済し，善政を行わなければならないとされる．関東大震災後は澁澤榮一や内村鑑三らによって，原義を離れて，腐敗堕落した社会一般，堕落した人々に対する天の戒めとして天譴論が語られた．
　2つ目が**運命論**である．自然災害によってもたらされる災害，人間の生死を分岐するような出来事は避けることのできない運命と考え，これを甘受する姿勢のことをさす．実際に津波，火炎旋風，土砂災害など時に災害は，後から考えても，その被害を防ぐことが困難であるといった事例も少なくない．災害被害を運命と考える傾向は，事態の悲劇性を弱め，心を落ち着かせ，かつ復興へのバネとすることができる一方，自然災害に対する「あきらめ」につながり，災害被害における教訓を得ることをせず，その後の災害対策を怠る大きな要因になる．
　3つ目が**精神論**である．人間の精神や心構えを強調することによって災害に対峙するべきとする観念である．自らを律し，怠惰な生活を反省し，生活態度や精神を見直すことこそ，この大災害を克服する道であるという考え方である．関東大震災後の帝都復興の過程でも「精神復興」というスローガンがよく使われた．
　なお，広義の意味での災害観とは，災害とは何か，なぜ起こるのか，災害において人々はどのように振舞うのかについての観念の集積であるといえる．災害について人々がなんとなく抱いている観念に他ならない．
　現在，自然災害に対して地震学や気象学などの学問的知見を前提に，政府・行政と研究者らが共同で災害被害を想定し，それに備えるという方策がとられているが，自然災害そのものに対する見方も「科学的災害観」という災害観の1つである．ゆえに，想定以上の，想定していない場所で起こる災害よりも，想定されている場所で起こる災害，想定規模の災害の対策が優先されることになる．
　例えば，地震の原因については地球物理的な研究が進むまでは文化によって様々な見方がなされていた．日本では地中に鯰が眠っており，この鯰が騒ぐことで地震が起

こるとされた．カリフォルニアのあるインディアン部族は亀が，インドでは象が陸地を支え，これらが動くことで地震が起こるという伝説がある．科学的な理解がない段階で，地震を解釈しようとする災害観の1つである．

また，災害における人間観も広義の災害観の一つである．災害時には，実際にはあまり発生しないのに，多くの人によって発生すると信じられていることを**災害神話**（Disaster Myth）という．みながそのように信じているが，実際にはそのようなことが起こることは少ないという意味で「神話」という．世界的にも共通してみられる現象であるが，これもまさに災害時の人間に対する観念を表している．この例としては，災害後，犯罪は実際には減ることが多いのだが，犯罪が増加すると一般的に信じられていることを**犯罪神話**という．また，パニックが発生しやすいと考えられていることを**パニック神話**という．

● 事 例

東日本大震災の後，石原慎太郎東京都知事（当時）は物不足を前にして「津波を利用して我欲を洗い落とす必要がある．日本人のあかをね．やっぱり天罰だと思う」と述べた．天譴論である．

養老孟司は『復興の精神』の中で「精神の復興需要」が始まるといい，生活そのものを見直すことが求められてくると述べている．そして震災後，人々の精神的なつながりなどによって，困難を日本として克服していこうという表明が多くの人々，メディアからなされることとなった．「がんばろう日本」「絆」などのスローガンを含め，精神的に災害を克服しようという表明が多くなされた．これは精神論である．

また「津波の前で人間は無力だ」と多くの人が語る．「われわれ日本という国は，古代からこのような津波災害，巨大災害を経験し，生き延びてきた」という運命論的な発言が災害後，よく聞かれる．こういった運命論的な価値観は，この災害の教訓を踏まえても，なお災害対策をとらないこと，リスクを抱えたままの地域が残存することを正当化し，災害前とほぼ同様のリスクを抱えたままの状態を維持することにつながる．そして課題や教訓は風化し，災害被害は繰り返し発生してしまうのである．研究対象としてだけでなく克服対象としても災害観を考える必要がある． （関谷直也）

〔文献〕
廣井 脩（1995）『新版　災害と日本人　巨大地震の社会心理』時事通信社．
養老孟司（2011）『復興の精神』新潮新書，新潮社．

➡ 関連項目　パニック（12-2），うわさ（12-4）

10-10　防災知識の普及・啓発

> **ポイント**：　防災知識の普及・啓発を考える時，防災に関する「専門的な知識」，すなわち普遍的な知識と，地域的事情に根ざした「ローカルな知識」との関係をどのように取り扱うのかが重要となる．

　防災に関する学術的，専門的知見や技術がいかに進捗しようとも，防災の究極的な目標—人びとの命・財産を守ること—の実現のためには，最終的に，一般の人々が防災について有する**日常の知恵**，あるいは，災害に対する姿勢や態度が重要となることは論をまたない．防災知識の普及・啓発が重要視されるのは，このためである．

　この時，特に現代社会においては，防災に関する**専門的な知識**（多くの場合，いつでもどこにでもあてはまる普遍的な知識とされる）と，固有の地域的・歴史的事情に根ざした知恵（**ローカルな知識**）との関係をどのように捉えるかが，大切な課題となる．なぜなら，もともと不確実で予測困難な突発的事象，すなわち，自然災害をとり扱う防災の領域においては，普遍的とされる知識といえども，しばしば「想定外」の事態に裏切られてきたからである．

　特に近年，例えば地球規模の環境変化によって「未曾有」と形容される自然現象が頻発することに加え，社会システムの複雑化・高度化に伴う専門性の細分化（蛸壺化）によって，防災に関する専門的な知識の普遍性に疑問符が付される事態が生じている．私たちを取り巻くリスクを，総体として理解している者は誰もいないのではないか，あるいは今後もそのような者は登場しないのではないかという不安によって彩られる社会，すなわち，ウルリッヒ・ベック（1998）のいう「**リスク社会**」の到来である．

　他方で，防災に関するローカルな知識は，その適用性が限定されることはいうまでもないが，いくつかの点で，有用性を発揮しているようにもみえる．まず第1に，表現が簡明で受容性に優れる点を指摘できる．ローカルな知識は，例えば，「地震，まず火を消せ」「津波てんでんこ」「大雨のときは，××沢の様子を見よ」など，簡潔な警句や**ことわざ**として表現されていることが多い．これによって，ローカルな知識は専門的な知識よりも，強い伝播性と高い定着性を有する場合もある．

　第2に，ローカルな知識は，地域固有の事情を踏まえ日常生活に根ざしているため，現実的な実行可能性が高い．例えば，地域のお祭りが災害時の炊き出しの予行演習として機能していたり，年1回の地域の一斉清掃が町の危険箇所の発見や保守・点検，さらには，住民間のコミュニケーション強化につながっていたりするような場合である．つまり，矢守（2011）が「**生活防災**」という用語で表現しているように，ローカルな知識とは生活の総体（まるごとの生活）に根ざし，ローカルな生活文化として定着した防災・減災のための日常の知恵だと位置づけることができる．

第3に，ローカルな知識をめぐっては，知識を伝える者と伝えられる者との間に，独特の信頼関係が存在する点も重要である．例えば，上述の「津波てんでんこ」は，三陸地方沿岸で祖父母からその子ども，さらに孫の世代へと，家族や親族の人間関係の中で語り継がれてきた(矢守, 2013)．「死んだおじいちゃんが口を酸っぱくして言っていた」という関係性が知を信へと変換し，ローカルな知識を，「わかっちゃいるけどできない」ことではなく，実際に実行するための知恵へと昇華させているといえよう．以上のような長所があるため，ローカルな知識は，「普遍的な知識」を，少なくとも補完する役割，時にはそれを凌駕する大きな役割を，防災の領域で果たしてきた．
　もっとも，ローカルな知識がいくつかの重大な落とし穴（**通説に潜む危険**）を伴っていることも，また事実である．落とし穴は，主として3種類ある．
　第1は，ローカルな知識が，普遍的な知識，すなわち，他の地域や後世に伝承しうる知識としては，端的に誤っているという場合である．「津波は常に引き波から始まる」，「土砂災害には必ず山鳴りなどの前兆現象がある」などが，その典型例である．
　第2は，社会・文化的状況の変化に伴って，知識の妥当性が疑わしくなる場合である．例えば，上で触れた「地震，まず火を消せ」は，あくまでも，特定の生活形態（火を出しやすい加熱器具，木造家屋など）を前提にした知恵である．よって，加熱器具に発火を防ぐ性能が付加されたり，あるいは，そもそも加熱器具の種類そのものが変化したりするなど，その前提に変化があれば，知恵自身の更新も当然求められる．
　第3の落とし穴は，自然的条件の変化速度が社会・文化的条件のそれよりも早い場合に生じる．例えば，短期間に極端な気候変動が生じれば，特定の地域におけるハザード特性が大きく変わり，「××沢の様子を見に行く」ことは，知恵どころか単に危険な行動になってしまうかもしれない．
　いずれにしても，現代では，防災知識の「普及・啓発」という言葉づかいそのものが，専門家が有する専門的な知識を一般の人々にお知らせするというフレームワークを含意する点で，時代遅れのものになりつつある．今後は，「普及・啓発」の内実を，ここでいう専門的な知識とローカルな知識の融合，あるいは，両者の間の葛藤の調整といった中味に変換していく必要がある．
　　　　　　　　　　　　　　　　　　　　　　　　　　　　　　　　（矢守克也）

〔文献〕
ベック（東　廉・伊藤美登里訳）(1998)『危険社会—新しい近代への道』法政大学出版会．
矢守克也 (2011)『増補版〈生活防災〉のすすめ—東日本大震災と日本社会』ナカニシヤ出版．
矢守克也 (2013)『巨大災害のリスク・コミュニケーション—災害情報の新しいかたち』ミネルヴァ書房．

➡　**関連項目**　防災教育 (10-4)，災害伝承 (10-7)，災害文化 (10-8)

●コラム 11●　日常生活・習慣と災害心理

　第五福龍丸被爆事件の直後，黒澤明が監督した『生きものの記録』（1955 年，東宝）という映画がある．核戦争の脅威から逃れるために全財産を投げ打ってブラジルに移住しようという老人（三船敏郎）が主人公である．日常の生活を優先しようとする家族からその移住を反対・非難され，準禁治産者とされ，次第に平常心を失っていく物語である．低い確率のリスク回避と日常生活どちらを選ぶのが正しいのか——これがこの映画のテーマである．
　防災も同様である．人は自分が災害の被害にあうことを普段はほとんど考えない．日常生活において，常に地震やテロなどが発生することを考えていたら，生活が営めない．
　例えば，豪雨災害においては逃げ遅れ，避難しない人が問題になる．だが，避難しないといっても，それは「日常」を継続しているにすぎない．例えば日本の国内にいる限り「雨」の降らない地域はない．この意味で「雨」は日常の出来事である．雨が降っているから車で自宅に帰ろうとするのであり，家の中に留まろうとする．それが普通の「雨」でなくなるとき，すなわち集中豪雨という「異常」事態になると災害になるわけだが，その日常と異常の境界を人間が確知することは極めて難しい．
　避難情報の覚知として「サイレン」も典型的である．「日常」において，警報機やサイレンがなる時は，ほぼ故障・誤報，いたずらである．よって火や煙が確認されない場合は，サイレンが鳴っただけではすぐに危機感を覚えるという人は少ない．いざ災害というときに戸別の防災行政無線の電源が入っていないために情報が伝わらないということはよくある．情報面でも「異常」を伝えるには，「日常」を突破しなければならないのである．
　メディアも日常生活の延長線上にある．台風や土砂災害，豪雨災害の時，テレビはテロップや L 字などの情報提供で対応し，「異常」を伝えようとする．だがバラエティ番組やドラマなど「日常」の放送が行われている中では，「異常」という危機感は伝わりにくい．
　教育によって防災を「日常」の中に組み込もうという動きも盛んである．訓練による刷り込みで，災害を「日常」に近づけるべく訓練が繰り返されるが，それは想定外の「異常」現象への対処が困難になるということを意味する．
　そもそも災害は「異常」なのである．「日常」ならば災害ではない．住民に情報を伝達する，住民を避難させるという点においてこのジレンマを克服することが 1 つの鍵になる．

（関谷直也）

第4部　災害心理

第11章　避難の心理

11-1　プレビュー：避難の心理

> **ポイント**：　第11章では，入手した災害情報を評価し，避難行動へと結びつけていく個々人の心的過程に関する重要語句を概観する．

　災害情報が有効であるためには，それが適切な防災・減災行動，避難行動に結びつくことが求められる．ここに，災害情報のわかりやすさが喧伝される所以がある．しかし，わかりやすさとは，単に用いられる言葉や表現をやさしくすることだけではない．情報の受け手が危険性を理解し，避難行動を生起する．そのためには，受け手が災害情報の内容から危険性をどのように評価し，避難の意思決定をする心理過程の理解を抜きに議論できない．

　避難行動に限らず，人間は環境の変化に対応していく適応システムとみることができる．そうであるとすれば，下記に示したように，予警報など災害情報をinputとし，それを評価し，避難行動をoutputとする一連の過程とみることができる．

$$\boxed{\text{input} \ \rightarrow \ \text{評価} \ \rightarrow \ \text{output}}$$

　inputは，第1章や第15章で紹介された予警報や避難勧告・指示などの情報として与えられる場合もあれば，地震動や降雨といった外力として直接的に覚知される場合もある．しかし，降雨に代表されるように連続的に変化し，日常的な現象と，被害が発生したり，避難が必要となったりする危険な現象とを判断しにくいことも多い．また，上流の雨が下流の氾濫を引き起こしたり，土壌中の水分が土砂災害を引き起こしたりする事例のように現象の変化をそもそも覚知できないことも少なくない．これらの場合には，人間の感覚器では捉えられない変化を各種センサーで把握し，今後の推移を科学的に予測し，危険性を伝える情報に意思決定は依存せざるを得ない．

　問題は，送り手の意図通りに災害情報の内容が受け止められ，また避難に結びつくわけではないということにある．個々人がもっている信念や態度，置かれた状況などに応じて，災害情報は評価され，意味が理解される．この問題に対して，これまで多くの「避難意思決定モデル」（11-2）が提唱されてきた．これらのモデルでは，性別や年齢などのデモグラフィック要因や知識，災害観，リスク認知など，避難の意思決定を規定する多くの「避難の促進・抑制要因」（11-3）が扱われている．促進・抑制要因は，避難の実行可能性など物理的環境や避難に対する地域の規範や社会関係など社会的な環境条件も含まれる．このうち，社会的な環境に関する要因のいくつかは第12章で扱われている．

　災害情報の評価は，認知的な偏りに規定される．この認知的な偏りは，個人差はあるが，ある程度一般的な傾向もみられる．災害情報の領域では「正常化の偏見」（11-

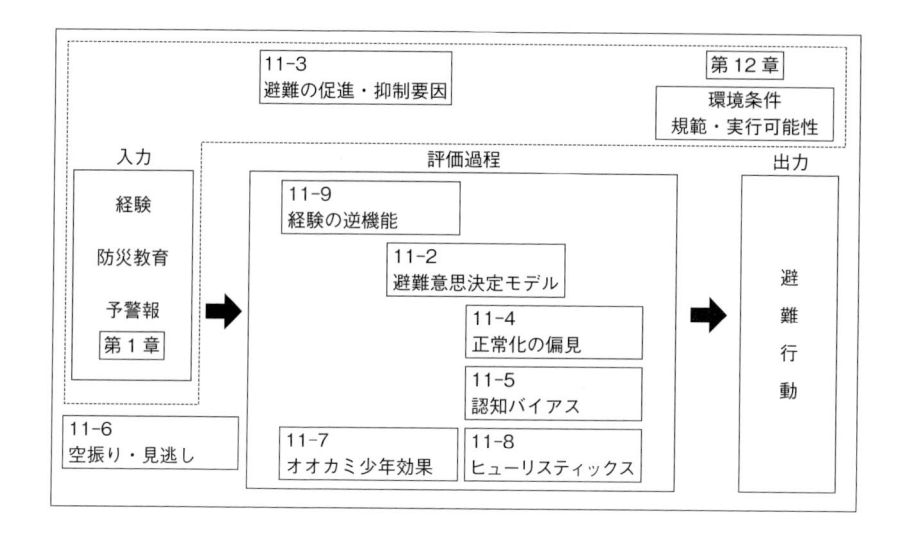

```
┌─────────────────────────────────────────────────────────────┐
│              11-3                          第12章            │
│              避難の促進・抑制要因            環境条件          │
│  ┌──────┐  ┌───────────────────────┐      規範・実行可能性   │
│  │ 入力 │  │      評価過程          │    ┌──────┐           │
│  │ 経験 │  │ ┌─────────┐           │    │ 出力 │           │
│  │防災教育│ │ │ 11-9    │           │    │      │           │
│  │      │→ │ │経験の逆機能│         │ →  │ 避   │           │
│  │予警報 │  │ │┌─────────┐│         │    │ 難   │           │
│  │第1章 │  │ ││ 11-2    ││         │    │ 行   │           │
│  └──────┘  │ ││避難意思決定モデル││  │    │ 動   │           │
│            │ │┌─────────┐         │    └──────┘           │
│            │ ││ 11-4    │         │                        │
│            │ ││正常化の偏見│         │                        │
│            │ │┌─────────┐         │                        │
│            │ ││ 11-5    │         │                        │
│            │ ││認知バイアス│         │                        │
│  ┌──────┐  │ ┌─────────┐┌─────────┐│                        │
│  │11-6  │  │ │ 11-7    ││ 11-8    ││                        │
│  │空振り・│  │ │オオカミ少年効果││ヒューリスティックス││                        │
│  │見逃し │  │ └─────────┘└─────────┘│                        │
│  └──────┘  └───────────────────────┘                        │
└─────────────────────────────────────────────────────────────┘
```

4) がよく知られているが，いくつかある「認知バイアス」(11-5) の1つである．これらの認知の偏りは，もちろん災害に関する認知に固有のものではなく，人間の情報処理の仕方に基盤を置いている．これらの情報処理の仕方は，時に不適切な結果をもたらすこともあるが，膨大な情報を効率よく処理するために人間に備わっているものであり，通常は有効である場合が多い．その代表的なものとして「ヒューリスティックス」(11-8) という処理方略とそれ起因する認知の偏りがある．

また，災害情報は科学的な知見に基づいて生産されるが，少なくとも現時点では知見や観測データに制約があることから精度には限界がある．つまり，「空振り・見逃し」(11-6) である．その結果として懸念されるのが，「オオカミ少年効果」(11-7) と呼ばれる情報の信頼性低下の問題である．

災害情報の評価は，災害前からもっている知識にも規定される．防災教育 (10-4) や過去の災害経験によって作り上げられる．このうち，過去の災害経験は，しばしば「経験の逆機能」(11-9) といわれる不適切な行動を誘発することが知られている．災害は発生頻度が低いために経験自体が大きく限定されるためである． (田中　淳)

11-2 避難意思決定モデル

ポイント： 避難には，危険認知による避難と，危険を認知せず結果的に避難するパターンがある．災害情報は，主に災害警報や事前教育などにより危険認知を促進し，避難を促す役割をもつ．

避難とは一般的にいえば，災難を避けることだが，厳密にいうと，そこには狭義の**避難**（evacuation）と「**退避**」（sheltering）が含まれている．前者は「予想される危険を原因とする特定地域からの退出行動」（いわゆる「立ち退き避難」）のことで，水害，津波，火災などの危険を避けて安全な場所に移動することが含まれている．他方「退避」は，留まることに主眼が置かれ，雷や有毒ガスなどを避けて屋内に留まること，洪水になって自宅の二階に上がること，あるいは生活を維持するために体育館などで寝泊まりすることなどが含まれる．ここでは前者の狭義の避難に関して，その意思決定について解説する．

危険認知による避難行動，とくに災害情報をきっかけとする避難については様々なモデルがある．例えば三上（1982）は，人々は①警報や避難勧告などから危険を認知し，②そこから被害の大きさを把握し，③被害が大きいと判断した場合には避難をする意思決定をし，④避難を実行する，という連続過程モデルを想定している．一方，田崎（1988）は連続展開過程を想定せず，避難行動には①災害の人々に脅威を与える大きさ，③その脅威が自分に迫ってくる可能性の予測，③避難のために必要なコスト（物的・精神的負担）が関わっていると言っている．避難行動にどのような要素が促進または抑制要因として関わっているかについては，これまでに多くの研究がある．

しかし避難行動には，危険を認知したうえでの意思決定ばかりでなく，別の要素によるものある．例えば交通規制で自宅に戻れなかった，家族や近所の人の誘いに従った，消防団の呼びかけに従ったなど．これらは**社会的要因**による避難という．

中村（2008）は，危険認知と社会的要因の2つを中心にしたモデルで避難の諸要因を整理しようとしている（図）．ここではまず危険認知のきっかけとして，①地震を感じて津波の危険を感じるなどの前兆現象，②警報や避難勧告なとの災害警報を見聞きすること，③実際に家に洪水の水が入ってきたなどの直接的来襲の3つが想定される．これらが災害の危険認知につながるが，そこには危険があるという認知と，それが自分自身に迫っているという認知，すなわち**個人化**（personalization）された危険認知がある．避難の決定と実行には後者が特に重要である．危険の認知には様々な促進または抑制の要因が想定される．例えば，噴火など災害が起きそうなことが認識されやすい自然現象であること，警報の伝達内容やメディアが適切であること，自宅が災害の危険地域にあることを知っていること，地域の災害に関する言い伝えを知って

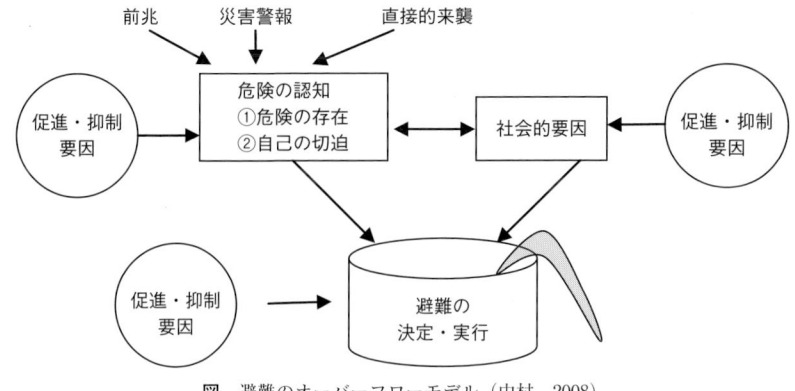

図　避難のオーバーフローモデル（中村，2008）

いること，などは危険認知の促進要因である．逆に**正常化の偏見**（11-4）や**経験の逆機能**（11-9）などの心理作用は危険認知の抑制要因として働く．

　このモデルではもう1つの要因として社会的要因がある．そこには家族や地域社会の結びつきの強さなどが促進または抑制要因として働く．そして危険認知と社会的要因は一緒になって避難の決定・避難行動の実行につながる．両者の関係は足し算の関係で，合計があるレベルを超えれば避難につながる．これは，ちょうど危険認知のタンクと社会的要因のタンクから水がバケツに注がれ，一定の水位を超えてあふれ出れば避難を決定・実行するという，水の越流に似ている（**オーバーフローモデル**）．そして避難の決定と実行の段階にも，様々な促進または抑制要因が想定される．例えば避難のために効果的な移動手段があること，避難所が近くにあること，あるいは住民が具体的な避難の計画をもっていることなどは避難の決定と実行を促進する．逆に，避難に援助を要する人がいること，災害時に家族が一か所にそろっていないこと，仕事中で手が離せないこと，ペットや家畜がいることなどは，避難の抑制要因となる．

　こうした避難モデルによって，避難には様々な要素が関係していることを理解し，避難促進対策において見落されている要素がないかを点検することが重要である．

（中村　功）

〔文献〕
中村　功（2008）「避難の理論」『災害危機管理論入門』（吉井博明，田中　淳編）弘文堂．
三上俊治（1982）「災害警報の社会過程」東京大学新聞研究所編『災害と人間行動』東京大学出版会．
田崎篤郎（1988）「火山噴火・水害時における避難行動」安倍北夫・三隅二不二・岡部慶三編『自然災害の行動科学』福村出版．

➡　関連項目　リスク認知（10-2），正常化の偏見（11-4），経験の逆機能（11-9）

11-3 避難の促進・抑制要因

ポイント: 避難の促進・抑制には，避難先の有無といった物理的な要因も関係するが，過去の災害経験や他者の行動など周囲の状況から感じ取る危険の知覚といった心理的な要因に因るところが大きい．

避難の促進・抑制という避難行動に関しては，災害時に避難を促進あるいは抑制する要因を解明しようとする**要因研究**の他に，避難する人と避難しない人との間にはどのような人間タイプの違いがあるか，タイプ分けをすることによって特徴を浮き彫りにする**類型研究**，そして避難行動に至る（あるいは至らない）心理的メカニズムを解明しようとする**プロセス研究**がある．

これまで，要因研究においては，避難を促進させる要因として，災害の知識・教育水準，地域との関わり，家族の結びつき，情報源の信頼性などが明らかにされている．他方で，避難を抑制させる要因としては，運命論的な考え，災害弱者の存在，火事場泥棒への不安などが知られている．この他にも，避難先の有無や避難先までの距離や手段といった物理的要因も避難行動を左右する要因として挙げられる．

一般に，人間は災害に遭遇すると，不安感や状況の曖昧さから，手に入る身近な情報に行動が左右されやすいといわれている．そこでの手掛かりとなる情報とは主に，① 過去の災害経験，② 周囲の状況である．こうした情報は，避難を促進させる要因にも抑制させる要因にもなる．例えば，過去の災害経験に基づいて避難が促進されることは，**経験の順機能**と呼ばれるが，逆に過去の災害経験によって避難が抑制され，結果的に逃げ遅れなどを招いてしまうことは，**経験の逆機能**と呼ばれる．同様に，周囲の状況も避難の促進要因にも抑制要因にもなりうる（図）．

Cutter & Barnes (1982) によれば，1979年にアメリカで起きた**スリーマイル島原発事故**の際の住民の避難行動を調査した結果，住民の避難行動（あるいは非避難行動）は，隣人の避難行動（非避難行動）に強く影響を受けていたことが明らかにされている．また，Sugiman & Misumi (1988) の社会的実験によれば，災害時にリーダー（率先避難者）がうまく身近な人々（小集団）の避難誘導に成功すれば，他の人々もこの後に続き，集団避難の流れを形成できることを実証している．また矢守 (2009) は，「リ

```
過去の災害経験 ─+→ 避難行動（経験の順機能）
              ─−→ 避難行動（経験の逆機能）

周囲の状況   ─+→ 避難行動（ex. 津波てんでんこ）
              ─−→ 避難行動（正常化の偏見・集合的無知）
```

図

アリティの共同構築」という観点から，岩手県三陸沿岸地域に伝わる「津波てんでんこ」の極意は，率先避難を開始した人々によって周囲の人々に津波が迫っていることを知らせることであるとしている．

その一方で，周囲の状況によっては，自分が危険を感じていても避難が抑制されてしまうことがある．例えば，Latané & Darley（1968）の実験によれば，煙が徐々に充満してくる待合室の中で，サクラが平静を装った場合，危険を通報してきた被験者はわずか10％で，残りの90％は，咳き込んだりしながらも危険を通報することなく辛抱強く部屋に居続けたことが報告されている．これと同じ状況は，実際に韓国の地下鉄火災で生じている．

自分が危険を感じていない時には，サイレンなどの警報を耳にしても，誤報だろうと思い込んでしまい危険の知覚に失敗する．これが**正常化の偏見**である．人間は，自分が危険を感じた時でも，周囲が平然としている場合には自らが知覚した危険を押し下げてしまう傾向にある．災害発生時の不安な状況の中，お互いがお互いの行動を手掛かりにしようとする行動が集団全体で循環し，結果，誰も正しく状況を認識できていない状態が発生することがある．これは**集合的無知**（pluralistic ignorance）と呼ばれ，集団内が互いに見知らぬ者同士の時に最も強く生じる．集合的無知とは，正常化の偏見が集団全体に伝播している状況であるといえる．

●事　例

2003年に大邱市で起こった**韓国地下鉄火災**（列車放火事件）では192名の死者を出した．このうち，放火された列車での死者は6名であったが，向かい合わせの列車での死者は142名にも上った．放火された列車では，乗客が皆逃げ出したが，それから数分後に相対式ホームに対向列車が入ってきた．放火された列車は，火がどんどん燃え広がり，その煙がじわじわと対向列車内に流れ込んでいった．しかし乗客は，列車内に煙が充満していく中でも，じっと座った状態で，お互いがお互いを手掛かりにすることによって，誰も逃げ出さないまま逃げ遅れることにつながってしまった．

（加藤　健）

〔文献〕

Cutter, S. & Barnes, K. (1982) "Evacuation behavior and Three Mile Island", *Disaster*, **6**(2)：116-124.

Sugiman, T. & Misumi, J. (1988) "Development of a New Evacuation Method for Emergencies：Control of Collective Behavior by Emergent Small Groups", *Journal of Applied Psychology*, **73**(1)：3-10.

矢守克也（2009）『防災人間科学』東京大学出版会．

Latané, B. & Darley, J.M. (1968) "Group Inhibition of Bystander Intervention in Emergencies", *Journal of Personality and Social Psychology*, **10**(3)：215-221.

➡ 関連項目　災害観（10-9），避難意思決定モデル（11-2）

11-4　正常化の偏見

> **ポイント：** 正常化の偏見とは，「避難を促す情報が発表されたり危険が迫っている中で，異常や脅威を無視したり認めようとしない信念」のことで，警報などが伝えられても，危険を回避するための対応を行わない要因の1つとされている．

　正常化の偏見（normalcy bias）は，**正常性バイアス**，**恒常性バイアス**などとも呼ばれる社会心理学や認知心理学の用語である．警報や避難に関する情報が発表されたり災害の発生や人命を脅かすような状況が迫っている中で，人々は「そのようなことはないだろう」「たいしたことはないだろう」「自分は大丈夫だろう」と，事態を軽視・楽観視したり都合の悪いことを受け入れなかったりする信念を意味する．

　災害研究において正常化の偏見が注目された背景の1つがパニック研究と考えられる．かなり以前から，災害発生時だけでなく災害に関する警報や避難を促す情報が伝えられた場合，人々がわれ先に逃げるなどして大混乱となり，いわゆる**パニック**が生じるというイメージが浸透していた．しかし，災害に関する実証研究が進むと，これらのイメージが必ずしも正しくないことが指摘されるようになった．1950年代あたりからアメリカで盛んになった実証的な災害研究の中で，災害時や警報発表時には「逃げる」人々よりも「留まる」「何もしない」人々が多いという傾向が示され，その大きな理由として正常化の偏見が挙げられていた．「大きな災害では必ずパニックが起こる」という観念的な見方が専門家の間にも浸透していた日本でも，1970年代後半から実証的な災害研究が多くなっていく中で，正常化の偏見が認められるようになっていった．そして，今日に至るまで，災害時や警報発表時などの避難をはじめとする人々の対応に関して，たびたび正常化の偏見が指摘されている．

　ただし，近年，この用語の乱用も目立つようになっている．災害時や警報発表時などにおいて人々が避難しなかったり，適切な対応ができない問題が生じると，正常化の偏見が挙げられることが多くなり，このことを取り上げる報道も増えている．しかし，人々が避難しない理由が何もかも正常化の偏見として扱われたり，状況の説明の際に正常化の偏見が適切でない形で援用されたり，さらには正常化の偏見という用語自体が，単に「逃げないこと」「油断すること」という意味と曲解されたりすることが少なくない．このような，言わば「正常化の偏見のひとり歩き」が問題として指摘できる．

　災害時などに，人々が避難をしない，適切な対応ができない理由としては，正常化の偏見だけでなく，**警報慣れ**（警報が発表されても結果的に大きな被害が生じないことが続いたことにより，今回も大丈夫だろうと考えてしまうこと．「**オオカミ少年効果**」「**誤報効果**」などともいう），**災害文化の非適応的機能**（ある災害を経験していないと，

この地域にはその災害が起こらないという意識が定着し，ある種の安全神話を作ってしまうこと），また，近年指摘されるようになった経験の逆機能（過去の災害経験が，かえって誤った判断をする働きをすること）なども挙げられる．

実際の災害で避難の問題が生じた場合，その理由を，はじめから正常化の偏見と決めつけることや，安易に正常化の偏見を当てはめて解釈することは避けなければならない．現地調査などを踏まえて，その背景や特性を分析・考察することも，正常化の偏見を理解し，適切に用いるために不可欠なことである．

● 事　例

2011（平成23）年の「東日本大震災」における人々の対応について，正常化の偏見として捉えているものがあったが，これらの中には正常化の偏見とは言い切れないものもあった．例えば，これまでの想定で津波の浸水の危険がないとされていた地域の人々が津波被害に遭ったケースである．この震災では，事前の想定では危険がないとされていた場所まで津波被害が及んだ地域もあった．そのような地域で避難をしなかった人々の傾向を，何もかも正常化の偏見とするのは適切ではない．自治体などが作成した津波のハザードマップ（被害予想図）で浸水する地域になっていなければ，一般の人々が，その地域は安全と考えてしまうことは仕方がなかった．指定された避難場所に津波が来襲するなど，いわゆる「想定外」のケースまで考えて行動することを，一般の人々すべてに求めることは難しかったのである．したがって，このような地域にいた人々は，警報を軽視・楽観視したという正常化の偏見ではなく，言わば「対象外の地域（危険な地域ではない）」と考えていたともいえる．また，他にも，経験の逆機能や災害文化の非適応的機能が顕著だった地域もあり，これらのケースは正常化の偏見とは区別しなければならない．

（中森広道）

〔文献〕
アメリカ・科学アカデミー編（井坂　清訳）(1976)『地震予知と公共政策』講談社．
廣井　脩編著（2004）『災害情報と社会心理』，北樹出版．
松澤　勲監修（1988）『自然災害科学事典』築地書館．
中森広道（2015）「災害における人々の避難とその特性」『危機管理レビュー』Vol.6，pp.45-64，日本防火・危機管理促進協会．
中村　功・中森広道・福田　充(2012)「東日本大震災時の災害情報と住民の行動」『災害調査研究レポート』16，pp.1-136，災害情報研究会．
田中　淳・吉井博明編（2008）『災害情報論入門』弘文堂．
矢守克也（2009）「再論―正常化の偏見」『実験社会心理学研究』**48**(2)：137-149，日本グループ・ダイナミックス学会．

➡ **関連項目**　リスク認知（10-2），災害文化（10-8），オオカミ少年効果（11-7），経験の逆機能（11-9）

11-5　認知バイアス

> ポイント：　認知バイアスとは，人々が物事を解釈する時に様々に歪めて認知を行う傾向をさす．災害やリスク事象は必要以上に過小評価されたり，過大評価されたりする．時期，国民性，集団，専門家かそうでないか，などによって様々なバイアスが存在する．

　認知バイアスとは，人々が物事を解釈する時に，事象そのものの特徴を受け入れるのではなく，様々に歪めて認知を行う傾向をさす．災害やリスク事象においては，数値などで確率的に評価される「客観的（科学的）リスク」と人々がどの程度危険と評価するかという「主観的リスク」の乖離が問題となる．

　日常生活を送る上で，心を平静に保とうと，様々な出来事が起こっても些細な事態であるとみなそうとする傾向がある．これを**正常化の偏見**（ノーマルシー・バイアス）と呼ぶ．一方，極めて稀にしかおきない現象に対してリスクが過大評価されることを**過大視の偏見（カタストロフィ・バイアス）** と呼ぶ．

　また結果として事態を，より楽観的に見積もろうとする傾向を**楽観主義的バイアス**，より悲観的に見積もろうとする傾向を**悲観主義的バイアス**という．

　一般に，ノーマルシー・バイアスは楽観主義的バイアス，カタストロフィ・バイアスは悲観主義的バイアスと結びつく．それぞれ前者は原因から，後者は結果から認知バイアスを説明するが，その概念的区別は明確でない．

　リスクの対象によっても異なる．遺伝子工学などの新興技術，原子力事故や飛行機事故など人為災害，放射性物質や水銀などの有害物質汚染の影響，BSEや新型インフルエンザなどの生物災害に関しては，人々はリスクや事故の危険性を過度に見積もられる傾向があるとされ（カタストロフィ・バイアス，悲観主義的バイアス）．自然災害，自動車事故，喫煙や生活習慣病など健康リスクに関しては，人々は危険性を低く見積もる傾向があるとされる（ノーマルシーバイアス，楽観主義的バイアス）．

　時期によっても異なる．災害や事故が発生する前は，それらのリスクを無視，軽視するという傾向が強まり（ノーマルシーバイアス，楽観主義的バイアス），災害や事故が発生した後はそれらのリスクを強く意識する傾向が強まる（カタストロフィ・バイアス，悲観主義的バイアス）．よって災害や事故の発生前はそれらに備えず，対策を行わない傾向があり，発生の直後はその逆の傾向がみられる．

　また国民性，民族性，集団によっても異なる．日本人，韓国人，イギリス人はリスクを過大にみる傾向があり，アメリカ人はリスクを低くみる傾向もある．

　個人として，社会として経験しているかどうかによって生じる認知バイアスもある．専門家や，様々な当該事象に関する知識を有し，かつ普段から様々な情報に接している人々が，その知識を持っているがゆえに事実をある特定の立場からみてしまう傾向

がある．また一般的に社会として経験豊富な災害，事故については個人や社会としても耐性をもっている．このことを**ベテラン・バイアス**と呼ぶ．この逆が**バージン・バイアス**で，人は経験していないこと，初めての災害や事故などに対しては，すぐに認知・対応ができないことをさす．

この認知バイアスの問題は，元々は確率的な事象を人間が正確に見積もることができないというその弊害ばかりが指摘されてきた．だが，そもそも認知バイアスはその対象についての情報が不足している時に人間が物事を予測するためのショートカット（心理学ではヒューリスティックスという）として，進化心理学的に体得されてきたものという考え方もある．

もちろん災害時に，事態をより楽観的に見積もろうとする傾向は問題をもつものとして指摘せねばならない．だがその一方でカタストロフィ・バイアスの典型例とされてきた大規模な「原子力事故」が東日本大震災において発生している．バイアスの前提とされる「科学的な確率」の計算がそもそも真の確率とは限らない以上は，バイアスがそもそも問題といっていいのか，むしろ市民・住民の適切な批判や合理的な判断を封じ込めたり，災害の犠牲者の多さを住民の意識の問題に過度に還元させたりと課題がないわけではない．

● **事　例**

1991（平成3）年6月3日に発生した雲仙普賢岳の火砕流では，43名の犠牲者が発生した．

直前の5月24日に火砕流が発生した．この時火山学者の中での議論としては，数百度以上の高温のものをさす「火砕流」と表現すると，過去の火砕流の事例を踏まえてパニックを引き起こすのではないかと考えた（ベテラン・バイアス）．結果，パニックを起こさないように「小規模な火砕流」が発生したと表現し，一方で，下鶴大輔火山噴火予知連会長と太田一也九州大学地震火山観測所長が「厳重な警戒が必要」と語り，全面避難の必要を力説した．

だが災害による大きな被害がない段階で，人々は災害の危険を過小評価する．住民や行政・マスコミなどの関係者に，危機感は伝わらなかった（ノーマルシーバイアス，楽観主義バイアス）．島原市は24日に出していた避難勧告の一部を解除し，マスコミ関係者は避難勧告地域で活動を継続し，多くの犠牲を産んだ．

報道機関や行政関係者でさえも，メディアなどによる覚知を含めて社会として直接経験していないことに関しては自身の危険として考えることは難しいのである（バージン・バイアス）．

（関谷直也）

➡ **関連項目**　災害観（10-9），正常化の偏見（11-4），ヒューリスティックス（11-8），パニック（12-2），うわさ（12-4）

11-6 空振り・見逃し

ポイント： 災害情報の精度をみる指標の1つで，災害情報が出されたが，予想される現象が発生しなかったことが空振り，災害情報は出されなかったのに現象が発生したことが見逃しとなる．

　空振りとは，災害情報が出されたが，予想される現象が発生しなかったことをさし，見逃しとは災害現象は発生してしまったのに，事前には発生が予想できずに災害情報は出されなかったことをさす．

　予警報などでは，過去の観測結果と災害との関係から発表基準を定めている．その基準を超える場合に予警報などが発表される．しかし，現在の科学技術では，観測データからの予知・予測には，残念ながら，不確実性が伴う．図1に異常現象の発生を曲線の右下側「×」印の領域で示したが，基準を超えても必ずしも事象が発生するわけではない．基準より右側，曲線の左上の領域が空振り，基準より左側の曲線より右下の領域が見逃しとなる．しかも，頻度の低い災害や観測データが整備されていない災害では，判断基準の設定自体が難しい．このため，予警報などの災害情報に見逃しと空振り問題は避けられない．地震予知情報発表に伴うパニック懸念や空振りに終わった場合の社会的混乱が論点となり，その評価・分析から，アメリカや日本で防災研究に社会科学者が参加するようになったように，技術的問題であると同時に社会的問題でもある．

　災害に関しては，一般に，たとえ空振りは増えても，見逃しは避けることが原則である．見逃しは，生命・財産への被害に直結するだけに避けることが求められるからである．その一方で，空振りは，生命・財産を守る上では問題はないが，営業を中止

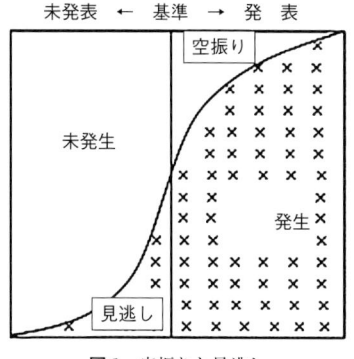

図1　空振りと見逃し

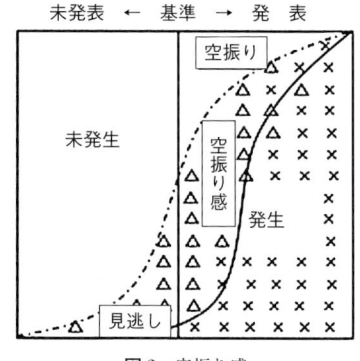

図2　空振り感

する，避難をするといった対応に伴う社会的コストをもたらす．また，空振りは予警報や避難勧告・指示への信頼を低下させてしまう危険性も指摘されている．

しかも，情報の受け手は，被害が発生しない限り現象の異常性を認知することは難しい．他方，情報を発表する側は，災害につながりかねない異常な現象が発生したかどうかが基準となる．このため，災害の危険性を指摘する予警報等災害情報と，被害の発生の有無から対応の成否を判断する受け手の認知の間に乖離が発生しやすい．図2に，「△」印で異常現象の発生を，「×」で災害の発生を記述したが，「△」印の領域では受け手の目からみる限り「空振り感」が生じることになる．同様に，論理的には，対象とするエリアを広くとれば，異常な現象や被害がどこかで発生する確率は高くなるが，地域的に離れた場所での発生では空振り感を生み出してしまう．

結局，基準を技術的に改善することが本筋となるが，**空振り・見逃し問題**が残る限り，利用面での工夫も求められる．その1つが，**防災教育**を通じて空振りが生じうる原因と確率，対応方法について理解を深めることであろう．もちろん，教育は，必要なことではあるが，第1部で挙げたすべての事象について，人々が十分に理解をすることは容易ではないことも事実である．

もう1つに，降水確率に代表される確率表示や火山の噴火警戒レベルなどで導入されているレベル化など表現の工夫がある．降水確率については，かなり定着してきており，有効に活用されているといえる．しかし，確率を指標に適切な利用をしているというよりも，確率の値を日常的な体験の中で，各自が翻訳し，行動に結びつけているといえる．もしそうであるならば，災害のように頻度が低い現象では，日常的に接して行動に結びつけるまでには至らない．レベル化については，低いレベルでは見逃しを防ぎ，レベルを上げることで発生のポテンシャルが上がっていることを伝えることができる．つまり，空振りを減少させることもできる．ただし，レベルが低い段階で災害が発生してしまうと，事実上，見逃しに近くなるし，伝達メディアを改良し更新情報が確実に届くようにしなければならないといった課題も問われる．技術と教育，表現そしてメディアを全体としてバランスをとりながら進めて行かざるを得ない．

(田中 淳)

➡ **関連項目** 第1部各項，解説：津波のメカニズム(1-7)，東海地震に関わる警戒態勢(1-11)，オオカミ少年効果（11-7）

11-7　オオカミ少年効果

> **ポイント**：　警報，警告など避難行動やリスクに関する情報は，その通りの結果をもたらさないケースが多いと，情報の受け手の信頼性が低下し，コミュニケーションとして有効性を失うような影響や効果のことである．

　イソップの寓話「羊飼いの少年とオオカミ」は，羊がオオカミに襲われると少年が何度も村人に嘘をいったため，本当にオオカミが襲ってきて助けを求めた時には，誰もそのことを信じなかったという警句である．災害やリスクの情報に関して，一定の根拠に基づいた情報提供であったとしても，実際には被害が発生せず「空振り」や「不発」に終わった場合，この寓話と同じく，情報の受け手にとって信頼性が低下する傾向を**オオカミ少年効果**（誤報効果，cry-wolf syndrome, false alarm）という．この認知バイアスは，災害においては，台風・ハリケーンや土砂災害など事例研究が行われているが，より一般的には，食品リスクや疾病リスクなどリスク全般への認知と行動のメカニズムとしても理解することができる．

●事　例

　[オオカミ少年効果はあるか]　オオカミ少年効果（誤報効果）は，災害情報の提供と受容に関わる他の認知バイアスと同じく，地震，水害など現実に発生した災害事例の避難行動の検証として，研究が積み重ねられてきた．想定質問による手法で効果の存在を明らかにしたものとして，例えば，奥村誠らは，避難勧告への信頼性の変化を，土砂災害の想定質問によって，① 避難勧告が的中し，被災した場合，② 避難勧告がなく，被災した場合（＝**見逃し**），③ 避難勧告があり，被災しなかった場合（＝**空振り**）に分けて，どの程度の確率で自身が被災するかという主観確率の変化を検討した．結果，的中と見逃しでは主観確率が上昇したのに対して，空振りの場合，低下する傾向にあることを指摘している（奥村ほか，2001）．

　[東日本大震災とオオカミ少年効果]　東日本大震災で大津波がもたらした甚大な被害は筆舌に尽くしがたいものであったが，避難を呼びかける防災関係者の様々な試みは，オオカミ少年効果（誤報効果）のバイアスを克服するものとして注目に値する．井上裕之は，茨城県大洗町役場の防災行政無線による情報提供について，① 行政上，本来は存在しない「避難命令」という表現を用いて呼びかけを行ったこと（災害対策基本法第 60 条：「避難勧告」「避難指示」），②「…避難して下さい」ではなく「…避難せよ」という命令口調で放送したこと，③ 避難対象区域について，時間変化に伴い，具体的な地域名ごとに放送したことが特徴的だと指摘した上で，事実関係と影響について，まとめている（井上，2011）．井上の調査によると，小谷町長は，過去に例をみないことを明確にするために，「命令調」を採用したと述べている．この点，イソッ

プの寓話では村人に届かない少年のメッセージ，つまり「今回の事態は違うのだ」という受け手に無視され，過小評価されるポイントを，首長が乗り越えるための取組みであったと理解できる．多くの人にとって，見慣れたものごとに，通常とは違う様相をもたらすように表現することを文学理論で異化作用（defamiliarization）というが，大洗町の防災行政無線放送は，このようにオオカミ少年効果そのものを異化する働きをもたらしたといえる．

[緊急地震速報とオオカミ少年効果] 東日本大震災以降の活発な余震活動は，気象庁の緊急地震速報にも影響を及ぼした．本来，緊急地震速報は発生直後，震源に近い地震計で捉えた観測データを解析して震源や地震の規模を推定して各地の主要動到達時刻と震度を予測するものであるから，余震が広範囲にわたれば，その精度は低下せざるを得ない．気象庁も震災以前から評価・改善検討会を設置し，問題点の洗い出しと改修に取り組んできた．現在，日本の災害情報をめぐる認知バイアス，特にオオカミ少年効果（誤報効果）を，現実的に考察するには，緊急地震速報の受容ほど格好の対象はない．受け手もシステムの利点と限界を理解することで，空振りを正しく理解し，受け入れることができる．認知バイアスを現実的な減災の取組みの中で克服していくことは，受け手の空振りの意味の理解にかかっているともいえる．気象庁の誤発報などネガティブ情報を含む詳細な情報提供と解説，放送局のわかりやすい情報提供と解説，通信会社の提供機能の強化によって空振りの場合でも受け手の理解度と感情の上での許容度が増せば，信頼性低下を抑えることにつながる．一方，見逃しへの抵抗感は，震災後，市民の間で高まった可能性がある．今後のオオカミ少年効果（誤報効果）の経験的研究においては，空振りの正しい理解と受忍プロセス，見逃しへの抵抗感・許容度を明らかにすることが焦点となろう．　　　　（森　康俊）

〔文献〕
イソップ（中務哲郎訳）（1999）『イソップ寓話集』岩波書店.
井上裕之（2011）「大洗町はなぜ「避難せよ」と呼びかけたのか」『放送研究と調査』9：32-53，NHK出版.
奥村　誠ほか（2001）「避難勧告の信頼度と避難行動」『土木計画学研究・論文集』18：311-316，土木学会.

➡　**関連項目**　緊急地震速報（1-4），正常化の偏見（11-4），認知バイアス（11-5），空振り・見逃し（11-6），経験の逆機能（11-9）

11-8 ヒューリスティックス

> **ポイント**： 社会的な判断を行う上で，人間が用いる簡便法をいう．災害環境下は，時間的にも得られる情報にも限界があるため，ヒューリスティックスが用いられやすいと考えられ，情報提供に際しては配慮が求められる．

　人間はすべての可能性を評価し，判断を行っているわけではない．むしろ簡便な方法を用いて，最適ではないかもしれないが満足できる判断を行っている．多くの判断場面では，時間的にも制約があり，またすべての情報を入手できるわけではないからである．そもそも，それほどの認知的な努力をかけるまでもない判断自体も多い．簡便法であっても，正解に達することが多いことも知られている．しかし，時に間違った判断につながることもある．つまり，時に失敗することもあるが，多くの場合に妥当な結論に達する，ある意味，効率的な判断方法といえる．

　このような簡便法は，アルゴリズムに対して，**ヒューリスティックス**（heuristics）と呼ばれており，ツベルスキーとカーネマン（Tversky and Kahneman）が最初に定式化し，代表性（representativeness）ヒューリスティックや利用可能性（availability）ヒューリスティック，係留と調整（anchoring and adjustment）ヒューリスティックなどの傾向があることを指摘した．

　このうち，**代表性ヒューリスティック**は，人や物，現象が集団やカテゴリーに属する確率は，判断の対象である人や物が集団やカテゴリーの典型的な特徴をもっている場合に，高く見積もられることをいう．例えば，ある人が医者や弁護士である確率は，その人が医者や弁護士がもつと信じられている典型的特徴から判断される．ルーレットで「赤赤赤赤赤」となる確率よりもランダムにみえる「赤黒赤赤黒」となる確率をより高く見積もるギャンブラーの錯誤もその例である．

　利用可能性ヒューリスティックは，頻度や発生確率を推定する場合に，思い出しやすいなど利用しやすい事例から判断することをいう．例えば，焼死と溺死では，焼死の確率を高くみることが知られているが，火災の方が思い出しやすいためと説明されている．

　係留と調整ヒューリスティックは，ある量の推定を行う時に，始めの量が基準となり調整が十分にできないことをいう．小さな値を最初に与えられると，量の見積りは小さくなり，大きな値が与えられると大きく見積もる傾向がある．

　これらの判断傾向を知っておくことは意味があるが，頑健であり，修正は容易ではない．むしろ，ヒューリスティックスが用いられやすい条件に留意しておくことの方が有効であろう．その条件として，① 丹念に考える時間がない時，② 情報が過剰なためその情報を完全には処理できない時，③ 当面の問題がそれほど重要ではないので

あまり考える気がしない時，④ ある決定を行うために利用できる知識や情報がほとんどない時，などが指摘されている（アロンソン，1994）．災害対応は時間的に切迫している中で行われることが多く，時間がない，つまりヒューリスティックに依存しやすい条件であることが多い．③からみると適切な知識や情報が求められる．しかし，②からみると多くの情報を与えても処理できなくなる．つまり，必要な知識や情報は処理時間のある事前に獲得しておくことが求められることになる．緊急時の情報には明確さが求められるとともに，防災教育や訓練の程度にも依存していることになる．

● 事　例

　その後も，多くのヒューリスティックが提案されており，これらのヒューリスティックは災害情報の判断に大きな影響を与えうる．例えば，利用可能性ヒューリスティックの例としては，最近の災害経験に引きずられる傾向を挙げることができる．最近の事例の方が思い出しやすいため，その影響を受けやすいからとみることができる．この判断傾向を考慮すると，過去の大きな災害を想起させうる情報提供が求められる．2008年の豪雨災害に際して，名古屋地方気象台が「東海豪雨に匹敵する大雨」と発表したことが注目を集め，早期に災害対応にとりかかれた例や2010年2月のチリ地震津波に際して，テレビで1960年のチリ地震の映像や被害を伝えた例は，利用可能性ヒューリスティックの補正と位置づけることができよう．ただ，利用可能性ヒューリスティックの研究は，より遭遇確率の多い事例が扱われることが多く，発生頻度が低く，個人的な経験自体がないことも多い災害に当てはめるには慎重であるべきだろう．

（田中　淳）

〔文献〕

T. ギロビッチ（守　一雄・守　秀子訳）(1993)『人間この信じやすきもの―迷信・誤信はどうして生まれるのか』，新曜社．

➡　関連項目　リスク認知（10-2），防災教育（10-4），認知バイアス（11-5）

11-9　経験の逆機能

> **ポイント**：　過去の災害経験は適切な災害対応を促進する順機能を果たすことが多いが，経験に囚われるあまり意図とは逆に好ましくない災害対応（避難遅れなど）に結びつくことがある．その背景には，災害の多様性と非日常性がある．

　多くの調査が示すように，災害経験は災害への関心を高め，かつ持続させ，家具の固定や非常持ち出し品の準備などの防災対策を促進すると同時に，迅速な避難行動などに導くことが多い．実際，関東大震災でほとんどの家屋が倒壊した小田原市では，その経験から住宅を新築する際には，伝統的な日本瓦で葺いた重い屋根にするのを止め，トタン屋根にするなどの防災対策が進んだ．しかし，災害経験は，そのような順機能だけではなく，経験に囚われるあまり，避難行動の遅れなど好ましくない対応をもたらすことも次第にわかってきた．

●事　例

　経験の逆機能が明確になったのは，1993（平成5）年に発生した北海道南西沖地震の時である．ちょうどその10年前の1983（昭和58）年に日本海中部地震が発生し津波によって100人もの犠牲者を出した．この経験が北海道南西沖地震時の避難行動に大きな影響を与えたのではないかと考えられた．日本海中部地震の時は，奥尻島やその対岸にある町に大津波が来襲したのは揺れから30分以上経ってからであったが，北海道南西沖地震の時は数分後に来襲した．10年前の災害経験がすばやい避難行動に結びついたのであれば，順機能，遅れたのであれば逆機能と考えられたのである．調査の結果，「経験からすばやく避難できた」人と「経験から避難が遅れた」人は，奥尻町ではそれぞれ47.8％と10.8％，北檜山町では22.5％と25.2％，瀬棚町では18.6％と18.6％であった（残りは「経験は関係ない」などと回答した人）．奥尻町では経験の順機能が強く，北檜山町と瀬棚町では順機能と逆機能が同程度であった．人々は揺れの強さなどを含めて総合的に状況を判断した上で避難行動を決定していたが，一部の人は過去の災害経験から避難が遅れたのであり，経験の逆機能の存在が実証されたのである．

　その後，水害などの避難行動調査の中でも経験の逆機能が働いていることが次々に確認された．例えば，2004（平成16）年の台風23号による水害では豊岡市などで多くの避難遅れが出たが，その主な原因として過去の水害経験が指摘された．多くの住民が過去（の中でも直近）に経験した水害はほとんどが内水氾濫であり，その経験の中で学習した対応（畳を2階にあげたり，車や倉庫のお米を高い場所に移動させるなど）をした．その結果，市から避難の呼びかけがあったにもかかわらず，すぐに避難しない人が多く，その後，円山川が破堤し濁流が押し寄せるため，救助を待つしかなかっ

た．また，2011（平成23）年の東日本大震災でも多く住民の避難が遅れた．この時すぐに避難になかった理由として「2010年2月に起きたチリ地震の時も今回と同じように大津波警報が出されたが，港が浸水した程度だった」ことや，南三陸町などでは「1960年のチリ地震津波の時も浸水しなかったので，今回も大丈夫だと思って避難しなかった」人が少なくない．過去の災害経験に囚われた結果，避難が遅れ，要救助者や犠牲者が出てしまうことが多いのである．このような意味では，空振り経験の積み重ねが避難行動を躊躇させる「オオカミ少年効果」も経験の逆機能の1つといえよう．また，正常化の偏見を補強する根拠として過去の経験が使われることもあり，経験の逆機能と正常化の偏見とは相互補完関係がある．

また，市町村などが対応に失敗する事例として多いのが，土砂災害を警戒していたら高潮に襲われたり，洪水が起きると考え対応していたら土石流が発生し，対応が後手に回るケースである．このような失敗の背景にも，経験の逆機能がある．過去にその地域で発生した災害に対しては十分な注意が払われるが，（最近）発生したことがない災害には注意が払われず，その結果，想定外の事態に追い込まれ対応がうまくできないことが多い．これも経験の逆機能といえる．

経験の逆機能は，環境条件（災害）の多様性と非日常性によってもたらされる．もし，災害が毎回同じように発生するのであれば，経験に基づく対応行動が有効であるが，災害は毎回異なった状況をもたらす．災害種別（地震，津波，豪雨，噴火など）によっても，発生する季節や曜日，時刻によっても状況は違ってくる．しかしながら，災害は日常的に経験ができないことなので，経験する災害は非常に限られてくる．このため経験に基づく対応が，直面している災害状況に適合しないことが多いのである．

（吉井博明）

〔文献〕
中村　功（2008）「避難の理論」『災害危機管理論入門』pp.154-176.
国土庁・自治省消防庁（1994）「北海道南西沖地震に関する総合的調査報告書」．
吉井博明（2005）「大災害時の市町村の初動と住民の避難行動」東京経済大学報告書．

➡　関連項目　正常化の偏見（11-4），オオカミ少年効果（11-7）

●コラム 12●　セルフ・レギュレーション

　セルフ・レギュレーション理論（self-regulation theory, 自己統御理論）は，環境や他者が自分にもたらす影響を「認知」し，「基準」と「比較」し，「行動」するという一連のフィードバック・ループから，行動を説明しようとする．フィードバック・ループの考え方は，すでに**サイバネティックス**（Wiener, 1948）としてサーモスタットのような工学分野に応用されたが，20世紀中ごろから心理学の分野でも取り入れられてきた．

　しかし，1990年代からセルフ・レギュレーションとして，健康心理学や臨床心理学，性格心理学を中心に新たな研究潮流を生み出してきている．体温調整など生理的な恒常性の過程よりも，ダイエットなど意図的行動に焦点を当てていること，不安や飽きといった情緒の影響を扱っていること，嫌悪刺激だけが与えられる開放ループも対象としていること，複数の目標が並列して存在しうることなどの特徴がみられる．

　災害情報の分野での応用可能性として，1つは**避難行動の記述モデル**として課題を明示する際に有効である（田中, 2010）．このモデルに従えば，与えられた情報を「基準」と比較して，必要だと判断すれば「行動」に移す．しかし，「時間降水量50 mmは危険だ」という基準がないと，時間雨量50 mmや100 mmという数値を聞いただけでは，判断がつかずに回避行動をとれないことになる．また，多くの災害場面で，直接の脅威を五感に捉えることはできず，情報として与えられることが多い．そのため，情報のインパクトが弱いと，その時に行っている仕事など他の目標を途中で放棄して，災害モードに移行できるだけの注目をひきにくい．これらひとつひとつの知見は，ある意味自明であるが，全体としてどうすればよいかを総合的に分析するのに有効である．

　また，耐震補強など事前段階の防災行動の促進にも有効と考えられる．他地域での災害や被害想定で不安は喚起されても，他の投資行動や消費行動の意思決定時に防災投資ループが割り込むほど強くないと考えられる．最大の問題は，行動をとったことの効果が即座に検証できない遅延効果があることである．むしろ，耐震補強は日常生活の利便性を低下させてしまう可能性もある．したがって，非計画購買として安価な防災用品や非常用飲料を購入はしても，長続きしないし，高額な投資へ拡大しにくいし，先延ばしされる．したがって，災害情報としては，中古市場での住宅売買時に意思決定要因の1つとして意識され，容易に判断できる信頼性の高い指標が必要であると予測される．

　以上のように，予測し検証可能なモデルとして展開できるかは未だ不透明ではあるが，少なくとも問題の記述モデルとして有効性は高い．　　　　　　　　　　　　　　　（田中　淳）

〔文献〕
Roy F. Baumeister and Kathleen D. Vohs ed. (2004) Handbook of Self-Regulation, The Guilford Press.

第 4 部　災害心理

第 12 章　コミュニケーションの心理

12-1 プレビュー：コミュニケーションの心理

> ポイント： 第12章では，災害時・緊急時の人々のコミュニケーションの特徴を理解するとともに，平時の防災に関するコミュニケーションの難しさについて論じる．

災害前，災害後，コミュニケーションを通じて人々に災害対策をとってもらえるように働きかけ，それが災害被害の減少につながる．これが防災教育，災害情報学の究極的な目標である．とはいえ，そう簡単にはいかない．本章では，コミュニケーションに関して大きく分けて2方向からその課題を指摘する．

1つ目は緊急時の人々のコミュニケーションの傾向である．

災害時には人々の不安が高まり，情報ニーズが高まるにもかかわらず「情報不足」が発生する．結果，その穴を埋めるために「うわさ」(12-4)が発生する．これらは，不安の裏返しであり，災害被害の行き場のない憤りを確認しあうという行為である．うわさによって，報道関係者や行政の関係者が情報を得る段階で情報の正誤を判断できずに混乱するということはありうる．災害対策の混乱をさけるため，うわさには注意が必要である．「前兆現象と宏観異常現象の心理」(12-6)も，その現象自体は事実であるものの，その現象が災害を予知しているわけではない．災害は予知されてほしいという願望の裏返しとして，その情報の伝達構造自体は流言に近い．

なお，うわさと混同されやすい現象として「風評被害」(12-5)がある．風評被害とは「事件・事故・環境汚染・災害が大々的に報道され，本来『安全』とされる食品・商品・土地を人々が危険視し，消費や観光をやめることによって引き起こされる経済被害」をさす．うわさとは異なる以上，対処法も異なる．

また，集合的な逃走行動や，希少な資源に向かって同時に殺到するような現象を「パニック」(12-2)という．とはいえ，パニックはなかなか発生しない．だが行政関係者や避難を呼びかける人々はこれらを恐れ，避難勧告・避難指示や避難の呼びかけが遅れる傾向がある．また災害時に被災地でレイプが横行し，窃盗団が出没するといううわさが広がることが多いが，実際には災害後は犯罪が減るというのが通例である．これらは一般に「パニック神話」「犯罪神話」と呼ばれ，皆がそう信じているが，実際にはそのような事実はほとんどみられないという意味で「災害神話」(12-3)という．むしろ，人々は冷静で，避難所でも助け合い，支援物資を送ったり，ボランティアをしたり助け合おうとするのである (12-9)．

これら災害後の，人間のコミュニケーション現象に関する一般的な常識を知っておくことは，災害対応を行うにあたって極めて重要である．

2つ目は平時のコミュニケーションの課題である．

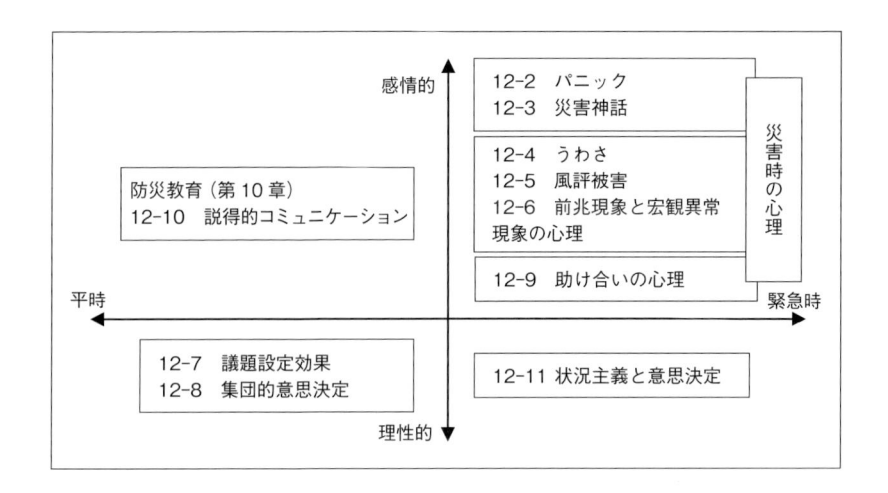

```
              感情的
               ↑
               |    ┌─────────────────────┐ ┌──┐
               |    │ 12-2  パニック       │ │災│
               |    │ 12-3  災害神話       │ │害│
               |    ├─────────────────────┤ │時│
   ┌────────────────────┐ │ 12-4  うわさ         │ │の│
   │ 防災教育（第10章）    │ │ 12-5  風評被害       │ │心│
   │ 12-10 説得的コミュニケーション │ │ 12-6  前兆現象と宏観異常 │ │理│
   └────────────────────┘ │       現象の心理     │ │  │
               |    ├─────────────────────┤ │  │
   平時 ────────────┼─── │ 12-9  助け合いの心理  │ └──┘ 緊急時
               |    └─────────────────────┘
               |
   ┌────────────────────┐ ┌─────────────────────┐
   │ 12-7  議題設定効果    │ │ 12-11 状況主義と意思決定 │
   │ 12-8  集団的意思決定  │ │                     │
   └────────────────────┘ └─────────────────────┘
               |
              理性的
```

　事前の災害教育，また災害時の避難の局面において災害情報の伝達を通じて人々に災害を避けるような措置をとってもらうということは難しい．現実問題として，人々はなかなか避難しなかったり，情報をそのまま受け取ったりすることが難しいからである（第11章）．

　人々に災害への危機感をもってもらおうと脅しても，心理的な切迫感を与えるだけで，具体的な行動，対策に結びつかないことが多い．そして，人々は災害対策だけを考えて日々生きているわけではない．防災に限らず，ある情報，行動を人々に受け入れてもらおうとしていくようなコミュニケーション活動は，極めて困難な課題なのである（12-10）．

　そもそも，災害はいつ，どこで襲ってくるかわからない．どのような場面で，どのような対応をとるべきか，通り一辺倒の「正答」と呼べるものは少なく，状況で判断する他ない（12-11）．ゆえに平時の教育も難しいという側面がある．

　また，マス・コミュニケーションも災害後，またそのときどきの報道はそのときどきの災害の施策や復旧・復興，防災対策が重要であるかを提示するという重要な役割がある（12-7）．

（関谷直也）

12-2 パニック

ポイント： 生命や財産の脅威を認知した不特定多数の人々による集合的な逃走行動と，それに伴う社会的混乱．恐怖刺激だけではなく，情緒的興奮を伴う外部刺激による集団行動の促進もパニックと呼ばれることがある．

パニックに関する研究は，デパートやナイトクラブの火災が相次いだ1970年代から本格化した．一般の人々が抱くパニックのイメージは，「恐怖に駆られた多数の人々が理性を失いヒステリックになって，他者とぶつかり蹴落としながら出口に向かって突進する．そのため群集の中で大混乱が発生し，人が押しつぶされたり踏み倒されたりして多数犠牲になる」（釘原，2011）というものである．しかし，事例研究によって実際にはこのような事態は滅多に起こらないことが指摘されている．パニックが発生するにはいくつかの個人・集団・環境的要因がある．個人要因では，自分の生命や財産に脅威が迫っており，すぐに逃走や獲得行動を起こす必要性を強く認識していること，強い不安感や恐怖感，身体的疲労があることである．集団要因では，不特定多数の集まりなど集団の連帯感が希薄で，明確なリーダーがいないこと，避難順序などの規範が弱いことである．さらに群集が過密状態にあることも影響する．環境要因では，脱出口や手段が人数に比して十分でないこと，煙や暗闇，騒音，流言蜚語などで避難行動を阻害する状況があることなどである．これらの条件がそろうとパニックが起こりやすいとされているため，防止にはこれらのうち制御しやすい条件を中心に緩和することが重要となる．条件がそろいやすいと考えられる施設，例えば大都市の地下街，大規模集客施設などでは，平時から関係者の避難誘導訓練を実施しておくこと，緊急時に適切なリーダーシップを発揮できるように施設の特性や危険回避に関する十分な知識を習得しておくことが求められる．設備面では，十分な脱出口の設置と明示，混雑度の管理と適切な流出入コントロール，情報伝達体制の整備，ライフライン途絶時にも最低限の照明や空調などを確保できる非常用電源の設置などが必要であり，監督官庁や自治体などからは事業者への継続的な指導と啓発が必要である．

一方で，閉鎖空間や過密状態という条件がない自然災害や潜水艦事故など脱出手段が皆無である場合などには，パニックは起こりにくいと考えられている．逆に，災害時にリスク情報を与えると群集が理性を失いパニックに陥るという情報提供者の強い思い込みを**パニック神話**と称して，社会心理学者らは危機管理上留意すべき心理状態だと指摘する．実際には，情報の受け手が適切に危険性を受け止めないことの方が問題になることがある（釘原，1995）．

特に切迫性の高い緊急事態においては，パニック発生を過度に恐れて緊急時に適切な情報提供をしなかったり，危険性を事実より過小に伝えたりする姿勢は慎まなけれ

ばならない．同時に，一定の条件が満たされるとパニックが発生する可能性もゼロではないことから，危険性の高い施設や状況においては常に警戒を怠ってはならない．

● 事　例

① コロンビア　ネバド・デル・ルイス火山の泥流災害：　1985年11月13日の噴火により大規模な泥流災害が発生し，死者・行方不明者2万4740人という被害を出した．当時，コロンビア国立地質鉱山研究所（INGEOMINAS）は海外機関の協力を得て本噴火の約1ヵ月前にハザードマップを作成・公表していたが，ラグニジャス川下流のアルメロ市当局は「住民をいたずらにパニックに陥れる」として，降灰や鳴動が激しくなった13日夕刻になっても避難指示を出さなかった．市内で開催中のお祭りのため，多数の観光客が市内に滞在していたことにも配慮したと考えられている．行政当局がパニックを懸念するあまり，適切な情報提供を行わなかったことにより被害拡大を招いた．

② チリ・コピアポ近郊の**サンホセ鉱山落盤事故**：　2010年8月5日に発生した落盤により，地下700mに33名の作業員が閉じ込められ，69日後に全員無事救出された事故．生存が外部に確認されるまでの18日間は生存可能性そのものが低かったこと，作業員グループが統制のとれた集団であったこと，リーダーがいたことなどが致命的なパニックの発生を抑制したと報告されている．パニック抑制には危機事態における集団内の連帯感や階級構造，役割分担などが重要であることを示す事例である．

（三島和子）

〔文献〕
釘原直樹（2011）『グループ・ダイナミックス　集団と群衆の心理学』有斐閣．p.154
釘原直樹（1995）『パニック実験—危機事態の社会心理学』ナカニシヤ出版．
荒牧重雄・白尾元理・長岡正利編（1995）『空からみる世界の火山』丸善．
独立行政法人防災科学技術研究所（2008）『防災基礎講座』
http://dil.bosai.go.jp/workshop/02kouza_jirei/s19deiryu/ruisdeiryu.htm
ジョナサン・フランクリン（2011）『チリ33人　生存と救出，知られざる記録』共同通信社．

➡　関連項目　正常化の偏見（11-4），災害神話（12-3）

12-3　災害神話

ポイント：　災害神話とは，災害に関して人々の間に浸透している誤った観念や十分な根拠のない考えのことである．災害に関する安全神話や，パニック神話や犯罪神話に代表されるように，「災害において頻繁に発生することが当然」と人々がイメージしている現象が，実際に発生したことが少ないといった例が挙げられる．

　災害神話とは，災害に関して，明確な根拠がないまま人々の間に浸透し，信じられている誤った観念や考え，ものの見方のことである．災害神話の代表的なものとしては，パニック神話，犯罪神話，ならびに安全神話などが挙げられる．

　かなり以前は，災害時には「パニックが起こる」「犯罪が多発する」「治安が悪くなる」などのイメージが浸透していた．しかし，その後，このようなことが実際の災害で発生した例は少ないという見解が示されるようになり，今日では，ある種の神話としてとらえられている．

　災害の実証研究が進んでいたアメリカでは，災害時に頻繁に起こると人々が思い込んでいるパニックや犯罪などの現象は，実際にはあまり起こっていないという見方が示されるようになった．社会学者のダインズ（Dynes）とクアランテリ（Quarantelli）は，(1) パニックが起こること，(2) 略奪などの犯罪や反社会的行動が起こること，(3) 被災地の人々のモラルが下がること，(4) コミュニティが混乱することなどを，災害時において実際に起きたことが少ない事例として挙げている．

　日本でも，1978（昭和53）年1月の「伊豆大島近海の地震」における「余震情報パニック」や同年6月の「宮城県沖地震」など「パニックが起きた」と報道された災害について，調査等からパニックはほとんど発生していなかったことが確認された．その後の研究でも，日本の災害でパニックが起きたことは少ないことが指摘され，パニック神話が注目されるようになった．また，「犯罪や反社会的行動が起こることは少ない」という点も，日本の災害でも同様な傾向が指摘された．

　これらの災害に関するイメージの多くは，直接の経験からというよりは，報道や小説・映画・ドラマにおいて描かれているものが影響を与えたり，それらが，人々の中にもともとあるイメージを補強していると考えられる．報道の場合は，目に見える被害が大きな地域・場所や，顕著な現象について伝えることが多い上に，それらを扇動的に扱ってしまうこともある．また，災害を扱った映画などでは，人々が大きな混乱に巻き込まれる場面が不可欠で，映画を観る側も，そのような場面に期待する．このようなことの繰り返しが，人々に現実とは異なるイメージを定着させる要因の1つと言える．

　ただし，これらの災害神話が意味していることは，あくまでも「頻繁に起こるものではない」「あちこちで多発するものではない」という意味であり，「絶対に起こらない」という意味ではない．火災や爆発事故などでは，パニックとみられる事例も報告

されている.また,2005年の「ハリケーン・カトリーナ」や2011年の「東日本大震災」などにおいても窃盗などの犯罪の発生が報告されている.

なお,専門家の中でも,例えば,パニック神話を「パニックは絶対に起こらない」と誤った解釈をしていることがある.パニック神話を曲解して非常時における人々の避難や対応を軽視したり,デザインやセキュリティを重視するあまりに,避難路の確認が難しくなるような構造物の設計をすることなどは避けなければならない.このような「パニック神話の神話化」「災害神話の神話化」とでも言うべき認識や状況があることも,災害対策を考える上での問題になっている.

安全神話として代表的なものは,1983(昭和58)年の「日本海中部地震」における「東北地方の日本海側には被害が生じるような津波はない」,1995年の「阪神・淡路大震災」における「関西に大きな地震は起こらない」などの認識である.2011年の「東日本大震災」の津波被災地でも,「この地域には大きな津波が来ない」などの話が伝わっている地域があった.これらの安全神話が浸透した理由は,しばらくの間,その地域で大きな災害がなかったこと,過去の災害の状況を基準として誤った評価をしていたこと,さらに,その地域に伝わる災害に関する正確ではない言い伝え・ことわざなどを信じてしまうといったことなどの災害文化の非適応的機能が要因として挙げられる.

● 事 例

日本大学文理学部中森研究室が,2007年に全国の都市部に住む青年層を対象とした調査(回答数1066)で,「大きな地震の際に起こると思われる現象」について尋ねたところ(複数回答),「パニックが起きる」が68.6%,「流言やデマにより大混乱が起こる」が25.1%,「窃盗・強盗・放火などの犯罪が起こる」が49.8%,「あちこちでケンカや口論がはじまる」が26.7%だった.しかし,同研究室が2014年に実施した同様の調査では(回答数1196,複数回答),「パニックが起きる」が48.2%,「流言やデマにより大混乱が起こる」が16.4%,「窃盗・強盗・放火などの犯罪が起こる」が21.6%,「あちこちでケンカや口論がはじまる」が11.6%だった.2つの調査の間にあった「東日本大震災」における状況などが,回答に変化を与えたと考えられる.

(中森広道)

〔文献〕
安倍北夫・三隅二不二・岡部慶三編(1988)『自然災害の行動科学』福村出版.
廣井脩・中森広道・後藤嘉宏・山本康正(1993)『不特定多数収容施設における地震時の人間行動—地震パニックは起こったか—(災害時の避難・予警報システムの向上に関する研究報告書)』.
東京大学新聞研究所編(1982)『災害と人間行動』東京大学出版会.

➡ 関連項目 地域防災計画(6-9),災害文化(10-8),経験の逆機能(11-9),パニック(12-2)

12-4 うわさ

ポイント： 災害時には人々の「不安」が高まり，情報ニーズが高まるにも関わらず「情報不足」が発生する．結果，流言が発生する．災害発生前の「災害予知流言」，災害発生後の「被害流言」「災害再来流言」「後予知流言」などがある．

うわさとは，真実かどうかを問わず世間で交わされる「口伝えによるコミュニケーション」のことを意味し，また「真実と確認できない」という意味をもつ．

一般に，うわさと呼ばれるものには，**流言**，**都市伝説**，**ゴシップ**，**デマ**がある．都市伝説は，現代において広がる物語としての，楽しみを目的とするうわさである．時期によらず，至るところで観察される．ゴシップは身近な人や有名人に関するおしゃべりである．デマは悪意ある情報を捏造して伝えることである．

一方で流言とは，一時的で，社会の広範囲に広がり，社会的な影響（悪影響）をもたらすものという意味がある．そのため，災害時のうわさは「流言」「**災害流言**」と記述されることが多い．

流言は「不安」でかつ「情報不足」が発生している時に発生しやすいことがわかっている．シブタニ（1985＝1966）によれば，「流言とはあいまいな状況にともに巻き込まれた人々が，自分たちの知識を寄せ集めることによって，その状況について有意味な解釈を行おうとするコミュニケーションである」とし「問題状況を解決しうるニュースが入手できない場合，あるいは公衆のニュース欲求が制度的チャネルを通じて得られるニュースの供給量を上まわる時」に流言が形成されやすいという．テロ，事件，病気など社会において危機が発生した時，自分が被害を受けるのではないか，また被害が起こるのではないかという不安が高まる．

災害直後には，被害情報，家族や友人・知人の安否など情報ニーズが発生する．様々なメディアで多くの情報が流されるが，直後は知りたい情報を収集することが難しい．その情報が不足している状況を埋めようと発生するのが流言であり，災害時は，流言が広まりやすい典型的な事態の典型なのである．

災害後に，実際に流布している流言の類型としては，① 災害発生前の**災害予知流言**，② 災害発生後の**被害流言**，③ 災害発生後の**災害再来流言**，④ 災害発生後の**後予知流言**に分けることができる．

災害予知流言とは，災害が発生していない段階で「〇月〇日に災害（特に地震）が発生する」というものである．現在，日本では（世界中でも），短期予知できるとされている災害は想定東海地震だけである．ゆえに，ほとんどの場合，このようなメッセージは流言にほかならない．過去の例をみると，日本では関東大震災の発生した9月，中国では唐山地震の発生した7月など過去に大地震が発生した時期に発生するこ

とが多い．また，預言者や新興宗教の教祖などがマスメディアで地震を「予言」することで発生することが多い．ただし，この種の流言は，災害に対する備えを促すことこそあれ，混乱を巻き起こすようなことは少ない．

被害流言とは，災害発生後に広まるもので，典型的には**犯罪流言**である．災害後は，実際には犯罪被害は減ることが多いのだが，犯罪が増加すると一般的に信じられており，犯罪に過度に過敏になる傾向がある．これを**災害神話**の1つで犯罪神話という．大きな地震の後には「泥棒や窃盗団が出没している」という類の流言が流布する傾向がある．このため自警団や防犯パトロールが行われたりする．

災害再来流言とは，また余震がくるかもしれない，また津波がくるかもしれないといううわさである．災害直後は，不安になり，かつ二次災害を恐れる心理が強まり，この種の流言が広まる．事実，地震後には余震が発生するし，被害が拡大，反復することもありえるので，警告の一種として機能しうることがある．

後予知流言とは，突然襲った災害に対して「災害の発生はわかっていたのではないか」「災害はひょっとして予知されていたのではないか」という心理の表れである．地震雲などの『気象』の異常，地鳴りなどの『地象』の異常，クジラやイルカの集団座礁やネズミがいなくなったなどの『動物』の異常を**宏観異常現象**というが．宏観異常現象は現実的には観察されているものの，それらと災害との科学的因果関係が証明できていない．ゆえに現在の科学では予知に役立てられるものではない．ゆえにうわさに過ぎないのである．

●事例

流言は災害後に多く観察される．これが災害対応の混乱に結びつくと問題が発生する．1986（昭和61）年伊豆大島三原山噴火では，虚偽ないし誇張された情報，すなわち流言ともいえるものが錯綜する中で島外避難が決定された．流言によって，住民が混乱し大きな問題が起きることは少ないが，関係者が情報を得る段階で情報の正誤を判断できずに混乱するということはありうる．災害対策の混乱をさけるため，流言には注意が必要なのである．

〔関谷直也〕

〔文献〕

廣井 脩（2001）『流言とデマの社会学』文藝春秋.

タモツ・シブタニ（著）廣井 修・橋元良明・後藤将之（訳）(1985)『流言と社会』Shibutani T. (1966) Improvised News：A sociological study of rumor, Bobbs-Merrill.

➡ 関連項目　パニック（12-2），災害神話（12-3），風評被害（12-5），前兆現象と宏観異常現象の心理（12-6）

12-5 風評被害

> ポイント： 風評被害とはうわさとは異なる現象である.「ある事件・事故・環境汚染・災害が大々的に報道され, 本来『安全』とされる食品・商品・土地を人々が危険視し, 消費や観光をやめることによって引き起こされる経済被害のこと」である.

風評被害とは, もともとは, 原子力の事故やトラブルに限定され用いられていた言葉であった. 東日本大震災以前の, 過去の原子力の事故やトラブルの場合は, 放射線や放射性物質の放出があったかどうかを計測することが可能であるので, 人体に有害な放射線の作用（被害）があった「実際の被害」と, 実害ではない「風評に過ぎない被害」とを区別することが可能であった. 原子力損害賠償法によって前者は賠償されるが, 後者は補償されない. すなわち物理的には「安全」であるがゆえに, 原子力損害賠償法で補償されない被害が「風評による被害」とされ, これが1970年台代以降の原子力発電所立地や青森県六ヶ所村核燃料再処理立地に伴い問題視されるようになっていった. 住民は民事協定や基金の設置によって, 補償が着実になされることを求めるようになっていった. 1990年代後半になると, 原子力事故のみならず, 有害物質汚染や環境汚染など, 人為災害においてよく問題とされるようになった.

そして風評被害という言葉が人口に膾炙するようになってからは, 自然災害における観光被害などについても風評被害と呼ぶことが多くなってきた. 主として, 火山噴火災害および地震災害後の後, 地元の観光客が減少していることを地元自治体や観光業者が風評被害とする場合が多い（表）.

なお, 自然災害における風評被害の場合はいくつか留保条件がある.

第1に, 危険を回避する行動というより, そもそも災害の被災地であるというだけで観光資源としての価値は低下するということである. 被災地に近く, 救援物資の運搬や被災地の近くで, 休暇を楽しもうという人は多くはない. 観光にならないのである.

自粛, 遠慮という文化もこれに拍車をかける. この点で人為災害や事件・事故に伴う消費行動の低下とは異なり, 必ずしも「危険だと思うから」という理由で旅行がとりやめられているわけではない. 実際には, 旅行代理店が消費者のニーズを先読みして当該地域のツアーをとりやめたり, 減少したりする. 予定していた修学旅行を「保護者が心配するから」と学校側でとりやめたりする.

第2に, そもそも国内旅行から海外旅行, 団体旅行から個人旅行, 温泉・観光目的から飲食目的の旅行, ツアー旅行から自由旅行へと, 観光の質が近年大きく変化してきており, 必ずしも旅行客の減少が自然災害の被害とはいえない場合が多いことである. 数年単位でみなければ, 災害による影響なのかどうかわからないのである.

表 過去の自然災害に伴う風評被害及び類似事例

1991年	雲仙普賢岳噴火	→島原温泉の観光客減少
1998年	岩手山噴火群発地震	→観光客減少
2000年	有珠山噴火	→北海道全体の観光客減
2000年	三宅島噴火	→伊豆七島の観光客減少
2002年	鳥取県西部地震	→観光客減少
2004年	新潟県中越地震	→観光客減少・スキー客？
2007年	能登半島沖地震	→観光客減少
2007年	新潟県中越沖地震	→観光客減少

　被害が大きければ報道量も多くなるため，風評被害とされるような経済被害も避けられない．自然災害や大規模事故を社会における大きな出来事として報道することは当然のことであり，これを止めるというのは困難である．
　そして，自治体の風評被害への懸念は災害対策や防災対策の阻害要因となる場合も少なくない．風評被害は避けられないものとして，この対応策を防災対策の一環として考えておかなければならない．

●事　例
　1990年代後半になると，ナホトカ号重油流出事故（1997年），所沢ダイオキシン騒動（1999年）など有害物質汚染の問題において，マスコミ報道を前提として，商品が売れなくなったり，観光が被害を受けるような経済被害をさしていうようになった．
　2000年代に入ると，自然災害においても災害の被災地や周辺に観光客が来なくなることを風評被害というようになってきた．2000（平成12）年有珠山噴火において北海道の観光全体が落ち込んだことが問題にされた．
　この視点から振り返ると，風評被害といわれたわけではないが，伊豆半島群発地震における伊豆観光，雲仙普賢岳からやや離れた島原温泉の観光の冷え込みなど自然災害で観光が冷え込むような類似の事例は少なくない．災害時にもともと存在した問題が1990年代以降，クローズアップされるようになったという側面が強い．
　東日本大震災においても，安全であって問題のない農作物・海産物が売れないという問題が発生している．だが人によって「安全」と判断している範囲が異なるため，人によってそのとらえ方は様々である．
　　　　　　　　　　　　　　　　　　　　　　　　　　　　　　　　　（関谷直也）

〔文献〕
関谷直也（2004）「風評被害の社会心理」『災害情報』1：78-89．
関谷直也（2011）『風評被害―そのメカニズムを考える』光文社新書．

➡ 関連項目　パニック（12-2），うわさ（12-4）

12-6　前兆現象と宏観異常現象の心理

> **ポイント**：　災害因となる自然現象について，その前兆と考えられる現象の中でも地震に関して人々が知覚・感知する現象を意味していたが，近年は，各方面で試みられている機器などで非公式に観測される前兆現象などを含めることもある．

　宏観異常現象（こうかん）という言葉は，中国で使われ始めたといわれている．1960年代後半から1970年代にかけて中国で大きな地震が相次いだ．それらの地震が発生する前に，その前兆ではないかと考えられるような異常な現象が多く報告されたことから，これらの現象を宏観異常現象（または宏観現象）と呼ぶようになり，日本でも同じ言葉が用いられるようになった．英語では，"macroscopic anomaly" や "earthquake weather" などが用いられる．

　もともとの意味での宏観異常現象として代表的なものは，**動物の異常行動**，前震や異様な音，気象の異常，発光現象，夢や超能力といったことが挙げられる．

　イタリア人の物理学者ヘルムート・トリブッチ（Helmut Tributsch）は，世界で最古の宏観異常現象の記録として，紀元前4世紀の古代ギリシャの地震における動物の異常行動の記録を挙げている．日本でも古くから記録があり，例えば，『日本書紀』には，679（天武8）年の九州北部を震源とする地震が発生する前に鳥の異常が見られたと記されている．また，よく知られている「地震とナマズ」の話は江戸時代の文献に多くみられるが，その発祥は，江戸時代以前にあったともいわれている．

　これらの宏観異常現象の研究は以前からある．日本では1930年代に，物理学者の寺田寅彦は発光現象や魚の異常行動，水産学者の末広恭雄は深海魚の異常行動，動物学者の畑井新喜司はナマズの異常行動，歴史地震学者の武者金吉は発光現象や動物の異常行動などの検証を試みている．同じ頃，地震研究家の椋平廣吉が，自身が特殊な虹を発見すると実際に地震が起こるという経験から，その虹が現れた際に地震発生の予告を連絡し，そのいくつかが的中するという話があった．その後もかなり長い間にわたり話題になるいわゆる**椋平虹**（むくひら）であるが，科学的根拠の問題点の指摘や，後年，地震予告のトリックの指摘などがあり評価は様々である．また，現在でも話題になっているものの1つとしてとして**地震雲**がある．地震雲は椋平虹とは違って誰でもが観察可能のものではあるが，地震との因果関係は，はっきりとは証明されていない．

　さて，時間が経過し研究が進んでいくと，地震の前兆を単に観察しようというだけでなく，機器などを用いて観測をしようとする動きが出てきた．主なものとしては，地下水，地電流，地磁気，電波，ラドン濃度，大気中のイオンなどを観測する試みである．この中で地下水などは東海地震の予知のために活用されているものの大半のものは公的な予知には用いられていない．

近年，宏観異常現象の研究を進めている人々が，異常なデータを観測した際などに，その情報を公開することがある．これらの観測の試みは客観的なデータを得るための研究の手続を踏んでいるものもあるが，再現性や法則性を導くまでには至っていない．また，これらの情報の公開が，発表する側の意図とは違う形で，地震発生に関する流言となって広まるケースもある．

宏観異常現象についての現状をみると，「地震の後であらためて考えると」というものや客観性のない独自の解釈によるものも少なくない．また，それらの現象が通常では気に留めないものやある種の偶然によるものでも，地震が実際に発生した場合や地震への関心が集まっている状況，さらには潜在的な地震への不安意識が高い場合などに地震と結びつけてある種の異常と受け取ったり，一部の報道などで煽動的に取り上げていくようなケースも多い．しかし，宏観異常現象は，中には論じるに値しないものもあるが，すべてがいい加減なものと断定することには慎重な見方もある．それは，現在は証明が難しいものでも，将来において地震との関係や法則性が認められる可能性も否定できないからである．地球物理学者の力武常次は，自ら宏観異常現象の研究を進めながら，科学的な，そして学際的な研究の必要性を強く主張していた．また，宏観異常現象を参考データとして収集・活用しようとしている機関や団体もある．

いずれにしても，宏観異常現象と地震の関係は，まだまだ不明確である．宏観異常現象または，そのような現象と思われることを覚知したり，関連する話を聞いても，宏観異常現象の信憑性や妥当性に対する現在の評価などに留意して，それぞれが対応を考えなければならない．

●事 例

1995（平成7）年の阪神・淡路大震災について，東京大学社会情報研究所（当時）の廣井脩研究室が，震災を引き起こした地震で震度7と認定された地域で行ったアンケート調査で宏観異常現象について質問している．その結果，何らかの宏観異常現象を知覚したと回答した人が全体の約20％を占めており，内容は，① 前震・地鳴り，② 気象・天体の異常，③ 動物の異常行動，④ 体調の変化，⑤ 夢，⑥ 予感・予言，⑦ 電波・電気器具の異常などに分類できた．また，2011(平成23)年の東日本大震災について，日本大学文理学部中森研究室が被害の大きかった岩手・宮城・福島の3県で行った調査でも，宏観異常現象について，同様の内容の回答が得られている． （中森広道）

〔文献〕

ヘルムート・トリブッチ（渡辺 正訳）(1985)『動物は地震を予知する』朝日新聞社．
力武常次（1998）『予知と前兆』近未来社．
祖父江孝男（1976）『文化とパーソナリティ』弘文堂．
吉野裕子（1983）『陰陽五行と日本の民俗』人文書院．

➡ 関連項目　うわさ（12-4）

12-7 議題設定効果

> **ポイント**: 報道が焦点を当てた出来事や争点が，受け手の判断に影響を与えることを議題設定効果という．災害報道では，社会の減災力強化に貢献するための適切な議題設定が求められる．

大きな災害が発生した時，報道機関は多様な観点から取材・報道を行う．被害の軽減につながる教訓を発掘して世に問うことは，とりわけ重要である．**議題設定効果**は，そのための報道を考える視座を与える観点として有益である．

議題設定効果は，マスメディアによる世論の喚起・形成の機能に関わる仮説として，1970年代に米国のマスコミュニケーション研究の中で提唱された．竹下（1998）は「実際に起こった幾多の事件や出来事のうち，何をニュースとして取り上げるかは，メディア制作者の価値判断に委ねられている．メディアは日々の報道において，比較的少数の争点やトピックを選択し，またそれらを格づけしながら提示することで，人びとの注目の焦点を左右し，いま何が重要な問題かという人びとの判断に影響を与える」効果と説明する．

災害報道では，限られた紙面・番組の中で，何を，どのような切り口で報じるのかは，記者の取材をもとに報道機関が主体的に決定していく．「何が被害を拡大させた要因なのか」という点は特に大きな関心事であり，報道機関は重点的に取材・報道を展開する．その中で強調された事柄が世論を形成する原動力となり，一般市民の**防災意識**に影響を与えることは十分に考えられる．

議題設定効果は基本的に，認知レベルにとどまるものと考えられている．強調された問題点に対する認知が，受け手の評価や態度，行動にどう波及するかについて考えるための概念としては「誘発効果」が提唱されている．

これは，選挙報道の研究から提唱された概念で，メディア報道によって有権者に重視されるようになった争点は，政治指導者や政権を評価する基準としても重みを増すという考え方である．

誘発効果の概念は，特定の争点に対して，メディアがある側面を強調して報じた場合には，それが争点全体を評価する基準となる働きをすることも示唆している．災害

表 災害報道による議題設定の事例

阪神・淡路大震災（1995）	活断層の危険性，木造住宅の耐震化
新潟・福島県豪雨，台風23号など水害（2004）	高齢者に犠牲集中，避難勧告の遅れ
東日本大震災（2011）	想定外の津波，高台移転，脱原発

報道でいえば，被害が拡大した要因として「避難勧告が遅れた」といった自治体の対応上の問題のみに焦点が当てられるとすれば，情報を受け取る市民の中に「行政は信用できない」という不信感や，「市民の命を守るのは行政」といった依存心を誘発し，「自らの命は自分で守る」という意識の形成を阻害することも考えられる．

社会が減災力を強化するのに役立つ議題設定が適切に行われるためには，記者が災害に関わる諸問題に熟知し，的確で公正な判断のできる力を養い，説得力のある記事を書ける力量を身につけることが求められている．

● 事　例

1995（平成7）年の阪神・淡路大震災では「活断層」という言葉が繰り返し報道され，地表に現れた断層のニュース映像のインパクトも大きかった．このため，「活断層の危険性」が議題設定され，活断層の調査・研究が推進された．一方で，この議題設定が「活断層のないところは安全」という誤った考えを広めた懸念もある．実際，その後に国内で起きた大きな内陸地震は，活断層の存在が知られていない地域で発生したものが多かった．

2004（平成16）年に多発した水害では① 高齢者の犠牲が多かった，② 避難勧告が遅れた，の2点が報道の主眼となり，政府の対策の柱もそれに呼応して① 災害時要援護者の名簿作成など高齢者の避難支援を強化，② 避難準備情報の新設を盛り込んだ避難勧告・行動マニュアルの作成，の2点に集約された．だが，①に関していえば，事情は様々であり，高齢という要因のみによって引き起こされたわけではない．情報が乏しい初期の段階では，年齢に着目する程度の報道しかできなかったとも考えられる．実際には，浸水後の屋外での避難行動が被害につながった事例も多かった．2009（平成21）年の兵庫県佐用町における水害では，浸水後の屋外行動中に多数の犠牲者が出る事態が繰り返されており，先行事例で適切な議題設定がなされていなかったことが悔やまれる．

（川西　勝）

〔文献〕
竹下俊郎（1998）『メディアの議題設定機能　マスコミ効果研究における理論と実証』学文社．
川西　勝（2007）「能動的な議題設定を通じて減災に貢献するための災害報道の考察」『減災』**3**：53-59．

➡　関連項目　解説：報道機関の役割（3-2），被害報道（3-4），報道被害（3-10）

12-8 集団的意思決定

> **ポイント：** 集団での意思決定は個人よりも極端になる傾向があり（成極化），議論の過程で多数派（同調）やリーダーの選好（集団思考）に安易に傾く危険性が指摘されている．

●解　説

　災害時には，避難勧告の発令や災害対策の実施等組織として意思決定や復興に際しての地域合意など集団的意思決定を求められる．集団で意思決定を行う際には，いくつかの傾向が知られている．

　① 同調（conformity）：　最も有名な傾向は多数派意見への同調である．

　例えば，見本と同じ長さの線分を，ABC3つの選択肢から選ぶ課題で，本人より先に何人かが同じ選択肢を回答した場合，それが間違っていたとしても多数の人が選んだ選択肢を3分の1程度選択した．個人なら誤るはずのない簡単な課題だが，他の全員がAだと答える中，自分の考える正解Bを主張せずに，多数派の意見に合わせAだと誤答したのであり，このような心理を**同調**（conformity）と呼ぶ．同調は，より正しい判断をするために他者の判断を参考にする「**情報的影響**」と集団から受容され評価されることを望ために他者の判断を受け入れる「**規範的影響**」とから説明されている．

　他方，少数派であっても，主張が一貫している場合には，集団の他者に影響を与えることができることもわかっている．

　② 集団成極化（group polarization）：　集団による議論が，個人がもっていた意見よりも極端な意思決定になることを，**集団成極化**という．例えば「難しい心臓手術を受けるか否かを助言する」という課題で，個人個人判断するよりも，集団ではより低い成功確率でも受けるべきだという判断になることが知られている．集団的意思決定の結果が，個人よりもより高いリスクを選択するため，**リスキー・シフト**と呼ばれる．その後，個人よりも慎重な選択をする傾向（**コーシャス・シフト**）も知られるようになり，この両方の傾向を合わせて集団成極化と呼ぶ．

　③ 集団思考（group think）：　**集団思考**とは，情報やリスクの検証が不十分なままリーダーが好む選択肢をとり，異議や疑念を自己検閲し，満場一致だと幻想して意思決定してしまう状態をいう．Janis（1982）はケネディ政権のピッグス湾事件を分析し，極めて凝集性の高く，威信も高い集団で，外部の影響を受けず，リーダーが閉鎖的で支配的である場合に起きるとした．ただ，この集団思考については，実証研究はほとんどなく，仮説あるいは例証にとどまっている．

●災害事例

　災害時の集団的意思決定に関して，社会心理学の実験で得られている知見から研究されていない．したがって，災害事例を挙げることは難しいが，災害時の判断は，命や財産がかかる重要な意思決定であるが，過去の経験に乏しく制度化されていないし，情報も時間も限られていることが多い．それだけに，意思決定に観察される傾向が表れる可能性がある．

　多数意見に反論はない，あるいは少数意見であっても声の大きい意見が総意であるように思われていたが，匿名の質問紙調査で異論が多いことに気づくこともある．また，リスキーシフトから予測されることは，集団判断では災害のリスクを低く見る危険性があるということになる．避難勧告等の判断基準を決めておくことは，ひとつの防止策になる可能性がある．

　また，議論の過程ですべての知識や意見が同じように提起されるのではなく，メンバー全員に共通の知識ほど取り上げられる傾向が知られている．もしそうであるならば，事前に確認すべきチェックリストを作成しておくことが有効である可能性がある．

（森岡千穂）

〔文献〕

Ash, S. E. (1951). "Effects of group pressure upon the modification and distortion of judgment", Groups, leadership and men. Carnegie Press.

Moscovici, S. & Zavalloni, M. (1969). "The group as a polarizer of attitudes." *Journal of Personality and Social Psychology*, **12**：125-135

Stoner, J. A. F. (1961) "Risky and cautious shifts in group decisions：The influence of widely held values." *Journal of Experimental Social Psychology*, **4**：442-459

Janis, I. L. (1982) "Groupthink：Psychological studies of policy dicisions and fiascoes" Houghton Mifflin.

➡ 関連項目　災害対策本部の情報集約と意思決定（7-5）

12-9　助け合いの心理

> **ポイント**：　災害ユートピアは，災害後の社会を「引きのばされた災害ユートピア」として構想するための基点である．つまり，災害時の「助け/助けられ」を平時の助け合いへと発展させる基盤である．

　災害後，被災地では，被災者どうしの相互援助，被災地外から駆けつけたボランティアによる支援活動など，多くの「**助け/助けられ**」を観察することができる．困っている人を助けるのは，説明不要のあたりまえのことなのか，それとも，心理学の古典的研究（ラタネ・ダーリー，1997）が「責任の分散」説で主張したように，人は時に「冷淡な傍観者」にもなりうるのか．その黒白は，今もって，**援助行動**に関する実験心理学が当初想定したほど簡単に決定されそうもない．

　さて，被災地における援助行動といえば，**災害ボランティア**に注目しないわけにはいかない．日本社会に限れば，災害ボランティアは，その後「ボランティア元年」と称されることになった阪神・淡路大震災（1995年）以降，特にその社会的存在感を増し，新潟県中越地震（2004年），東日本大震災（2011年）などを経て，当初中心であった緊急期の支援活動（例えば，避難所での炊き出しなど）だけでなく，復旧・復興期の支援活動（例えば，被災者の生業の回復へ向けた地場産業の支援活動など）まで，その活動範囲を広げてきた．

　同時に，矢守ら（2011）が**被災地間リレー**，**被災地つながり**といったキーワードで表現しているように，国内外での災害多発を受けて，過去の被援助者（被災者）が現在の援助者として支援活動にあたったり，過去の援助者（援助地）と被援助者（被援

図　東日本大震災の被災地で活動する阪神・淡路大震災の被災地からやって来たボランティア

助地）がそれを契機として地域間交流を開始したりするなど，文字通り，双方向の**助け合い**と称すべき形式が，ごく普通にみられるようになってきた（図）．一例を挙げれば，東日本大震災の被災地から新潟県に避難してきた被災者を支援する中越地震の被災者たちを，阪神・淡路大震災をきっかけに生まれた神戸の災害ボランティア団体がさらに後方から支援するといった支援形態である．

さて，被災地において特に顕著にみられる援助行動に注目した概念の1つに，**災害ユートピア**がある．ただし，災害ユートピアを，これまで，社会心理学の領域でみられた通俗的な説明―例えば，従来の社会機能の麻痺，既存の体制の崩壊によって，通常とは異なる平等主義，極端な利他主義（助け合い）の価値観が支配する世界―の線で位置づけるのは，早計である．

なぜなら，ソルニット（2010）が，その著書『災害ユートピア』の冒頭部分で，災害（緊急事態）に相当する英語（emergency, emergent）の語源解読を通して強調しているのは，災害（緊急事態）とは，「それまで」の社会的状態（平常時）から分離，さらには，新たな「**現出と解放**（それまで抑圧されていたものが解放され新しい何かが生まれること）（emerge）」だということだからである．つまり，ソルニットが重要視しているのは，災害ユートピアの中で起きていることだけではなく，「それまで」がいったん白紙に戻された社会―災害ユートピア―が，「それまで」からの「現出と解放」を実現し，「それから」を変革するポテンシャル（潜在力）を有するという点の方である．

いいかえれば，災害ユートピアという概念は，災害後の社会を，いわば，**引きのばされた災害ユートピア**として解放的に構想するための基点として位置づけることができる点で，注目すべきである．ここで言う引きのばしは，時間的にも空間的にも生じうる．災害ユートピアにおいて実現されつつある「現出と解放」を，通常復興期と称される時期に，さらに平常時にまで延長していけば時間的な引きのばしになる．また，現出と解放を狭義の被災地だけでなく，（日本）社会全体へ，あるいは世界規模へと拡大していけば空間的な引きのばしになる．この意味で，災害直後のボランティアによる「助け/助けられ」が平常時の助け合いへと発展した事例に，「引きのばされた災害ユートピア」の芽生えをみることができるだろう． 〔矢守克也〕

〔文献〕

ラタネ，ビブ・ダーリー，ジョン・M（竹村研一・杉崎和子訳）（1997）『冷淡な傍観者―思いやりの社会心理学』ブレーン出版．

ソルニット，レベッカ（高月園子訳）（2010）『災害ユートピア―なぜそのとき特別な共同体が立ち上がるのか』亜紀書房．

矢守克也・渥美公秀・近藤誠司・宮本　匠（2011）『ワードマップ：防災・減災の人間科学』新曜社．

➡ 関連項目　コラム 13

12-10　説得的コミュニケーション

> **ポイント**：　他者の態度や行動を特定の方向に変化させることを目的とするコミュニケーション．受け手が納得した上での態度変容を目的とするため，命令，強制，禁止などとは区別される．

　災害危機管理の実効性を高めるためには，1人1人が災害リスクを正しく理解し，納得した上で災害時に適切な危険回避行動を取ることが重要である．しかし人の態度や行動は，与えられた情報通りに即座に変容するわけではない．そこには様々な認知プロセス，心理メカニズムが関わってくる．これに関連するのが社会心理学で研究されている**説得的コミュニケーション**であり，情報提供者は，平時・緊急時ともに効果的な**リスクコミュニケーション**を行うためには知っておかなければならない知見である．

　防災教育では災害の写真や映像，被災者の声など災害の恐ろしさを前面に出すことによって，情報の受け手の災害に対する備えを促進しようとするアプローチがよく行われる．これは，受け手が脅威を認識することで情報提供者の説得を受け入れやすくなる「**恐怖喚起コミュニケーション（恐怖喚起アピール）**」という手法である．この手法を行う場合，喚起する恐怖が強すぎると情報の受け手にメッセージ自体を拒絶する**心理的抵抗（リアクタンス）**が生じ，説得の効果が減少することがある．有効性を高めるためには，情報の受け手に自分にとって関わりが深く危険だと思わせること，説得者の主張する危険回避行動をとればその危険を回避できると信じてもらうこと，その危険回避行動を実行可能だと思ってもらうことが重要である（Rogers & Mewborn, 1976）．また，あまり防災対策を行っていない人に対して，急に自宅の耐震補強や1週間分の備蓄をするように求めてもあまり効果は上がらない．この場合，せめてハザードマップに目を通したり無料の耐震診断を受けたりするなど，手の届くレベルの対策から提案すると受け入れられやすい．これは「**ローボール・テクニック**」と呼ばれ，受け手に受け入れられやすい低い要求水準からスタートして，徐々に高度な説得を受け入れてもらえるように唱導する手法である．最初に簡単な依頼をして，承諾した人により大きな依頼をする「**フット・イン・ザ・ドア・テクニック**」と同様の考え方である．逆に，最初に高度な要求をして，受け手が難色を示したら難易度を下げた別の要求を出し，相手の承諾を誘う「**ドア・イン・ザ・フェイス・テクニック**」もあるが，いずれも防災教育に用いる際はわざとらしくなりすぎぬように留意する必要がある．次に，説得的コミュニケーションの効果を上げる要因として，情報提供者の「**専門性**」と「**信頼性**」に関する指摘がある．一般的に，専門家から出されるメッセージは説得効果が高いとされているが，この2つの要因から「信憑性」が形成されるた

め，いずれかが損なわれると説得効果が減少する．情報提供者側も，自らの専門性を高め信頼を勝ち取るコミュニケーションスキルを習得する努力が必要なのである．ただし，説得の対象となる事象が受け手にとって関心が高くなければ，信憑性も十分効果を発揮しない．その場合は，説得しようとするテーマに対して関心を高めるアプローチがまず必要となる．

　メッセージの作成にあたっては，受け手が理解しやすい平易な表現を用いること，専門用語には注釈を加えたり，できるだけ図やイラストを用いて視覚化したりことが効果的とされている．また，説得しようとする事象についていい面あるいは悪い面のみを前面に出すことを**一面提示**，いい面と悪い面の両方を含めることを**両面提示**というが，一般的に，受け手がその事象についてあまり知識をもっていない場合は一面提示，受け手があらかじめ様々な知識や情報をもっている場合には，両面提示の方が効果的と考えられている．

●事　例

[**自治体の防災啓発資料**]　災害の恐怖喚起コミュニケーション事例については枚挙に暇がないが，一例として，横浜市消防局「減災行動のススメ―できることから今すぐに―」を取り上げる．過去の3つの大震災を写真付きで紹介し，「関東大震災は火災」「阪神・淡路大震災は倒壊」「東日本大震災は津波」とキーワードを印象的に配した上で「できること」から地震対策を提唱している．恐怖喚起コミュニケーションを用いる場合，信頼できる人や組織からの発信であることに加え，災害を自らの問題と捉える当事者意識の醸成，効果的で取り組みやすい危険回避行動の提示が重要である．

〈三島和子〉

〔文献〕

深田博巳（1986）『恐怖喚起コミュニケーション研究における方法論的問題』島根大学教育学部紀要（教育学部）**20**：187-205

今井芳昭（2006）『依頼と説得の心理学』サイエンス社．

Rogers, R. W. & Mewborn, C. R. (1976) "Fear appeals and attitude change: Effects of a threat's noxiousness, probability of occurrence, and the efficacy of coping responses" *Journal of Personality and Social Psychology*, **34**: 54-61

Brehm, J. W. (1966) A theory of psychological reactance, Academic Press.

横浜市消防局（2012）『減災行動のススメ―できることから今すぐに―』．

http://www.city.yokohama.lg.jp/shobo/pamphlet/pamphlet.html#gensai

12-11 状況主義と意思決定

> **ポイント：** 状況主義が問い直しているのは，意思決定とは人間がなすものだという考えである．状況主義では，一見決定主体にみえる人間だけでなく，決定に関わる道具，他者などの「総体」，つまり状況が重視される．

状況主義（状況論） を理解するためには，状況主義とは何でないかを理解することが早道である．状況主義とは，（防災に関する）**意思決定**が，意思決定者が置かれた状況によって変化すると考える理論ではない．それだけのことであれば，すでに自明であって，今さら強調する必要もない．むしろ，状況に一切影響されない意思決定を探す方が難しいくらいである．

そうではなく，状況主義とは，「意思決定者が置かれた状況」というフレーズに表れているように，**「人間対状況」**という構図，つまり，意思決定者（人間）と環境（狭い意味での状況）とが対峙するという二分法的構図全体に対する疑義であり，代替案である．すなわち，この構図を前提に，「意思決定とは人間がなすことなり」（そこに外部的要因としての状況が影響する）と考えること全体に対して，状況主義は異論を唱え独特の代替案を提示している．言葉をかえれば，状況主義では，意思決定しているのは「何か」（あえて，「誰か」とは表記しない）ということが問われているのである．

卑近な事例を挙げれば，Amazonの「この商品を買った人はこんな商品も買っています」によって，商品を購入した経験は多くの人にあるだろう．この購入決定は「何」がしたのか．もちろん，直接的には購入者だということはできる．しかし，Amazonというサービス（**道具・ツール**）がなければ，また，この仕組みを底辺で支えている他のユーザー（の決定）の存在がなければ，この購入はなかったはずである．このことを踏まえれば，意思決定の主体は，購入者本人を含め，ここに列挙した要因—道具・ツール，システム，他のユーザーなど—の総体としかいいようがないことがわかる．状況主義にいう「状況」とは，ここで「総体」と称した全体をさす概念であり，状況主義に立脚した研究群には，例えば，巨大タンカーの運行（操舵）というプロセスを実現している意思決定の「総体」に関する分析など，多数の研究蓄積がある．

災害情報に関する意思決定も，まったく同様である．1つの災害情報（例えば，大雨に伴ってある地域に発表された避難指示）が，非常に多くの気象観測装置や情報伝達のための機器，種々の法令や制度，そして，多様な関係者が関わることからしか生まれないことを考えれば，防災に関わる意思決定が，Amazonの例よりも，むしろはるかに「状況」主義的であることは容易にわかる．たしかに，直接的には，この避難指示は，首長の「よしッ」という一言で最終的実現をみたかも知れない．しかし，こ

の意思決定が首長個人の決定だと考える人は，まずいないだろう．

また，こうした立場に立ってはじめて，防災に関わる意思決定には不可欠の道具，例えば，**防災マニュアル**にもこれまでとは違った光をあてることができる．マニュアルには，例えば，「××川に氾濫警戒情報が発表された時には，この図に従って，水防管理者等にその内容を通知する」といった形式の意思決定指南が満載されている．

さて，マニュアルによって何かがわかる（できる）ようになったという実感をもつのと同時に，何かがわからなく（できなく）なったという感触をもつことがよくある．マニュアルがあるからこそ，例えば電器製品の最低限の操作が可能になっているが，マニュアルの充実と反比例して，最低限の操作以外のリテラシーは目にみえて低下するといった経験は，誰にでもあるだろう．同じことが，防災マニュアルについても生じる．例えば，先のマニュアルによって，自治体職員は，氾濫警戒情報がどのような仕組みと論理によって誰が関与して作りだされているかについてまったく無知であっても，あるいは，その情報に引き続いて，どのような出来事が生じるのかについてまったく無関心であっても，マニュアルに頼って自らの意思決定を確実に遂行しうる．

つまり，一方で，マニュアルのおかげで，我々が何かを知り，多くの意思決定が組織的かつ継起的に生じ，一連の防災活動が効率的に成し遂げられていることはたしかである．しかし他方で，マニュアルは，上記のように「何は知らなくていいのか」も指定している．この結果，意思決定の「状況」（先に述べたように，そこに関わる人びとや道具・ツールの布置関係の総体）は，マニュアルの不在時と比べると多かれ少なかれ変化しており，この変化は，電器製品のトラブル時の混乱にみられるような事態を防災活動にも生じさせかねない．

最後に，以上の議論から，例えば，自治体などの組織体や，複数の組織体が複合した主体（例えば，「原子力ムラ」と称されるようなもの）が関与する意思決定に対して，これまでの災害情報学が切れ味鋭い分析を実現しえなかった理由もわかる．そうした決定の内実を個人に求めても，多くの場合，その心理プロセスに関する平凡な記述の山が得られるだけで，意思決定の核心へと迫ることはできないだろう．そこで行われる意思決定の本質は，いいも悪いも，組織やムラが全体として示す「状況」にあるからである．実際，福島原発事故に関する検証作業を通して，原子力（ムラ），津波・地震（ムラ）が，互いに他を，自らの意思決定に関わる「状況」として十分考慮していなかったことが，事故発生や深刻化の一因であることが明らかになっている．

(矢守克也)

〔文献〕

上野直樹（2001）『状況のインタフェース（状況論的アプローチ1）』金子書房.

➡ 関連項目　災害対策本部の情報集約と意思決定（7-5），集団的意思決定（12-8）

●コラム 13 ●　社会的手抜き

　集団で仕事をすれば，1人1人の仕事の和と同等かそれ以上の成果が得られるはずと思えるが，集団サイズが大きくなると1人1人のパフォーマンスが低下し，貢献度も低下する現象がみられることが約1世紀前に実験で見出された．この逆説的な現象は，実験者の名前をとって「**リンゲルマン現象**」あるいは「**社会的手抜き**」と呼ばれる．社会的手抜きは，1人1人のパフォーマンスや成績が重視される場合には起こりにくい．逆に，集団全体の成果が重視され個々の貢献度合いは問題にされない場合，かつ集団の誰でもやろうと思えばできる課題で，集団のサイズが大きくなるほど生じやすいとされている．「やってもやらなくても評価は変わらない」「自分がやらなくても誰かがやるだろう」「もし他のメンバーも手抜きをしていたら頑張った自分だけ損をみる」などの心理が働く．小学校のPTA役員決めでもよくみられる現象であろう．あわよくば6年間何もやらずに逃げ切ろうとする保護者はどのクラスにも存在する．組織運営でも，チーム全体の成果を重視しすぎるとかえって個々のモチベーションが低下することがあるため，あえて個々を競わせようとする．生命保険の営業所などでよくみられる手法である．

　災害時には隣近所の共助が不可欠である．災害時要援護者の安否確認，避難支援にも地域の力は欠かせない．しかし具体的に支援者や支援内容を決めておかなければ「誰かがやってくれるだろう」と皆が考え，よほど責任感の強い人がいないかぎり結局誰も支援に出向かないという事態になりうる．自らの収入に直結する生命保険のセールスと異なり，災害時の共助は自発的でボランタリーな行動であり，対価も評価も一切ない．地域全体で力を合わせて災害を乗り切るという考え方は正しいが，運用次第では絵に描いた餅になりかねないのである．

　後年の研究によって，社会的手抜きは，課題に対して自分の関わりが深いと感じること，課題に意義があると感じることで抑止できることがわかってきた．地域社会の共助においても，誰が何を行うのか，誰に対してどのような支援を行うのか，またこれらの行動にはどのような意義があるのかについて，できるだけ明確にしておき，理解を深めておく必要があるだろう．消防団や水防団，民生委員など特定の地域住民に共助の負担が集中しすぎている現状への理解も必要である．さらに，難しいかもしれないが，個々の貢献度合いに対する評価制度があればなお望ましい．1人でも多くの住民が自らの地域社会へ関わりとその意義を実感することは，地域防災力の向上にも大きく貢献するものと考える．

（三島和子）

第4部　災害心理

第13章　心身のケア

13-1　プレビュー：心身のケア

> **ポイント：** 第13章では，被災が，被災者，及び，被災地で被災者の支援にあたる人々の心身に与える影響と，それに対するケアについて概観する．

　被災の衝撃が被災者の心身に与える影響とそれに対するケアについて考える時，被災者に，独特の時間感覚の変調が認められることに注意を払うことが大切である．

　筆者は，阪神・淡路大震災の被災者の方（同一人物）が，「何もかもあの日で終わりました」という言葉と，「すべて地震から始まりました」という言葉，この両方を口にされるのを聞いたことがある．一方に，「もし…しておけば」，「仮に…だったならば」と，仮定法過去完了形でどこまでも時を〈逆向〉して，あの日の出来事を回避しえた可能性を追求せずにはおられない気持ちがある．他方に，それでもなお，次から次に押し寄せてくる被災後の厳しい現実に向き合いながら，時の流れに〈順向〉して生きていかねばならない現実がある．この両者を無理矢理にでも折りあわせねばならない事情が，字義だけを捉えれば矛盾するかにみえるこれら2つの言葉には込められている．

　具体的にいえば，例えば，「被災者の心理」（13-2）に示された「焦り」という鍵概念は，社会が，被災者の個別的事情とは無関係に一律に期待しがちな〈順向〉のためのペースやスケジュール（「どこまで復興したのか」，「この地域は復興が遅れている」といったフレーズ）に対する個々の被災者の反発や戸惑いを示すものである．被災者支援のためには，むしろ，13-2で強調されているように，多様で個別の顔をもつ被災者に支援者が寄り添って，ともに〈順向〉のプロセスに同伴・同行するタイプのケアが求められる．

　他方で，「心のケア」（13-3）で扱われている「トラウマ」，「フラッシュバック」，「自責」などは，まさに〈逆向〉のなせるわざである．「喪失とトラウマ」（13-5）が説くように，トラウマは，多くの場合，破壊的な体験の直接的な効果なのではなく，極限の破壊的状況にもかかわらず自分はその出来事を生き延びたという体験の特異性にこそ由来する．どうして，あなたではなく私が生き残ったのか．逆にいえば，どうして，私ではなくあなたが死んだのか．この無限背退していく問いは，容易に，「あなたの死を回避するために私がなしうることがあったはずなのに，私はそうできなかった」という自責の念へと転化する．

　13-3は，こうした被災者の心のトラブルに対するケアについて，初期・急性期と中・長期に分けて処方箋を提示している．特に，時間をかけて「喪失のストレス」を緩和するための「喪の作業」の重要性，そして，こうした過程の中核に，被災体験の

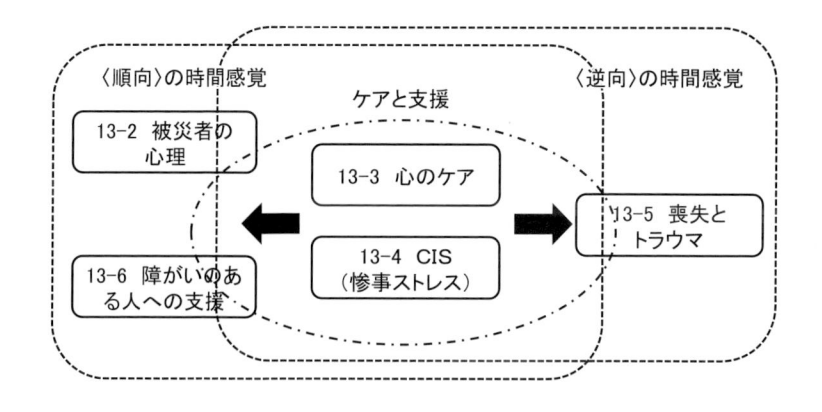

```
〈順向〉の時間感覚        ケアと支援         〈逆向〉の時間感覚

  13-2 被災者の
       心理
                    13-3 心のケア
                                        13-5 喪失と
                                             トラウマ
                    13-4 CIS
  13-6 障がいのあ     （惨事ストレス）
       る人への支援
```

（再）意味づけ作業があるとの指摘は，13-2の主題である「復興曲線」とシンクロする大切なメッセージである．

　被災地で過酷な状況に直面することになる救援者やボランティアらも，被災者を襲うこうした時間感覚の変調と無縁ではない．近年大きな注目を集めている「CIS（惨事ストレス）」（13-4）では，こうした点が，それに対するいくつかの対処技法とともに議論されている．

　災害は，一義的には大規模な物理的破壊を伴う出来事であるから，人間の身体（健康）にも重大な影響を及ぼす．この点は，健常者においてもそうであるが，特に，高齢者，病気療養中の人々，何らかの障がいをもった人など，災害以前から心身の状態が必ずしも堅調でない人々において，より強く増幅した形であらわれる．この点は，近年の災害で問題化している「災害関連死」を防止する意味でも重要である．

　「障がいのある人への支援」（13-6）では，こうした人びとに対して求められる支援やケアのあり方について議論されている他，被災によって新たに障がいを負う人たち（災害障がい者）の問題についても論じられている．これらの問題は，残念ながら，これまで，日本の防災対策や復旧・復興施策の中で十分な密度をもって議論され対応されてきたとは，とてもいえない．13-6で提起されているように，障がいの多様性に目を配りながら，事前期や緊急時の情報保障，避難先等での特別なケア，事後，広く地域コミュニティ全体，社会全体で生活支援にあたるための枠組み作りなど，多くの課題が山積している．

（矢守克也）

13-2 被災者の心理

> **ポイント：** 被災者の心理を理解するためには，それぞれの災害や被災体験の多様性に配慮して，ひとりひとりの被災者の気持ちに寄り添うことが肝要である．

　被災した人々が，パニックになったり，無気力状態になったり，外部からの助けをただ待つ依存的な存在になるのではなくて，決して理性を失わず，むしろ互いに積極的に助け合うのだということは，災害研究の古典である Fritz（1961）がすでに指摘している事柄である．このような災害直後に現れる相互扶助的な共同体は「**災害ユートピア**」と呼ばれ，近年ではソルニット（2010）が，1906年のサンフランシスコ地震から2005年のハリケーン・カトリーナに至る事例をアナーキズムの観点から紹介している．ラファエル（1989）がまとめた災害反応の経過の見取り図は，被災者の心理の時間的変遷を理解するうえで有用である（図1）．「災害が発生しうる条件が生じたためのある種の不安状態」である「警戒」期，そして災害が実際に発生し被害をもたらす「衝撃」期，生き残ったことへの幸福感や，被災体験の共有による相互連帯感の強まりや相互扶助的な共同体「災害ユートピア」が現れる「ハネムーン」期，組織的な救援体制の解除が始まり，災害によってもたらされた被害の現実を直視する「幻滅」期と，順を追って説明している．

　このような被災者の心理を統一的な，普遍的な視点でもって理解する試みも大切だが，それ以上に，「災害には顔がある」といわれるように1つとして同じ災害はなく，被災者のおかれた状況も異なるのだから，被災者の心理も実に多様であることを理解することが何よりも肝要である．それは，実際に被災地を訪れ，ひとりひとりの顔をもった被災者と出会うことで容易に気づかれる．そうした被災者の多様性を踏まえて，被災者自身が，彼・彼女らのおかれた「いま・ここ」から，災害後の経過を語る試みに「**復興曲線**」（宮本，2008）がある（図2）．これは，ラファエルが描いた災害反応の経過の曲線を，被災者自身が描くものである．横軸を時間，縦軸を地域の雰囲気や個人の心理状態として，被災者が描いた曲線を意味づけながらインタビューを行う．ここで，描かれた復興曲線が上下に振幅する理由に注目すると，ひとりひとりの被災者によって，また同じ被災者でも復興過程の中のス

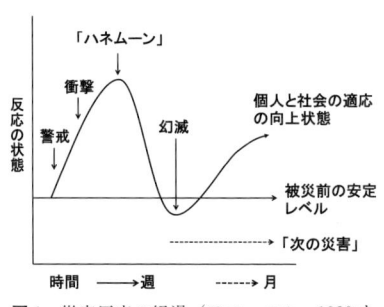

図1 災害反応の経過（ラファエル，1989をもとに作成）

テージによって縦軸の基準が異なることがわかる．ここから被災者の**復興感**が，「どれだけ元の生活に戻ったか」というような統一的な視点から捉えられるものではなく，どれだけ未来に希望を感じられるかという可能性に連動するものとして概念化することが可能である．

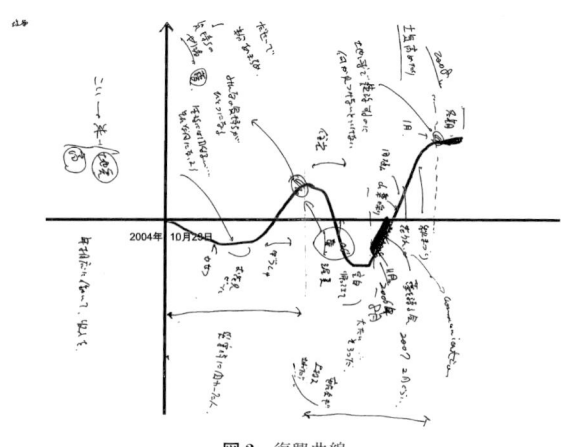

図2 復興曲線
新潟県小千谷市塩谷集落の男性が描いた曲線

被災地発のキーワードとして，被災者の心理を理解する上で大切な「焦り」がある．渥美（2010）は，中越地震で被災した小千谷市塩谷集落の被災者が，中越沖地震で被災した刈羽村の被災者にあてた手紙を紹介している．この手紙には，「どうしても不安から，少しでも早く自分の進路を決めたくなります．でも，あせらないでください．」と書かれている．「復興は時空間の制約のもとになされる」ことを言い訳に，行政は往々にして期限をもって被災者の復興を追いたてる．しかし，先の手紙はこう続く．「急いだ人の中には，後悔した人達がいたからです．今は色々な制度もありますし，皆さんが声を上げれば新しい復興基金も生まれるかも知れません．」被災者の心理を理解するには，まずは被災者の気持ちに寄り添って，その声を支えることが大切である．　　　　　　　　　　　　　（宮本　匠）

〔文献〕

渥美公秀（2010）「災害復興過程の被災地間伝承―小千谷市塩谷集落から刈羽村への手紙」『大阪大学大学院人間科学研究科紀要』**36**：1-18．

Fritz, C.E. (1961)「Disaster」『Contemporary Social Problems』(R. K. Merton & R. A. Nisbet) New York：Harcourt, Brace and World Inc.

宮本　匠（2008）「復興感を可視化する」『復興デザイン研究』**7**：6-7，復興デザイン研究会．

ラファエル，ビヴァリー（石丸　正訳）（1989）『災害の襲うとき―カタストロフィの精神医学』みすず書房．

ソルニット，レベッカ（高月園子訳）（2010）『災害ユートピア―なぜそのとき特別な共同体が立ち上がるのか』亜紀書房．

➡ 関連項目　心のケア（13-3），喪失とトラウマ（13-5）

13-3 心のケア

> **ポイント**: 災害を体験した後，我々は3つのストレス（外傷後ストレス，喪失のストレス，日常生活上のストレス）にさらされる．この重層化したストレス状態に対する心のケアは，「初期・急性期」「中・長期」と段階に分けて考える必要がある．

　災害を体験した後，我々は3種類の大きなストレスにさらされることになる．
　まず災害そのものの恐怖に起因するストレス．これは，災害が私たちの外部から心に傷を与えるという意味で「**外傷後ストレス＝トラウマティックストレス**」と呼ばれる．その内容は次のようなものである．
　通常,体験は記憶の形で心に収納されるが,災害のような限度を超えた恐怖やショックの後では，その記憶には過大で不快な情動が付随する．この過大なマイナス情動の付随する記憶を**トラウマ記憶**と呼ぶ．トラウマ記憶が成立すると，わずかな刺激で記憶内容が想起され（フラッシュバックや悪夢），そのたびにマイナス情動による不快感を味わう「再体験」症状，また刺激に対して過敏になり，例えば揺れに対して過剰な怯えを抱く「過覚醒」症状，さらに不快感を予想させる事物，状況には近づかず，心理的にもそれを考えないようにする「回避」症状などが起こる．これらの「再体験」「過覚醒」「回避」といった症状が，トラウマ記憶生成後の主要なストレスであるが，実はこれは病的な症状ではなく，私たち動物が危険に遭遇したときの自然な適応のメカニズムであるといえる．体験したことのない恐怖状況に遭遇した後，通常動物は類似の状況に対する感覚を研ぎ澄まし（過覚醒），その状況にはあまり近づかなくなる（回避）．そして警戒を維持しながら少しずつ再体験を繰り返すことによってマイナス情動のレベルを低下させ，それとともにストレスも日常的に耐えられるものへと収まっていく．このことからトラウマティックストレス（以下，Tストレス）は，適応のために必要な苦痛なのだとわかる．Tストレスが日常的に耐えられるものにまで収まっていくための期間は，DSMなどの診断基準では出来事の後1ヵ月とされているが，大規模災害ではこれを3ヵ月から半年ぐらいに引き伸ばして考えるのが妥当であろう．
　通常自然に収まるTストレスは，体験を苦痛と感じる度合いが大きいと，回避を強め再体験を避けるようになり，そうなるとマイナス情動のレベル低下が起こらず，ストレスがいつまでも苦痛としてとどまることになる．これが**PTSD**（**外傷後ストレス障害**）と呼ばれる事態である．
　次に，身近な人が亡くなったり，家が壊れたりといった，災害によって生じた様々の喪失によるストレス．この喪失には具体的な人，物の喪失だけではなく，想い出や価値観の喪失も含まれる．これを**喪失のストレス**と呼ぶ．
　喪失後の心理状態はいくつかの段階を経るが，主要な感情は怒りと絶望（悲嘆）で

ある．まず起こった事態が受け入れられない「否認」の段階を経た後，そのような事態が起こったことに対する激しい怒りが湧き起こってくる（「怒り」の段階）．この怒りには，まわりの様々な対象に向けられる場合（「攻撃」）と，十分なことができなかった自分自身に向けられる場合（「自責」）とがある．さらに，いくら怒りを発散しても喪ったものは帰ってこないということが絶望感を生じさせ，抑うつ状態の中で深い悲しみに沈むようになる（「悲嘆」の段階）．この悲嘆の中で，それぞれの人が独自の仕方で，喪ったものを心の中に永遠に生かすための作業（「喪の作業」）を行う．喪の作業が適切に行われた後初めて喪失という事態が受け入れられるようになる．

3番目に，災害によって起こる生活や対人関係の変化，例えば不便な仮設住宅での暮らし，仕事を失ったことによる経済的な重圧などによる**日常生活上のストレス**．一般的にストレスと呼ばれているものはこれである．災害を体験した人々は，Tストレスを基礎としてそれに喪失や日常生活のストレスが継続的に重なってくるという重層化した苦痛の中にいると考えなければならない．

ではこのストレス状態に対する「心のケア」はどのように行われなければならないのだろうか．心のケアは「初期・急性期」と「中・長期」に分けて考えなければならない．初期・急性期とは，災害直後からTストレスが自然に収まっていく3ヵ月～半年くらいの期間をさす．初期・急性期ではTストレスの苦痛を和らげ，ストレスをPTSD化させないことが心のケアの目的となる．具体的には「とても辛い体験をしたのだから様々な心の変化が起こるのは当然だ」と伝える「心理教育」，そしてストレスに対処するための「リラクセーション」の実践が支援の中心となる（ストレスマネジメント）．「会話や描画によって体験を表現することが心のケアだ」という通念があるが，初期に表現を促すと苦痛を感じさせることが多く，それが回避心理を強め，逆にPTSDを起こしやすくするので適切ではない．

中・長期になると，Tストレスが収まってきた人と，収まらずPTSD化している人への「二極分化」が起こる．PTSD化している人への治療的関わりは心理や医療の専門家の仕事となるが，Tストレスがさしあたり収まっている人も，喪失や日常生活のストレスがかかり続けると，容易にPTSD状態に移行する可能性があるので，心のケアは続けられた方がよい．この段階でのケアは，ストレスマネジメントを継続することに加えて，体験に向き合い，それは苦痛ではあったけれども重要な出来事でもあったとの意味づけの変容を行うことが必要となる．それは体験の表現＝語りを通して行われるので，この段階では初期とは反対に安全な環境の中で表現を促すことが必要となる．また心のケアと防災教育の融合もこの段階の重要な課題である．

（髙橋　哲）

➡　**関連項目**　防災教育（10-4），CIS（惨事ストレス）（13-4），喪失とトラウマ（13-5）

13-4 CIS（惨事ストレス）

ポイント： 悲惨な現場で活動する救援者は CIS（惨事ストレス）を被る危険性を抱えている．ストレス反応は時間経過とともに治まることが多いが，遷延する場合もあり，対策の必要性が指摘される．

CIS（Critical Incident Stress，**惨事ストレス**，「非常事態ストレス」や「臨界事態ストレス」とも訳される）とは，災害や事件，事故など悲惨な出来事（惨事）に直面した人，あるいは惨事の様子を見聞きした人に起こるストレスをさす．消防職員や警察官，自衛官，災害医療従事者など，災害や事故の現場で他者を救援する職業に就いている人々は，職務上惨事ストレスを被る危険性を抱えており，近年，こうした救援者の惨事ストレスやその対策への関心が高まっている．

惨事に対するストレス反応としては，（心的）外傷後ストレス障害（Post-Traumatic Stress Disorder：PTSD）が注目されやすいが，実際には，現場活動中や活動直後にみられる過剰な興奮や苛立ち，落ち着きのなさなどの急性ストレス反応（Acute Stress Reaction）や，PTSDとは診断されなくとも活動後1ヵ月以上経った後にも惨事の光景が突然思い出されたり，過剰な興奮状態が持続するといった外傷性のストレス反応を多くの人が被っている（図）．こうしたストレス反応は時間経過とともに治まることが多いが遷延する場合もあり，惨事において活動した救援者の15％程度がPTSDハイリスク者となると報告されている（松井，2005）．そのため，組織的な惨事ストレス対策の必要性が広く認識されるようになってきている．

救援者の惨事ストレス対策としては，ミッチェル（Mitchell）が考案した **CISD**

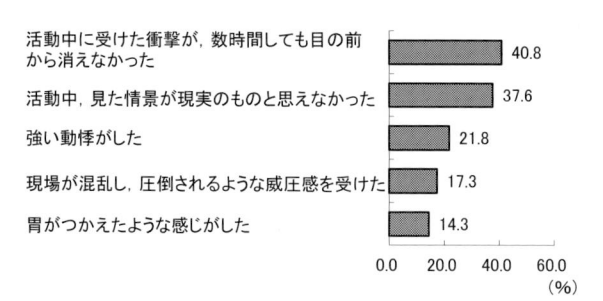

症状	％
活動中に受けた衝撃が，数時間しても目の前から消えなかった	40.8
活動中，見た情景が現実のものと思えなかった	37.6
強い動悸がした	21.8
現場が混乱し，圧倒されるような威圧感を受けた	17.3
胃がつかえたような感じがした	14.3

図 衝撃的な災害現場での活動時にみられた症状（急性ストレス反応の例）
図中のパーセンテージは，過去10年以内に衝撃的な災害体験がある消防職員880名中の比率である（消防職員の現場活動に係るストレス対策研究会（2003）をもとに改変）．

(Critical Incident Stress Debriefing，惨事ストレスデブリーフィング，「**緊急事態ストレスデブリーフィング**」とも訳される）が1980年代から急速に広まった．CISDとは，惨事を体験した者が複数人で集まり，惨事に関わる様々な事柄を話し合うことによって，ストレス反応の低減とPTSDの予防を図る単回のグループ介入技法である．当初は救援者のための介入技法として開発されたものの，次第に被災者あるいは被害者本人や，癌患者，流産後の女性など救援者以外の人々にも実施されるようになり，適用範囲が拡大するにつれてCISDの効果性に関する議論が勃発した．CISDにはストレス反応を低減する効果がないという指摘だけでなく，CISDの実施によりストレス反応が悪化することを報告する研究も存在する．

　救援組織の現場では，惨事ストレス対策の一環としてCISDと類似したグループミーティング（**デフュージング**，**デブリーフィング**）が浸透しているが，現在では，ミッチェルが定めたCISDの手続きは踏襲されず，効果的に機能するように各組織の状況に合わせて実施の条件や手続きが改変されている．デフュージングとデブリーフィングは，いずれも同じ任務に就いていた者どうしが体験について語り合うことによりストレス反応の軽減と個々人のストレス状態の把握などを図る介入技法であるが，デフュージングは活動後できる限り即時に短時間で実施される一方，デブリーフィングは一定期間が経過した後により時間をかけて実施される．また，惨事後には，こうしたグループ介入技法だけに頼るのではなく，個別介入アプローチを併用したり，事前教育やフォローアップ，専門家への照会などを含めたより包括的な対策を実施する組織が増えてきている．

　救援者の惨事ストレスに対して継続的かつ有効な支援を行うためには，それぞれの組織風土に合った惨事ストレス対策の構築が望まれる．いずれにしても，救援者の惨事ストレス対策では，専門家が救援組織の現場に出向いて現場職員とともに対策の実施について検討し，介入や心理教育を展開していく**アウトリーチ**が重要である．

〔畑中美穂〕

〔文献〕
松井　豊編（2005）『惨事ストレスへのケア』ブレーン出版．
消防職員の現場活動に係るストレス対策研究会（2003）『消防職員の惨事ストレスの実態と対策の在り方について』地方公務員安全衛生推進協会．
ミッチェル J. T. & エヴァリー G. S.（高橋祥友訳）（2002）『緊急事態ストレス・PTSD対応マニュアル　危機介入技法としてのデブリーフィング』金剛出版．

➡　**関連項目**　心のケア（13-3），喪失とトラウマ（13-5）

13-5　喪失とトラウマ

> **ポイント**：　トラウマは，肉親の喪失など，破壊的な体験の直接的な効果ではない．それにも関わらず自分はその出来事を生き延びたという体験の特異性に関する〈謎〉にトラウマは由来している．

　災害によって，かけがえのない肉親を喪う，あるいは，長年住み慣れた家を失う．このような**喪失**とそれに伴う**トラウマ**について考えるとき，大澤（2008）が指摘するように，カルース（1996）の議論は非常に示唆的である．彼女によれば，トラウマは，しばしば考えられているように，破壊的な体験の直接的な効果なのではない．つまり，この世のものとは思えぬ悲惨な光景を目撃した，肉親の命が無惨に奪われた──そういった悲劇的な体験やそれがもたらした心的状態が，トラウマの直接的原因なのではない．

　そうではなく，それにも関わらず自分はその出来事を生き延びたという体験の特異性に関する〈謎〉にこそ，トラウマは由来している．わかりやすくいえば，ほとんど同じ状況下にいたのに，どうして，あなたではなく私が生き残ったのか．逆にいえば，どうして，私ではなくあなたが死んだのか．この〈謎〉がトラウマの源泉である．カルースはこのように診断する．

　〈謎〉は，「どうして」に対する「原因」の提示によっては解消されず，「どうして」の「意味」を入手することによってのみ解消に向かうことを理解することが大切である．私が生き残り，あなたが死んだことの「原因」は，表面的にはいくらでも指摘することができる．例えば，「その日に限って私だけ，たまたま5分早く起きたから」，「あの日は，たまたまあなただけ海辺に仕事に出かけていた」といったことが，「原因」として提示されうるし，当事者自らがこのような説明を行うこともある．

　しかし，これらすべての「原因」を挙げていっても，当事者の〈謎〉は容易に解けない．なぜなら，「どうして，よりによって，私の方が5分早く起きたのか」，「どうして，よりによって，あの日に限ってあなただけが海辺に出かけたのか」──疑問は無限背進し，〈謎〉は深まるばかりだからである．

　結局，ここでいう〈謎〉とは，「なぜ，〈神〉がその運命を課したのか」がわからないという謎である．私が選ばれ，あなたが選ばれなかった「意味」がわからないのである．よりによってとは，選りに選って，のことであり，〈神〉の選択の「意味」がみえないことが，当事者にとって大きな〈謎〉となっているわけである．

　そして，この〈謎〉を解こうとして，当事者は，〈神〉の選択がなされる直前の状況──私とあなたが，生者と死者へと分岐する直前の状況──，言い換えれば，自己（生者）こそが他者（死者）だったかもしれない状況へと無意識のうちに，しかし強迫的

に連れ戻される．これが，**フラッシュバック**ということである．

だから，トラウマに苦しむ人々が真に失ったもの―喪失―は，実は，上にいう〈神〉である．もちろん，この〈神〉が，特定の宗教における神である必要はまったくない．そうではなく，自らの人生の「意味」（何をなすべきか，何が是で何が非か）を超越的に，すなわち根拠をそれ以上問い直す必要のない形で与えてくれるような存在でありさえすればよい．喪失の底にいる人々を苦しめているのは，〈神〉を失ったことがもたらす，生の「意味」の絶対的な欠落である．

かけがえのないあなたの喪失―その「理由」が〈謎〉のまま放置されるという意味での〈神〉の喪失―とは，自分の人生・生活の「意味」がそこを基点としてすべて構築されるような特異点を失うことである．だから，それは，いってみれば「**世界の喪失**」であって，世界の中からその（大切な）一部が脱落すること，つまり，「**世界の中の喪失**」ではない．したがって，そこから回復する方法―唯一絶対ではないにしても最有力の方法―は，その特異点が失われたこと自身の意味を手に入れることである．つまり，どうして私ではなくあなたが死んだのかを知ること，あなたが死んだことの「意味」を知ることである．

要するに，トラウマとは，「世界の喪失」に苦しむ人々が，「意味」，つまり，〈神〉の回復作業における特異点―なぜ，私ではなくあなたなのかという〈謎〉―にアプローチしてははね返され，人生（体験のすべて）の意味が総体として未決定のまま宙づりになっている状態のことである．

この意味で，災害の遺族にしばしば見られる「亡くなった肉親が，私にこのように生きることを求めている」，「私が元気でいることを亡くなった子どもが求めてくれている気がします」という種類の意識は，極めて重要である．亡くなった肉親と同じ趣味，職業への傾倒も，同様である．こうした人生の意味の再規定は，亡くなった人自身が，当事者の生の「意味」を再規定する〈神〉として位置づけられたことを意味している．この作業によって，当事者たちは〈謎〉を解消し，トラウマを克服しようとしているのである．

〔矢守克也〕

〔文献〕
安　克昌（2011）『増補改訂版：心の傷を癒すということ―大災害精神医療の臨床報告』作品社．
カルース，キャシー（下河辺美知子訳）（1996）『トラウマ・歴史・物語―持ち主なき出来事』みすず書房．
大澤真幸（2008）『〈自由〉の条件』講談社．

➡ 関連項目　心のケア（13-3），CIS（惨事ストレス）（13-4）

13-6　障がいのある人への支援

> ポイント：　障がいのある人は，災害が発生した際に正確な情報を得ることができず，避難が遅れることや，被災後の生活において様々な生活困難に直面することがある．それぞれの障がいに配慮した心身のケアや情報保障が重要である．

　障がいのある人は，災害が発生しても正確な情報を十分に得ることができず，安全な場所まで自力で避難することが難しい．体育館などの混雑する避難所での共同生活では様々な生活困難に直面する．このため，それぞれの障がいに配慮した**心身のケア**や，**情報提供**が重要である．障がいに配慮した支援策としては以下が挙げられる．

　視覚機能に障がいのある人を避難誘導する時は，災害や周囲の状況，どこに逃げると安全なのか，口頭で説明しながら，肩や腕を貸す形で避難誘導する．混雑する避難所での生活においては，トイレがどこにあるのか伝えるとともに，トイレまでの通路を確保し誘導しなければならない．また，ラジオなど自ら情報を得ることができる情報源が必要になる．

　聴覚機能に障がいのある人を避難誘導する時は，声をかけてもわからないことがあるため，懐中電灯などで照らして知らせる．また，災害の状況，避難場所を，紙に書いて伝えるか，紙がない場合は，相手の手のひらにゆっくりと指先で文字を書きながら，口を大きく開いて話しかける．避難所においても，食事の配給などを音声で伝えても情報が伝わらないので紙に書いて掲示する．

　移動機能に障がいのある人は，自力で移動することが困難である．車いすでの避難は時間がかかることに加え，停電などによりエレベーターが停止すると階段を使って移動しなければならず，援助者が複数必要になる．このため，あらかじめ避難方法や援助者について相談しておく必要がある．

　精神障がい・知的障がい・発達障がいのある人は，災害発生時に，災害の危険性そのものを理解できず状況に応じた行動ができない．パニックに陥っている時は「大丈夫」「安心しなさい」と声をかけて落ち着かせる．また，見知らぬ人とのコミュニケーションが苦手であり，避難所での生活というように，従来の生活環境とはまったく異なる環境での生活において，緊張し不安になると，奇声を発したり，飛び跳ねたりすることもある．このため避難所では，間仕切りでスペースを設けて，目に入る情報を減らすことや，本人の好きな物を提供して，安心させることが重要である．また情報を伝える時は，絵などを用いてわかりやすく，話をするときもゆっくりとわかりやすく話をする．

　災害において一命を取り留めたものの，その後の避難所生活において身体機能が低下する人もいる．これは，震災による生活環境の変化に加えて，避難所での共同生活

における活動制限が影響を及ぼすためである．このことから，多数の人が共同で生活する避難生活の早期の解消する，間仕切りを活用し個々人のプライバシーを確保する，通路などの移動空間を確保する，トイレ環境を改善する，食生活を改善することなどが求められる．

また，災害発生前には障がいを負っていないものの，災害に起因する傷病により，新たに障がいを負う人（災害障がい者）がいる（阪本，2011）．1995（平成7）年の阪神・淡路大震災による災害障がい者は328名であった．これら災害障がい者の多くは，健康を失うのみならず，住宅，家族，仕事を失うというように様々な生活困難に直面していた．**災害障がい者に対するケア**としては，特に，受傷後，障がいが認定されるまでの間の生活支援が重要である．被災後の生活再建に必要な諸行政手続きを，1つの窓口ですべての手続きを行える「ワンストップ・サービス」，障がいに配慮した仮設住宅の建設，避難所や仮設住宅を訪問してのサービスの提供などが考えられる．

日本では，災害障がい者に対する救済制度として，1982（昭和57）年に災害障がい見舞金制度が確立されている．これは，自然災害により重度の障がいを負った人に対し，1人あたり250万円を超えない範囲内で一時金を支給するものである．ただし，阪神・淡路大震災による災害障がい者のうち，災害障がい見舞金を受給した人は61名のみであり，障がいがあるものの，重度の障がいではない人は何ら支援が得られていなかった．

このように，障がいのある人への支援においては，障がいに配慮した情報の提供や生活環境の整備が重要である．障がいのある人の中には，避難所で共同生活を営むことが困難であるため，自宅で生活する人（在宅避難者）や，車の中で生活する人もいる．そのような人への支援方法についても事前に検討しておく．さらに，被災後は，医薬品を入手することが難しくなる．薬を服用している人は，その薬の名前や分量などを何かに書きとめておくとよいだろう．

障がいのある人を支援するためには，平時から，配慮が必要なことについて，地域の理解を深めるとともに，地域の人と障がいのある人とを結びつけるようなネットワークづくりが大切である．そのようなネットワークは，災害が発生した際の避難誘導や被災後の生活支援においても，障がいのある人を支える**ソーシャルキャピタル（社会関係資本）**として機能する．

（阪本真由美）

〔文献〕
阪本真由美（2011）「災害障害の実態と支援・予防策の提案」『地域安全学会論文集』**15**：395-403．

➡ 関連項目　個人情報保護（6-11），心のケア（13-3）

第5部　大規模事故・緊急事態

第14章　原子力災害

14-1　プレビュー：原子力災害

> **ポイント：** 第 14 章では，大規模事故のひとつである原子力災害を取り上げ，東日本大震災に伴う東京電力（株）福島第一原子力発電所事故を踏まえて大きく変化した防災対策の全容を概観する．

　平成 23 年 3 月 11 日に発生した東日本大震災により，東京電力（株）福島第一原子力発電所の 1～4 号機で全電源喪失に伴い原子炉等の冷却機能が失われ，大量の放射性物質が放出される原子力災害が発生した．これを受けて，原子力施設の安全規制・防災体制は，大きな見直しが行われた．

　原子力災害とは，原子力施設から放出された放射性物質・放射線により国民の生命，身体又は財産に被害が生じることである．14-2 節「解説：原子力災害とは」では，原子力災害で放出され得る放射性物質や放射線の種類の概要を示すとともに，原子力災害の特徴的な側面として留意すべき事項，事故・故障の影響度を示す国際的な評価尺度について紹介する．

　原子力災害に対する防災対策は，1999 年の東海村臨界事故を契機に制定された「原子力災害対策特別措置法」により定められている．同法は，東日本大震災に伴う東京電力（株）福島第一原子力発電所事故を受けて改正され，原子力規制委員会の作成する「原子力災害対策指針」が法的に位置づけられた．原子力災害に対する具体的な対策の専門的・技術的事項については，この「原子力災害対策指針」に定められている．14-3 節「原子力災害対策特別措置法と原子力災害対策指針」では，これら法・指針において原子力災害対策の基本的な考え方とされている，あらかじめ定めた判断基準に基づく防護措置の考え方などを示す．また，14-4 節「原子力災害への対応体制」では，平常時の体制として新たに発足した原子力規制委員会及び原子力防災会議と，緊急事態区分に基づき迅速な初動対応を行うことを重視した原子力災害対応体制について，その概要を紹介する．

　原子力災害は，自然災害と異なって災害因（放射線，放射性物質）が五感に感じられないこと，人々の間に放射線・放射能に対する不安感が強いこと，原因者（原子力施設の事業者）のいる人為災害であることなどの特徴がある．このため，原子力施設事業者からの通報連絡体制をはじめとする情報伝達の体制を適切に整備し，迅速・確実な情報伝達を行っていくことや，住民・国民に対してわかりやすい情報発信・広報を行うことが重要となっている．こうした点に関する概説が，14-5 節「原子力施設の事故・トラブル時の情報伝達と広報」である．

　また原子力災害では，放射性物質・放射線による健康被害を避けるため，「放射線防護措置」をとることが必要となる．放射線防護措置としては，危険から身を遠ざけ

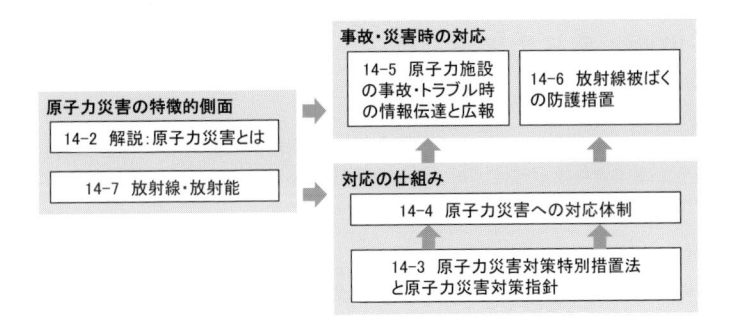

```
原子力災害の特徴的側面              事故・災害時の対応
  14-2 解説:原子力災害とは    →   14-5 原子力施設      14-6 放射線被ばく
                                   の事故・トラブル時      の防護措置
  14-7 放射線・放射能              の情報伝達と広報
                            →   対応の仕組み
                                   14-4 原子力災害への対応体制
                                   14-3 原子力災害対策特別措置法
                                        と原子力災害対策指針
```

る「避難・一時移転」のほか,「屋内退避」「安定ヨウ素剤予防服用」「汚染スクリーニング・除染」「飲食物の摂取制限」があり,他の災害ではほとんど例の見られない特殊な対応も少なくない.事前に定められた判断基準に基づいて実施されるこれら防護対策の概要について,14-6節「放射線被ばくの防護措置」に示す.

さらに,14-7節「放射線・放射能」では,原子力災害に特有で一般にはその区別がわかりにくい用語について解説した. (首藤由紀)

14-2　解説：原子力災害とは

> **ポイント**：　原子力事業所外への放射性物質・放射線の放出により生じる被害を原子力災害という．原子力災害対策は，その特殊性を踏まえて，住民等に対する放射線被ばくの防護措置を講じることが必要である．

災害対策基本法では，その施行令において「放射性物質の大量の放出」により生ずる被害を災害と定義している．また，同法の特別法である**原子力災害対策特別措置法**では，原子炉の運転等により放射性物質又は放射線が異常な水準で原子力事業所外へ放出された事態を「**原子力緊急事態**」と定義し，これにより国民の生命，身体又は財産に生ずる被害を「**原子力災害**」と定義づけている．

原子力発電所など原子炉施設で災害時に放出される可能性のある放射性物質としては，**放射性希ガス**（気体状のクリプトン，キセノン等），揮発性の**放射性ヨウ素**，気体中に浮遊する微粒子（エアロゾル）等がある．これらは気体状又は粒子状の物質を含んだ空気の一団（**プルーム**）となって，拡散しながら風下方向に広がり，また降雨雪がある場合は地表へ沈着する．

核燃料施設の場合，火災・爆発などによって放出される放射性物質の種類はウランやプルトニウムとなる．また**臨界事故**が発生すると，放射性物質の放出に加えて，放射線（**中性子線**，**ガンマ線**）が発生し，その防護も必要となる．

原子力災害では，このように放射性物質又は放射線の放出という特有の事象が生じるため，原子力災害対策の実施においては，以下のような原子力災害の特殊性（原子力規制委員会，2013）を理解することが必要とされている．

- 原子力災害が発生した場合には被ばくや汚染により復旧・復興作業が極めて困難となることから，原子力災害そのものの発生又は拡大の防止が極めて重要であること．
- 放射線測定器を用いることにより放射性物質又は放射線の存在は検知できるが，その影響をすぐに五感で感じることができないこと．
- 平時から放射線についての基本的な知識と理解を必要とすること．
- 原子力に関する専門的知識を有する機関の役割，当該機関による指示，助言等が極めて重要であること．
- 放射線被ばくの影響は被ばくから長時間経過した後に現れる可能性があるので，住民等に対して事故発生時から継続的に健康管理等を実施することが重要であること．

なお，原子力施設で発生した事故・災害などについては，その影響度をわかりやすく示すため，「国際原子力事象評価尺度（**INES**：International Nuclear Event Scale）」を用いてレベル0～7の8段階で評価・公表されている．

〔首藤由紀〕

表 国内外の原子力施設における主な事故・トラブル・災害等

【国内】

高速増殖炉「もんじゅ」ナトリウム漏えい事故 (1995年12月8日)	動力炉・核燃料開発事業団（当時）の高速増殖原型炉「もんじゅ」で，二次冷却系配管からナトリウムが漏えい．環境への影響はなかったが，外部への通報遅れや，現場映像の部分的公表などが問題視された．【INES 評価レベル 1】
動燃アスファルト固化施設火災・爆発事故 (1997年3月11日)	動力炉・核燃料開発事業団（当時）東海再処理工場のアスファルト充填室で自然冷却中のドラム缶に火災が発生，約10時間後に爆発に至った．これにより，建屋の窓等の開口部等から環境中に放射性物質が放出された．【INES 評価レベル 3】
JCO ウラン加工施設臨界事故 (1999年9月30日)	東海村にある（株）ジェー・シー・オー東海事業所において，ウラン燃料加工中の不適切な取り扱いにより臨界が発生．作業員3人中，2人死亡．施設周辺の約350m範囲に避難，10km範囲に屋内退避の措置がとられ，我が国初の原子力災害となった．【INES 評価レベル 4】
「常陽」メンテナンス建屋火災 (2001年10月31日)	核燃料サイクル開発機構（当時）の高速増殖実験炉「常陽」メンテナンス建屋で，廃棄物等の可燃性物質が自然発火し火災発生．放射性物質の放出はなく，周辺環境への影響はなし．【INES 評価レベル 0】
美浜原発3号機二次系配管破断事故 (2004年8月9日)	関西電力（株）美浜発電所3号機のタービン建屋内で二次系配管が破損して蒸気・高温水が噴出，現場付近で作業していた作業員5名が死亡し6名が負傷した．配管破損の直接原因は，当該配管が点検リストから漏れていたため浸食・腐食が長年見落とされたことであったが，事業者の保守管理・品質保証体制の問題が根本原因として指摘された．【INES 評価レベル 1】
新潟県中越沖地震 (2007年7月16日)	新潟県中越沖を震源とするマグニチュード6.8の地震により，東京電力（株）柏崎刈羽原子力発電所で設計基準を超える地震動を観測．3号機原子炉建屋外にある変圧器で発生した火災が消火されず燃え続けたこと，6号機・7号機からの微量の放射性物質放出が生じたことに加え，これらへの初期対応の不備が問題となった．【INES 評価レベル 0－】
東日本大震災に伴う福島第一原子力発電所事故 (2013年3月11日)	東京電力（株）福島第一原子力発電所において，地震の影響による外部電源喪失に加えて巨大津波により各種設備が損傷を受けたことから，運転中だった1～3号機が全電源を喪失．原子炉の冷却ができなくなったため炉心が露出・溶融に至り，化学反応で生じた水素が爆発して大量の放射性物質が大気中に放出されるなどの大きな被害を生じた．【INES 評価レベル 7（暫定）】

【国外】

スリーマイル島原子力発電所事故（1979年3月28日）	米国ペンシルバニア州にあるスリーマイル島原子力発電所の2号炉で，2次冷却系の熱除去機能が喪失したことを発端とし，炉心が大きく損傷．放射性物質が環境に放出された．【INES 評価レベル 5】
チェルノブイリ事故 (1986年4月26日)	タービン発電機の慣性実験を実施していた4号炉で，急激な出力上昇が発生，爆発に至った．原子炉及び建屋は一瞬のうちに破壊され，爆発とそれに引き続いた火災により，大量の放射性物質が放出．周辺30km圏内，計13万5000人の住民が避難した．【INES 評価レベル 7】

〔文献〕
原子力規制委員会（2015）「原子力災害対策指針」（平成27年8月26日全部改正）．

14-3　原子力災害対策特別措置法と原子力災害対策指針

ポイント：　日本の原子力防災対策は，原子力災害対策特別措置法に基づく．具体的対策の専門的・技術的事項は，原子力規制委員会が同法に基づき作成する「原子力災害対策指針」に定められている．

　我が国の原子力防災対策は，**原子力災害対策特別措置法**（以下，「原災法」という）に基づいて行われている．この法律は，1999年9月に発生したJCOウラン加工施設臨界事故（**JCO事故**）を受け，初動動作の迅速化，国・地方公共団体の連携強化，国の体制強化，事業者責務の明確化を目的として，災害対策基本法の特別法として制定された．例えば，第10条で特定の事象が生じた場合の事業者通報を義務付けたこと（いわゆる「**10条通報**」），さらに事態が進展して特定の状況となった場合には内閣総理大臣により「**原子力緊急事態**」が宣言されること，事故発生時に国の現地対策本部を設置して地方公共団体・関係機関との調整を図る合同対策協議会を立ち上げるため，あらかじめ国が原子力施設の近傍に緊急事態応急対策等拠点施設（**オフサイトセンター**）を指定しておくこと，などが定められている．同法は，福島第一原子力発電所事故を受けて改正されたが，上述のような基本的骨格は継承されている．

　同法に基づき，具体的な原子力災害対策のあり方について，専門的・技術的事項等を定めたものが，**原子力規制委員会**の「**原子力災害対策指針**」である．この指針は，従来，原子力安全委員会がとりまとめていた「原子力施設等周辺の防災対策について」をもとに，福島第一原子力発電所事故の教訓等を踏まえて，原子力規制委員会が作成したものである．

　新たな原子力災害対策指針では，あらかじめ定めた判断基準をもとに，①緊急事態の区分に応じた予防的防護措置，②観測可能な指標に基づく緊急時防護措置を実施するための枠組みが示されている．まず，予防的防護措置を実施するための枠組みとして，緊急事態区分（**警戒事態，施設敷地緊急事態，全面緊急事態**）が設定されており，各原子力事業者があらかじめ設定する**緊急時活動レベル**（**EAL**：Emergency Action Level）により，これら緊急事態区分に該当するか否かが判断されて必要な予防的防護措置が講じられる．また，放射性物質の放出後には，空間放射線量等の測定結果をもとに防護措置を実施することとし，**運用上の介入レベル**（**OIL**：Operational Intervention Level）が判断基準として示されている．

　さらに原子力災害対策指針では，重点的に原子力災害に特有な対策を講じておくべき区域（**原子力災害対策重点区域**）の範囲が示されている（表1）．緊急事態区分及びOILに応じて実施することが想定されている主な対応を表2に示す．　　　（首藤由紀）

表1　原子力災害対策重点区域の範囲

予防的防護措置を準備する区域 （PAZ：Precautionary Action Zone）	放射線被ばくによる確定的影響等を回避するため，EAL に応じて即時避難を実施する等，放射性物質の放出前段階から予防的に防護措置を準備する区域． 〔実用発電用原子炉の場合：施設から概ね半径5km〕
緊急時防護措置を準備する区域 （UPZ：Urgent Protective Action Planning Zone）	確率的影響のリスクを最小限に抑えるため，EAL，OIL に基づき緊急時防護措置を準備する区域． 〔　　　同　　　：施設から概ね半径30km〕

原子力規制委員会（2015）をもとに作成

表2　緊急事態区分・OIL に基づく防護措置

予防的防護措置(放出前)		主な EAL 判断基準	防護措置の概要
緊急事態区分	情報収集事態	・立地市町村で震度5弱以上の地震．	
	警戒事態	・立地道府県で震度6弱以上の地震，大津波警報 ・東海地震注意情報の発表	・PAZ：要援護者等の避難準備
	施設敷地緊急事態	・原子炉冷却材の漏洩 ・すべての交流電源喪失（5分以上継続） ・原子炉停止中にすべての原子炉冷却機能喪失	・PAZ：要援護者等の避難 ・PAZ：避難，安定ヨウ素剤服用準備
	全面緊急事態	・すべての非常用直流電源喪失（5分以上継続） ・非常停止の必要時にすべての原子炉停止機能喪失 ・敷地境界の空間放射線量率が5μSv/h（10分以上継続）	・PAZ：避難，安定ヨウ素剤服用 ・UPZ：屋内退避

放射性物質放出後の防護措置			防護措置の概要
注 OIL	緊急防護措置	OIL1	数時間以内を目途に基準を超える区域を特定　→避難等を実施
		OIL4	避難した避難者等をスクリーニングし，基準を超えた場合は除染
	早期防護措置	OIL2	1日以内を目途に基準を超える区域を特定 →地域生産物の摂取制限，一週間以内に一時移転を実施
	飲食物摂取制限	飲食物スクリーニング基準	数日以内を目途に飲食物中の放射性物質を測定すべき区域を特定
		OIL6	一週間以内に飲食物の測定・分析を実施 →基準を超えた場合は摂取制限

注) 各 OIL には緊急事態当初に用いる「初期設定値」としての放射線量の基準値が設定されている．

原子力規制委員会（2015）及び原子力防災会議幹事会（2013）をもとに作成

〔文献〕
原子力規制委員会（2015）「原子力災害対策指針」（平成27年8月26日全部改正）．
原子力防災会議幹事会（2013）「原子力災害対策マニュアル」（平成25年9月2日一部改訂）．

➡　関連項目　解説：原子力災害とは（14-2），原子力災害への対応体制（14-4），放射線被ばくの防護措置（14-6）

14-4 原子力災害への対応体制

> **ポイント**： 福島第一原発事故を受けて，原子力規制委員会が発足するとともに，国に原子力防災会議が常設された．また原子力災害への対応体制は，初動対応で官邸の迅速な情報集約・意思決定がなされるよう強化された．

　東日本大震災に伴う東京電力（株）福島第一原子力発電所事故を受けて，原子力施設の安全確保・防災対策の体制は，大きく変化した．まず，それまで原子力安全委員会，経済産業省原子力安全・保安院，文部科学省など複数の機関が分担していた原子力の安全規制について，独立して一元的に扱う機関として**原子力規制委員会**が設置された．また同時に，原子力基本法の改正により，同法に初めて記載される原子力防災関連の規定として，政府における常設の**原子力会議**の設置が規定された．この会議の役割は，平時において原子力規制委員会が定める原子力防災対策指針に基づく施策等の実施を推進することに加え，原子力事故発生後の長期にわたる総合的な施策の実施を推進することとされている．このため，福島第一原発事故で放出された放射性物質による汚染状況の調査や除染，汚染廃棄物処理などは，同会議の所掌事務である．

　原子力施設において事故・トラブル等が発生すると，事前に定められた事業所ごとの **EAL** に基づく**緊急事態区分**等に応じて対応体制が構築される（表）．

表　緊急事態区分に応じた対応体制

	国を中心とした主な対応体制等
情報収集事態	・規制委員会：原子力事故警戒本部，現地警戒本部を設置 ・内閣官房：（状況に応じ）情報連絡室又は官邸連絡室を設置 ・規制庁：緊急時対策所に職員を派遣
警戒事態	・規制委員会：原子力事故警戒本部及び現地警戒本部を設置[※] ・内閣官房：内閣官房（状況に応じ）情報連絡室又は官邸連絡室を設置[※] ・平常時モニタリング強化，緊急時モニタリング準備 ・規制庁：緊急時対策所に職員を派遣[※] 　　　　　　　　　　[※]情報収集事態段階ですでに対応済みの場合を除く
施設敷地緊急事態	・規制委員会：原子力事故対策本部及び現地対策本部設置，関係省庁事故対策連絡会議及び現地事故対策連絡会議を開催 ・内閣官房：官邸対策室を設置 ・緊急時モニタリングセンター立ち上げ，緊急時モニタリング実施 ・規制庁：原子力施設事態即応センターに緊急事態対策監等を派遣 ・規制庁：後方支援拠点に職員派遣
全面緊急事態	・原子力災害対策本部及び現地災害対策本部設置，中央にて関係局長等会議，現地にて原子力災害合同対策協議会を開催 ・原子力緊急事態宣言の発出

原子力防災会議幹事会（2013）をもとに作成

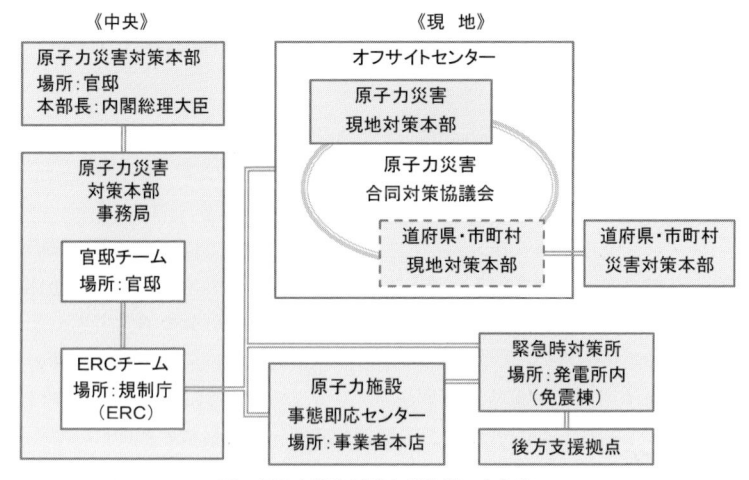

図　原子力災害対策本部体制の全体像

　この中では，東日本大震災の教訓を踏まえて，立地地域に一定以上の規模の地震が発生した場合や大津波警報が発表された場合などの情報収集事態においても，原子力規制委員会において事故警戒本部を設置することとされていることが特徴である．

　全面緊急事態における体制の全体像は，図のとおりである．中央においては，内閣総理大臣を本部長とする原子力災害対策本部が官邸に設置され，避難・屋内退避の指示，安定ヨウ素剤服用指示，自衛隊派遣要請，飲食物の出荷制限・摂取制限の指示など，重要事項の意思決定が行われる．同本部の事務局は，官邸において初動対応の迅速・一体的な意思決定を行うための「官邸チーム」と，原子力規制庁の緊急時対応センター（ERC：Emergency Response Center）において情報集約・整理や本部決定事項の現地伝達等を担う「ERCチーム」に分けられている．

　一方，現地の対応は，大きく避難など施設外（オフサイト）の対応と，事故収束など施設内（オンサイト）の対応の2種類に区分されている．オフサイトの対応については，オフサイトセンターにおいて，国の現地災害対策本部と道府県・市町村の災害対策本部が情報共有・相互協力するために**合同対策協議会**が組織される．また，オンサイトの対応については，原子力事業者の設置する原子力施設事態即応センター（本店），緊急時対策所（事故事業所内の免震棟），後方支援拠点（事業者があらかじめ準備）において実施し，国はこれらの施設に職員等を派遣することとなっている．

（首藤由紀）

➡ 関連項目　解説：原子力災害とは（14-2），原子力災害対策特別措置法と原子力災害対策指針（14-3），原子力施設の事故・トラブル時の情報伝達と広報（14-5），放射線被ばくの防護措置（14-6）

14-5 原子力施設の事故・トラブル時の情報伝達と広報

> **ポイント**： 事故・トラブル等が発生した場合，地元の地方公共団体との安全協定や各法律に基づき，その内容が通報・報告される．住民に対しても必要に応じ防災行政無線などを通じて広報されるとともに，問い合わせ対応も実施される．

　原子炉等規制法や電気事業法，及びそれに関連する通達では，原子力施設の異常に関する報告基準が定められている．また，原子力施設の立地する地方公共団体は，多くの場合，事業者との間に**安全協定**を締結しており，より軽微な異常であっても事業者に対して通報連絡を求めている．このため，原子力施設内で発生した設備の異常等については，原子力災害対策特別措置法（原災法）第 10 条に相当する事象に該当しない軽微なものであっても，事業所から地方公共団体等へ異常の程度に応じた通報が行われる．

　原災法第 10 条に定める特定事象が発生した場合，原子力事業者は，国，地方公共団体等に対して通報しなければならない．この特定事象の通報は **10 条通報**と呼ばれる．同様に，同法第 15 条に定める**原子力緊急事態**が発生したと認められる場合には，内閣総理大臣は**原子力緊急事態宣言**を発出する．原災法の下では，特定事象の通報基準及び原子力緊急事態の判断基準が，原子力施設の種類，施設の形態ごとに個別・詳細に定められているが，これは万が一の際における判断の余地を排除して，例えば事業者が「通報すべきかどうか迷う」というような事態を避けるためである．また，過去に発生した様々なトラブル等において事業者から国・地方公共団体などの関係機関への連絡に時間を要し，これが社会的に大きな問題となる例が少なくなかったことから，原災法では上記の 10 条通報について通報時間の目安も定めている．具体的には，事業者の任命する原子力防災管理者に対し，特定事象の発生を認知してから概ね 15 分以内に関係機関へ通報することが求められている．

　原子力施設における事故・トラブルは，施設外への影響が生じない比較的軽微なものであっても，社会的に注目され，また周辺住民等が不安を感じる場合が少なくない．一方で，原子力や放射線などに関する情報は，専門性が高いため，一般の住民等にわかりやすく伝えることが難しい側面もある．このため，例えば 2001（平成 13）年 10 月に発生した「常陽」メンテナンス建屋火災では，立地町である茨城県大洗町の職員が広報文案を作成し，住民にわかりやすい内容であるかどうかのチェックを行っているわずかな間に，マスコミの報道（ニューステロップ）が先行し，報道を見て不安を感じた住民から町役場に対して問い合わせや広報がないことへの不満が寄せられたという事例もある．

　こうした点に対処するため，様々な事故・トラブルを想定して，あらかじめ必要な

広報文案を準備しておくなどの動きもある（例えば，原子力安全・保安院，2003など）．また，2007年の新潟県中越沖地震において東京電力（株）柏崎刈羽原子力発電所で変圧器火災や微量の放射性物質放出が生じた際に，国が住民・国民に対して直接広報手段をもっていなかったことを教訓として，当時の規制当局であった原子力安全・保安院があらかじめ登録を申し込んだ人々の携帯電話へ直接メールで情報を届ける「**モバイル保安院**」を開設した．原子力規制委員会の発足に伴い，この仕組みは同委員会の緊急時情報ホームページ「原子力緊急アラート：Ｎアラート」として再編されている．

原子力災害の特徴として，放射線や放射性物質の存在を五感で直接感じることができず，被ばくの程度を自ら判断できないこと，放射線の影響については専門的な知識を必要とし，一般に放射線・放射能に対する不安感が強いことなどが挙げられる．過去に発生した原子力施設での事故・トラブルにおいては，施設外における影響がほとんどない場合であっても，周辺住民等が不安を抱く例が少なくなかった．このため，たとえば（独）日本原子力研究開発機構の緊急時支援・研修センターでは，事故・トラブル時などに健康相談ホットラインを開設し，問い合わせ対応に当たる計画をあらかじめ定めている．また，（独）放射線医学総合研究所では，東日本大震災に伴う福島第一原子力発電所の事故を受けて寄せられた電話による相談を受け付け，よくある質問とその回答を「放射線被ばくQ&A」としてホームページ上で公開している．

これらの例にあるように，原子力施設の事故・トラブルや災害の際には，人々が感じる不安などへ対処するため，専門家などによる問い合わせ対応が実施される．

● 事　例

1997（平成9）年の動燃東海事業所アスファルト固化処理施設火災・爆発事故において，当時の科学技術庁水戸事務所では，相談窓口として「東海地区タスクフォース」を設置し，専門家による問い合わせ対応を行った．住民の不安解消に一定の効果があったとされる．

〔首藤由紀〕

〔文献〕
原子力安全・保安院（2003）『原子力施設における事故・トラブル・災害時のために住民等向け広報文案作成の手引き』．
（独）放射線医学総合研究所，放射線に関するQ&A（http://www.nirs.go.jp/information/qa/qa.php）

➡　**関連項目**　原子力災害対策特別措置法と原子力災害対策指針（14-3），原子力災害への対応体制（14-4）

14-6 放射線被ばくの防護措置

> **ポイント**: 放射性物質・放射線による被ばくを防止するための措置（被ばく防護措置）は，原子力規制委員会の「原子力災害対策指針」に基づき，緊急事態区分と原子力災害対策重点区域の区分に応じて実施される．

原子力災害がもたらす人体の被ばくは，体外にある放射線源から放射線を受ける「**外部被ばく**」と，放射性物質を吸入・飲食して体内に取り込んだことで体内にある放射線源から放射線を受ける「**内部被ばく**」の2種類がある．

東日本大震災以前の原子力災害対策では，放射性物質の拡散をSPEEDI（緊急時迅速放射能影響予測ネットワークシステム）などで予測し，住民が受けるであろう線量の推定値（予測線量）をもとに，避難・屋内退避の基準が定められていた．しかし現在，この考え方は大きく変更されており，PAZにおける予防的防護措置と，放射性物質放出後のOIL（表）に基づく防護措置に区分されている．

主な防護対策の概要は，次のとおりである．

1) **避難・一時移転**：放射性物質又は放射線源から離れることにより，被ばく低減を図る防護措置．このうち避難は，空間放射線量率等が高い（又は高くなるおそれのある）地点から速やかに離れるため緊急で実施するものであるのに対し，一時移転は，

表 OILの基準

		初期設定値*		
緊急防護措置	OIL1	500 μSv/h（地上1m計測時の空間放射線量率）		
	OIL4	ベータ線：40,000 cpm（皮膚から数cmでの検出器の計数率） 13,000 cpm【1カ月後】（同上）		
早期防護措置	OIL2	20 μSv/h（地上1m計測時の空間放射線量率）		
飲食物摂取制限	飲食物スクリーニング基準	0.5 μSv/h（地上1m計測時の空間放射線量率）		
	OIL6	核種	飲料水・牛乳・乳製品	野菜類・穀類・肉・卵・魚・その他
		放射性ヨウ素	300 Bq/kg	2,000 Bq/kg
		放射性セシウム	200 Bq/kg	500 Bq/kg
		プルトニウム，超ウラン元素のα核種	1 Bq/kg	10 Bq/kg
		ウラン	20 Bq/kg	100 Bq/kg

*) 初期設定値は緊急事態当初に用いる値であり，必要に応じて改訂される．

原子力規制委員会（2015）をもとに作成

空間放射線量率等は比較的低い地域で日常生活を継続した場合の無用の被ばくを低減するため，一定期間のうちに当該地域から離れるために実施するものである．具体的には，PAZ においては全面緊急事態ですべての住民等が即時避難を実施する．それ以外の地域においては，緊急時モニタリングの結果をもとに，数時間以内を目途に OIL1 を超える区域を特定して避難を実施し，1 日以内を目途に OIL2 を超える区域を特定して一時移転を実施する．なお，PAZ 内において避難の実施に通常以上の時間を要する災害時要配慮者（傷病者，入院患者，高齢者，障がい者など援護を必要とする者）のうち避難により健康リスクが高まらない者は「**施設敷地緊急事態要避難者**」と位置づけられ，施設敷地緊急事態の段階で避難を行う．

2) **屋内退避**：建物の中に入ることで放射性物質の吸入抑制や放射線の遮へいにより被ばく低減を図る防護措置．避難指示まで被ばくリスクを低減しながら待機する場合や，避難・一時移転が困難である場合に行う．具体的には，PAZ において全面緊急事態で避難よりも屋内退避の方が総合的な健康リスクが低い場合などに実施されるほか，UPZ においては OIL に基づく防護措置を実施するまでの間，原則として屋内退避を実施することとされている．

3) **安定ヨウ素剤予防服用**：放射性ヨウ素による内部被ばくを防ぐため，放射能をもたない安定ヨウ素剤を服用すること．事故で環境中に放出された放射性ヨウ素が呼吸や飲食により体内に吸収されると，甲状腺に蓄積されて内部被ばくをもたらす．これを防ぐためにあらかじめ安定ヨウ素剤を服用して甲状腺を満たしておくことで，放射性ヨウ素の甲状腺への蓄積を防止する．その服用は，原則として原子力規制委員会が必要性を判断し，国または地方公共団体が指示する．

4) **汚染スクリーニング・除染**：避難者等に放射性物質が付着しているか否かを測定し（汚染スクリーニング），基準を超えた場合にはこれを除去（除染）すること．避難及び一時移転の対象となった住民等は，移動先で汚染スクリーニングを行い，基準値を超えた場合には除染を行うことが必要とされる．

5) **飲食物摂取制限**：飲食物中の放射性物質の濃度測定を行い，一定以上の濃度が確認された場合に飲食物の摂取を制限することで内部被ばくの低減を図る防護措置．具体的には，放射性物質の放出後，空間放射線量率が OIL2 を超える地域における生産物の摂取制限を行うとともに，OIL2 を超える区域及び飲食物に係るスクリーニング基準の値を超える地域で飲食物の放射性物質濃度を測定し，これが OIL6 を超えた場合に摂取制限を行う． （首藤由紀）

〔文献〕
原子力規制委員会（2013）「原子力災害対策指針」（平成 27 年 8 月 26 日全部改正）．

➡ 関連項目　原子力災害対策特別措置法と原子力災害対策指針(14-3)，放射線・放射能(14-7)

14-7 放射線・放射能

> **ポイント**： 放射線を出す能力を放射能と呼び，放射線を出す原子（放射線核種）をもっている物質を放射性物質と呼ぶ．原子力事故の際には，これによる内部被ばく，外部被ばくを避けることが放射線からの防護の基本であり，原子力防災の基礎である．

放射線を出す能力を**放射能**と呼び，放射線を出す原子（放射線核種）をもっている物質を**放射性物質**と呼ぶ．「光」にたとえれば，光線が放射線，電球が放射性物質，その光を出す能力が放射能になる．具体的に放射線は，高速の粒子である α 線，β 線，電磁波である γ 線，他にも X 線，中性子線，陽子線，重粒子線などのことを指す．放射性物質には様々な核種がある．一般的に，半減期が長いストロンチウムやプルトニウムに焦点があたることが多いが，量，割合の問題から人体に大きな影響を与えるものとしては放射線ヨウ素とセシウムの測定が中核となる．

原子力事故の際には，基本的にはガス状の「**放射性プルーム（放射線雲）**」が原子力発電所から拡散し，これが土壌や食品に沈着する．結果，空間の線量があがることによって被ばくする「外部被ばく」，汚染された食品や飲料水に付着し，それを体内に取り込むことによって被ばくする「内部被ばく」，これらを防ぐことが放射線防護であり，原子力防災の基礎となる．その基準としては下記 3 点が重要である．

(1) 表面汚染と除染

災害直後，体の表面や物の表面にどれくらい放射性物質が付着しているかを図る単位は，1 分間あたりの放射線（β 線）の数「cpm（count per minute）」として測定される．

福島原発事故後，震災前から設定されている「**福島県医療マニュアル**」にある 13000 cpm を全身除染の基準としていたが，水も不足し，除染体制も整っていない段階では除染対象者が膨大になり混乱してしまうとの判断から，3 月 14 日から 100000 cpm に変更されている．

現在は緊急時の基準としては，OIL（運用上の介入レベル：確率的影響の発生を低減するための防護措置の基準）の 1 つ「**人のスクリーニング・除染の基準（OIL4）**」として 40000 cpm，1 か月後基準値として 13000 cpm と改訂されている．

(2) 含有放射線量

食品，また廃棄物や土壌などに放射性物質がどれくらい含まれているか，放射能の強さを測る単位は，**Bq**（ベクレル）で，放射性物質が 1 秒間に崩壊する原子の個数を表す単位で，1 kg 当たりの放射線量 Bq/kg として測定される．

福島第一原子力発電所事故後は，2011 年 3 月 17 日より暫定規制値が定められ，年間各 1 mSv を上限とすることを基準に，ヨウ素 131，セシウム 134，セシウム 137 また，

ウラン，プルトニウムなどについての「**暫定規制値**」が定められた．放射性ヨウ素については，野菜，魚介類など 2000 Bq/kg，飲料水・乳製品など 300 Bq/kg，放射性セシウムについては，野菜，魚介類など 500 Bq/kg，乳製品など 200 Bq/kg 以上は食品として流通させないというものである．ヨウ素は約 1 週間で半減期を迎え，ウラン，プルトニウムなどの核種においても規制値が定められたが，放射性プルームの中に含まれる割合を考慮すると，セシウム 134，137 他の測定の数値からその拡散は限定的であると考えられ，放射線測定はセシウム 134，137 を測るものというのが通例である．

2012 年 4 月には，この基準値が一般食品 100 Bq/kg，乳児用食品 50 Bq/kg と変更され，現在に至っている．だが 2013 年以降，福島県内での農産物については，野生のきのこ・山菜類，魚介類を除くと測定機器では検出することができない，すなわち「N.D.（Not Detectable）」のものがほとんどとなっている．

緊急時の基準としては，空間線量率 0.5 μSv/h が「**飲食物スクリーニング基準（OIL3）**」と設定されている．上記の暫定規制値と同基準が「**飲食物の摂取を制限する際の基準値（OIL6）**」となっている．

(3) 空間線量

放射線の量は，人体に与えるリスクを推定するための尺度 Sv で表される．ICRP（国際放射線防護委員会）は，**緊急被ばく状況**（事故後などの放射線防護を実施しなければならない状況）では 20 mSv/ 年から 100 mSv/ 年の範囲で基準を設定するように勧告しており，日本では「20 mSv/ 年」が採用された．屋外に 8 時間，屋内に 16 時間滞在とする生活パターンを想定し，屋外で 3.8 μSv/h，屋内で 1.52 μSv/ で年 20 mSv 以下となることから 3.8 μSv/h が 20 mSv/ 年に相当するものとして計算されている．この値は居住制限，学校の再開の基準とされた．計画的避難区域や特定避難勧奨地点の指定としても，20 mSv/ 年が基準となり居住が制限された．2012 年 4 月以降，警戒区域が帰還困難区域，居住制限区域，避難指示解除準備区域と再編されたが，これも 20 mSv/ 年以下になることが困難か，数年後にそうなるか，もしくは現在，20 mSv/ 年以下かどうかで区分されている．除染も 0.23 μSv/h が 1 mSv/ 年に相当すると計算され，これを基準として進められている．

緊急時の基準としては，500 μSv/h が数時間を目途に避難する「**即時避難（OIL1）**」，20 μSv/h 食品の摂取を制限し 1 週間以内に避難する「**一時移転（OIL2）**」が基準となっている． 〔関谷直也〕

➡ **関連項目** 風評被害（12-5），放射線被ばくの防護措置（14-6），東京電力福島第一原子力発電所事故（14-8）

14-8　東京電力福島第一原子力発電所事故

> **ポイント**：　東京電力福島原発事故は，INES 評価レベル 7，世界での最大規模の原子力災害である．人為災害，広域災害，長期的な災害，複合災害など様々な側面をもっている．結果，連絡体制，情報伝達の面で様々な問題が発生した．

　2011 年 3 月 11 日，東北地方太平洋沖地震に伴い，敷地内への浸水及び全電源喪失となった東京電力福島第一原子力発電所（以下，福島原発事故とする）は，日本国内の商用原子力発電所において，避難を伴うはじめての原子力事故となった．国際原子力機関（IAEA）の定める国際原子力事象評価尺度（INES）では，チェルノブイリ原子力発電所と同レベルのレベル 7 の事故とされた．

　原子力災害である福島原発事故は，あらゆる意味で特異な災害であった．

　第一に「**人為災害**」という側面である．日本ではじめて避難を伴う原子力災害は 1999 年 9 月 30 日に発生した JCO 臨界事故である．このとき避難，10 km 圏内屋内退避が行われ，この事故を教訓に原子力災害対策特別措置法が制定された．そこで制度化された 10 条通報，15 条通報，原子力緊急事態宣言など様々な対応がはじめて適用された災害が福島原発事故であった．だが，そもそも避難する範囲は最大でも 10 km（EPZ）で，福島原発事故ほどの大規模な原子力災害は想定されてはいなかった．よって，この規模の避難計画はなく，現実的な避難訓練も行われておらず，その対応はアドホックに行われたため混乱をきたした．

　また，福島原発事故は原子力損害賠償法がはじめて本格的に適用された災害である．JCO 臨界事故においては，風評被害分の賠償，休業損害に関する賠償が行われたが，福島原発事故においては上記のみならず避難に関する賠償，長期の避難に伴う精神的損害に関する賠償，農産物ほか生産物に関する賠償など，様々な賠償が行われた．これによって，ある意味，津波被害との切り分け，「**警戒区域内の避難者**」と，いわゆる「**自主避難者**」の切り分けが行われ，加害者と被害者が存在するという，人為災害としての性格を決定づけることとなった．

　第二に「**広域災害**」という側面である．これには 2 つの意味がある．

　1 つは，対応をしなければならない被害を受けるエリアが広域であるという意味である．福島原発から 20 km 圏内の 8 市町村で，逐次的に異なった対応を取らねばならず混乱を極め，またその対応や情報の共有もできなかった．

　いま 1 つは，その複数自治体および周辺住民が「広域避難」を行ったことである．避難や対応は各自治体の判断によってばらばらに行われた．戦後，初めて，複数の基礎自治体の役場そのものが避難しなければならない被害が発生した（1986 年伊豆大島の噴火災害，2000 年三宅島の噴火災害など火山災害以外では例がない）．もともと，

自治体そのものが避難(移動)しなければならなくなるような事態が想定されていなかったため,政府・県と自治体間の連絡はうまくいかず,また移動後の連絡手段も限られていたため混乱を極めた.

避難先としても特殊であった.原則,災害対策における避難は,自治体内の避難,まとまった避難を前提にしている.だが,今回は自治体を超えて避難が行われ(かつ双葉町役場および約 7000 人の住民は福島県外である埼玉県に避難した),かつ約 3/4 の住民が自治体とは別に避難を行い,さらに避難指示が出されていない近隣市町村の住民も避難を行った.

第三に放射線災害として長期的な災害という側面である.福島第一原発由来の放射性物質が拡散し,20 km の警戒区域のほかにも北西方向に計画的避難区域,特定避難勧奨地点が設けられ,この地域に住んでいた人々は長期的な避難生活を強いられることとなった.

上記の地域,周辺地域に放射性物質が拡散した.これらの地域のみならず,汚染の度合いが極めて低い地域も含めて,外部被ばくと内部被ばくへのリスクに対応せざるを得ず,混乱を極めた.前者は**空間線量率**($\mu Sv/h$)が,後者は地域周辺の農産物,海産物,畜産物の放射性物質の含有量(Bq/kg)が問題となった.

第四に複合災害という側面である.東日本大震災では,地震や津波,またそれらに起因する停電,ガソリン不足などに見舞われた.そのため,モニタリングデータや通信環境が不十分なまま原発事故に対応せざるを得なかった.政府も災害対策本部と原子力災害対策本部の 2 つが置かれ,二方面の対応が必要とされた.事故以前,原子力安全・保安院は地震・津波に起因して原子力事故は発生しないとの立場をとっていたために,複合災害は新潟県以外においては検討されておらず,手探りの対応となった.

これらの結果,連絡体制,情報伝達の面で様々な問題が発生した.各自治体は,政府や県,近隣の他自治体地域との連絡がうまくいかなかった.停電などによりモニタリングポストでの計測ができず,SPEEDI による単位放出に基づく拡散情報の計算も伝達されなかった.これらの結果,避難者には放射性物質の拡散情報が提供されなかった.また原子力災害ではオフサイトセンターに各省庁・各市町村の担当者が緊急参集し,情報を共有する予定であったがそれが行われなかった.

放射線災害については,被曝量を最小化することが放射線からの防護の基本である.それは自治体,住民に適切に情報が提供されることが前提となる.福島原子力発電所事故の教訓は,国内・国外の原子力防災に活かされる必要があり,そのための徹底的な検証が求められる. (関谷直也)

➡ **関連項目** 東日本大震災(1-16),風評被害(12-5),プレビュー:原子力災害(14-1),解説:原子力災害とは(14-2),放射線・放射能(14-7)

第5部　大規模事故・緊急事態

第15章　事故災害等

15-1　プレビュー：事故災害等

> **ポイント：** 自然災害ではないが，人的被害，経済的被害をもたらす人為的災害，災害として情報収集・情報提供・対処が求められる様々な事態について概説する．

　災害とは，多くの人の生命・健康，財産，社会生活環境などに危害，損害をこうむることをいう．一般的には，自然災害を原因とするものを災害と呼ぶことが多いが，大規模事故（原子力事故，航空機事故など），公害（過去には工場災害という言い方がある），経済的危機，感染症の爆発的流行，テロリズム，戦争などを広く災害と捉える場合もある．

　政府や自治体の災害対策の対象という意味でも，災害は自然災害に限らない．災害対策基本法第2条において，災害とは「災害　暴風，豪雨，豪雪，洪水，高潮，地震，津波，噴火その他の異常な自然現象又は大規模な火事若しくは爆発その他その及ぼす被害の程度においてこれらに類する政令で定める原因により生ずる被害」と定義され，自然災害以外も範疇に含んでいる．防災基本計画では，その対策の対象として「海上災害，航空災害，鉄道災害」（以上，15-2），「道路災害」，「原子力災害」（14章），「危険物等災害」（15-3），「大規模な火事災害」（15-4）と，まさに本章で扱う災害を含んでいる．

　そもそも災害とは原因に規定されるのではなく，その影響を受ける人々の多さ，被害の度合いなどによって規定される．自然現象であれ，人為的な現象であれ，社会において身体・生命に危害が及んだり，また経済的被害が発生したりした場合に災害と呼ぶ．社会的問題として，人々に多くの悪影響がもたらされる事態である以上，行政・組織・社会として対応しなければならない課題としては共通点が多いのである．

　また近年，9.11米国同時多発テロ事件以降，日本でも国民保護法が制定されるなどテロへの対策が求められてきた．この代表例として，nuclear（核），biological（生物），chemical（化学物質）にあたるもの，すなわち核物質，炭疽菌，サリンなどが拡散させられ引き起こされるものを「NBC災害」（15-11）と呼び，テロ対策の一環としてこれらへの対策が考えられてきた．

　ところが，日本では近年，JCO臨界事故，東京電力福島第一原子力発電所事故に由来する放射線の放出，放射性物質の拡散，新型インフルエンザ（15-9），BSEや鳥インフルエンザといった「感染症」（15-8, 15-10）の問題と，テロではないものの「NBC災害」が多々発生しているといった事実がある．これらの事態は自然災害ではないものの被害拡大防止としての除染や封じ込め，休業，情報収集と適切な情報提供，経済被害への対応は，まさに災害対応そのものなのである．

目に見える物的被害はないが多数の死傷者・健康被害・経済被害をもたらす災害	目に見える物的被害，多数の死傷者は発生しないが経済被害・社会的混乱が発生
・15-7　食品安全 ・15-8　感染症 ・15-9　新型インフルエンザ ・15-10　家畜伝染病 ・15-11　NBC災害 ・14章　原子力災害	ライフライン災害： ・15-5　通信災害 ・コラム 14　ニューヨーク大停電
多数の死傷者をもたらす災害	物的損害をもたらしたり，多数の死傷者をもたらす災害
・15-6　群衆災害	15-2　航空・鉄道・船舶事故 15-3　危険物災害 15-4　大規模火災

　また群衆が密集し，群衆そのものが外力となり発生する将棋倒し，群集なだれなどの「群衆災害」(15-6) は，それ自体が発生すれば大きな災害であるばかりか災害時にも発生することが危惧されるものである．

　長期間電話が通じなくなった世田谷ケーブル火災などの「通信災害」(15-5)，電気が通じなくなり交通機関がマヒする大規模停電「ニューヨーク大停電」(コラム14) などライフラインが停止した時の影響は，緊急通報の困難，在宅医療者の困難，預金の入出金の不能，帰宅困難者の発生が問題となる．

　これらは程度の差はあれ，まさに，地震などの異常な自然現象の後の発生する災害被害の一部と類似の被害を引きおこすのである．

　この章で取り上げられる種類の災害は，行政としては災害対策として全庁的に対策をとる必要があるものである．だが，地震・火山・津波などと比べれば周縁的な災害とされてきたため，また対応する組織機関がそもそも災害対応をする組織ではないために，災害対応としての知見・教訓が残りにくいという難しさもある．

　また研究としても，様々な研究分野の境界領域に位置する．NBC災害は災害と安全保障の両面から取り上げられるし，生物災害や感染症は，どちらかといえば医学（疫学）や農学の分野で扱われる．文科系の研究者は過去の感染症を文化人類学的に扱う程度で，あまり環境社会学や災害社会学では従来扱われてこなかったという側面もあり，知見が集積しにくい傾向がある．

　危機管理として，災害対策として，今後，教訓を蓄積していく必要がある分野である．

（関谷直也）

15-2　航空・鉄道・船舶事故

ポイント：　航空・鉄道・船舶の分野では，安全確保のため各種情報が提供される一方，事故発生時の迅速な救難に向けた情報伝達の仕組みもある．また再発防止のため専門機関による事故調査が行われる．

　航空・船舶の分野では，航行の安全を確保するため気象情報はじめ様々な情報が必要である．このため，例えば航空分野では，定時の気象観測データからなる「航空気象定時観測気象報（METAR）」，空港周辺の風向風速や視程・天候などに関する「飛行場予報」などが常時提供されているほか，強い乱気流や着氷，雷電，台風，火山の噴煙等が観測・予想される場合には「**シグメット情報（SIGMET）**」が発表され，注意喚起がなされる．特に火山噴火が発生した場合には，「火山灰支援情報（**航空路火山灰情報**）」により噴火した火山灰の到達範囲・高度などが情報提供されるが，これは国際民間航空機関（ICAO：International Civil Aviation Organization）を中心に構築された国際ネットワークの一環で気象庁が担う「**航空路火山灰情報センター（VAAC：Volcanic Ash Advisory Centre）**」の発信する情報である．これらの気象情報は，航空気象情報提供システムなどを通じて各航空会社，空港，航空交通管制部などに提供されるほか，飛行中の航空機に対しては管制交信，東京VOLMET放送（航空機向け無線放送）を通じて提供される．また，航空機の運航に必要な空港・航空路に関する各種情報のうち短期的・一時的な情報については，「**ノータム**」（NOTAM：Notice To Airman）という形で提供される．2000（平成12）年の有珠山噴火災害では，このノータムによって噴火活動を続ける有珠山上空の飛行制限が行われた．

　航空・鉄道・船舶の事故が発生した場合に，それを通報連絡する仕組みは表の通りである．このうち**列車非常停止警報装置**は，従来から鉄道事業者が駅員など関係者の利用を想定して設置していたものであるが，2001（平成13）年1月に発生した山手線新大久保駅乗客転落事故（ホームからの転落者・救助者が死亡）を契機として，広く一般客にもその存在が公表され利用が促進されているものである．また，一般に市民が事故の発生を知った場合には，警察（110番）もしくは救急（119番）へ通報し，これによって関係機関への情報伝達をはじめとする事故対応が行われるが，特に船舶事故に関しては**118番**の緊急通報用電話番号が開設されている．

　航空・鉄道・船舶において事故・**重大インシデント**（事故が発生するおそれがあると認められる事態）が発生すると，事故調査の専門機関である国土交通省**運輸安全委員会**による事故調査が行われる．運輸安全委員会による事故調査は，事故の原因及びその被害の原因を究明し，事故の再発防止と被害の軽減を図ることが目的となっている．同委員会は，1971（昭和46）年に岩手県雫石上空で全日空機と自衛隊機が空中

表　事故などの発生を通報連絡する様々な仕組み

分野		通報連絡の仕組み
航空	航空機用救命無線機 (Emergency Locator Transmitter：ELT)	航空機が事故に遭った場合，その遭難地点を探知させるため遭難信号を送信する無線設備．航空機の種類などにより装備が義務づけられている．
	捜索救難調整本部 (Rescue Co-ordination Center：RCC)	航空機の捜索救難に関する協定（警察庁，防衛省，国土交通省（航空局），海上保安庁，消防庁により締結）に基づき，東京空港事務所に設置されている．航空機が遭難・行方不明になった場合に，一定の判断基準に基づいて関係機関が行う捜索・救難活動について業務調整を行う．
鉄道	列車防護無線装置	鉄道において緊急時に列車から特殊な電波を発信し，付近を走行する列車に停止信号を現示して列車を停止させ，二次事故を防止するための装置．
	列車非常停止警報装置	駅構内でホームからの転落など非常事態が発生した場合，駅構内の警報ブザー鳴動，駅進入側などに設置された非常報知灯等の灯火などにより，列車や駅に通報する装置．
	踏切支障報知装置	踏切で車両などが立ち往生した際などに，これを駅・列車に知らせる保安装置．踏切に設置された非常ボタンを押すと，直近の信号機を停止信号とするほか，特殊信号発光機の発光信号などにより踏切支障を列車に知らせる．
船舶	イーパブ（E-PIRB：Emergency Position Indicate Radio Beacon）	船舶の遭難時に遭難信号を発信する装置．人工衛星を介して各国主管庁（日本では海上保安庁）に船名・国籍を送信，連絡が届き次第，捜索が行われる．
	118番	警察の110番，消防の119番にならい，海上での事件・事故の緊急通報用電話番号として，海上保安庁が2000年5月より運用を開始している局番なし3桁電話番号．

衝突した事故（**雫石事故**）を契機に「航空事故調査委員会」として1974（昭和49）年に発足，航空分野における事故調査の国際的なルールを定めた**国際民間航空条約**（通称「シカゴ条約」）第13付属書「航空機事故調査」に基づいた事故調査を行ってきた．その後，1991（平成3）年の**信楽高原鉄道事故**，2000年の**地下鉄日比谷線事故**を経て調査対象に鉄道分野を加えた「航空・鉄道事故調査委員会」となり，さらに**国際海事機関**（IMO）において海難調査は懲戒から分離した再発防止のための「原因究明型」調査とすべきとの国際的なルールが確立したことを受けて，それまでの海難審判庁から原因究明機能を引き継ぐ形で「運輸安全委員会」となって新たに発足した．

　運輸安全委員会による事故調査の目的は，事故等の再発防止・被害軽減であり，第13付属書にも明記されているとおり「罪や責任を課するのが調査活動の目的ではない」．しかし実際には，航空事故調査委員会の発足時に当時の運輸省と警察庁が交わした「覚書」により，警察から委員会に対して事故原因に関する鑑定嘱託がある場合にはこれに応じることとされており，委員会の事故調査報告書が刑事責任を追及する裁判において鑑定書として採用される構造となっている．　　　　　（首藤由紀）

➡　**関連項目**　航空路火山灰情報（1-20）

15-3 危険物災害

ポイント： 火災，爆発，毒性被害，漏えい・汚染など，危険性物質に起因する災害をさす．石油コンビナートでの爆発など大規模災害も起こりうるので，災害関係機関は日頃から連携をとりつつ情報伝達や避難誘導の措置を講ずる必要がある．

危険物とは，**消防法**で火災予防の観点から発火性または引火性の著しい物品と定義されているが，ここでの危険物災害はより広範な危険性物質による災害をさすものとする．危険性物質は一般には① 火災や爆発を起こす燃焼危険性物質（化学的危険性物質），② 中毒や職業病等を起こす有害危険性物質（生理的危険性物質）に大別される．

危険性物質を規制している法令には，消防法，**高圧ガス保安法**，火薬類取締法，毒物及び劇物取締法などがある．消防法では危険性物質の危険性状（酸化性，発火性，禁水性，引火性・可燃性，爆発性，強酸性）から，危険物として第1類から第6類までに分類されており，貯蔵，取り扱い，運搬において規制されている．高圧ガス保安法では，**高圧ガス**の製造，**貯蔵**，**販売**，移動その他の取り扱いを規制することなどにより公共の安全を図っている．

危険物は，その形態により屋内貯蔵所，屋外タンク貯蔵所，屋内タンク貯蔵所，地下タンク貯蔵所，簡易タンク貯蔵所，移動タンク貯蔵所（タンクローリー），屋外貯蔵所において貯蔵される．また取扱所はその態様によって給油取扱所（ガソリンスタンドなど），販売取扱所，移送取扱所及び一般取扱所に区分されている．

危険性物質に起因する災害としては，火災，爆発，毒性被害，漏えい・汚染などが挙げられる．1974（昭和49）年，三菱石油水島製油所（倉敷市）の重油タンク底部から大量の油（約43000 kl）が噴出し，防油堤外に流出，構内通路，排水溝などを経て一部は海上に流出した．その量は7500 klから9500 klで瀬戸内海の約1/3を汚染した．これを契機に危険物や高圧ガスなどの可燃性物質が大量に集積されている石油コンビナート地区での総合的な防災体制の確立のために**石油コンビナート等災害防止法**が制定された他，消防法なども改正され安全強化が図られた．例えば危険度評価，防災アセスメントなどによる合理的な対策実施，保安距離・保安空地の確保，不燃化，消火設備の設置，各種センサと警報設備の設置，自衛防災組織の編成，防災訓練の実施などの様々な対策が施されてきている．

しかし，事前のこのような対策の実施にも関わらず事故・災害の発生をすべてなくすことはできない．そのため応急対策の充実も当然必要となる．都道府県，市町村等防災関係機関では危険物施設などの災害が予想される場合，または発生した場合，地域防災計画または**石油コンビナート等防災計画**に定めるところにより，災害対策本部，

災害警戒本部,災害対策現地本部等を設置し迅速な対応を行うこととなる.警戒体制段階においては,公設消防機関は事業所の自衛消防隊を指揮し発生危険要因除去にあたる.火災,爆発等が発生している場合には,その規模に応じた消防力を投入することになるが,大規模災害の場合には隣接消防機関の応援を要請し,災害拡大防止を重点に消防活動にあたることになる.大規模危険物災害の場合には防災関係機関(都道府県,警察,市町村,消防,海上保安,事業所,道路管理者,報道など)が一体となった対応が必要となる.その際に広報活動が災害対応の円滑化,住民等の安全確保のために欠かせない.定められたルートを介して,災害発生日時,場所,災害の状況,影響範囲,応急措置の状況,住民に対する注意事項,避難の要否などが周知される.特に逃げ遅れ,避難などの人命に関すること,ガス漏れなど2次災害発生の危険性に関すること,周辺の状況と消防活動に関することなどが優先される.

　市町村等は災害から住民等の人命安全を確保するための措置を講じる.すなわち,消防機関は災害拡大への対応として**消防法第28条**に基づく消防警戒区域の設定や危険性物質の漏えい,流出,火災,爆発等,人命財産に著しい被害を与えるおそれのある場合には,消防法第23条の2に基づく火災警戒区域の設定を行う.また,市町村長は災害対策基本法第63条に基づき,状況に応じた警戒区域を設定し,速やかに避難勧告,指示を行うこととしている.避難誘導については,市町村が警察機関や自主防災組織などと連携して実施する.警察は避難誘導のため,所要の警察部隊を配備し,市,消防機関などとの連携により,避難誘導路を確保するとともに広報活動につとめ,避難者の混乱防止及び危害予防に当たる.

　2008(平成20)年5月に調布市で実施された不発弾処理の場合には,関係機関の事前の綿密な打ち合わせと住民への広報,当日の市職員等の動員により円滑な避難が無事に行われた.しかし,大規模地震時などでは要員の確保もままならないことなど,事前計画通りには避難が行われないことは十分に考えられる.実際,1995(平成7)年兵庫県南部地震における神戸市東灘区のLPガス漏えいに伴う避難勧告では,住民への指示が十分行き渡らず,避難所が混乱するとともに救出活動などにも影響があった.また,2011(平成23)年東北地方太平洋沖地震での千葉県市原市のLPGタンク爆発事故においては,現地防災本部が設置されず,また停電や電話回線の輻輳により,被害状況や消火活動についての十分な情報が市役所で得られず迅速かつ適切な避難勧告ができなかった.

　したがって,事故発生時の情報伝達とそれへの対応を円滑にできるよう,行政,事業者,住民間の日頃のリスクコミュニケーションを醸成しておくことが肝要である.

(座間信作)

➡　**関連項目**　大規模火災(15-4)

15-4 大規模火災

> **ポイント：** 消防白書では，建物の焼損面積が 33000 m^2（1 万坪）以上の火災を「大火」と定義している．大規模火災とは，一般には街区レベルの火災に成長した火災をさして呼ぶが，単体建物でも大規模工場や高層ビルでの上階延焼火災を含む場合もある．

　日本の大都市の多くは第2次世界大戦末期の空襲によって焼け野原となった．この事実は，一方では従来の日本の都市の火災に対する脆弱さを如実に物語っている．戦後も，1950年代から1960年代にかけては平常時における**都市大火**が相次いで発生し，当時は，日本の都市をいかに火災に強いまちにしていくかが重要な社会的要請となっていた．こうした背景の中，戦後まもなく1950（昭和25）年に創立した日本火災学会において，その発足とともに最も精力的に取り組まれた課題が都市火災危険の分析とその防止対策であった．1952（昭和27）年に制定公布された耐火建築促進法の中ではじめて登場した防火建築帯は，主要道路の両側に耐火建築を帯状に並べ，立体的な防火帯による延焼遮断効果を期待したものであるが，その適用第1号である鳥取市は皮肉にも1952年に大火にみまわれたことがそのきっかけとなったものである．

　平常時の都市大火は，1960年代前半までは毎年のように発生していたが，次第に発生頻度が小さくなるとともに，東北や北海道，あるいは日本海側の中小都市に限られるようになった．これは，フェーン現象の起こりやすい地域性のほかに，都市中心部になお旧来の木造密集市街地が残されていたこと，また公設消防の整備が遅れていたことによるものであった．1976（昭和51）年に，加賀市大火（1969年）以来7年ぶりに酒田市で大火が発生したが，**地震時の大火**は別として，少なくとも平常時の大火はこの酒田市大火を最後に姿を消し，戦前からの念願であった都市大火を防ぐという課題はようやく終焉するに至る．

　一方で，1960年代後半から1970年代は，高度経済成長時代と重なって，防火対策の重点が平常時の都市大火対策から建築防火や地震時の都市防火へと移り変わっていった時代でもある．日本ビル火災史上最大の死者118名を出す惨事となった**千日デパートビル火災**（1972）や死者103名の**熊本大洋デパート火災**（1973）など，多数の死者を出す建物火災が相次いだのもこの時期である．これらのビル火災もある意味では大規模火災といえなくもないが，大規模火災とは，通常，面的に十数棟以上の建物火災に延焼拡大した街区レベルでの火災をさすのが一般的である．一方，1964（昭和39）年に発生した新潟地震では石油タンク火災が市街地へと延焼し大火となった．この震災後，地震学者の河角廣の「69年周期説」（南関東地域における大地震の可能性が69年±13年周期というもの）がマスコミを通じて話題となり，これ以降，地震防災対策がにわかにクローズアップされるようになった．

表　近年の平常時の大火（1966年-2010年の45年間，「消防白書」より）

1966年	三沢市大火（青森県）	→	焼損棟数：	282棟	焼損面積：	53,537 m^2
1968年	大館市大火（秋田県）	→	焼損棟数：	281棟	焼損面積：	37,790 m^2
1969年	加賀市大火（石川県）	→	焼損棟数：	68棟	焼損面積：	33,846 m^2
1976年	酒田市大火（山形県）	→	焼損棟数：	1,774棟	焼損面積：	152,105 m^2
1980年	東洋ガラス倉庫火災（滋賀県）	→	焼損棟数：	2棟	焼損面積：	47,871 m^2
2003年	ブリヂストン火災（栃木県）	→	焼損棟数：	1棟	焼損面積：	39,581 m^2

1980年代以降は，建築防火と地震時都市防火の2つの課題が防火対策及び研究の両輪として推移していく．1993（平成5）年に北海道南西沖地震，1995（平成7）年には阪神・淡路大震災と火災被害を伴う大きな地震災害が相次いで発生し，また2011（平成23）年に発生した東日本大震災でも津波火災をはじめとする多数の大規模火災が発生した．これらの震災は，地震時という条件下では大規模火災のリスクが顕在化し，かつ，現在もなお未解決のきわめて重要な課題であることを喚起することになった．

1995年1月17日に発生した阪神・淡路大震災では，1923（大正12）年の関東大震災以来の大規模な地震火災被害が生じ，普段忘れかけている都市大火の潜在的危険性をあらためて示すものとなった．この震災で火災被害を大きくした1つの理由は，現有の消防力を上回る同時多発火災が発生したことである．震災時における同時多発火災の被害軽減に対しては，その解決を消防活動にのみ求めるだけでは，地域の自主防災力や広域応援消防隊を含めても自ずと限界があることを知る必要がある．

2011年3月11日に発生した東日本大震災における火災被害で最も特徴的なのは，津波によって多数の火災が発生し，かついくつかの地区ではそれらが大規模火災となって拡大し，津波から逃れた人々にさらに追い打ちをかけたということである．津波火災の出火防止，延焼防止，避難対策の検討が，新たに突きつけられた大規模火災対策の課題といえる．

都市における大規模火災の被害軽減のためには，道路の拡幅や沿道の**不燃化**による延焼遮断帯の構築，木造密集市街地の再整備という根本的な都市計画的対策を進めることが必要である．こうした対策は，予算面でも，実現に向けての住民合意形成の面でも，気の遠くなる努力と時間が必要となる．しかし，本来，都市防災という根幹的なハード対策は，時間をかけて一歩一歩地道に進めていく以外に近道はないことを肝に銘じるべきである．

(関澤　愛)

〔文献〕
関澤　愛（2011）「大規模地震による火災リスクに備えて」『月刊フェスク』**358**：2-9.

➡ **関連項目**　事前復興（8-6），消防団・水防団（9-7），危険物災害（15-3）

15-5 通信災害

> **ポイント：** 通信災害とは，通信の障害が，社会の他の部分にまで広範な機能不全を引き起こすことである．自然災害の時に起きるものもあるが，通常時にも発生する．

　通信が輻輳や設備的障害により途絶すること自体は，平常時にも災害時にもしばしば発生する．たとえば，災害時に携帯電話がつながらない，大みそかにメールが混雑して届きにくい，携帯ネットワークが故障でつながらない，などである．このようにその不都合が，その通信メディアを利用できない，というレベルにとどまっているときには，単なる**通信障害**である．

　しかし電話，携帯電話，インターネットなどの通信インフラは，社会の様々な機能を支えており，それが途切れた時に大きな影響が出ることがある．通信の障害が，他のメディアやシステムにまで波及的に広がり，社会に大きな影響をもたらすとき，それは**通信災害**といってもよい状態になる．

　例えば，テレビは全国ネットワークで多くの番組を配信しているが，その中継回線が切断されると，地方局ではネット受けしている番組を流せなくなってしまう．あるいは通信回線の障害によって，銀行のオンラインシステムが使えなくなり，全国的に銀行業務ができなくなることもある．

　一方，類似の言葉に**システム障害**がある．これはコンピュータ・システムの機能障害のことだが，プログラムミスやハッカー攻撃など様々な原因で発生する．その中でも，通信の障害が原因となり，大きな影響が生じたとき，通信災害の典型的なパタンとなる．

●事　例

① 1968（昭和43）年に発生した十勝沖地震では52名の犠牲者が出たが，この時本州と北海道を結んでいた海底ケーブルとマイクロ無線回線が途絶え，北海道が情報的に完全に孤立した．特にマイクロ回線にはテレビの中継回線が収容されていたため，キー局からの番組配信及び北海道からの素材提供ができなくなった．そのため道内では全国ニュースやゴールデンタイムの主要番組が放送できなくなってしまった．これを機に電電公社は災害対策に力を入れ，市外回線の2ルート化やテレビ中継路のループ化などを進めた．

② 1984（昭和59）年，東京都の**世田谷電話局**前の共同溝で，工事中に通信ケーブルが燃える火災が発生し，最長10日間にわたって，管内の固定電話，公衆電話，専用・特定通信回線，データ通信サービスが不通となった．この地域には，銀行の事務センター，区役所，大学，病院など重要施設があり，社会経済活動や市民生活に多大の影

響を及ぼした．例えば三菱銀行では一時全国243の営業店でオンライン業務がストップしATMも使えなくなった．また大和銀行でも，首都圏を中心に63店舗でのオンライン業務ができなくなった．また世田谷区内の企業や商店も，一般加入電話回線やデータ通信回線の不通によって，注文や予約の受け付けができなくなったり，顧客や得意先との連絡ができなくなった．これを機に，難燃ケーブルの採用，延焼防止のための防火壁の設置などが行われた．

③ 1998（平成10）年，大阪府東淀川区にあるNTT東淀川ビル内の中継施設で専用線設備にトラブルが発生し，関西地域の専用回線19000回線が一時不通となり，3239社にのぼるユーザが影響を受けた．混乱は約10時間後まで続いた．ユーザのなかには，多くの重要な公共施設も含まれていた．例えば，関西空港では航空管制が影響を受け，離陸発着の見合わせと減便が行われ，計45便に30分から2時間50分の遅れが生じた．関西空港や東京管制部と和歌山県三国山の対空無線設備を結ぶ専用線が途絶し，周辺を飛ぶ飛行機との無線通信ができなくなったためである．また関西空港と周辺4空港の間で飛行計画のやりとりもできなくなった．一方大阪府警や吹田消防署では，110番や119番が不通になり三和銀行，住友銀行，大和銀行では，一部地域のATMが利用不能となった．さらに大阪証券取引所では一部の売買用端末と決済システムで障害が生じた．

④ 2004（平成16）年5月31日，NTTコミュニケーションズNTT大手町ビル本館で回線障害が発生した．この影響で，企業向け回線（内線電話・IP-VPN）が約2万回線，IP電話が34万番号（全国），OCNのインターネット接続サービスが15万加入（関東），無線LANが1000拠点で機能を停止した．停止したIP-VPNには銀行の基幹業務の利用も含まれていた．ここでは，ネットワーク回線の多くが東京に集中していること，設備の所有運営会社（NTTコミュニケーションズ等）とサービス提供会社（ADSL回線業者，プロバイダ等）が分離してきたので，障害情報が関係者に伝わりにくいこと，などの問題が明らかになった．　　　　　　　　　　　（中村　功）

〔文献〕
未来工学研究所（1986）『情報化社会のアキレス腱―東京世田谷電話局における通信ケーブル火災の社会的・経済的影響―』．
三上俊治・中村　功・福田　充・廣井　脩（1999）「高度ネットワーク社会の脆弱性―大阪NTT回線事故（1998.10.28）の社会的影響に関する調査研究―」『東京大学社会情報研究所調査研究紀要』**13**．

➡　**関連項目**　インターネット（4-4）

15-6　群衆災害

> **ポイント**：　群衆災害とは将棋倒し，群集なだれなど極度に群衆が密集し，群衆そのものが外力となり発生する災害被害をいう．人々の心理的特徴や社会的特徴に関係なく発生する．

　群衆災害とは，極度に群衆が密集し，群衆そのものが外力となり発生する災害被害をいう．人々の心理的特徴や社会的特徴に関係なく発生し，「パニック」的な心理状態とならなくても，誰かが暴動を起こさなくても発生する．群衆災害は，一度発生すると多数の犠牲者が発生し，子どもが犠牲になることも少なくない．

　将棋倒しとは，同一方向に人が倒れるものを呼ぶ．スポーツ大会やショー，コンサート，映画鑑賞会，祭り，宗教儀式などで発生しやすい．

　群集なだれとは，$1\,\mathrm{m}^2$ あたり10人を越える超過密状態で，転倒などを契機に人々が雪崩れのように崩れていくことである．稀にしか発生しないが，人が動けなくなるような過密状態ならば常に発生する可能性がある．

　これら群集事故が発生するのを防ぐため，日本では多人数が集まるイベントにおいては入場人数の制限や雑踏警備などを行わねばならないことになっている．

　東日本大震災で，大きな課題となった群集行動の問題として**帰宅困難者問題**があるが，この事象は群衆災害を考える上で極めて興味深い．各種推計によれば，2011（平成23）年3月11日には首都圏でおおよそ515万人（内閣府推計）の帰宅困難者が発生した．この帰宅困難者問題は，災害によって公共交通機関が帰宅できないこと，またそれによって生じる渋滞という交通機関の混乱などが問題とされている．この結果，緊急車両が移動できなかったり，病人・けが人の緊急搬送が不可能になったり，滞留者が食料を求めることによって物資不足の引き金になったりするなど，混乱の原因となった．

　なお，想定首都直下地震では延焼火災が危惧されている．帰宅困難者問題は**集合的移動（帰宅）行動**という群衆行動が発生することを示したともいえる．すなわち都市域では地震の後，人々が歩きまわり，火に囲まれて犠牲になってしまうこと，火災とそれに伴う**将棋倒し**，**群集なだれ**が発生してしまうことが可能性として示されたことになる．

　首都直下地震などで想定されている都市部帰宅困難者の移動行動は基本的には，都市部から郊外へ向けての移動である．鉄道が停止した段階において，帰宅を断念した人以外は道路網を使って帰宅する．ゆえに都市部では両方向，郊外では主に郊外方向に向かって道路は渋滞し，その方向に歩行者も動く．この帰宅する方向において火災が発生している場合は，人々（群集流）は逆方向に引き返す．だが，逆方向に向かう

動きが発生するということは，それとほぼ同じ人数だけ帰宅する方向に向かう人々（群集流）が存在し，それらがぶつかることになる．事実，関東大震災の時は火災から逃げまどい，群集の下敷きとなって圧死した人が多数出たとされる．

なお東京，大阪，名古屋という日本の大都市は，いずれも河川が都市中心部を取り囲むように流れているから，ある程度の距離を歩いて帰宅する人々は橋梁を通らざるを得ないが，この橋梁こそまさに群集なだれが発生しやすい場所なのである．かつ後述の**明石市歩道橋事故**，カンボジアの群衆事故はいずれも橋梁で発生している．また同様の構造を持つ都心の狭い道路においては，通常よりやや混雑しただけでも群集なだれが発生する可能性を否定できない．2010（平成22）年3月26日原宿で群集なだれに近い現象が発生しているが，これはその可能性を示すものである．

火災とそれに伴う将棋だおし，群集なだれ発生の可能性を考えれば，帰宅困難者問題が示していることとは，「集合的移動（帰宅）行動」自体が地震災害時の群集災害という新たな災害を生み出す可能性があるということである．このことが，危惧されるべきことといえる．

● 事 例

1956（昭和31）年元日に起きた弥彦神社（新潟県）での群集なだれでは，最も混雑する午前0時直後，帰ろうとする人々と門内に入ろうとする人々5000人がぶつかりあい，1 m^2 あたり12〜13名の群衆が倒れ込み，死者124人，重軽傷者177人の事故となった．

2001（平成13）年7月21日，兵庫県明石市が主催した花火大会において発生した群集なだれでは，一方でJR朝霧駅側から花火大会が行われる海岸に向かう歩道橋に人々が向かい，一方で海岸から駅に向かう人々が相対し，花火大会が始まる午後7時45分頃には一歩も進めなくなっていたという．1 m^2 あたり13〜15名であった．花火大会の終了した直後，8時50分頃南端部から転倒が始まり，300〜400人の人が巻き込まれる「群集なだれ」が発生し，死者11人，重軽傷者132人の事故となった．

また2010年11月22日，カンボジアのプノンペンで行われた「水祭り」に集まった見物客が，メコン川にかかる橋の上で倒れるなどして，約350人の死者と300人以上の負傷者が発生した．このように稀にしか発生しないが，一度発生すると大きな犠牲を生むのが群集災害である．

(関谷直也)

➡ 関連項目　パニック（12-2）

15-7 食品安全

ポイント： 食は高度にグローバル化し，利便性や効率性が追求される一方で，食の安全性確保に対する社会的関心も高まっている．食に関する法制度の整備においては，消費者の役割と責任も重要視されている．

汚染物質の混入・蓄積による食品汚染の問題に関心が集まるだけでなく，今日では，食生活全般において高度な利便性や効率性を追求した結果，生産から消費にいたる過程がグローバルに広がり不可視の部分が増大してきていることへの社会的関心が高まってきている．生産から最終的な消費の段階に至るまでの流通経路の確認（**トレーサビリティ**）も重要視されるようになってきている．例えば2003（平成15）年には，ヒトへの感染可能性のある牛海綿状脳症（Bovine Spongiform Encephalopathy：BSE）の蔓延を防止するため「牛の個体識別のための情報の管理及び伝達に関する特別措置法（牛肉トレーサビリティ法）」が施行された．

食の安全に関する国際機関としては，**コーデックス委員会**（Codex Alimentarius Commission）がすでにある．これは，国際連合食糧農業機関（Food and Agriculture Organization of United Nations：FAO）と世界保健機関（World Health Organization：WHO）によって設立された．日本においては「科学技術の発展，国際化の進展その他の国民の食生活を取り巻く環境の変化に適確に対応することの緊要性にかんがみ」という目的を掲げ，2003年に**食品安全基本法**が公布された．また，食品の安全に関する行政を展開するためとして同年内閣府に**食品安全委員会**が設置された．ここでは，専門家集団によって**食品健康影響評価**すなわち**リスク評価**が行われる．すなわち，当該食品摂取による人の健康への影響を科学的に評価するものである．この評価を受け，別組織である各関係省庁において，規制や指導等を具体的に行う**リスク管理**が行われるようになった．

食品安全基本法ではまた，「消費者の役割」として，「食品の安全性の確保に関する知識と理解を深める」ということと同時に「意見を表明するように努める」と明記されている．意見表明には，主として各省庁のHPなどで募集される**パブリックコメント**などが含まれているが，はたしてパブリックコメントがどのように機能しているのか/機能していないのか，ということについては，詳細な検討が必要である．

関連して，先述したこのリスク管理やリスク評価の過程において重要視されているのが，**リスクコミュニケーション**である．そこでは，生産者や消費者，および専門家など異なる立場の人々が当該リスクに関する情報を共有し，「科学的に正しく」伝える・理解するということに主眼が置かれている．しかし，そこでテーマ化されるリスクというのは，ほとんどの場合「現時点のデータ」に基づく「将来の健康リスク」で

あり，その「科学的正しさ」には常に改定の余地が残されている．一方で，最終的な判断は消費者にゆだねられる．すなわち，科学的厳密さが求められているのは，専門家でない人々も同様である．しかし今日において，科学的厳密さの実行は困難になってきているといわざるを得ない．

安全な食生活を営むことに関しては，たんに科学的リテラシーの有無だけの問題だけではなく，食の安全に対し諸々のコストをかけられる者とかけられない者との，主として経済的な格差の問題もある．また，テレビや新聞といったマスメディアに限らず，インターネットを介したブログやTwitter，Facebookといった情報コミュニケーションによって食品の安全に関する情報が流通し蓄積されている今日において，食に関する情報を集められる者と集められない者の情報格差も生じてきている．食べるということは万人に関わることであるが，単に安全性や科学的正しさだけが日常生活において重視されているのではなく，趣味や好み，快/不快，楽しみなどとも密接に関わっている．その関心の高さには濃淡があり，食の安全性に対し，関心の高い人とそうではない人との情報格差が，食に対するどのような行動に結びついているのか/結びついていないのか，ということについての議論が今後ますます重要になってくる．

●事　例

チッソ水俣工場による水銀排出を原因とした水俣病，昭和電工鹿瀬工場による第二水俣病，三井金属神岡鉱業所によるカドミウム汚染がもたらしたイタイイタイ病，カネミ油症事件，森永ヒ素ミルク中毒事件といった，汚染された食品の摂取による甚大な健康被害は，近年においても例えば，O-157食中毒事件（1996年），雪印集団食中毒事件（2000年），BSE（肉骨粉）問題（2001年），中国製冷凍餃子中毒事件（2008年）といったように繰り返されている．また，2011（平成23）年の東日本大震災以後は，東京電力福島第一原子力発電所事故をうけ，食品の放射能汚染について関心が高まってきている．食品による内部被爆については不明な点も多く，中長期的な視点から経過と影響を注視することが必要である．　　　　　　　　　　　　　　　（柄本三代子）

〔文献〕

神里達博（2005）『食品リスク』弘文堂.

➡ 関連項目　リスクコミュニケーション（10-3），風評被害（12-5），放射線・放射能（14-7）

15-8 感 染 症

> **ポイント：** 感染症は，行政にとっては住民の生命を守る危機管理として，企業にとっては事業継続上の課題として，また地域経済や企業に対して経済的打撃を与える経済災害として，対策面からは「災害」と捉え対応する必要がある．

感染症は，災害という側面からみた場合に2種類の問題がある．

1つは，災害後に生じる感染症の問題である．災害後に衛生環境が悪化し，感染症が広がり二次災害が発生する場合がある．避難所を中心にインフルエンザが広がったり，食中毒が広がったりし，小児，高齢者など体力のない被災者が影響を受けやすいという特徴がある．特に途上国の水害では，腸チフス，コレラなどの水系感染症や，マラリアやデング熱といった蚊などを媒介とする感染症が拡大することが知られており，これを封じ込めるために災害後（特に水害後）の感染症対策は極めて重要な応急対策の1つである．

また1つは，**SARS**や新型インフルエンザなど感染症そのものを災害として捉える視点である．感染症は，災害対策基本法上の災害ではないが，行政にとっては住民の生命を守る危機管理の問題として，企業にとっては事業継続をゆるがす大きな問題として，また地域経済や企業に対して経済的打撃を与える経済災害として，対策面からは災害と捉え，対策をとる必要がある．そのため H5N1 型インフルエンザなど世界的流行**パンデミック**に備えた対策が急務となっている．

WHO（世界保健機構）は，新型インフルエンザが発生した時の備えとして，新型インフルエンザの脅威，深刻さを知らせ，対策の目安となるように警戒レベルと国内の対応を6段階に分けている．この警戒レベルの6段階目，**フェーズ6**がパンデミックである．フェーズ6は，フェーズ5に定義された基準である WHO 加盟地域の1つで少なくとも2つの国でウイルスのヒトからヒトへの感染拡大に加えて，さらに異なる WHO 加盟地域で少なくとも1つの国で感染の拡大・持続が起こっている状態のことで，ウイルスの世界的大流行，つまり感染が世界的に増加・持続している状態のことである．

日本では，WHO Global Influenza Preparedness Plan に準じて，2005（平成17）年12月「新型インフルエンザ対策行動計画」が策定された．その後，2008年4月感染症予防法改正など新型インフルエンザ対策の強化が図られてきた．営利企業においても，ライフラインなど社会機能維持にかかる事業を行っている企業は，パンデミックが発生してもその業務を維持せねばならないことから，事業継続計画の重要事項としてパンデミック対策を挙げているところも少なくない．

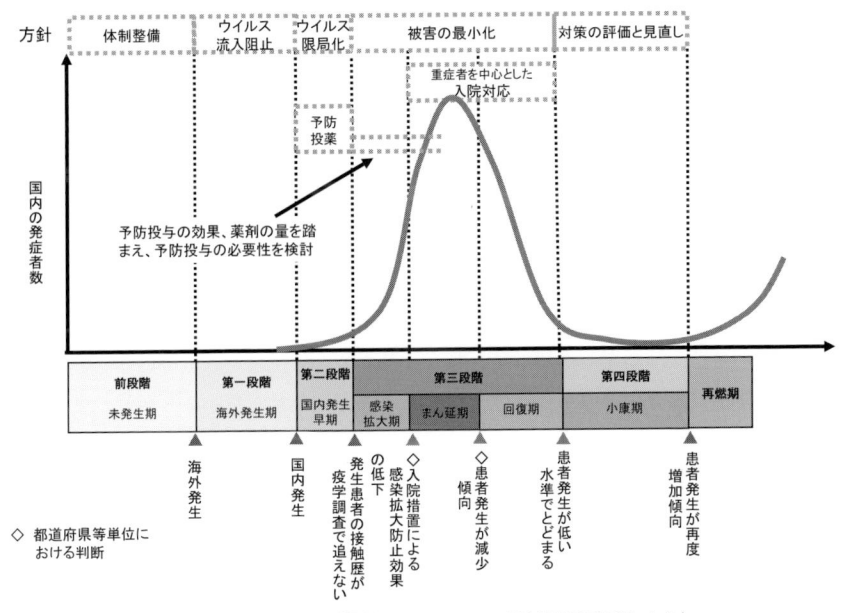

図 発生段階と方針（『新型インフルエンザ対策行動計画』より）

● 事　例

　2009年A/H1N1型インフルエンザは世界的流行をみせ，6月12日WHOは警戒水準をフェーズ6とし，パンデミックへの警戒を強く訴えた．

　当初，日本政府は**水際対策**に力を入れ，検疫を強化した．4月下旬からに各テレビ局および新聞社は，連日A/H1N1型インフルエンザについて報道を行った．5月1日の未明に開かれた新型インフルエンザの疑い例に関する舛添厚生労働大臣（当時）会見の生中継によって，その報道の勢いはさらに増した．そして，5月に入ると，関西を中心として，一斉休校やイベント，修学旅行や関西への出張・観光の中止など各方面にわたり経済的な影響を及ぼした．もともと日本のパンデミック対策は強毒性を想定した対策を立てており，結果的には，この弱毒性のインフルエンザであるA/H1N1型インフルエンザに対して柔軟な対応をすることができず，この点が大きな課題となった． 　　　　　　　　　　　　　　　　　　　　　　　　　　（関谷直也）

〔文献〕

　新型インフルエンザおよび鳥インフルエンザに関する関係省庁対策会議（2009）「新型インフルエンザ対策行動計画」．http://idsc.nih.go.jp/disease/swine_influenza/2009who/09who21.html

➡ 関連項目　新型インフルエンザ（15-9）

15-9　新型インフルエンザ

ポイント：　ヒトの間で長い間流行しなかった新しいタイプのインフルエンザウイルスによるインフルエンザをいう．人々に免疫がないため，世界中で大流行（パンデミック）し，大きな健康被害などが懸念される．

インフルエンザとは，日本国内では例年12月から3月にかけて流行するインフルエンザウイルスによる感染症の1つであり**季節性インフルエンザ**ともいわれている．症状として高熱，頭痛，関節痛，筋肉痛など全身の症状が強いのが特徴で，併せてのどの痛み，鼻汁，咳などの症状も見られる．多くの人は抗体をもっていること，インフルエンザワクチンなどの予防接種で軽症状に収まることが多い．しかし，高齢者や呼吸器などの慢性病をもつ人などは，合併症を起こし悪化することがある．小児などでは，脳症（**インフルエンザ脳症**）を起こすなど重症化することがある．国立感染症研究所感染症情報センターでは，インフルエンザ流行に関連する参考情報として，**警報・注意報発生システム**によって警報，注意報を出している．

新型インフルエンザとは，ヒトの間で長い間流行しなかった新しいタイプのインフルエンザウイルスによるインフルエンザであり，10年から40年の周期で世界的な流行を起こすといわれている．現在，アジアやアフリカなどの一部の地域で，ニワトリなどにとって毒性の強い**鳥インフルエンザウイルス**（H5N1）のトリからヒトへの流行が収まらない地域がある中，遺伝子が変異してヒトからヒトに感染するタイプになる可能性が最も危惧されている．新型ウイルスにはほとんどの人が抗体をもっていない．ワクチンもないことなどから，もし流行した場合，爆発的に世界中で大流行（**パンデミック**）すると考えられている．

●事　例

1918（大正7）年に発生したスペインインフルエンザ（スペインかぜ），1957（昭和32）年に発生したアジアインフルエンザ，1968（昭和43）年に発生した香港インフルエンザなどが，高死亡率で，社会経済活動に大きな影響を与えた．

1990年代以降，WHOをはじめ各国において対応策が検討されている．日本においては，1997（平成9）年10月に「新型インフルエンザ対策に関する検討会」の報告書が当時の厚生省から出されている．その後，さらに対策の検討が進められ2004（平成16）年8月には「新型インフルエンザ対策に関する検討小委員会」からの報告書，2005年12月には「新型インフルエンザ対策行動計画」の策定，2006年から2009年までに，感染症法や検疫法の改正，専門家会議の発足と具体的な対策のガイドライン策定，行動計画の改定，机上訓練や実施訓練，発生時の内閣総理大臣を本部長とする対策本部の設置決定，関係省庁連絡会議など対策が重ねられてきた．**行動計画**では，

WHOの策定した6段階のフェーズをもとに被害を想定，治療薬タミフルの備蓄や医療・検査体制の整備，**プレパンデミックワクチン**の臨床研究・備蓄などの具体的対策を策定している．情報分野では，国民への啓発や情報提供・共有など**リスクコミュニケーション**についてガイドラインが定められた．

　2009（平成21）年4月に起こったメキシコを発端とする**ブタ由来のインフルエンザウイルス（H1N1）**によるパンデミック事例は，2010年8月WHOの終息宣言まで，各国で様々な対応がなされた．日本では，策定されていた行動計画やガイドラインに沿って対策がなされたものの，それまで想定していた致死率の高い鳥インフルエンザウイルスでなかったこと（2011年4月1日以降新型インフルエンザではなく，「インフルエンザ（H1N1）2009」となった）との齟齬が生じた他，実際の運用などで数々の課題を残した．特に，当初の感染者に高校生が多かったことなどから，学校や個人に対する誹謗や中傷などが起こった．

　これらの事例を含めた，今後の対策検証について，2010（平成22）年6月10日厚生労働省「新型インフルエンザ（A/H1N1）対策総括会議報告書」では広報・リスクコミュニケーション分野で，体制・制度の見直しや検討，事前準備を要する問題8項目，運用上の課題4項目について指摘している．その後，対策の実行性を高める法的な枠組みが必要とされ，緊急事態に備えるための「**新型インフルエンザ等対策特別措置法**」が2012年5月に制定された．これを受けて，2013年6月には「政府行動計画」および「**新型インフルエンザ等対策ガイドライン**」が策定された．また，都道府県，市町村も行動計画を策定し，連携を図ることとしている．政府行動計画の目的及び基本的な戦略では，「感染拡大を可能な限り抑制し，国民の生命及び健康を保護する」こと，「国民生活及び国民経済に及ぼす影響が最小となるようにする」こととしている．また，政府行動計画主要6項目には「情報提供・共有」が含まれており，「国，地方公共団体，医療機関，事業者，個人の間でのコミュニケーションが必須である．コミュニケーションは双方向性のものであり，一方向性の情報提供だけでなく，情報共有や情報の受取手の反応の把握までも含むことに留意する」とされている．　　　（櫻井誠一）

〔文献〕
厚生労働省（2009）「インフルエンザの基礎知識」．
宮村達男，和田耕治『新型インフルエンザ（A/H1N1）わが国における対応と今後の課題』中央法規．
桜井誠一（2009）『新型インフルエンザ国内初！神戸市担当局長の体験的危機管理』時事通信社．
内閣府　「新型インフルエンザ等対策政府行動計画」（平成25年6月7日）．

➡　関連項目　リスクコミュニケーション（10-3）

15-10　家畜伝染病

> **ポイント**：　家畜伝染病は人体に直接的な影響のないものも多いが，畜産業に与える経済的影響が大きく，防疫対策において風評や差別，殺処分などの対策の過程で心的ストレスを生じさせるなど，災害と呼ぶべき状況が発生する．

[口蹄疫とは何か]　家畜伝染病の流行を災害として捉えることは今のところ一般的ではない．しかし，実際に 2010（平成 22）年に宮崎県で大流行した**口蹄疫**への対応では，災害と呼ぶにふさわしい被害と社会的な混乱が発生している．

口蹄疫の災害としての側面を理解する上で重要な点は 3 つある．第一に，口蹄疫ウイルスは人間に感染する可能性は極めて低い．また口蹄疫に感染した家畜の肉を食べることによる健康被害もほとんど報告されていない．つまり，口蹄疫ウイルスは直接人命に危害を与えるものではない．

第 2 に重要な点は，口蹄疫ウイルスは，成畜に限っていえば致死率は低く，ほとんどが治癒するという点である．つまり，家畜という物理的資産を破壊するわけではない．問題なのは，このウイルスに感染した家畜が，発育障害，運動障害，泌乳障害などを通じて，家畜としての経済価値を著しく低下させるということにあるという点である．

第 3 に，直接的な生産力の低下だけでなく，国際取引上において深刻な被害が発生するという点である．口蹄疫の感染力は極めて強いため，口蹄疫の清浄性が確認されない限り，その国の畜産物の輸入を他国は拒むことができる．反対に，非清浄国のままであれば，他の**非清浄国**からの安価な畜産物の輸入を拒否することができない．多くの先進国にとって，非清浄国からの安価な畜産物が国内市場に流通することは，国内畜産業に壊滅的な打撃を与えかねない．こうしたことから，先進国においては，口蹄疫の防疫対策は患畜や感染した疑いの高い家畜を速やかに全頭殺処分するという**摘発淘汰政策**が基本となっている．

以上のような性質をもつ口蹄疫は，それ自体が物的な破壊や・人的な被害をもたらすわけではない．だが経済的な影響が大きく，その対策そのものが災禍をもたらす．物的・人的被害がなくとも経済的被害だけでも災害は発生するのである．

[口蹄疫の災害的側面]　摘発淘汰政策は多くの国にとって劇薬である．第 1 に，流行の極めて早い段階であればともかく，一定程度感染が拡大してからは，こうした対策にかかるコストは莫大なものとなる．2010 年において殺処分された牛や豚は 28 万 8649 頭に及び，宮崎県内の家畜の 2 割以上に及んだ．殺処分された家畜は国によって補償されるものの，再出荷まで数年かかることから，農家の多くはその間の収入を失なう．非常事態宣言を行ったことに伴い不要不急の集会等が延期したり中止された

りしたことで，宮崎県全体の商業や観光にも大きな打撃を与えた．

　経済的損失だけではない．第2に，新型インフルエンザなどの感染症と同様に，ウイルスが目にみえないことから生じる疑心暗鬼とストレスも大きい．多くの畜産農家では，感染を防ぐために他者との接触を避けるようになる．それによって，高齢者や障害者のデイサービスが停止されたり，子どもを学校に登校させないケースがみられた．特定の農家への差別が起こることを心配した宮崎県は，口蹄疫に感染したとみられる農家の情報を提供しなかった．このため，どこで発症したかを知らないまま防疫対策を強いられた農家は非常に不安な毎日を過ごすことになった．加えて，一般の市民は口蹄疫の**防疫対策**に協力する動機が乏しく，行政が設置した消毒ポイントを回避して運転する行動がみられたり，他方で他県から宮崎県産の野菜の入荷さえ拒否されるといった問題も起こった．ボランティアなど外部の支援も，他地域に感染を広げる危険性もあることから慎重にならざるを得ない．このことは，口蹄疫に限らず新型感染症などでも問題となり得る．

　第3に，殺処分に伴う心的・肉体的負担である．動物が好きで獣医となったにもかかわらず，殺処分に従事することとなった獣医達の中には，自分の感情と防疫対策のプロとしての責任感との狭間で苦悩するものも少なくなかった．

　第4に，摘発淘汰政策を巡る利害対立である．殺処分は経済動物以外にとっては理不尽なものである．例えば宮崎県西都市では保育園で飼育していた2頭の山羊まで殺処分された．オランダでは趣味として畜産を行っている人々も多く，2001年の口蹄疫流行の際，ワクチンを接種した家畜を殺処分することに対して訴訟が起き，一部の地域では大規模な反対運動が起こって武装警察が出動する事態に発展している．加えて，2010年の宮崎県での発生時には，宮崎県が県有種雄牛6頭を移動制限区域内から移動させ避難させるという特例措置を行い，しかも避難先で一頭が発症したにもかかわらず，同じ牛舎にいた他の5頭の種雄牛を延命した．種雄牛の経済的価値の高さを考えるとやむを得ない判断だという評価がある一方で，養豚農家や一部の肥育・繁殖農家からは強い反発を招いた．とりわけ，県内に1つだけ存在した民間種雄牛を保有する農家は自らの種雄牛の延命も要求し，途中からそれを支持した宮崎県知事が農林水産大臣と対立した．このことは危機管理における一貫性の欠如という意味で深刻な問題を残した．

（永松伸吾）

➡　**関連項目**　感染症（15-8），新型インフルエンザ（15-9）

15-11　NBC 災害

> **ポイント**：NBC 災害とは，核（nuclear），生物（biological），化学（chemical）などの要因が原因となって発生する事故や事件による災害の総称．高度に科学的な技術が原因になっているため，災害対策が難しく，遅れている側面がある．

　NBC 災害とは，核（nuclear），原子力に関する技術や兵器，生物（biological）に関わる技術や兵器，化学（chemical）に関わる技術や兵器などが原因となって起きた事故や事件による災害の総称である．

　核（N）が原因となる災害には，1979 年のアメリカ**スリーマイル島原発事故**や 1986 年の旧ソ連での**チェルノブイリ原発事故**のような原子力発電所事故や，1999 年の JCO 臨界事故のような原子力関連施設の事故などからなる原子力災害がある．さらに広島や長崎のような戦争における原子力爆弾の使用や，核兵器や放射性物質を利用した核テロのようなテロ事件まで幅広いものが含まれる．最新の事例では，2011 年 3 月 11 日に発生した東日本大震災をもたらした地震と津波の影響で，福島第一原発事故が発生した．こうした原子力災害によってヨウ素 131 やセシウム 137 など放射性物質が漏れ出ることによって，大気や土壌，河川，海洋が汚染され，それらが人体に接触したり取り込まれたりした場合，外部被ばくや内部被ばくをもたらす．さらにセシウム 137 などの放射性物質は極めて半減期が長いため，被災地では住民の域外への集団避難や大規模な**除染活動**が必要となる．国際的には原子力の平和利用と安全管理を図るために**国際原子力機関（IAEA）**が存在し，国際的に原子力政策の調整，指導を行っている．さらには核セキュリティに関して，核拡散防止条約（NPT）をはじめ核テロ防止条約，核物質防護条約などが整備されている．

　また，生物（B）が原因となる災害には，1979 年の旧ソ連スヴェルドロフスクの研究所から炭疽菌が流出した事件など，ウイルスや細菌などが研究機関や病院から流出するバイオハザードから，米国で 2001 年に発生した炭疽菌事件など生物兵器を利用した生物兵器テロまで幅広いものが含まれる．こうした炭疽菌を使ったテロリズムを受け，アメリカは国内の空気中の生物兵器を監視するバイオウォッチ・プログラムを展開した．またウイルスや細菌の自然発生によるパンデミックなども含めた，より広義の意味で生物学的災害を捉えるのであれば，新型ウイルスの流行などもこうした災害に含まれる．2009 年には H1N1 亜型の新型ウイルスがメキシコとアメリカを中心に発生し，世界中に拡散して日本でも流行した．こうしたウイルスの世界的流行には，2002 年にアジアを中心に拡大した SARS ウイルス，2005 年の鳥インフルエンザなどがある．これらの特徴はウイルスによって国境を越えて世界に伝染，拡散することである．こうした生物学的災害の拡大を防ぐためには，罹病者の管理や日常生活におけ

る感染防止対策から，ワクチンの備蓄や医療体制のネットワーク化など様々な対策が求められる．

さらに化学（C）が原因となる災害には，1984年のインドで発生したボパール化学工場事故のような有毒ガスの流出事故など，化学物質が原因となる災害や，95年のオウム真理教による地下鉄サリン事件のように，サリンやVXガスなど化学兵器を用いたテロ事件などが含まれる．タブンやソマンなどの化学兵器は第1次世界大戦から第2次世界大戦にかけて特殊兵器として開発され，実戦で使用されてきた経緯があるが，現在では化学兵器禁止条約（CWC）によって国際的に開発や生産，保持，使用が禁止されている．こうした化学災害は，医学や科学技術の進歩により一般社会の大規模事故によって発生する可能性が生じ，さらに現代ではそうした技術の拡散によりテロリズムの手段として用いられる可能性が拡大している．

これらのNBC災害の共通点は，① 高度に科学的な技術が原因となっている点，② そのために通常災害や事故よりも大きな被害を発生させる可能性がある点，③ 高度に科学的で実態が直接目にみえにくいため災害情報への依存度が高まる点，④ 被害の発生範囲や時間経過が多様なため，住民の避難や対応策が多様で難しい点，⑤ 新しい災害であるためその社会的対策や社会教育が遅れている点，⑥ 原子力災害やウイルスによるパンデミックは国境を越えたグローバルなリスクであるため，国際的な協力関係，対応策が求められる，などが指摘される．

特に，東日本大震災でもそうであったように，地震や津波などの自然災害によって発生する原子力災害や化学災害など，複合災害を想定した対策が今後必要である．NBC災害に対応できる災害情報研究が現在求められている．　　　　　　（福田　充）

〔文献〕
福田　充（2010）『テロとインテリジェンス～覇権国家アメリカのジレンマ』慶應義塾大学出版会．
福田　充（2010）『リスク・コミュニケーションとメディア～社会調査論的アプローチ』北樹出版．

➡　関連項目　原子力災害（第14章），コラム14

●コラム14●　ニューヨーク大停電

　ニューヨークを中心としたアメリカ北東部州で起こった3回の大停電は，電力供給システムの脆弱性，社会生活への影響の大きさを顕在化させ，それぞれ社会に大きな影響を与えた．
　最初の大停電は1965年の11月のある昼間に発生した．2500万人と20万超km^2の地域で12時間にわたって電力供給が絶たれた．大停電の発生が昼間であり，防犯・セキュリティ対策を夕暮れまでに行うことができたため，翌日まで事態が続いたにも関わらず，略奪などの犯罪の発生を多く未然に防ぐことができた．
　2回目は1977年7月13日の午後8時過ぎに発生した．人々を不安に陥れながら翌日まで大停電は続いた．この間，必要な情報も的確に流されず無人の商店などでの略奪・強盗が一部地域で連続的・継続的に発生した．また，放火などによる火災も数多く発生し，夜明けまで続いた．ニューヨーク市では，1600棟以上の建物が略奪・強奪を受け，1000件以上の関連火災が発生した．4000人弱の強奪者達が大停電中に逮捕された．損害は甚大で，連邦政府の発表では3億USドル以上であった．当時のニューヨーク市長は「大停電は，我々の安全・安心を著しく脅かし，経済への影響も計り知れない」と語った．
　3回目は2003年8月14日の午後，アメリカ北部州で発生した．大停電は北東部州に段階的に広がっていき，当日午後4時過ぎにはニューヨーク市に達した．停電人口約5000万人，被害額は40～60億ドルに達したといわれている．当時は2001年の同時多発テロの暗い記憶を引きずっていた時期であった．そのため大きな混乱も懸念された．しかし停電発生が一般企業の就業時間中であったため，それぞれの企業あるいは家庭などで夜にむかえるための準備を効率的に行うことができた．また，公的機関がマスコミなどを通じて「これは，テロではありません」というメッセージを早い段階から意識的に告知した．このことで市民の治安への不安は払拭された．これらのことが1997年大停電のような大惨事に至らなかった原因とされている．
　ますます複雑化する電力供給システムは，集中と連鎖，という避けがたい脆弱性をもっている．それ故に，システムの一部の不具合発生は，思わぬ大停電につながる可能性を否定できない．大停電による被害は，特に都市部において深刻である．被害は，治安の悪化，他のインフラの途絶，企業活動の停止，社会システムの混乱・停止，そうして個人の生活の破壊など，あらゆる分野で壊滅的結果をもたらす可能性をもつ．大停電という事態が"もし，起こったら"を想定し，その発生によりどのようなことが起こるのか，またそれによってどのような被害がもたらされるのかを可能な限りイメージすることが大事である．その上でなければ，必要な被害軽減策も思い浮かばない．ニューヨーク大停電によって大規模停電は"都市の重大な危機である"ということを知らしめた事例でもあった．加えて，2011年の東日本大震災後に首都圏において実施された「計画停電」もまた予期せぬ大停電の事例である．しかしながら，このような場合における「社会的被害最小化」の「在り方」については十分な検討がなされておらず，多くの課題が残ったままである．　　　（鈴木敏正）

第6部　企業と防災

第16章　企業リスクマネジメントと企業防災

16-1　プレビュー：企業リスクマネジメントと企業防災

> **ポイント**：　複雑化した社会での企業経営では，様々な企業リスクそれぞれを適切に管理しなければならない．企業リスクの主要なものの1つに災害リスクがあり，その対応は「企業防災」として格段の取り組みが求められる．

　企業リスクは，企業の置かれる内外環境，業種，組織特性で変化するが，一般に共通リスクとして挙げられる項目は，表のようなものである．

　また，リスクは，様々な分類が考えられるが，ここでは，内的，外的という，その発生場所の概念で分類をした例を示している．他に，リスクのコントロール可能性の有無で分けたり，発生予見可能性（前兆がまったくなく突然発生，あるいは，ある程度予見可能，ほとんどの場合予見できるなど）で分類する場合などもある．

　企業にとって**自然災害**（一部，原子力事故など，外部を発生源とする人為的災害も含む）もまた，数多くの**企業リスク**の1つに過ぎないが，地域によっては，**災害リスク**が重大な**企業リスク**の1つになることも珍しくはない．要は，企業自らが認識した災害リスクを他のリスクとの比較を通して，重大なリスクとして正しく認識し，それが企業活動に的確に反映することが，企業防災の第一歩となる．

　このような災害リスクは，他の企業リスクへの対応と同様，経営の視点に立ってのリスク対応が必要であり，防災という"被害を起こさせない"対策に加えて，災害発生時の危機管理，その後の復旧・復興という対策を含めての総合的なリスクマネジメントが求められる．なお，災害では，他の企業リスクへの対応にも増して，人身の"安全と安心"を最優先とした対策が，経営の論理を超えて選択される．

　これまで，災害，とりわけ自然災害に対して，公的機関による防災対策に依存し，また，その発生時においても公的な援助・支援が受けられる，ということで，どちらかというと，企業リスクの中でも軽視される傾向にあった．しかしながら，阪神・淡路大震災，東日本大震災などで深刻な企業被害に直面し，自然災害リスクに対する適切な企業リスクマネジメントの導入が求められるようになった．これまでの経験から，災害リスクについて次のような特徴が明らかになってきている．

- 全国どこでも大地震などの自然災害が発生する可能性がある．
- たとえ基準に則った建物・施設・設備などであっても災害の特性によっては甚大な被害に遭うこともある，つまり企業にとっては想定外の被害に対しても被害最小化あるいは重大事態に至ることのないような有効なリスク対策が求められる．
- 様々な防災対策が施されても企業が将来の災害発生時に満足できるレベルの援助・支援が公的に適時・適切に得られる保証はなく，結局は自らの資源で，自らの企業活動を担保する準備を自らの責任で行わなければならないし，被害発生時

表　企業リスクの例

外的リスク	内的リスク
・自然災害 ・ライフライン喪失（停電，断水，エネルギー途絶など） ・アタック（テロ，暴力など） ・敵対的M&A ・取引相手の機能喪失 　（倒産，企業活動停止，供給不能など） ・社会の価値観変化 ・CSRの強烈な要請 ・市場の変化，原材料費高騰 ・ステークホルダーの変化（株主，消費者など） ・法規制等の改変，廃止，業務停止命令など（特に海外） ・不正な業界慣習	・火災，事故 ・システムリスク ・詐欺 ・事業に係る様々な不確実性（成功と失敗） ・製品欠陥 ・過剰在庫 ・貸し倒れ ・過誤 ・社内不正 ・コンプライアンス違反 ・人材不足，技能者技術者流出 ・労務リスク

にも自らの力で被害最小化を図って，事業をしていかなければならない．

さらに，新潟県中越地震，東日本大震災での被害で，実際に経営悪化の事例が出てきた中で，災害に際しても事業継続を確実に実行できるような方策の立案と実行が必要との認識が広まり，災害に対する企業活動の継続計画（いわゆる**事業継続計画**—Business Continuity Plan（**BCP**））（16-3）も，**企業防災計画**（16-2）の重要な柱として認識されるようになった．なお，地震時での事業継続計画検討にあたっては，地震によって損壊などの被害を受けた建物・施設・設備・材料など，モノの被害ばかりでなく，事業中断に伴う諸費用（休業損害費用など）も考慮に入れることの重要性も，これらの地震の教訓としてもたらされた．

（鈴木敏正）

企業と防災概観図

企業防災の役割と基本的考え方
- 16-1　企業リスクマネジメントと企業防災
- 16-10　企業活動と防災
- 16-4　リスクアセスメント

企業防災の計画と対策
- 16-5　企業防災体制
- 16-2　企業防災計画
- 16-3　BCP

企業防災の実践
- 16-7　安否確認
- 16-8　帰宅困難者対策
- 16-9　備蓄

企業防災に係る制度・関連事項
- 16-12　災害と個人情報保護
- 16-6　企業防災とコミュニケーション
- 16-11　災害関連融資

➡ **関連項目**　企業防災計画（16-2），BCP（事業継続計画）（16-3），コラム15

16-2 企業防災計画

> **ポイント**： 企業防災活動には適切な企業防災計画が必要である．企業防災計画の目的は，「想定される災害においてその被害を企業自らの許容できる範囲に抑え，企業が企業活動の持続性を保つこと」にある．

　防災計画の策定のためには，はじめに想定される災害に関わるリスクを洗い出し，どのような被害が実際起こりうるかを具体的に検討する必要がある．次に，リスクが顕在化した時の被害の大きさを把握する．そしてその被害が企業にとってどれほど重大であるかを検討する．さらに対策に要する費用及びその被害低減への効果を勘案し，最後に対策を決定し，防災計画を作成し，実行する．

　防災計画は，① 実際の災害が起こる前，② 災害の進行している緊急時，③ 実際の災害が起こる後，の3つの段階に分けて作成される．それぞれの段階ごとに，最も効率的で，効果の期待できる被害軽減方策が採用される．図は，災害発生点を基点とした時間の経過と，それぞれの時期における企業の状況，活動の目的が示されている．同時に，それぞれの活動が，どのように企業活動に寄与していくかを示したものである．この手法は防災計画策定，実行プロセスにおいて広く知られ，利用されている．

　防災計画は，図の時間軸に沿って，① 事態の発生以前の時期を対象とした計画（**事前計画**と呼ばれる），② 事態が発生した直後を対象とした計画（**緊急時計画**と呼ばれる），③ 緊急事態をある程度脱して復旧を目指した時期での計画（**復旧計画**と呼ばれる），の3つの段階に応じて作成される．**企業防災計画**では，必要な対策が，この3

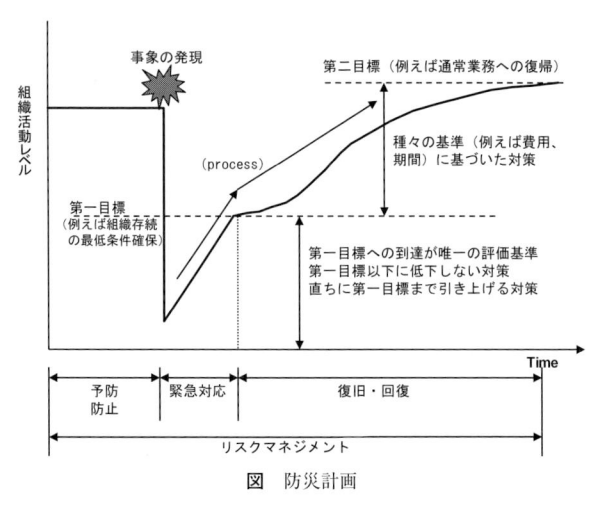

図　防災計画

つの時期のうち，どの時期に実施されるものかを明らかにしておかなければならない．防災計画を策定するにあたって重要なことは，a) 組織の成員（経営者から従業員まで，場合によっては取引相手企業などの**ステークホルダー**を含む）にその計画策定の必要性を認識してもらうこと，b) 計画策定から実行までのすべての時期において経営者の積極的な関与を得ること，c) 経営者と従業員双方に適した教育訓練計画を用意すること，である．

防災計画の策定プロセスは，次の3つのフェーズからなる．

第1フェーズは，計画策定のための事前準備を行うことである．検討項目は，ⅰ) 当該災害による被害の予測とその重大度の共有，ⅱ) 計画策定のフレーム（計画期間，計画範囲など）の決定，ⅲ) 災害発生時の利用可能な経営資源等の把握及び経営者の関与についてのコンセンサスの獲得，の3項目である．

第2フェーズは，計画策定・実行を行うものである．ここでは具体的な個別災害に対する防災計画の検討がなされる．検討項目は以下の5項目である．ⅰ) 災害リスクの見積り，被害に関する必要情報の収集である．これは，例えば，ライフラインの状況を把握するなどして，計画の前提になる条件を明らかにするものである．具体的には，災害時にガス，水道，下水道，電気，交通機関，通信などの活用が可能かどうかなどである．その他，施設，設備の脆弱性情報，企業に特有なリスク情報などもこの段階で明らかにしておかなければならない．ⅱ) 想定される災害についてのシナリオの作成である．例えば，想定する災害に対して，最悪のシナリオを設定し，それに対してどのような問題が発生しうるのかを検討し，その結果を組織構成員で共有することである．ⅲ) 既存対策の検討・評価を行わなければならない．企業の既存対策，能力を再検討し，その効果，実効性等の問題点を明らかにすることである．ⅳ) 計画の策定である．ここでは，前述した事前，緊急時，事後の時期毎に，必要行動の明確化と対策策定を行う．ⅴ) 計画策定・実行である．ここでは，計画策定に加えて，その実行が速やかに行われるような仕組みについても明らかにしておかなければならない．また，それぞれの対策の目標，実行スケジュール，責任体制，予算措置などの明示も必要である．

最後の第3フェーズは策定した計画の評価を行うものである．策定された対策が災害時に想定どおり機能するのか，効果をあげられるのかを不断に評価し，場合によっては見直しを行う必要がある．特に緊急時対応については，テスト・訓練等を通して，その有効性を常に検証する必要がある．

（鈴木敏正）

▶ **関連項目** 防災計画（6-8），リスクアセスメント（16-4），企業活動と防災（16-10）

16-3 BCP（事業継続計画）

> ポイント： BCPは，事業継続に関する経営戦略などの取り決めを定めたものである．自社の被害を想定し残存する経営資源を集中して実施する重要業務の選定とその業務の代替策の検討に特徴がある．

BCP（**事業継続計画**，Business Continuity Plan）とは，災害時に特定された重要業務が中断しないこと，また万が一中断しても**目標復旧時間**内に重要な機能を回復させ，事業中断に伴う顧客取引の競合他社への流出，マーケットシェアの低下，企業評価の低下などから企業を守るための経営戦略である．BCPは米国においてはマネジメント全般を含む意味でも使われるが，欧州や国際標準規格などでは事業継続に関する企業の方針や戦略，計画などを定めた計画書と限定されることが多い．計画構築だけではなく，人事異動への対応や点検，教育・訓練及び監査なども含むマネジメント全般を含むニュアンスを強調する場合は **BCM**（Business Continuity Management）とする．

BCPが防災と特に異なる点は，防災が人命安全，資産の保全，二次災害の防止，地域貢献など主として人道的な対応を中心とする取組みであるのに対して，BCPはこれらを踏まえた上で，自社の製品やサービスの供給責任を中心に対応策を構築することである．したがって，対応策も自社のビジネスプロセスに沿って検討され，原料の購入や部品の納品などサプライチェーンにつらなる取引先にも検討対象が及ぶ．また，評価は取引先や株主，債権者，顧客など企業に重要なステークホルダーのビジネ

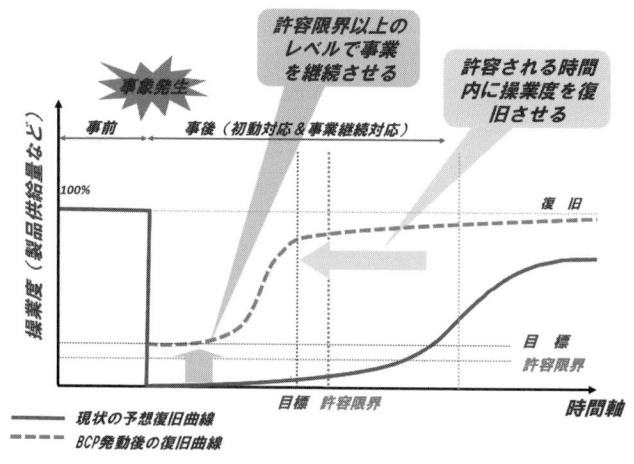

図　BCPの概念図（『内閣府事業継続ガイドライン（第三版）』より）

ス上の観点が重要になる．

BCP の取組みにあたっては防災とは異なるいくつかの特徴がある．まずビジネス影響度分析 **BIA**（Business Impact Analysis）を実施し自社が被災した時に残った経営資源を集中して実施すべき重要業務を絞り込むこと，次にいつまでにその重要業務を復旧すればよいか，まず**最大許容停止時間**（Maximum Tolerable Period of Disruption：**MTPD**）を見積もり，その範囲内で**目標復旧時間**（Recovery Time Objective：**RTO**）を設定することである．

その重要業務の継続策または早期復旧策を検討するが，BCP の基本はまず被災地の外に拠点を設置しそこで重要業務を継続させ，その間に被災地の早期復旧を図る代替策である．典型的な例は東京で情報システムセンターが被災した場合に大阪でバックアップセンターを稼働させるなどがある．この他，本店の支店への移設計画，自社工場へのラインの移設，同業他社への OEM などの対策がある．また早期復旧策としては在庫や予備部品の確保，あるいは火災や水害などを対象に災害復旧会社との契約をするところも増えてきている．

● 事　例

BCP は金融機関や情報システム産業等，重要業務が特に IT に依存する業種でまず発達した．この場合対応策はバックアップシステムが中心という特徴がある．その他半導体産業や自動車産業など製造業を中心にサプライヤーの二社購買，第二工場へのライン準備などの取組みも進んできている．自社に拠点が複数ない中堅中小企業では代替策として同業他社との協定や OEM が有効である．実際に，東海水害や阪神・淡路大震災，新潟県中越地震及び東日本大震災などで機能した例がある．また，2009（平成 21）年には新型インフルエンザの大流行が懸念され，キーパーソンの代替要員の教育手法であるクロストレーニングに注目が集まった．

なお，この BCP の概念は企業のみならず自治体の業務の継続にも適用すべきであり，アメリカでは自治体向けの BCP である **COOP**（Continuity of operations）が導入され，日本でもガイドライン（内閣府，2010）が作成されている．これらの企業や自治体への取組みを促進する動きを受けて，国際標準機構で事業継続に関する規格の検討が行われ，2012 年 5 月 15 日に第三者認証制度にも適用できる要求事項規格「ISO22301 社会セキュリティ―事業継続マネジメントシステム―要求事項」が発行された．

（指田朝久）

〔文献〕
内閣府（2013）『事業継続ガイドライン（第三版）』．
内閣府（2010）『地震発災時における地方公共団体の事業継続の手引きとその解説』．

➡ 関連項目　リスクアセスメント（16-4）

16-4　リスクアセスメント

> **ポイント：** 企業や自治体などの組織においてリスクマネジメントあるいは事業継続マネジメントを行う前提として，組織が抱えるリスクへの理解を深めるために行うもの，プロセス．

　ISO31000によると，**リスクアセスメント**は，**リスク特定→リスク分析→リスク評価**の順で行う．**リスク特定**ではリスク源，影響を受ける領域，事象（周辺状況の変化を含む）を明らかにする．この段階で，組織が対応できないリスクはそもそも想定から外される傾向があることに留意が必要である．現実的な対策の可否に関わらず，実態に即したリスク特定が重要である．しかし，対応できないリスクであっても組織にとって重大なリスクが存在しつづけるのであれば，それを成員が正しく認識することが重要である．つまり，**リスク分析**では，特定したリスクの特質と大きさを把握する．リスクの大きさは，結果の大きさ（一般的には好ましくない損失の大きさ）と起こりやすさの組合せによって測る．さらに**リスク評価**によって，リスクの発生やその大きさの組織にとっての許容可能性，対策の必要性を検討し，対策をとるべきリスクの優先順位を決定する．

　リスクアセスメントによって，潜在リスクを含め組織を取り巻く様々なリスクが可視化される．しかし組織のリスクマネジメントに投下できる資源（人，物，カネ）は有限であるため，損失軽減効果の高いリスクを見出し優先順位の高いものから対応することが重要である．見出されたリスクについて組織内で適切に共有することも，リ

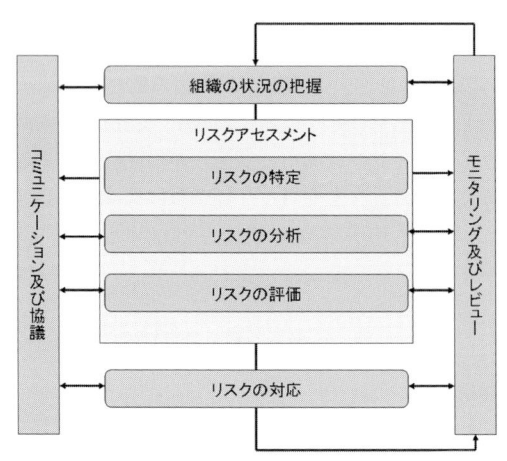

　　図　リスクアセスメントのプロセス（損保ジャパン日本興亜リスクマネジメント，2010）

表　組織を取り巻くリスクの一例

大分類（例）	中分類（例）	リスク項目（例）
外部環境リスク	自然災害	地震，津波，風水災，土砂災害，竜巻，落雷
	事故	火災・爆発
	テロ・犯罪	詐欺，盗難，砲火，テロ，反社会的勢力からの攻撃
	レピュテーション	風評，風説の流布
	社会・経済環境	円高，金利上昇，個人消費低迷，電力不足，燃料不足，需給の変化
オペレーショナルリスク	情報システム	システム障害，個人情報漏洩，機密情報漏洩，ハッキング
	製品事故	製造物責任，リコール
	知的財産	特許権，商標権侵害
労務リスク	安全衛生	労働災害
		新興再興感染症
	人事・労務	従業員・顧客の人権問題（セクハラ，パワハラ，宗教差別），不当解雇，社員の不祥事
経営リスク	ビジネス戦略	敵対的被買収，集団退職，引き抜き，投資失敗

スク顕在化の抑制あるいは早期発見・報告のために有効である．

[BIA（Business Impact Analysis，ビジネス影響度分析）]

BCM（事業継続管理）におけるリスク分析にはBIAを用いる．組織運営の中断（混乱）に際して時間の経過に伴う影響度を評価する手法で，重要業務の特定，重大なリスクの特定，停止期間や目標復旧時間の設定，ボトルネックの抽出等を行う．

●事　例

企業防災ではリスクアセスメントを経ず「地震」を最優先リスクとして取り扱うことが多いが，組織を取り巻くリスクは多種多様であり，組織の業態，規模，社会情勢によっても変化しうることに常に注意が必要である．バランスのとれたリスクマネジメントのためには実態に即した定期的なリスクアセスメントが不可欠であり，企業における意識づけも重要である．　　　　　　　　　　　　　　　　　（三島和子）

〔文献〕

Business Continuity Institute（2010）『The Good Practice Guidelines』BCI．
BSI（2007）『BS25999-2：2007 Business continuity management Part 2：specification』．
ISO Guide73：2009 "Risk management-Vocabulary"（2009）
リスクマネジメント規格活用検討会編著（2010）『ISO31000：2009　リスクマネジメント解説と適用ガイド』日本規格協会．
損保ジャパン日本興亜リスクマネジメント（2010）『リスクマネジメント実務ハンドブック』日本能率協会マネジメントセンター．

➡　関連項目　企業防災計画（16-2），BCP（事業継続計画）（16-3）

16-5　企業防災体制

> **ポイント：**　自然災害発生の際には，緊急対策本部の立ち上げが企業防災体制の中心となる．災害に共通して必要な対策本部の機能の理解，場所・要員の確保，平常時・緊急時の体制構築が重要となる．

　長年にわたって地震や台風などの自然災害に対応する防災は，リスクマネジメント活動の中心であった．しかし近年，リスク環境の変化に伴い，自然災害以外にも製品欠陥事故，役員不祥事，新型インフルエンザなどの様々なリスクが出現している．したがって企業の防災は，あらゆるリスクへの対応を包含したリスクマネジメント体制の中に組み込まれている．

　とはいっても，企業にとって相変わらず自然災害は巨大な脅威であり，将来も変わることはないだろう．したがって防災をリスクマネジメントの中の必須要件として構築し，運用することが重要である．

　［立上げ基準・対応手順］　まず，災害発生時の対応をスムーズにスタートするために，緊急時対応の発動及び終了基準及び手順を事前に定めて，社内に周知しておく．具体的には，どのような地震や水害が発生，または予兆がみられたら，対策本部を立ち上げ・編成するのか，またそれを誰が判断・決定するのか定めておく．

　しかしながら，緊急対策本部を立ち上げれば万事上手く行くとも限らない．せっかく本部に参集したメンバーが，何をするべきかわからず右往左往する状態を避けるために，次に述べる対策本部の機能に沿って，具体的な対応及び手順を事前に定めておく．これは個別の災害によって異なるが，共通して重要な事項は，組織の内部及び外部の機関との協力や緊密な連絡である．この緊急時における対応手順は，事前に関連部署に提示し，その内容について調整を図り，相互理解を深めておくことが望ましい．

　［機　能］
　① 情報機能：　緊急対策本部に情報連絡班を設けて，緊急事態に関連する情報を一元的に収集及び管理する機能をもたせる．管理すべき情報は，ア）緊急事態の現状及び対応状況に関する情報，及びイ）組織の活動再開に関する情報などである．また情報機能の一部として広報機能がある．緊急事態に関する組織内外への発表にあたっては，組織の見解として広報班が一元的に行う．

　② 分析・立案機能：　総括班を設けて，収集された被害情報及び緊急時計画に基づいて，必要な対策の立案・選択並びに対応策の優先順位づけを行う機能をもたせる．なお具体的な対応は各部署に委任することができる．

　③ 対応機能：　あらゆる災害に共通した対応組織として，救出救護班，避難誘導班，非常持ち出し班，応急点検班，修理班などを設けて，緊急対策本部長の判断に基づい

て，具体的な対応策実施またはその指揮をとる機能をもたせる．また災害に固有の対応として，台風には浸水防止班や排水班を設けたり，火災には出火防止班や消火班を設ける．

［要員・場所］　緊急対策本部の要員として，まず，緊急対策本部長は，緊急対策本部の実行責任者として位置づけられ，緊急時対策に関するすべての判断の権限及び責任をもつ．緊急対策本部長は，緊急時に対応できる者の中で最高経営者に近い者から順番に任命される．

その他の対策本部要員も平時から指名し，各人に周知しておく．特に浸水防止や消火などの災害対応への動員計画の策定は重要である．さらに自然災害発生時には対策本部に駆けつけることが不可能な状況も生じるので，稼動可能な要員（含む代行者）の選定が必要である．要員指名後は，人事異動等にも迅速に対応してメンテナンスにも努めなければならない．

緊急対策本部の場所は，事前に指定して社内に周知しておく．また地震による建屋倒壊や浸水によって対策本部となる施設が使用不能となった場合の代替施設も事前に指定しておく．対策本部は活動に十分なスペースを確保し，多様な通信手段，非常電源，備品，備蓄を備え，平時から定期点検しておく必要がある．

また予見していなかった災害に対しても，対応可能な社員が数人集まり，速やかに事態を把握，対応方針を立案，対策実施に移る等の緊急対応を行う手順と権限付与規定を定めておくことが望ましい．

［平常時・緊急時体制］　企業防災を時間軸で整理すると，平常時の事前対策と，緊急時の緊急時対応及び復旧・事業継続に分かれる．緊急時は，前記の緊急対策本部を中心とした体制で対応する．一方，平常時の企業防災は，地震や水災による建屋損壊や従業員死傷の危険性を低減し，損失を軽減するための予防・軽減対策と，緊急時対応の事前準備に分かれる．

このうち予防・軽減対策は，他のリスク対策と同様にそれぞれ担当部署，例えば総務部と施設管理が担当する体制を採用し，一方，事前準備は緊急対策本部の平時体制で対応する企業が多い．これらの体制は各企業の規模，業種，業態，また過去の防災活動の歴史によって異なるものであり，効率的かつ効果的な体制であれば形式にこだわる必要はない．

（中嶋秀嗣）

➡　**関連項目**　災害対策本部（6-10）

16-6 企業防災とコミュニケーション

ポイント： 企業における防災の取組み状況について，平時・災害時ともに適切に情報開示（コミュニケーション）することの重要性が増している．このコミュニケーションの適否が企業価値や企業への信頼度にも影響するようになっており，企業にとって防災コミュニケーションはもはや経営上不可欠との認識が必要である．

企業防災や **BCP（事業継続計画）** の取組みはそもそも企業存続を目的としているが，新潟県中越地震，新潟県中越沖地震，東日本大震災など相次ぐ震災を経て，取組みの結果としての企業の災害からの復元力（**レジリエンス**）が取引先や関連企業の存続を左右し，社会経済の復旧復興にも欠かせない原動力となりうることが広く認知された．グローバル市場でも，BCP策定状況は取引要件になりつつある．平時においては，自社の災害リスクに対する考え方や具体的な取組み状況，それによるレジリエンス向上の成果を，関心をもつすべての人に適切に開示することが必要である．**ステークホルダー** はそれらを企業価値判断の材料とする．防災に限らず，リスクの把握や対策状況等は有価証券報告書にも記載を義務づけられており，すでに投資家の重要な判断材

表1 東日本大震災における企業防災コミュニケーション事例分析

タイミング		コミュニケーションの内容	コミュニケーションにおける姿勢	コミュニケーションメディア
平常時		自社の災害リスクに対する考え方 リスク対応状況 緊急時の体制	対策による自社のレジリエンス向上度合いを示す	Webサイト，CSR，IRなどの報告書，新聞・雑誌など
災害時	自社が被災した時	自社の被害状況 顧客企業・消費者・利用者に与える影響 その影響の極小化に向けた自社の対応方針 依頼事項（協力・支援，契約履行の猶予など） 対応の進捗状況及び復旧状況 今後への事業継続にかかる意思，意欲	自社の被害状況をできるだけ迅速に率直に発信する 直接的なステークホルダー以外からも関心が集まることを考慮し誠実に対応する 状況の変化，対応の進捗については適宜発信する	Webサイト，ソーシャルメディア（Facebook, Twitter, YouTube, Google），新聞・テレビの取材に応じる等
	顧客企業・消費者・利用者が被災した時	自社の被害状況 顧客企業などの状況に対する自社の認識 顧客企業などに対する自社の対応方針・施策及び対応状況	顧客企業などの被害状況から今後のリスクを考え，適正な対応策を早期に発信する 配慮のある対応を心がける	

表2 鉄道会社のCSRレポートの記載項目例

【安全重点施策】	運輸安全マネジメント，車両・高架橋などの保安度向上，災害体制の見直し　他
【安全管理体制】	緊急時対応体制，事故の芽情報報告制度，事故・インシデント等の発生状況と再発防止措置　他
【運転保安の向上】	自然災害対策（地震，風，雷，雪），脱線事故防止，鉄道テロへの対応　他

料となっている．災害時には，自企業の存続と復活のために情報発信を続けることが有効かつ必要であることが東日本大震災における事例分析から明らかになっている．表1は，その顧客や取引先から効果的であったと評価された事例分析から得られたコミュニケーション上の知見である．

●事 例

① 陸前高田市の食品メーカー： 東日本大震災で被災したが，社長自らが「雇用を守り，地域復興のリーダーとなる」というメッセージをYouTubeに掲載し話題となった．被災状況を客観的に情報発信することで，顧客や取引先に壊滅したと思い込まれる事態を避け，再建への強い意欲を伝えることができた．この企業が中心となって三陸沿岸の食品会社6社再建のためのファンドが設立されており，一般からの出資を募るまでになっている．

② 都内の私鉄会社： 毎年発行する「CSRレポート」で防災・リスクマネジメントに関する取組みを紹介し，ステークホルダーに配布している．取組みの透明性と継続性を実証し，企業理念の浸透とステークホルダーからの信頼強化にも一役買っている．

〈三島和子〉

〔文献〕

日本リスクマネジャー＆コンサルタント協会（2011）『東日本大震災後の事業継続およびリスクマネジメントのあり方を考える会研究報告書Ver1.0』．
京王電鉄株式会社（2010）『安全・社会・環境報告書2010CSRレポート』．

➡ 関連項目　BCP（事業継続計画）(16-3)

16-7　安否確認

> **ポイント**：　安否確認とは，災害などが発生した場合に，ある人が何らかの影響を被ったか否かを，他者が確認する行動のことである．ここでは，災害時等有時に効果的に安否確認を行う方法を中心に説明する．

　人は社会の中で様々な関係をもって生活しているため，災害発生時に安否情報を求める人，伝えたい人は複雑に交錯する．これらに個別に対応することは，安否の確認方法としては効果的でない．有事の混乱下での安否情報の発信と確認は，効率的でかつ高い確認率が実現される必要がある．このためには，
　① 安否確認を行うグループとその実施体系，ルールの明確化
　② 適切なシステムの活用
　③ これら実施ルールとシステムを習熟するための訓練
を，通常時から備えとして行っておくことが必要である．

[安否確認の実施体系パターン]
　安否確認を必要とするグループは様々である．それぞれのグループの特性を考えると，実施体系のパターンとしては，以下のものが考えられる．
　① 企業など，所属する人員を明確に把握管理できる組織体が，安否情報を必要とし，確認を行うパターン
　② 組織などが特定のカテゴリーに属する人員の安否情報を必要とするが，その組織などと，カテゴリーに該当する人員の間で，①のような強固な管理が難しいパターン
　③ 家族や友人同士など，お互いが同格で，それぞれが関係する者同士の安否情報を必要とするパターン

●事　例
　①②のように，組織が，関係する人員の安否情報を必要とする場合は，組織側が主体となり確認のオーダーを発出し，被確認者がこれに対して返答する方法が，混乱した状態下で効率的に実施し，かつ確認率を上げるためには望ましい．
　①のように所属人員が明確に把握管理できる場合は，メールアドレスなどの連絡先情報の管理が比較的容易である．このため，例えば所属人員の携帯電話などに組織側から安否情報の報告依頼を送信し，それに対して各人に回答させることで，安否確認が実施できる．このような対応をサポートするシステムやサービスも販売されているため，活用すれば効果的な安否確認が実施できる．
　②は，例えば自治体と住民の関係，在日外国人と大使館の関係などが考えられる．組織によっては，被確認者に依頼して任意で連絡先情報を登録してもらうなどの対応

を行っているが，全員の連絡先情報の常時把握管理は困難であることが多い．このようなケースでの安否確認対策としては，日頃から組織側が被確認者に対し，連絡先情報登録の必要性を啓発して登録率を上げる，あるいは被確認者側に一定の単位で，例えばローカルなコミュニティの長などの代表者を設け，この代表者が有事の際には近隣の人の安否情報を集約して組織に報告するような方法が考えられる．

一方，③の場合は，各人が同格の立場であり，それぞれが自分以外の他メンバーの安否情報を求める形になる．この場合は，各人がそれぞれ自分の安否情報を公開し，その公開された情報の中から知りたい相手の情報を収集するのが効率的で確認率も高い．システムとしては「掲示板」形式のものが適合性が高い．災害発生時には通信事業者等が災害用伝言板を開設するので，これらを利用すれば効率的な情報公開，確認が実施できる．

また東日本大震災ではソーシャルメディアの活用事例が報告されている．これらは情報の正確性担保の課題が残されているが,これが克服されれば安否確認に留まらず,情報を早く,広く発信/収集する有効な伝達手段として期待される(日本災害情報学会, 2011)．

[ルールの明確化と訓練]

いずれのパターンも，適したシステムやサービスが販売または提供されており，これらを利用すれば効果的に安否確認が実施できるが，並行してこれらを使ってどのように安否確認を行うかのルールを定め，日頃から関係者に十分浸透させておくことが重要である．ルールは安否確認の実施方法だけではなく，異動などで連絡対象人員に変動があった場合の情報更新方法等も定めておく必要がある．さらには「本番」の際に混乱を来さないよう，定期的に訓練として実際に安否確認を行い，慣れておくことも必要である．特に③の災害用伝言板は，登録，確認とも利用する各人の自主性に委ねられるものであることから，平時から認知度を向上させるためのアピールや，体験サービスの機会を活用して習熟することを，通信事業者等が啓発していく必要がある．

(福島弘典)

〔文献〕

日本災害情報学会 (2011) 2011年度公開シンポジウム「東日本大震災とソーシャルメディア」．

➡ 関連項目　災害時安否確認システム (4-2)，個人情報保護 (6-11)，災害と個人情報保護 (16-12)

16-8　帰宅困難者対策

> **ポイント：** 帰宅困難者対策の原則は，一時あるいは翌日まで社内待機，そして安全を確保した上での時差帰宅・翌日帰宅である．その上で社内待機者や徒歩帰宅者に必要な支援を行う．

　大地震が発生すると，鉄道やバスなどのすべての公共交通機関が運行停止するために，仕事，学校，買物などで自宅外にいる人々は，徒歩によってしか帰宅できなくなる．そのような状況下での帰宅断念者と遠距離徒歩帰宅者を合わせて**帰宅困難者**という（中央防災会議，2008）．

　① **帰宅断念者：** 自宅が遠距離にある等の理由により，徒歩で帰宅することをあきらめ，被災場所周辺に滞留する人
　② **遠距離徒歩帰宅者：** 遠距離にある自宅を目指して被災直後から徒歩で帰宅しようとする人

　首都圏直下地震では，以下の考え方により，東京都内で約 517 万人もの帰宅困難者が発生すると想定されている（東京都防災会議，2012）．

・帰宅距離が 10 km の人は，全員帰宅可能
・10 km〜20 km では，1 km 長くなるごとに帰宅困難者が 10% 増加
・20 km 以上では，全員帰宅困難

　また南海トラフ巨大地震では，極めて広い範囲で帰宅困難者が発生すると想定されている．主要な都市部で平日の日中に地震が発生した場合，愛知県で約 78 万人〜約 85 万人，大阪府で約 120 万人〜約 150 万人の帰宅困難者発生が想定されている（中央防災会議，2013）．

　企業としても，まず各社員の自宅位置，帰宅ルートや距離等を把握し，帰宅困難者になる社員及び合計人数を予測する必要がある．この際，上記の行政の想定条件（帰宅距離 10 km 以上）だけでなく，各社員の年齢や体力，道路の渋滞・寸断や落橋，その他の危険箇所を加味したい．この予測をもとに帰宅困難者対策を立案する．

　[原則は一時社内待機，そして時差帰宅・翌日帰宅]　大規模地震発生時の帰宅行動のシミュレーション結果によると，翌日帰宅や時差帰宅が混雑緩和，ひいては救助，救急および消火活動の迅速化に大きな効果がある．このため東京都では事業者の責務として「一斉帰宅の抑制」，「必要物資の備蓄」および「連絡手段の事前確保」などを条例で求めている（東京都，2013）．このような企業に期待される行動原則を，危機管理規程や企業防災計画などに取り入れ，周知しておきたい．さらに社員の行動基準，特に就業時間内に災害が発生した際の帰宅の許可または指示基準も検討しておきたい．実際に，保育所・幼稚園・小学校の子供，自宅の要介助者やペットを心配して帰

宅を希望する社員への対応に苦慮した企業も多い．この他通勤時や外出中の社員に関しても，無理な出社や帰社による被災を防ぐために，出社・帰社・帰宅の基準を定めておきたい．

[社内待機の準備・支援]　自治体が設ける避難所や支援広場などは，当該地域に常住する住民を対象としている．企業は自前で，帰宅困難者を収容する場所を社内に準備する必要がある．その場所は，予測される帰宅困難者数に見合った広さをもち，余震に備えて事務機やオフィス家具の移動・転倒・落下などの防止対策を講じ，待機者のために必要な物資を備蓄しておく．さらに災害当日の訪問者や利用者，近隣住民，付近を通行する人が支援を求めてきた場合も想定して，その支援や対応の方針を危機管理規程などに定めておくことが望ましい．特に，百貨店，ホール，競技場などの大規模集客施設では，多くの買物客や利用者が帰宅困難になることが予想される．どこにどのように誘導し，休憩場所を提供するのか検討しておく．また水や食料などの提供など，できる限りの支援策を準備しておくことが望ましい．

さらに家族の安否情報の収集・提供対策を確立しておくことが望ましい．混雑した道路での転倒，落下物等による怪我，及び夜間には治安上の問題などが危惧されるにも関わらず，社員が急いで帰宅しようとするのは，家族の安否が心配だからである．無事が確認できれば，危険性が高い一斉帰宅を行わずに安心して社内待機ができる．

[帰宅の準備・支援]　帰宅に際しては，なによりも安全で円滑であることが重要である．そのために徒歩帰宅用の帰宅グッズを日頃から準備し，あらかじめ一人ひとりに配布しておくことが望まれる．主な帰宅グッズは，地図（帰宅マップ），懐中電灯，飲料水，携行非常食料，携帯ラジオなどである．もちろん遠距離を歩く場合は，歩きやすいスニーカーが必須である．また事前に帰宅ルート，危険箇所，帰宅支援ステーションを確認し，通行止めや交通規制も想定した迂回路も検討しておく．できれば，各人が自分自身で帰宅ルートを確認しておくことが望ましい．また同じルートの社員をグループ化して帰宅させる企業もある．当然ながら帰宅する社員に対する道路の混雑や寸断状況の提供が必要である．

以上，大地震発生時の対策を中心に述べたが，台風や集中豪雨などの災害に関しても，事前に帰宅困難者を予測し，発生後は降雨量や浸水深さの情報をもとに帰宅の危険性を判断することが必要である．　　　　　　　　　　　　　　　　（中嶋秀嗣）

〔文献〕
中央防災会議（2008）『首都圏直下地震避難対策等専門調査会報告』．
東京都防災会議（2012）『首都直下地震等による東京の被害想定報告書』pp.1-11．
中央防災会議（2013）『南海トラフ巨大地震の被害想定について（第二次報告）』資料2-3，p.88．
東京都条例第十七号（2013.4.1施行）『東京都帰宅困難者対策条例』第四条．

➡　関連項目　安否確認（16-7），備蓄（16-9）

16-9 備　蓄

ポイント：　災害発生時の救助・救護，待機者支援，帰宅者支援，復旧・事業継続などの自社の活動に対応し，また復旧などを自力で行うために必要な物資に配慮して準備することが重要である．

　大地震や広域水害の発生時には，消防などが公的救助を行い，また自治体が避難所の開設や備蓄食料の配布などの支援を行うことになっているが，企業には自前の準備が求められる．また自社独自の救助・救護，待機者・帰宅者支援，復旧・事業継続等の活動を行おうとしても，そのための物資入手には時間がかかるので，あらかじめ備蓄しておく必要がある．

　したがって備蓄計画策定の順序としては，まず，どのような救助や支援等が必要となるか推測し，その結果をもとに活動計画を策定し，活動計画に不可欠な物資を備蓄しておく．活動計画が異なれば，必要な備蓄も変わってくる．このように災害発生時の自社活動を自力で行うことを目的に備蓄を行う．

[活動に対応した備蓄品]

　① 最初の活動は被災者の救助・救護である．したがって倒壊物からの救出，負傷者の応急手当，治療施設への搬送等を実施するためのジャッキ，工具，医薬品，担架等が必要となる．また火災時避難用防炎ビニール袋や避難ロープなど，水害用に土のうや止水板等も必要となる．

　② 次に待機者の支援活動が始まる．安全な帰宅ルートが確保されるまで会社施設内に社員を待機させるために，毛布，暖房用品，飲料水，食料等が必要となる．地域住民や避難民に対して支援を予定している企業では，その分もプラスする．

　③ 一方，帰宅者支援用には，地図，懐中電灯，飲料水などの帰宅グッズを備蓄または事前配布しておく．

　④ 緊急対策本部では，救出救護や避難誘導の際の情報収集や指揮連絡用に，ラジオ，テレビ，ホワイトボード，携帯電話，無線機器，トランシーバー，発電機などの準備が必要である．また対策本部を設置するためにテント等が必要な場合もある．もちろん一般の待機者と同様に飲料水や食料なども必要となる．

　⑤ 復旧・事業継続活動は企業によって異なるので，必要な備品も一様ではない．復旧用の資材やツールは，施設・設備の脆弱性を想定して選定する．また事業継続に必要でありながら緊急調達できない物資は備蓄が重要となる．これらの備蓄は，復旧計画や事業継続計画の中で整合をとりながら準備したい．

[備蓄品目と必要量]

　① 食料・飲料水：乾パン，アルファ米，缶詰，カップ麺，保存水など

② 防災資機材：防水シート，土のう，トランシーバーなど
③ 救助資機材：医薬品，包帯，担架，ジャッキ，バール，ロープ，切断機など
④ 保護用具：ヘルメット，軍手，長靴，作業服など
⑤ その他：テント・シート，寝具，暖房用具，洗面・衛生・排泄関連用具など

　この中でも優先するのは，地震直後から必要となる救助資機材，医療用具，医薬品，飲料水等の人命に関わるものである．

　公的支援を期待して3日分程度の飲料水や食料などの必要量を準備する企業が多いが，機械的に決めるべきではない．特に南海トラフ巨大地震のように被災地域が超広域にわたることが想定されている場合は1週間分以上の備蓄確保の推進が必要とされている（中央防災会議，2013）．必要な数量は，災害発生時に自社が行う活動及び使用者・配布対象者の数をチェックした上で見積もる．また災害の発生時期や時刻によっても変動するので最悪のケースを想定して予測したい．また大人数の社員を抱える施設や速やかな復旧・事業継続を目指す企業では行政や防災機関に頼ることなく自分で準備する責任がある．

［平常時の管理］

① 保管場所：　容易に取り出し可能な場所を選定する．そのためには保管場所及びそこまでのルートが損傷することがなく安全であることが大切である．また複数箇所に分散することも検討したい．パッケージタイプの食料・飲料水は，リュックなどに入れて，社員にあらかじめ配布しておく方法もある．

② 維持管理：　備蓄したつもりの食料がなくなっていたり，折角準備していたラジオが電池が切れて使えなかったりなど，備蓄品の品質，能力，数量が維持されていないと備蓄品の用をなさない．このようなことがないように備蓄品は，定期的に更新したい．また備蓄品のリストの更新も必要である．

③ 訓練・説明：　被災者救出用のジャッキ，応急手当用品，搬送用担架，避難ロープ，土のうなどは使用訓練が必要である．被災者の救助・救護は急を要する活動である．備蓄しただけでは不十分であり，使えないと役立たない．また待機者と帰宅者となる一般社員に対しても，備蓄品の準備状況や保管場所を日頃から説明しておく．

（中嶋秀嗣）

〔文献〕

中央防災会議（2013）『南海トラフ巨大地震対策について（最終報告）』p.6.

➡　関連項目　危機予測と避難（7-2），帰宅困難者対策（16-8）

16-10　企業活動と防災

> **ポイント**：　企業活動そのものや企業の有する資源には，地域の暮らし・生活・安全・安心に日常的に資するものも多い．近年ではその特性を利用し，災害時には企業活動の維持・早期再開を図りつつ，地域への貢献が求められるようになっている．

　大災害は，時には社会活動のすべてを停止させるような事態を引き起こすことがある．そのような場合の復旧・回復には「社会の有する資源」を総動員して対処しなければならない．ここでいう社会の有する資源には，当然のこととして「企業の有する資源」も含まれていると考えられる．このように，災害時には，企業の有する資源を企業自らの災害対応にのみ利用するのではなく，社会の様々な場における被害軽減のための活動に積極的に提供し，役立たせることが企業の望ましいあり方であると認識されるようになってきた．

　防災に供することが可能な企業の有する資源は，企業が経営資源として有する人的，物的資源等と災害時に役立つ企業活動そのものの2種類がある．とりわけ後者の「企業活動という資源」を利用した被災地への支援が近年の災害教訓で注目されてきている．東日本大震災では，岩手県沿岸部を中心に展開する食品スーパーマーケットが，自らも津波被害を受けながらも，出張店舗や駐車場などで震災当日から営業を行い，**被災者生活支援**に大きく貢献したという事例がある．

　企業の防災への貢献は大きく分けて，次の4つに分類できる．① 所有する資源の提供，② 自力での被害最小化，被害軽減で，社会の支援を極力受けずに，自らの力で復旧すること，③ 自らを起因とする2次3次被害により，被災地にさらなる被害を拡散させないこと，④ 企業活動の継続，早期復旧により，地域社会の暮らし・生活・安全・安心を確保すること，の4つである．これらの中でも，特に，企業活動継続を図りながら，地域の防災，生活支援の重要な役割を果たすものとして④が注目されている．

　これら4つの貢献について，以下に，より詳しい内容を示す．

　① 所有資源の地域への提供：　企業は，災害時，従業員等の安全確保のために必要な物資を備蓄している．災害時の状況によって，備蓄した物資に余裕が出る場合には，それを提供して地域と共に被害軽減に取り組む，といったことが考えられる．

　東日本大震災では，ある食品メーカーが自社の冷蔵庫にあった製品を被災者に配り，また同社が経営するホテルに避難者を受け入れるなどの地域貢献を行った事例がある．また，災害時備蓄としていた水を近隣住民の求めに応じて提供した例なども，これまでの他の災害でも多くみられた．なお，企業の備蓄計画策定に際しては，当該企業の必要物資の充足，という観点に止まらず，地域単位での充足という視点で検討し

災害時に共用する方法も有用である．実際，アメリカ・カリフォルニア州のある郡（カウンティ）では，行政機関が地域備蓄計画の中に個別企業の備蓄物資を組み込んでいる例もあり，その場合，企業の備蓄費用の半分を行政が負担するといった措置がとられている．

② 自らは自らが守る： 人的資源，建物・施設・設備等のモノとしての資源などを，企業自らで守ることが，**地域防災力**向上に大いに資することになる．耐震性の向上，従業員及びその家族の安否確認等，このような観点から広く企業で取り組まれている．都市部における災害時の課題である帰宅困難者問題について，交通機関が復旧するまでの間，企業敷地内にとどまらせ，その間の必要物資や情報提供を企業自らが行うという対策は，東日本大震災での教訓を踏まえて始まっている．

③ 2次災害の阻止： 企業の有する建物・施設・設備・物資などが被災し，そのために2次3次災害を招いて周辺住民の被害をもたらす事態は極力避けなければならない．このような事態回避のために企業はあらゆる対策を講じなければならない．これは，地域防災力向上の基本として企業に課せられた義務である．自衛消防力の整備，危険物・可燃物の管理などは，このような対策の基本である．

④ 地域の暮らし・生活・安全・安心の確保のための企業活動継続，早期復旧： 阪神・淡路大震災における震災当日のスーパーマーケット，コンビニエンスストア開店がよく知られる事例である．生活物資中心の不完全な店舗再開ではあるが，緊急時における地域の暮らし支援，という意味で災害時企業活動のあり方として大きな意味をもつものであった．東日本大震災ではさらに進化し，コンビニエンスストアの中央本部が積極的に参加し，地域のコンビニエンスストアを住民支援の前戦拠点と位置付けて，企業活動を行うような実例が生まれた．自らの安全性確保を前提にした上ではあるが，交通機関の運転継続，インフラ企業のサービス継続，早期復旧など，自らの企業活動が地域の安全，防災，住民の生活支援に寄与する例は多い．今後，災害時における企業活動のあり方，という観点で検討に値するものである． 　　　　（鈴木敏正）

➡ **関連項目** 企業防災計画（16-2），企業防災体制（16-5），安否確認（16-7），帰宅困難者対策（16-8），備蓄（16-9）

16-11　災害関連融資

> **ポイント**：　平常時・緊急時において企業が利用可能な金融制度がある．災害発生後の備えとして，損害保険や共済，また銀行や行政の融資などがある．一方，事前の予防が重要であることから平時の防災の促進のための融資も増えてきている．

　企業は製品やサービスを供給し適切な対価を得て継続して発展することが求められる．企業の存続が不可能になり倒産するのは最終的には資金の枯渇による．この原因には様々なものがあるが，地震や水害，火災などの災害に対しては，その資金を手当するための仕組みがある．代表的なものは損害保険や共済制度であり，日常時に企業の業態やリスクの程度，損害防止対策の程度に応じた保険料を納めることにより，万一の災害時に保険金・見舞金などを受け取ることができる．また，災害発生時には行政の低利子融資制度も充実している．

　一方，リスクマネジメントの考え方では，被災後の対応よりは日常においてリスクの抑止策や軽減策を充実する方が総合的に優れるとしている．これは被災した場合，保険や共済などでは対応できない顧客離れなどの様々な損害があるため，予防に勝るものはないという考え方である．このため平時の災害対策やBCPの促進のための融資制度も開発されてきた．企業は被害想定を行い必要な資金，キャッシュフローを計量し必要な資金手当を事前に行うことが望ましい．

[平常時の資金手当]

　日常時の防災対策やBCPの促進のために融資制度が拡充されてきており，そのいくつかを紹介する．

　日本政策投資銀行では，2006年度から防災格付融資を開発した．内閣府の「防災に対する企業の取組自己評価表」を基本に，防災対応促進事業評価表を用いた評価を行い，その評価結果に応じて優遇金利で融資を行うものである．現在はDBJ BCM格付融資が運営されている．この他，平常時における事前の防災対策に対する支援制度として，**防災対策支援貸付制度**（商工組合中央金庫），**中小企業活路開拓調査・実現化事業**（全国中小企業団体中央会），**社会環境対応施設整備資金**（日本政策金融公庫）などがある．社会環境対応施設整備資金を例にとると，耐震化対策，不燃化工事，耐震診断，データバックアップ事業，BCP策定などの企業などの取組みに対して政策優遇金利を適用できる．

[災害時の資金手当]

　災害時の資金手当には大きく分けて**損害保険・共済**と各種融資がある．どちらも資金を入手する点では同じであるが，損害保険や共済では，その資金は返済が不要な資本として取り扱われる．一方，各種融資は金利の減免や返済期間の延長などの優遇制

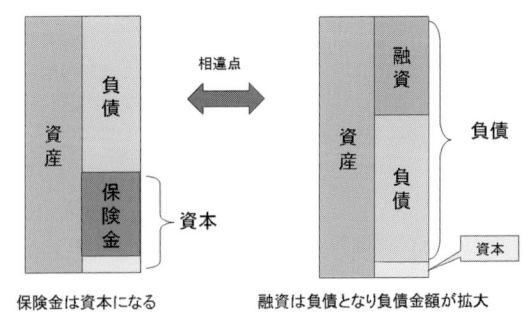

図　保険・共済と融資など貸付による補填の違い

度はあるもののいずれは返済が必要な負債である．企業はこの違いをよく認識して災害時の資金手当をあらかじめ計画しておく必要がある．

損害保険には建物や什器備品などの被害を補填する財物保険，操業が停止した間の逸失利益を補填する**利益保険**，臨時費用を補う**費用保険**などがある．

融資は，激甚災害に対処するための特別の財務援助策に関する法律によるものが一般的であり，**小規模企業共済災害時貸付**（中小企業基盤整備機構）などがある．東日本大震災では，追加施策として貸付金利の引き下げや緊急経営安定貸付の適用などが実施された．また中小企業庁経営安定対策室が指示をした場合，日本政策金融公庫，商工組合中央金庫などからの既往債務に対する返済条件の緩和措置がとられる．この他，あらかじめ一定の被害が発生した場合の緊急融資金額をあらかじめ銀行と取り決めをしておく**コンティンジェントローン**も利用されている．

[行政が普及啓発すべきポイント]

中堅中小企業にとって，災害に備えるということの必要性は理解するものの，厳しい経営環境から，なかなか日常の備えへの着手やその費用負担をためらうことが多い．災害発生後，命は助かったとしても多くの企業が事業の継続ができず失業者が増加すると，税収も落ち込み行政も財務的に厳しい状況となる．経済大国であることを鑑みても，命に加えて経済的な対応が必要であることを，行政自らがまず理解し，企業の経営者に事前対策を促すことが必要である．　　　　　　　　　　　　　　　（指田朝久）

〔文献〕
内閣府「被災者支援に関する各種制度の概要　企業防災のページ」．
中小企業庁「被災中小企業に対する公的支援制度；中小企業BCP策定運用指針～緊急事態を生き抜くために～」．

➡　関連項目　被災中小企業に対する支援情報（8-4）

16-12　災害と個人情報保護

ポイント：　個人情報の保護に関する法律や行政機関個人情報保護法・独立行政法人等個人情報保護法，各自治体の個人情報保護条例及び 2006 年に策定された JISQ15001：2006 などによって，我が国における自治体や事業者の個人情報保護の責務と意識は急速に高まった．一方で，災害対策に必要な名簿や連絡網の作成が制約を受けるなど個人情報保護に対する誤った理解と過剰とも言える反応も問題になっている．

災害時に問題となる**個人情報保護**の論点は次のようなものである．東日本大震災においても，救出救護活動と個人情報保護のかねあいにおいてジレンマに陥った組織は少なくないため，解釈の整理統一が望まれる．

① (平時) **災害時要援護者**の情報を関係機関間で共有できるか

福祉関係部局が保有する災害時要援護者情報を災害対策を目的として防災関係部局や自主防災組織等が共有できるのかについては常に議論の的となっている．**個人情報保護法**の目的外利用・第三者提供が可能とされている以下の規定例を適切に解釈すれば，個人情報の共有は可能である．しかし，個人情報保護法の過剰解釈から現場が萎縮し，必要な情報共有がなかなか進まないのが現実である．

・本人以外の者に保有個人情報を提供することが明らかに本人の利益になると認められる時

・実施機関が所掌事務の遂行に必要な範囲内で記録情報を内部で利用し，かつ，当該記録情報を利用することについて相当な理由がある時

・保有個人情報を提供することについて個人情報保護審議会の意見を聴いて特別の理由があると認められるときなど

災害時要配慮者のうち避難行動の支援を要する人の名簿を「避難行動要支援者名簿」として作成が義務づけられるようになった（平成 25 年，災害対策基本法）．

② (平時) 自主防災組織や学校等で緊急連絡網を作成できるか

個人情報の適正な取得，利用目的の通知などのルールを守れば，自治会や自主防災組織，学校等で緊急連絡網を作成することは可能である．ただし 2015 年の個人情報保護法改正（2016 年施行予定）により，従来法では 5000 人を超える個人情報を取扱う事業者が義務規定の対象となっていたが，すべての事業者が対象となった．自治会や町会がさらに萎縮してしまわないよう，正しい理解が求められる．

③ (災害時) 震災で負傷した従業員の個人情報を救急隊に提供できるか

個人情報保護法及び **JISQ15001** の例外規定によって可能である．JISQ15001「提供に関する措置」で定められている「例外事項」は以下の通りである．

a) 法令に基づく場合

b) 人の生命，身体又は財産の保護のため必要である場合であって，本人の同意を

得ることが困難である時

　c）公衆衛生の向上又は児童の健全な育成の推進のために特に必要がある場合であって，本人の同意を得ることが困難であるとき

　d）国の機関若しくは地方公共団体又はその委託を受けた者が法令の定める事務を遂行することに対して協力する必要がある場合であって，本人の同意を得ることにより当該事務の遂行に支障を及ぼすおそれがあるとき

　④（災害時）行方不明の従業員の個人情報を民間通信事業者の「災害・消息情報サービス」に掲載できるか

　③と同様の理由により可能と解釈できる．東日本大震災ではソーシャルメディアによる安否確認も大きな力を発揮した．ただし，登録の必要性を十分検討し，また不特定多数の人が閲覧することを念頭に置いた上で情報登録する必要がある．

　なお，東日本大震災では，安否確認のために必要となった災害時要援護者や県外避難者に関する個人情報の提供を，個人情報保護を理由に被災地の各県や市町村が拒否し，支援活動に支障をきたした例が続出した．これを受けて，災害時には各自治体や事業者，医療機関等が相互に災害時要援護者に関する個人情報保護を共有し，適切な支援を行うべきだという申し入れが弁護士団体から出されるなど，改善の動きもみられる．東日本大震災のような広域災害においては各自治体内で所有する災害時要援護者情報のデータベースが滅失する危険性があることから，自治体間で適切にバックアップするシステム構築の必要性も指摘されている．

　個人情報保護に対する意識の向上によってプラスがある反面，行き過ぎた解釈や硬直的な運用によって現場実務で様々な支障が出ているのもまた事実である．今後は，「行政手続における特定の個人を識別するための番号の利用等に関する法律」（マイナンバー法）の施行によって，よりきめ細かく災害時の救援ニーズを把握できることなどが期待される一方で，マイナンバーを含む特定個人情報の取扱いには，一層の注意が求められるようになる．行政や事業者は，法令や規格の理念と特例を正しく理解し，個人情報の被利用者1人1人が個人情報保護による真の利益をより享受できる適切な運営を目指さなければならない．

〔三島和子〕

〔文献〕

一般財団法人日本情報経済社会推進協会プライバシーマーク事務局 HP（2011）（http://privacymark.jp/index.htm）

日本規格協会（2006）JISQ150001：2006『個人情報保護マネジメントシステム―要求事項』．

日本弁護士連合会（2011）『災害時要援護者及び県外避難者の情報共有に関する意見書』日本弁護士連合会．

中央防災会議（2006）『災害時要援護者の避難支援ガイドライン』災害時要援護者の避難支援に関する検討会．

➡ 関連項目　個人情報保護（6-11），安否確認（16-7）

●コラム 15● **ERM**

ERM（Enterprise Risk Management）とは，全社的リスクマネジメントのことで，従来の防災や事故防止などに加えて新商品戦略，M&A などの事業リスクも総合した企業全体のリスクマネジメントを指す．株主価値の向上や投資家保護の観点から**内部統制**の導入とともに企業に導入が求められてきている．

　企業は製品やサービスを供給し適切な対価を得て継続して発展することが求められる．この企業目的の達成を阻害する要因をリスクと捉え，そのリスクの発生を未然防止し，リスク発現時において危機管理を行うことが必要である．日本においても投資家保護の強化の観点から内部統制の導入が求められ，2006（平成 18）年 5 月に会社法が施行，2007（平成 19）年 9 月に金融商品取引法が施行された．

　会社法では第 362 条（取締役会の権限等）および施行規則第 100 条等（業務の適性を確保するための体制）のなかで，損失の危険の管理に関する規定その他の体制の構築，つまりリスクマネジメントの実施が義務づけられている．また，金融商品取引法では株式や債権を公開している企業等を対象に内部統制報告書の作成を義務づけた．ここでは内部統制の目的として，業務の有効性・効率性，財務報告の信頼性，法令遵守，資産保全の 4 つの目的を挙げ，この実現のために，統制環境，リスク評価と対応，統制活動，情報と伝達，モニタリング，IT への対応の 6 つの基本的要素の実施を求めている．

　内部統制の考え方は欧米で粉飾決算の防止の観点から発達し，1992 年に **COSO**（The Committee of Sponsoring Organizations of the Treadway Commission）レポートとして**フレームワーク**が提示された．その後の各種の粉飾決算事件を踏まえて改訂され，現在は COSO II が提示されている．

　世界的にも企業や自治体のリスクマネジメントへの関心は高まっており，ERM の構築も視野に入れて国際標準規格が検討され，ガイドライン規格として 2009 年 11 月に「ISO31000 リスクマネジメント—原則及び指針」が発行された． 　　　　　　　　　　（指田朝久）

〔文献〕
日本規格協会（2009）『リスクマネジメント—原則及び指針 JISQ31000』．
金融庁（2007）『財務報告に係る内部統制の評価及び監査基準』．

索　引

欧　文

AHA センター　179

BCM　364, 367
BCP　361, 364, 370
BIA　365-367
Bq　330

CBS　124
CIS　310
CISD　310
COOP　365
COSO　384

DIG　246
DIS　140
Disaster Imagination Game　246
DMAT　170

EAL　322, 324
EES　140
EMIS　170
ERM　384
ETWS　124

Facebook　120, 121, 127, 129
Federal Response Plan　177
FEMA　176

GIS　138
GPS 波浪計　20

IAEA　356
ICAO　42
INES　322
input　260
INSARAG　178

J-アラート　136
JCO 事故　322

JISQ15001　382
JR 西日本福知山線脱線事故　168

K-NET 強震観測網　144

LGWAN　146
LINE　120, 121
L アラート　146
L 字画面　114

ML　130
MTPD　365

NBC 災害　356
NHK　100

OCHA　178
OIL　322
OIL1　331
OIL2　331
OIL3　331
OIL4　330
OIL6　331
OSOCC　178
output　260

pluralistic ignorance　265
PTSD　308
P 波　8

RTO　365

SARS　350
SIGMET　338
SNS　120, 128, 129
SPEEDI　328
S 波　8

TEC-FORCE　171
TVCML　112
Twitter　120, 121, 127, 128, 129, 198

UN-SPIDER　179
UNDAC　178

VAA　42
VAAC　42
VEI　46

web171　122
Web サイト　128

XRAIN　143
X バンド MP レーダネットワーク　143

ア　行

アウトリーチ　311
明石市歩道橋事故　347
アクションリサーチ　245
アスペリティ　4
焦り　307
後予知流言　286
アハセンター　179
奄美豪雨水害　128
安心・安全公共コモンズ　146
安政江戸地震　29
安政東海地震　26
安政南海地震　26
安全協定　326
アンダーパスの冠水　69
安定ヨウ素剤予防服用　329
安否確認の実施体系パターン　372
安否確認方法　123
安否情報　99, 122, 151

意思決定　300
異常洪水時防災操作　189
伊豆東部火山群　12
伊勢湾台風　100, 151
一時移転　328, 331
一時社内待機　374

索引　　385

一面提示　299
一括検索　123
一発大波　88
飲食物スクリーニング基準　331
飲食物摂取制限　329
インターネット　108, 126, 130, 131
インド洋大津波　251
インフルエンザ　352
インフルエンザ脳症　352

有珠山火山災害　131
うねり　88
雨量基準　70
運命論　254
運輸安全委員会　338
運用上の介入レベル　322

エリアワンセグ　111
遠距離徒歩帰宅者　374
援助行動　296
エンベッド方式　196
延宝房総沖地震　30

応急危険度判定　192
応急危険度判定士　192
応急対策マニュアル　204
大雨警報　69, 70
大雨注意報　70
オオカミ少年効果　266, 272, 273
大津波警報　16
大雪　90
大雪警報　84, 90
大雪注意報　90
屋内退避　329
屋内での退避等の安全確保措置　151
汚染スクリーニング　329
オーバーフローモデル　263
オフサイトセンター　322
終わらない対話　243
温帯低気圧化　63

カ　行

海溝型地震　5
海上警報　38
外傷後ストレス　308

外傷後ストレス障害　308
外水　68
外水氾濫　68
改正土砂災害防止法　192
解析雨量　58
外部被ばく　328
学生消防団　228
家具の固定方法　220
がけ崩れ　80
がけ法　154
火口周辺警報　38
火災気象通報　92
火砕流　36
火山ガス　37
火山ガス予報　39, 41
火山活動解説資料　40
火山観測報　41
火山現象の予報　40
火山災害　36
火山の状況に関する解説情報　40
火山の冬　46
火山灰　37
火山灰拡散予測図　43
火山灰実況図　43
火山爆発指数　46
火山噴火災害　185
火山噴火予知連絡会　44
仮設住宅　206
河川情報システム　142
過大視の偏見　268
カタストロフィ・バイアス　268
家畜伝染病　354
学校での防災教育　244
雷注意報　56
雷ナウキャスト　56, 60
空振り　270, 272
空振り・見逃し問題　271
川の防災情報　142
川の防災情報システム　138
簡易型地震被害想定システム　140
韓国地下鉄火災　265
感染症　350
乾燥注意報　92
官邸対策室　174
ガンマ線　320

規格化版流域雨量指数　75
危機管理　216
危機予測　184
企業防災計画　361, 362
企業リスク　360
危険から離れる避難　222
危険認知　262
危険物　340
記者会見　115, 197
気象業務法　100
机上訓練　246
気象災害　50
気象支援資料　94
気象情報　64
季節性インフルエンザ　352
議題設定効果　292
帰宅困難者　346, 374
帰宅断念者　374
機能別消防団　228
規範の影響　294
規模（地震の一）　6, 12
逆断層　5
逆手上げ方式　226
救急・救援活動　194
給水所情報　104
狭域拡散予測図　43
強化地域　24
共助　230
強震動生成域　4
行政相談窓口　206
強風域　52
強風注意報　84
恐怖喚起アピール　298
恐怖喚起コミュニケーション　298
局地的大雨　54, 118
局地風　84
巨大噴火　46
霧　92
記録的短時間大雨情報　72
緊急災害対策派遣隊　171
緊急災害対策本部　150, 174, 190
緊急時活動レベル　322
緊急時計画　362
緊急地震速報　6, 8, 120, 124, 141, 273
緊急事態区分　324
緊急事態ストレスデブリー

フィング　311
緊急時体制　369
緊急情報一斉同報配信　120
緊急消防援助隊　171
緊急速報メール　198
緊急被ばく状況　331

空間線量率　333
熊本大洋デパート火災　342
クライシスコミュニケーション　242
クラスター・アプローチ　178
クロスメディア　109
クロスロード　248
群衆災害　346
群集なだれ　346

警戒区域　150
警戒区域内の避難者　332
警戒事態　322
警戒宣言　23, 24
経験の逆機能　262, 264, 276
経験の順機能　264
計測震度計　144
携帯電話　108, 120, 122, 124
携帯メール　198
警報（緊急地震速報の―）　9
警報・注意報発生システム　352
警報慣れ　266
係留と調整ヒューリスティック　274
劇場型訓練　246
月間火山概況　41
ケーブル式海底水圧計　20
ケーブルテレビ　198
ゲリラ豪雨　54, 118
圏外避難者　214
減災文化　252
県市町合同会議　167
現出と解放　297
原子力会議　324
原子力規制委員会　322, 324
原子力緊急事態　320, 322, 326
原子力緊急事態宣言　326
原子力災害　320
原子力災害対策指針　322

原子力災害対策重点区域　322
原子力災害対策特別措置法　320, 322
現地活動調整センター　178
建築基準法　224
現地災害対策本部　166
現地対策本部　174, 190
検潮儀　20
元禄関東地震　28, 30

高圧ガス　340
高圧ガス保安法　340
広域応援協定　171
広域救援体制　170
広域緊急援助隊　171
広域災害救急医療情報システム　170
広域避難　151
高温注意情報　93
高温に関する情報　93
高解像度降水ナウキャスト　67
宏観異常現象　287, 290
航空路火山灰情報　42, 338
航空路火山灰情報センター　42, 338
公助　230
高所移転　225
恒常性バイアス　266
洪水警報　69, 74
降水短時間予報　58, 60
洪水注意報　74
降水ナウキャスト　58, 60
豪雪　91
口蹄疫　354
行動計画　352
合同対策協議会　325
降灰予報　39, 41
神戸市　127
広報計画地域防災計画　204
広報誌　109
国際海事機関　339
国際緊急援助隊　179
国際原子力機関　356
国際人道支援　178
国際捜索救助諮問グループ　178
国際民間航空機関　42

国際民間航空条約　339
国連災害評価調整チーム　178
国連人道問題調整事務所　178
国連と防災　178
個人化　262
個人情報保護　382
個人情報保護法　168, 382
国家間の情報の共有　178
コーデックス委員会　348
ことわざ　256
戸別受信機　136
コミュニケーション　280
コミュニティFM　109, 198
コミュニティ放送　110
雇用対策　208
痕跡高　20
コントロール　163

サ　行

災害遺構　253
災害下位文化　252
災害観　254
災害関連死　305
災害危険区域　224
災害救助法　176
災害再来流言　286
災害時安否確認システム　120
災害時伝言ダイヤル　122
災害時の避難に関する専門調査会　187
災害時要援護者　226, 382
災害時要援護者対策　169
災害時要配慮者　382
災害障がい者に対するケア　315
災害情報　260
災害神話　255, 284, 287
災害宣言　176
災害対策基本法　186, 190, 320
災害対策専門研修　244
災害対策本部　150, 166, 190
災害対策本部会議　197
災害対策本部室　190
災害伝承　250
災害に備えるネットワーク

173
災害派遣医療チーム 170
災害・避難情報 120, 124
災害文化 252, 285
　──の非適応的機能 266
災害ボランティア 172, 296
災害ボランティアセンター 172
災害ユートピア 297, 306
　引きのばされた── 297
災害用音声お届けサービス 122
災害用伝言板 122
災害予知流言 286
災害リスク 360
災害流言 286
最大許容停止時間 365
サイバネティックス 278
里雪 90
砂防法 154
佐用町水害 128
惨事ストレス 229, 310
暫定基準 71
暫定規制値 331
サンホセ鉱山落盤事故 283

自衛隊の災害派遣 170
支援者の確保 226
支援を開始するタイミング 226
信楽高原鉄道事故 339
事業継続管理 367
事業継続計画 361, 364, 370
シグメット情報 338
時差帰宅 374
自主避難者 332
自主防災組織 230
自助 230
事象樹形図 45
地震 4
地震雲 290
地震時の大火 342
地震早期警戒システム 141
地震波 8
地震防災情報システム 140
地震モーメント 4
雫石事故 339
システム障害 344
自責 304

施設敷地緊急事態 322
施設敷地緊急事態要避難者 329
事前計画 362
自然災害 360
事前復興 212
自治体助成制度 219, 221
自治体の防災啓発資料 299
市町村防災行政無線 136
実働訓練 246
指定河川洪水予報 69, 76
指定行政機関 162
指定緊急避難場所 151
指定公共機関 162
指定津波防護施設 160
指定避難場所 151
市民講座 244
市民防災法 176
霜注意報 92
社会環境対応施設整備資金 380
社会的手抜き 302
社会的要因 262
社会福祉協議会 172
社内待機 375
週間火山概況 41
集合的移動行動 346
集合的帰宅行動 346
集合の無知 265
10条通報 322, 326
重大インシデント 338
集団思考 294
集団成極化 294
集中豪雨 54, 118
周年事業 253
出水 224
首都直下地震 30
首都直下地震対策大綱 28
首都直下地震対策特別措置法 157
瞬間風速 84
準備 216
将棋倒し 346
小規模企業共済災害時貸付 381
状況主義 300
状況認識の統一 167
状況論 300
正平（康安）地震 27

情報飢餓 198
情報共有 112
情報孤立 103, 132
消防組織法 228
消防団 228
消防団員確保アドバイザー 228
消防団協力事業者制度 228
消防庁 140
情報提供 314
情報の影響 294
情報の空洞化 103
消防法 340
消防防災無線 136
消防法第28条 341
情報ボランティア 121, 130
昭和東南海地震 26
食品安全委員会 348
食品安全基本法 348
食品健康影響評価 348
女性消防団 228
除染 329
　──の基準 330
除染活動 356
人為災害 332
新型インフルエンザ 352
新型インフルエンザ等対策特別措置法 353
新型インフルエンザ等対策ガイドライン 353
震源 6
　──の規模 10
震源情報 10
心身のケア 314
浸水深 20
浸水想定区域 234
深層崩壊 80
震度階級関連解説表 145
震度観測システム 134
震度計設置環境評価指針 145
震度情報ネットワークの更新・整備事業 144
新聞 109
心理的抵抗 298

吸い上げ 86
水位周知河川 77
水害 68

水害・土砂災害　185
推計震度分布　6
推計震度分布図　145
水蒸気噴火　36
水防活動　76, 78
水防機関　78
水防警報　78
水防情報提供システム　134
水防団　228
水防法　152
図形式　64
図上訓練　246
ステークホルダー　363, 370
スマートフォン（スマホ）　108, 120
スラブ内地震　5
スリーマイル島原発事故　264, 356

生活情報　98, 198
生活復興情報　204
生活防災　256
正常化の偏見　241, 262, 265, 266, 268
正常性バイアス　266
精神論　254
正断層　5
税の減免猶予　208
世界の喪失　313
世界の中の喪失　313
石油コンビナート等防災計画　340
石油コンビナート等災害防止法　340
積乱雲　54, 56
説得的コミュニケーション　298
セルフ・レギュレーション理論　278
センセーショナリズム　114
全層なだれ　93
千日デパートビル火災　342
全米危機管理システム　177
全米洪水保険　176
全米災害対応計画　177
全面緊急事態　322
専門的な知識　239, 256
専門ボランティア　172
専用端末　9

早期避難　227
総合的な学習の時間　244
総合防災訓練　246
総合防災情報システム　138
喪失　312
　──のストレス　308
即時避難　331
ソーシャルキャピタル　315
ソーシャル・メディア　120, 121, 127
遡上高　20
損害保険・共済　380

タ 行

対応手順　368
大規模災害発生時における情報提供のあり方に関する懇談会　198
大規模地震対策特別措置法　24, 156
体験利用　123
大正関東地震　28, 30
耐震化　218
耐震改修　218
耐震基準　219
耐震診断　218
退避　262
代表性ヒューリスティック　274
台風　52, 62
　──の大きさ　52
　──の強さ　52
台風委員会　178
台風情報　62
太平洋津波警報センター　178
高潮　86
高潮警報　86
高潮注意報　86
助け/助けられ　296
尋ね人　106
ただし書き操作　188
立上げ基準　368
立ち退き避難　151
竜巻　56
竜巻注意情報　56, 61
竜巻発生確度ナウキャスト　56, 61

縦ずれ断層　5
断層　4

地域協働復興　213
地域ぐるみの取組み　221
地域防災計画　150, 162
地域防災力　379
チェルノブイリ原発事故　356
地下空間の浸水　69
地下鉄日比谷線事故　339
地区防災計画　151
地上デジタル放送　112, 143
地すべり　80
地すべり等防止法　154
地デジ　112
地方自治体間を接続するネットワーク　146
地方防災会議　162, 164
着雪注意報　90
中央防災会議　150, 162, 164
中小企業活路開拓調査・実現化事業　380
中性子線　320
長期緩慢災害　51
長周期地震動　4
調整　163
貯蔵　340

追悼行事　253
通信実績情報　195
通信規制　132
通信災害　344
通信障害　344
通説に潜む危険　257
津波　14, 37
　──が引き起こす被害　14
　──の遡上　14
　──の高さ　20
　──の伝播　14
津波観測　20
津波観測計　20
津波警報　16, 18, 100, 120, 124
津波警報システム　15
津波災害　184
津波災害警戒区域　161
津波災害特別警戒区域　161
津波対策の推進に関する法律

索引　389

158
津波注意報 16
津波てんでんこ 250
津波発生のメカニズム 14
津波避難ビル 223
津波防護施設 160
ツール 300

手上げ方式 226
低温注意報 92
定時拡散・降灰予測図 43
定時拡散予測図 43
摘発淘汰政策 354
データ放送 112
デフュージング 311
デブリーフィング 311
テレビ 108, 120
テロップ 112
天譴論 254
天文潮位 86
電話 108

ドア・イン・ザ・フェイス・テクニック 298
統一見解 45
同意方式 226
東海地震 22
── に関連する調査情報 22, 24
東海地震注意情報 23, 24
東海地震予知情報 23, 24
東海地震予知の仕組み 22
動画共有サイト 120, 121
東京VAAC 42
道具 300
同時通報用無線 136
同調 294
動物の異常行動 290
同報配信 124
同報無線 108
道路情報 194
通れた道路マップ 195
特別警報 66
特例防災操作 189
特例操作 188
都市型水害 68
都市計画法 225
都市大火 342
都市伝説 286

土砂災害 80, 154
土砂災害緊急情報 155, 192
土砂災害警戒区域 155
土砂災害警戒情報 82, 146
土砂災害特別警戒区域 155
土砂災害発生危険基準線 83
土砂災害防止法 154
土壌雨量指数 71, 83
土壌雨量指数基準 70
土石流 37, 80
土地利用 224
土地利用規制 224
突発災害 238
都道府県防災行政無線 136
トラウマ 304, 312
トラウマ記憶 308
トラウマティックストレス 308
鳥インフルエンザウイルス 352
トレーサビリティ 348

ナ 行

内閣情報集約センター 174
内閣府 140
内水 68
内水氾濫 68, 69
内部統制 384
内部被ばく 328
ナウキャスト 60
ナウファス 89
なだれ 93
なだれ注意報 90, 93
南海トラフ地震に係る地震防災対策の推進に関する特別措置法 157

新潟県中越沖地震 169
新潟県中越地震 128
新潟・福島豪雨 169
逃げどきマップ 234
日常生活上のストレス 309
日常の知恵 256
日本海溝・千島海溝周辺海溝型地震に係る地震防災対策の推進に関する特別措置法 157
日本海重油災害 128
日本海中部地震 101

ニュース価値 116
ニューヨーク大停電 358
人間対状況 300
認知のギャップ 240
認知バイアス 268

熱帯低気圧 52
熱中症 93

濃霧注意報 92
ノータム 338
ノーマルシー・バイアス 268

ハ 行

バイアス 240
パケット通信 122
バージン・バイアス 269
パソコン通信 130
発震機構解 10
パニック 266, 282
パニック神話 255, 280, 282, 284
パブリックコメント 348
波浪警報 88
波浪注意報 88
犯罪神話 255, 280
犯罪流言 287
阪神・淡路大震災 120, 126, 130
判定会 25
パンデミック 350, 352
販売 340
氾濫危険情報 77
氾濫警戒情報 77
氾濫注意情報 77
氾濫発生情報 77

被害軽減 216
被害情報 98
被害想定 164
被害報道 102
被害予測システム 134, 140
被害流言 286
東日本大震災 35, 101, 272
── での津波被害 15
悲観主義的バイアス 268
被災者情報 206
被災者生活支援 378

390 索 引

被災者台帳　151, 205
被災者ニーズ　206
被災地間リレー　296
被災地つながり　296
被災中小企業支援　208
ビジネス影響度分析　366
非常災害対策本部　150, 175
非清浄国　354
備蓄　375
備蓄計画　376
備蓄食料　376
備蓄品　376
備蓄品目　376
ビッグデータ　200
人のスクリーニング　330
避難　262, 328
避難勧告　98, 146, 150, 186
避難行動　184, 260
　——の記述モデル　278
避難行動要支援者　227
避難行動要支援者名簿　151, 169, 383
避難指示　98, 146, 150, 186
避難者台帳　169
避難準備情報　186, 226
避難所　184
避難情報　186
避難場所　184, 234
避難誘導　223
避難路　223
118番　338
ヒヤリ・ハット　248
ヒューリスティックス　274
ひょう　56
表層なだれ　93
表層崩壊　80
費用保険　381
広島災害　154

風評被害　288
フェーズ　353
フェーズ6　350
フェニックス防災情報システム　141
吹き寄せ　86
福祉避難所　227
福島県医療マニュアル　330
輻輳　122, 132
普賢岳噴火　117

ブタ由来のインフルエンザウイルス　353
復旧計画　362
復旧・復興　216
復旧・復興情報　104
復興感　307
復興曲線　305, 306
復興準備　212
復興報道　210
プッシュメディア　109
フット・イン・ザ・ドア・テクニック　298
不燃化　343
フラッシュバック　304, 313
プルーム　320
プレスリップ　22
プレパンデミックワクチン　353
ブログ　120
プロセス研究　264
プロバイダー　126
噴火警戒レベル　38
噴火警報　38, 40
噴火警報（火口周辺）　38
噴火警報（居住地域）　38
噴火警報（周辺海域）　39
噴火シナリオ　39, 45
噴火予報　38, 39, 41
文章形式　64
噴石　37

平均風速　84
平常時体制　369
平常時の都市大火　342
平成23年東北地方太平洋沖地震　35
平成の合併　164
ベテラン・バイアス　269
ヘリコプター取材　114

宝永地震　27
防疫対策　355
防災　150
防災GIS　139
防災意識　292
防災学習　245
防災・危機管理eカレッジ　232
防災基本計画　150, 162, 164

防災教育　271, 244, 245
　——を支援する取組み　244
　学校での——　244
防災行政通信システム　134
防災行政無線　229
防災業務計画　150, 162, 164
防災訓練　244, 246
防災・減災報道　102
防災士　245
防災集団移転促進事業　225
防災情報システム　134
防災相互通信用無線　137
防災操作　188
防災対策支援貸付制度　380
防災対策法　176
ぼうさいダック　249
防災に関する標準テキスト　232
防災文化　252
防災まちづくり大賞　244
防災マニュアル　249, 301
防災無線　136
防災リーダー　232
放射性希ガス　320
放射性物質　330
放射性プルーム　330
放射性ヨウ素　320
放送　9
報道被害　114
暴風域　52, 62
　——に入る確率　62
暴風警戒域　53
暴風警報　84
暴風雪警報　84
放流通報　188
補完の情報　64
補助金投入　208
北海道南西沖地震　101
ホームページ　127, 198
本部会議　167
本部室　166

マ 行

マグマ水蒸気噴火　36
マスコミ対応　196
水際対策　351
見通しに関する情報　12

見なし仮設　207
ミニコミ　109
ミニマム情報　109
見逃し　270, 272
三宅島火山災害　131
三宅島と多摩をむすぶ会　131

椋平虹　290
むら消防組　228

明応地震　27
名簿作成　226
メーリングリスト　131
メール　120

目標復旧時間　364, 365
モバイル保安院　327
モーメントマグニチュード　10

ヤ　行

有義波高　88
融資　208
ユレダス　141

要因研究　264
要援護者の把握　226
要援護者を収容する避難先　227
溶岩流　36
翌日帰宅　374
予警報　260
予告的な情報　64
予告的な気象情報　56
横ずれ断層　5
余震の発生確率　6
呼びかけ放送　98
予防　216
予報円　53
予報（緊急地震速報の—）　8
予報や警報の伝達　98
寄り回り波　88

ラ　行

ライフラインの情報　104
ラジオ　108, 120
楽観主義バイアス　240, 268
リアクタンス　298
リアルタイム地震防災システム　140
利益保険　381
罹災者だより　106
罹災証明書　151
リスクアセスメント　366
リスク管理　216, 348
リスクコミュニケーション　242, 298, 348, 353
リスク社会　256
リスク特定　366
リスク認知　240
リスク評価　240, 348, 366
リスク分析　366
リスクメッセージ　242
流域雨量指数　74
流言　286
流言飛語　198
利用可能性ヒューリスティック　274
両面提示　299
臨界事故　320
リンゲルマン現象　302
臨時広報紙　198
臨時災害放送局　111

類型研究　264
ルールの明確化　373

レジリエンス　370
列車非常停止警報装置　338

ローカルな知識　239, 256
ローボール・テクニック　298

災害情報学事典

2016 年 3 月 10 日　初版第 1 刷
2018 年 7 月 10 日　　　第 3 刷

編　者　日本災害情報学会
発行者　朝　倉　誠　造
発行所　株式会社　朝倉書店
　　　　東京都新宿区新小川町6-29
　　　　郵便番号　162-8707
　　　　電話　03 (3260) 0141
　　　　FAX　03 (3260) 0180
　　　　http://www.asakura.co.jp

定価はカバーに表示

〈検印省略〉

© 2016〈無断複写・転載を禁ず〉

教文堂・渡辺製本

ISBN 978-4-254-16064-2　C 3544　　Printed in Japan

JCOPY 〈(社)出版者著作権管理機構 委託出版物〉
本書の無断複写は著作権法上での例外を除き禁じられています．複写される場合は，そのつど事前に，(社) 出版者著作権管理機構 (電話 03-3513-6969, FAX 03-3513-6979, e-mail: info@jcopy.or.jp) の許諾を得てください．

檜垣大助・緒續英章・井良沢道也・今村隆正・
山田　孝・丸山知己編

土砂災害と防災教育
――命を守る判断・行動・備え――

26167-7 C3051　　　　　Ｂ５判 160頁 本体3600円

土砂災害による被害軽減のための防災教育の必要性が高まっている。行政の取り組み、小・中学校での防災学習、地域住民によるハザードマップ作りや一般市民向けの防災講演、防災教材の開発事例等、土砂災害の専門家による様々な試みを紹介。

東大 平田　直・東大 佐竹健治・東大 目黒公郎・
前東大 畑村洋太郎著

巨大地震・巨大津波
――東日本大震災の検証――

10252-9 C3040　　　　　Ａ５判 212頁 本体2600円

2011年3月11日に発生した超巨大地震・津波を、現在の科学はどこまで検証できるのだろうか。今後の防災・復旧・復興を願いつつ、関連研究者に地震・津波を中心に、現在の科学と技術の可能性と限界も含めて、正確に・平易に・正直に述べる。

前防災科学研 水谷武司著

自然災害の予測と対策
――地形・地盤条件を基軸として――

16061-1 C3044　　　　　Ａ５判 320頁 本体5800円

地震・火山噴火・気象・土砂災害など自然災害の全体を対象とし、地域土地環境に主として基づいた災害危険予測の方法ならびに対応の基本を、災害発生の機構に基づき、災害種類ごとに整理して詳説し、モデル地域を取り上げ防災具体例も明示

前東大 井田喜明著

自然災害のシミュレーション入門

16068-0 C3044　　　　　Ａ５判 256頁 本体4300円

自然現象を予測する上で、数値シミュレーションは今や必須の手段である。本書はシミュレーションの前提となる各種概念を述べたあと個別の基礎的解説を展開。〔内容〕自然災害シミュレーションの基礎／地震と津波／噴火／気象災害と地球環境

前東大 岡田恒男・前京大 土岐憲三編

地震防災の事典

16035-2 C3544　　　　　Ａ５判 688頁 本体25000円

〔内容〕過去の地震に学ぶ／地震の起こり方（現代の地震観、プレート間・内地震、地震の予測）／地震災害の特徴（地震の揺れ方、地震と地盤・建築・土木構造物・ライフライン・火災・津波・人間行動）／都市の震災（都市化の進展と災害危険度、地震危険度の評価、発災直後の対応、都市の復旧と復興、社会・経済的影響）／地震災害の軽減に向けて（被害想定と震災シナリオ、地震情報と災害情報、構造物の耐震性向上、構造物の地震応答制御、地震に強い地域づくり）／付録

日大 首藤伸夫・東北大 今村文彦・東北大 越村俊一・
東大 佐竹健治・秋田大 松冨英夫編

津波の事典

16050-5 C3544　　　　　Ａ５判 368頁 本体9500円
〔縮刷版〕16060-4 C3544　　　四六判 368頁 本体5500円

世界をリードする日本の研究成果の初の集大成である『津波の事典』のポケット版。〔内容〕津波各論（世界・日本、規模・強度他）／津波の調査（地質学、文献、痕跡、観測）／津波の物理（地震学、発生メカニズム、外洋、浅海他）／津波の被害（発生要因、種類と形態）／津波予測（発生・伝播モデル、検証、数値計算法、シミュレーション他）／津波対策（総合対策、計画津波、事前対策）／津波予警報（歴史、日本・諸外国）／国際的連携／津波年表／コラム（探検家と津波他）

防災科学研 岡田義光編

自然災害の事典

16044-4 C3544　　　　　Ａ５判 708頁 本体22000円

〔内容〕地震災害-観測体制の視点から（基礎知識・地震調査観測体制）／地震災害-地震防災の視点から／火山災害（火山と噴火・災害・観測・噴火予知と実例）／気象災害（構造と防災・地形・大気現象・構造物による防災・避難による防災）／雪氷環境防災（雪氷環境防災・雪氷災害）／土砂災害（顕著な土砂災害・地滑り分類・斜面変動の分布と地帯区分・斜面変動の発生原因と機構・地滑り構造・予測・対策）／リモートセンシングによる災害の調査／地球環境変化と災害／自然災害年表

前気象庁 新田　尚監修　気象予報士会 酒井重典・
前気象庁 鈴木和史・前気象庁 饒村　曜編

気象災害の事典
―日本の四季と猛威・防災―

16127-4　C3544　　　A 5 判　576頁　本体12000円

日本の気象災害現象について，四季ごとに追ってまとめ，防災まで言及したもの。〔春の現象〕風／雨／気温／湿度／視程〔梅雨の現象〕種類／梅雨災害／雨量／風／地面現象〔夏の現象〕雷／高温／低温／風／台風／大気汚染／突風／都市化〔秋雨の現象〕台風災害／潮位／秋雨〔秋の現象〕霧／放射／乾燥／風〔冬の現象〕気圧配置／大雪／なだれ／雪・着雪／流氷／風／雷〔防災・災害対応〕防災情報の種類と着眼点／法律／これからの防災気象情報〔世界の気象災害〕〔日本・世界の気象災害年表〕

気象予報技術研究会編　前気象庁 新田　尚・
前気象庁 二宮洸三・前気象庁 山岸米二郎編集主任

気象予報士合格ハンドブック

16121-2　C3044　　　B 5 判　296頁　本体5800円

合格レベルに近いところで足踏みしている受験者を第一の読者層と捉え，本試験を全体的に見通せる位置にまで達することができるようにすることを目的とし，実際の試験に即した役立つような情報内容を網羅することを心掛けたものである。内容は，学科試験（予報業務に関する一般知識，気象業務に関する専門知識）の1 7 科目，実技試験の3項目について解説する。特に，受験者の目線に立つことを徹底し，合格するためのノウハウを随所にちりばめ，何が重要なのかを指示，詳説する。

前気象庁 新田　尚・環境研 住　明正・前気象庁 伊藤朋之・
前気象庁 野瀬純一編

気象ハンドブック（第 3 版）

16116-8　C3044　　　B 5 判　1032頁　本体38000円

現代気象問題を取り入れ，環境問題と絡めたよりモダンな気象関係の総合情報源・データブック。〔気象学〕地球／大気構造／大気放射過程／大気熱力学／大気大循環〔気象現象〕地球規模／総観規模／局地気象〔気象技術〕地表からの観測／宇宙からの気象観測〔応用気象〕農業生産／林業／水産／大気汚染／防災／病気〔気象・気候情報〕観測値情報／予測情報〔現代気象問題〕地球温暖化／オゾン層破壊／汚染物質長距離輸送／炭素循環／防災／宇宙からの地球観測／気候変動／経済〔気象資料〕

日本雪氷学会監修

雪　と　氷　の　事　典

16117-5　C3544　　　A 5 判　784頁　本体25000円

日本人の日常生活になじみ深い「雪」「氷」を科学・技術・生活・文化の多方面から解明し，あらゆる知見を集大成した本邦初の事典。身近な疑問に答え，ためになるコラムも多数掲載。〔内容〕雪氷圏／降雪／積雪／融雪／吹雪／雪崩／氷／氷河／極地氷床／海氷／凍上・凍土／雪氷と地球環境変動／宇宙雪氷／雪氷災害と対策／雪氷と生活／雪氷リモートセンシング／雪氷観測／付録（雪氷研究年表／関連機関リスト／関連データ）／コラム（雪はなぜ白いか？／シャボン玉も凍る？他）

首都大 藤部文昭著
気象学の新潮流1

都市の気候変動と異常気象
―猛暑と大雨をめぐって―

16771-9　C3344　　　A 5 判　176頁　本体2900円

本書は，日本の猛暑や大雨に関連する気候学的な話題を，地球温暖化や都市気候あるいは局地気象などの関連テーマを含めて，一通りまとめたものである。一般読者をも対象とし，啓蒙的に平易に述べ，異常気象と言えるものなのかまで言及する。

横国大 筆保弘徳・琉球大 伊藤耕介・気象研 山口宗彦著
気象学の新潮流2

台　風　の　正　体

16772-6　C3344　　　A 5 判　184頁　本体2900円

わかっているようでわかっていない台風研究の今と，最先端の成果を研究者目線で一般読者向けに平易に解説〔内容〕凶暴性／数字でみる台風／気象学／構造／メカニズム／母なる海／コンピュータの中の台風／予報の現場から／台風を追う強者達

立正大 吉﨑正憲・海洋研究開発機構 野田　彰他編

図説 地球環境の事典
〔DVD-ROM付〕

16059-8 C3544　　　　B 5 判　392頁　本体14000円

変動する地球環境の理解に必要な基礎知識(144項目)を各項目見開き2頁のオールカラーで解説。巻末には数式を含む教科書的解説の「基礎論」を設け，また付録DVDには本文に含みきれない詳細な内容(写真・図，シミュレーション，動画など)を収録し，自習から教育現場までの幅広い活用に配慮したユニークなレファレンス。第一線で活躍する多数の研究者が参画して実現。〔内容〕古気候／グローバルな大気／ローカルな大気／大気化学／水循環／生態系／海洋／雪氷圏／地球温暖化

日本ヒートアイランド学会編

ヒートアイランドの事典
―仕組みを知り，対策を図る―

18050-3 C3540　　　　A 5 判　352頁　本体7400円

近年のヒートアイランド(HI)現象の影響が大きな社会問題となっている。本書はHI現象の仕組みだけでなく，その対策手法・施工法などについて詳述し，実務者だけでなく多くの市民にもわかりやすく2～6頁の各項目に分けて解説。〔内容〕HI現象の基礎(生活にもたらす影響，なぜ起こるのか，計測方法，数値解析による予測，自治体による対策指針)／HI対策(緑化による緩和，都市計画・機器，排熱・蒸発・反射による緩和)／HI関連情報(まちづくりの事例，街区・建物の事例など)

太田猛彦・住　明正・池淵周一・田渕俊雄・
眞柄泰基・松尾友矩・大塚柳太郎編

水　の　事　典

18015-2 C3540　　　　A 5 判　576頁　本体20000円

水は様々な物質の中で最も身近で重要なものである。その多様な側面を様々な角度から解説する，学問的かつ実用的な情報を満載した初の総合事典。〔内容〕水と自然(水の性質・地球の水・大気の水・海洋の水・河川と湖沼・地下水・土壌と水・植物と水・生態系と水)／水と社会(水資源・農業と水・水産業・水と工業・都市と水システム・水と交通・水と災害・水質と汚染・水と環境保全・水と法制度)／水と人間(水と人体・水と健康・生活と水・文明と水)

山崎昌廣・坂本和義・関　邦博編

人間の許容限界事典
(新装版)

10273-4 C3540　　　　B 5 判　1032頁　本体29000円

人間の能力の限界について，生理学，心理学，運動学，生物学，物理学，化学，栄養学の7分野より図表を多用し解説(約140項目)。〔内容〕視覚／聴覚／骨／筋／体液／睡眠／時間知覚／識別／記憶／学習／ストレス／体罰／やる気／歩行／走行／潜水／バランス能力／寿命／疫病／体脂肪／進化／低圧／高圧／振動／風／紫外線／電磁波／居住スペース／照明／環境ホルモン／酸素／不活性ガス／大気汚染／喫煙／地球温暖化／ビタミン／アルコール／必須アミノ酸／ダイエット／他

東京成徳大 海保博之・聖学院大 松原　望監修
関西大 北村英哉・早大 竹村和久・福島大 住吉チカ編

感情と思考の科学事典

10220-8 C3540　　　　A 5 判　484頁　本体9500円

「感情」と「思考」は，相対立するものとして扱われてきた心の領域であるが，心理学での知見の積み重ねや科学技術の進歩は，両者が密接に関連してヒトを支えていることを明らかにしつつある。多様な学問的関心と期待に応えるべく，多分野にわたるキーワードを中項目形式で解説する。測定や実践場面，経済心理学といった新しい分野も取り上げる。〔内容〕I. 感情／II. 思考と意思決定／III. 感情と思考の融接／IV. 感情のマネジメント／V. 思考のマネジメント

上記価格（税別）は 2018 年 6 月現在